我国房地产税课征机制研究

董　蕾◎著

吉林大学出版社
·长春·

图书在版编目（CIP）数据

我国房地产税课征机制研究 / 董蕾著.—长春：吉林大学出版社, 2019.12
ISBN 978-7-5692-6005-2

Ⅰ.①我… Ⅱ.①董… Ⅲ.①房地产税－税收制度－研究－中国 Ⅳ.①F812.422

中国版本图书馆CIP数据核字(2019)第276604号

书　　名：我国房地产税课征机制研究
WO GUO FANGDICHAN SHUI KEZHENG JIZHI YANJIU

作　　者：董　蕾　著
策划编辑：黄国彬
责任编辑：马宁徽
责任校对：张文涛
装帧设计：刘　丹
出版发行：吉林大学出版社
社　　址：长春市人民大街4059号
邮政编码：130021
发行电话：0431-89580028/29/21
网　　址：http://www.jlup.com.cn
电子邮箱：jdcbs@jlu.edu.cn
印　　刷：北京光之彩印刷有限公司
开　　本：787mm × 1092mm　　1/16
印　　张：12
字　　数：190千字
版　　次：2020年1月　第1版
印　　次：2020年1月　第1次
书　　号：ISBN 978-7-5692-6005-2
定　　价：56.00元

序

改革开放40年，世界见证了中国奇迹，特别是房地产业发展的奇迹。有英国朋友在改革开放初期来中国，30年后回家探亲，家乡的一草一木还是老样子。大家看看我们家乡30年前的老样子，可能只存在于记忆中了，3年不回去有可能就找不到家了。对于中国的腾飞，外国朋友所问最多的一个问题就是：中国做对了什么？这是一个值得我们每一个人认真思考的问题。那么，中国到底做对了什么？其实很难用一两句话说清楚。党的正确领导、改革开放政策、社会稳定、人口红利……，这些都是重要的影响因素。当然，房地产的贡献不可低估。

房地产是一个特殊的行业。房地产的实体是建筑业——利用廉价的劳动力把廉价资源（如砂、石、黏土）转化为GDP的重要产业，房地产开发直接推动了建筑业的大发展，建成实实在在的不动产。尽管有“鬼城”现象，有一些不和谐，但总体来说大家会看到高楼大厦一天天增多。所谓“房地产泡沫”，与“股市泡沫”也完全不是一回事。除此之外，房地产对上下游产业也形成了很大的带动作用。一方面，对上游会形成基础建筑材料的巨大需求，如对钢材、水泥的需求；另一方面，对下游的装饰装修等行业、产品带来巨大需求。改革开放引进外资，加上“土地财政”的特殊资金利益机制和运作模式，极大地推进了房地产业及上下游相关产业的快速增长，它们与人民币升值等因素共同作用，使我国的GDP进入高速增长期，由2000年不到10万亿元，增加到2018年的约90万亿元，为中国成为世界第二大经济体做出了巨大的贡献。

房地产开发的产品是一个特殊的产品。作为特殊的产品，比如说商品房，其特殊之处在于：其一，它是居住的消费品；其二，它也是一个投资品；其三，它还是一个含有公共服务的投资品。因此，商品房具有三重属性。什么叫含有公共服务的投资品？大家想一想学区房就会明白。特殊产品的特殊属性，形成了特殊的市场机制。政府：卖地—提供公共服务—卖更高价的地；开发商：买地—建设—卖钱—买更多地—赚更多钱；居民：买房—居住—兼收投资品增值，不仅分享现在公共服务带来的增值，还可以分享未来新增服务带来的增值。这种市场机制为房地产发展提供了无穷的市场动力。因此，需要从房地产特殊产品的三个基本属性出发，去研究房地产的相关问题，不能盲目照搬国外的东西。

房地产业已经进入一个特殊的转折时期。一是维系这一产业的基本要素发生了变化。比如土地，地方政府卖地，到一定程度之后也会有约束。二是市场供求关系在发生变化。土地、资金、产出品的供求关系都在变，土地供应调控力度加大；土地财政受到越来越多的质疑；产品销售由于农村劳动力转移推进城市化所形成的“刚需”增长趋缓而不再火爆，商品房价格也被认为面临着拐点。三是“小产权房”成为相关改革的“绊脚石”。小产权房是特定时期房地产市场失控而诞下的“畸形儿”，先天具有非法性，严重违反了国家土地使用政策，冲击全国耕地红线，也导致房地产市场极不规范，在国家治理层面也造成了相当恶劣的影响。由于难以确权，已经阻碍了房地产税的开征。四是房地产产品特殊属性畸形发展。住房的资本品属性几乎掩盖了其居住属性，有没有住房，成为产生贫富差距的深层原因。如今，房地产高速发展之后，各种弊端逐步显现：政策失灵、贫富差距加大、潜在巨大风险、卖地快到尽头。

房地产市场政策调控任重而道远。对中国经济增长具有重要支撑力量的房地产业，在进入转型期以后有很多问题急须探讨。住房作为特殊行业的特殊产品，表现出畸形的市场形态，被爆炒到很高的价位，对实体经济和普通民众的生活造成严重的负面影响。而它的牵涉面极广，寄生着多方利益主体的不同目标，怎么分解它的三重属性，比如怎样把它的消费品功能与投资品的功能分割开来，分而治之？如何推进租售同权的改革、统筹城乡建设用地的改革、中小学就学条件改革？面对住房这样一个多重属性的产品，国家试图用政策去调控，比如针对市场的炒作而采取限购、限贷等市场调控措施，但治标而不治本，难以发挥长久效果。

房地产业健康发展需要建立房地产调控的长效机制。党的十九大报告提出“房子是用来住的，不是用来炒的”的政策精神，就是要回归住房的消费属性，抑制和削弱其他属性，从而促进房地产市场健康发展，这是问题的关键。但贯彻落实这一政策精神，还需要多措并举、多管齐下。在“房住不炒”的精神和原则下，建立多层次的住房供应体系，构建不同的住房购买和投资体系，推进土地市场的结构性改革，改进农村集体建设用地的利用模式等改革会持续推进。一些限制性的、短期性的政策，也会在一定程度上发挥作用。其中，加快房地产税制改革，进一步发挥税收调节作用是不可或缺的宏观调控内容之一。房价上升越快，财富差异越大。财产不均是因，收入不均是果。用税收手段，只能直接调节贫富差距形成的结果，开征房地产税对抑制房地产过度炒作将有很大的影响。

近年来，随着房地产市场的变化，人们对房地产税收的关注度大大提高。房地产税的立法工作正在紧锣密鼓地进行中，房地产税改革成为当前的热点与焦点问题。房地产税对存量不动产征收，对住房持有成本会有很大的影响。为了保障民生，基本住房会给予免税优惠，而一套以上的住房就要承担税负，持有多套住房的就要缴更多的税，因此对抑制投机将有明显效果。房地产税作为一种不动产税，会成为地方财政收入的重要来源，地方政府会比较关注。但房地产税的征收有很大的难度，因为交这个税时纳税人是实实在在地从自己的兜里往外掏钱。这与流转税、所得税都不一样：流转税是有销售收入时缴税，有一个资金流存在，没有收入不缴税；所得税是赚钱了才缴税，不赚钱不缴税。而房地产税是到期了，不管手里是否有钱都要按时缴税。总之，房地产税有很多独特之处。

目前我国的房地产税收体系尚不完善，面临的问题很多。从房地产开发、建设、销售、使用的链条来看，税种设计并不完全合理，重复征税问题仍然存在；从地方税体系建设来看，没有从地方财政收支的视角、按照地方居民享受公共服务的数量与质量标准设计房地产税的课征机制，与规范的房地产税相差甚远，无法发挥应有的职能；从税收促进、适应社会主义市场经济发展来看，现有房地产税的制度安排不符合市场经济的要求，严重滞后于我国市场化改革的进程，对于优化整体税制及进一步深化分税制财政体制改革都有很大的负面影响；从税收调节贫富差距的作用来看，在税制设计、征管实施及相关政策配合上，提高税收调节的有效性，仍有待于深入研究。因此，无论是从房地产税自身的规范发展出发，还是从健全地方税体系及深化现代财政体制改革考虑，对现行房地产税制进行改革都是势在必行的。

吉林财经大学税务学院副教授、中国大企业税收研究所（TILB）研究员董蕾撰写的《我国房地产税课征机制研究》一书，结构分明，条理清晰，内容丰富，宏观整体性强。本书并不局限于对单个房地产税种的研究，而是在梳理和研究国内房地产税法规体系和税收优惠政策的基础上，进行理论与实务方面的创新。本书以辖区内政府财政收支为出发点，以我国房地产税课征机制为研究对象和最终落脚点，从法律机制、税收机制和征管机制三个方面展开研究：一是在法律机制上，从目前我国房地产税税收立法中存在争议较大的四个问题展开，分别为房地产税与土地出让金的关系、房地产税与其他房地产税种的关系、中央与地方财政收支范围法定、地方政府自主决策权。法律机制是征管机制和税收机制的基础和先决条件。二是在税收机制上，全面设计我国房地产税税收制度，包括房地产税的纳税人、征税范围、税基、税率、税收优惠等税制要素，从而推动我国房地产税的改革与完善。三是在征管机制上，从我国房地产税征收和管理的难题出发展开研究，分别为房地产评估机制（包括评估机构设置、评估方法采纳、评估频度选择等）、税务机关如何向房地产税纳税人提供纳税服务和提升纳税遵从、税务机关如何实现与房地产相关的税政公开和解决申诉争议等。征管机制为税收机制提供税基、税率和折算率测算的数据供给和征管保障。在法律机制和征管机制完备的条件下，税收机制是课征机制的核心和重要内容。

本书从地方财政视角，重新审视房地产税与公共产品供给的关系，即房地产税不仅能够增加地方财政收入，而且能够决定地方公共产品和公共服务供给的数量和质量，由此可能形成良性或恶性循环：“房地产税税收收入—公共产品和服务水平—纳税遵从度—下一轮房地产税税收收入。”在这一功能定位下系统地研究了房地产税的法律机制、征管机制和税收机制，全方位、多角度增强房地产税的科学合理性和可操作性，促进房地产税收制度有效落地和全面实施，确保地方财政收支的良性循环。本书研究成果将从理论上解决我国在房地产税改革中遇到的税收立法、税基评估、税制设计等一系列研究难题，从现实上解决我国目前由于工业外移、市区内缺乏稳定财政来源的问题，促进房地产资源优化配置，探索我国不同房地产类型和不同纳税人的税收优惠机制。

吉林财经大学税务学院副教授、中国大企业税收研究所研究员董蕾，是一位具有宽阔的国际视野、严谨的治学态度、扎实的理论功底和较强的业务能力的优秀复合型人才，在不动产税收制度研究领域有较深的造诣。尽管本书由于受到数据采集限制而仍有不足，但是瑕不掩瑜，有很多可圈可点之处。希望作者能够以本书出版为契机，积极表达学术思想，积累学术声望，不断超越自我，砥砺前行，为继续推动我国房地产税收研究尽绵薄之力，将更多高质量的科研成果呈现给广大读者。

中国大企业税收研究所所长　王向东

二〇一九年九月一十六日　于长春

目　录

第一章 绪 论

第一节 选题背景、选题意义和研究价值

一、选题背景

近年来随着市场经济体制改革的不断推进，我国房地产业已成为国民经济的重要组成部分、地方财政的重要收入来源、人民生活质量提升的重要依托和百姓财富积累的重要载体。党的十九大报告中提出的“人民日益增长的美好生活需要”和“健全地方税体系”都离不开我国房地产税课征机制的改革与完善。然而目前我国的房地产税课证机制不完善，没有从地方财政收支的视角，按照地方居民享受公共服务的数量与质量标准，设计房地产税的课征机制，与规范的房地产税相差甚远，无法发挥应有的职能。同时，现有房地产税的制度安排不符合市场经济的要求，严重滞后于我国市场化改革的进程，对于优化整体税制及进一步深化分税制财政体制改革都有很大的负面影响。无论是从房地产税自身的规范发展出发，还是从健全地方税体系及深化现代财政体制改革考虑，对现行房地产税制进行改革都是势在必行的。

我国对于房地产税的改革也进行了一些有益的尝试。2003年10月，党的十六届三中全会在《关于完善社会主义市场经济体制若干问题的决定》中首次提出：“实施城镇建设税费改革，条件具备时对不动产开征统一规范的物业税，相应取消有关税费”，从此物业税开征成为学术界讨论的热点话题。然而，受房地产物权、土地批租等制度瓶颈的影响，物业税的开征并不顺利，始终未能成行。2011年1月，国家开始在上海和重庆两市开启住房房产税的试点征收，但受立法层级不高、征管手段缺乏和相关配套措施不完善

等因素的影响，效果不尽明显。2013年11月，党的十八届三中全会提出“加快房地产税的立法并适时推进改革”。2014年6月，中共中央政治局会议审议通过了《深化财税体制改革总体方案》，进一步明确了深化财税体制改革的路线图和时间表，要求至2016年，基本完成深化财税体制改革的重点工作和任务，2020年改革基本到位，基本建立现代财政制度。2017年11月，党的十九大报告中指出“健全地方税体系”，其中房地产税是地方税种中最重要的税种之一，其改革成果对地方税体系有重大影响。2018年3月5日，李克强总理在国务院政府工作报告中提出：“健全地方税体系，稳妥推进房地产税立法。”由此可见，房地产税作为中央确定的健全地方税体系锁定的主要内容，是本轮税制改革的重点和难点之一。无论是建立事权与支出责任相适应的制度，还是进一步明确中央和地方收入的划分，都需在相关税种改革完成后进行，尤其房地产税作为地方税收的主要来源之一，其改革成败直接关系后续改革。此外，当前“营改增”工作对地方政府财力产生较大冲击，地方政府债务累积导致的潜在风险加剧，迫切需要作为地方主体税种之一的房地产税改革步伐加快，房地产税改革已迫在眉睫。

近年来，一些政策的出台及相关产业的发展也为房地产税改革提供了政策和技术支持，使房地产税改革成为可能。从法律视角来看，《物权法》的颁布，建立了私人房地产的产权关系制度，私人合法财产受到保护；《不动产登记条例》的实施为房地产税的征收提供了税源信息。从税制视角来看，房地产市场的活跃和繁荣也为房地产税计税依据的确定提供了丰富的信息来源；房地产市场的发展也带动了房地产评估行业的发展，为房地产税按评估价值计税、测算房地产税的税率奠定了基础。从征管视角来看，税务系统内部培养了一批既懂得税收业务又懂得评估知识，还精通计算机技术的骨干力量，为房地产税改革进行了人才储备；税收征管信息化水平的不断提高，为房地产税改革搭建了技术先进、信息完备的征管平台。

由此可见，房地产税改革已经势在必行，且已初具条件。但是如何改革成为当前急须研究的重大问题。房地产税改革牵涉每个家庭和每个公民，改革成本高、社会风险大，既需要高屋建瓴的顶层设计，又需要课税要点的微观把握。要把房地产税改革作为整个税制改革的一部分，统筹安排，才能使其发挥出应有的功能。这也是本书的落脚点和研究的起点。

二、选题意义和研究价值

（一）房地产税改革能够促进地方税体系的健全和完善

世界各国的发展实践证明，房地产税作为财产税，是地方税的主要税种，是地方政府财政收入的重要来源。我国正处于城镇化建设的特殊历史时期，地方政府基础设施、公用设施领域建设任务较重，不得不承担较多的事权，而"营改增"的实施，使地方政府普遍缺乏稳定、足额的收入，事权与财权并不匹配。因此，当今财税改革的重要任务之一，就是在现有税收制度的框架下，重新构建地方税体系，选择新的地方税主体税种，确保地方财政收入的足额和稳定。在诸多税种中，房地产税的课税对象不易移动、税基稳定等特点决定其具备地方税主体税种的天然禀赋。随着房地产税课征机制的不断成熟，居民生活条件的日益改善、对政府公共服务的需求不断提高，房地产税终将成为地方税主体税种。研究房地产税对健全和完善地方税体系具有重大意义。

（二）房地产税改革能够促进事权和支出责任相适应的制度建设

党的十八大及十八届三中全会提出："促进中央、地方的事权、财权相配比，建立事权和支出责任相适应的制度。"我国分税制改革后，诸多因素导致地方政府的事权和财权不对等，尤其滋生了地方政府对"土地财政"的过度依赖，这一方面助推了房价的高增长，阻碍房地产市场的健康发展；另一方面不利于土地的合理开发和利用，导致过度开发、资源浪费。改革房地产税并且按照纳税人享受地方公共产品和公共服务的数量和质量征收税款，提升纳税遵从度，增加地方财政收入，使房地产税成为地方政府特别是县（区）级政府的主要收入来源，解决当前财政体制中地方政府的财政困境，避免因过度依赖财政转移支付带来的一系列问题。研究房地产税将有利于理顺中央和地方财政分配关系，有利于确定各级政府在公共事务和服务中应承担的任务和职责，有利于促使地方政府建立"事权和支出责任相适应的制度"，履行事权支出责任，满足公共需要。

（三）房地产税改革能够促进税收治理现代化能力的提升

税收治理能力是税收征管体系的目标导向，税收征管体系是税收治理能力的制度支撑，提升税收治理能力，关键在于构建科学严密的税收征管体系。房地产税的税收征管是房地产税改革的关键和前提条件。只有拥有完备的征管体系作为保障，房地产税的税收制度改革才能落到实处，房地产税改革的诸多理念才能得以推行。房地产税税收征管机制改革应该从房地产评估机制、跨省房地产登记机制、纳税服务和争议解决机制、农村土地和房屋规范化管理机制等方面加以改革和完善，建立起科学严密的税收征管体系，以适应和引领房地产税收的发展。同时，为了配合房地产税改革，公安、民政、银行等相关信息也需要进一步整合，其管理水平应更加科学化和精细化，这也在一定程度上推进了税收治理现代化水平的进一步提升。

第二节　国内外研究现状梳理与述评

一、国外研究现状梳理

20世纪50到80年代，蒂伯特（Tiebout，1956）、奥茨（Oates，1969）、汉密尔顿（Halmilton，1975）和米兹科沃斯基（Mieszkowski，1983）为代表的西方学者分别提出了房地产税的受益论与新论两种经典理论。受益论为房地产税由地方政府征收提供了理论依据，而新论则强调房地产税是对资本课税，具有累进性，能发挥调节功能。两种理论研究基础不同，观点有别，掀起了国外学者研究房地产税的热潮，研究内容和范围日益拓展。本课题通过对外国文献的梳理发现，外国学者对房地产税包括中国房地产税收问题都有较为深入的研究。

（一）关于房地产税与地方政府提供服务的关系

Tiebout（1956）提出来了布特模型，认为如果居民能够在社区间移动，那么人们在公共品的供给方面需要注意的三大问题：第一，人们的偏好显示问题，如何通过某种方法，把居民对公共品真实的需求显示出来；第二，社会选择问题，怎么样通过某种方法或者手段，形成非专制情况下的帕累托最优社会选择机制；第三，公共品的监督管理问题，提高政府部门提供公共品的效率和积极性。社区如果不能有效率地提供给居民们所需要的公共品，那么该社区的居民将迁移到其他能够提供更符合他们偏好的公共产品的社区。这样社区间将形成一种竞争机制，能够促成社区资源的有效配置，达到帕累托最优；给定资源禀赋和偏好，地方政府提供公共服务的一般均衡解是最优的且可解的。

英格（Yinger，1982）认为房地产税与学区密不可分，一个学区如果房子价格高，房地产税也就相应较高，最终流向学校的钱也比较多，学校（乃至整个学区）服务质量得到了提高，又吸引更多的家长购买学区房，从而推动房价上涨。

威廉（William，1992）认为可以将地方政府看成市场上的一个独立个体，地方政府和企业之间有着这样的一种交易，地方政府收获房地产企业上缴的房地产税，并为之提供公共服务。

费舍尔（Fischel，1992）认为开征物业税将使房价上升的幅度等于物区竞争，使物业税转化为受益税，换言之，物业税将完全转嫁给房屋所有者。

格莱泽（Glaeser，1996）认为房地产税对公共部门的行为有着很大的刺激效果，眼前的房价能够表现出人们对于城市高水平生活的期望，公共部门为追求税收收入的远期目标，就会提高公共福利的层次，促使房价继续走高，从而增加税收。

伯奇（Borge，2006）认为，在控制了潜在的选择性偏误后，开征房地产税区域的地方政府在污水处理上成本要低20%。

霍克斯比（Hoxby，2012）认为，居民支付房地产税的方式影响他们对房地产税的容忍度。一次性交得越多，房产税就会越低。因为房地产税是税收的重要途径，政府必须确保居民没有意识到他们支付了多少。

奥茨（Oates，2015）认为2/3的房地产税会被资本化，且居民更愿意居住在能提供更高质量公共服务的社区；减免房地产税会降低公共部门系统的工作效率，降低公共部门的税收收入。房地产税只是公共服务的收费，不会产生再分配效应。

（二）关于房地产税的公平与效率

布伦南和布坎南（G.Brennan and J. Buchanan，1978，1980）比较关注税制结构对政府行为的影响。他们认为选民通过投票机制可以参与税制设计，制订对政府行为有效的激励机制，进而约束政府的自利行为。他们还将这一理论运用到对美国加利福尼亚州第13号决议和一般税制改革研究中去。

米兹科沃斯基（Mieszkowski）于1972年首次提出新论，而后在1983和1986年重构了房地产税新论模型，并对新论进行了更进一步地拓展。与构造的初始模型相比，新模型在没有改变初始模型结论的基础上，推导出了房地产税税负归宿的利润税成分和消费税成分的明确表达式，并得出了新论的核心结论。新论认为，房地产税是对地方资本使用所征收的扭曲性税种。房地产税的差别税率会导致全国资存量的无效率配置，如果某地区房地产税税率超过了全国平均水平，该地区的资本数量就会减少，资本会流向税率较低的地区，直到各个地区的资本税后回报相等为止。同时，资本流出税率较高的地区会导致该地区资本密度降低，土地和房产的价值下降。另外，原模型和新模型都认为，因为担心房地产税税率太高会使资本流出本地区，地方政府倾向于选择过低的公共服务水平，从而导致地方公共服务的提供少于需求。因此，房地产税不仅扭曲了资本配置，而且还降低了地方公共服务的水平，因而是无效的。

（三）房地产税对房价的影响

哈伯格（Haboger，1962）从房产税的税负归宿与转嫁的角度，提出一般均衡分析模型，该模型从单一市场均衡分析扩展到多个市场共同作用下的均衡分析，弥补了局部均衡分析范围窄、缺少普遍性等缺点。

米兹科沃斯基（Mieszkowski，1972）提出房地产税新论，即房地产税的空间效应会对开发规划、土地利用和城市蔓延产生影响，从而影响房价。后来由亚伦（Aaron，1975）、佐达罗（Zodrow，1986）拓展，认为房地产税不是一种良税，对房地产征税，扭曲了房地产市场的实际供需关系，改变了地方财政应有的决策，房地产税是对地方资本使用所征收的扭曲性税收，不同的房地产税率会导致全国存量资本无效率的配置。

索普（Shoup，1970）首次研究了农业用地向城市用地或者从低用途用地向高用途土地的开发时机的选择问题，得出最佳开发时机是使土地价值增长率等于利率的结论。

阿诺特，刘易斯（Arnott、Lewis，1979）用更加精确的数学模型，引入建筑资本密度作为土地开发的决策变量，使之成为物业税对土地利用效率研究的标准模型。

卡尔顿（Carlton，1981）分析了在一个封闭城市中，房产和土地征收物业税对居民工商业房产的选址行为所造成的扭曲，尤其强调了在城市中的不同位置，即与市中心的位置相比，受到物业税影响的程度是不同的，文章还通过一些实证的估计验证了其结论。

米尔斯（Mills，1998）也分析了城市中物业税的空间结构影响，不过他假设城市中的土地仅用于商业活动开发，而不包括住宅项目。他按照税负高低的不同，将研究区域划分为高税收地区和低税收区。在高税收地区，征税行为会导致该地区资本外逃，从而减少了劳动力、土地等生产要素的价值回报，最终使得房地产和一般商品价格的普遍上升；在低税收地区，成功吸引其他地方的资本流入，使得资本与劳动力、土地的比例更恰当，从而增加生产要素的产出率，提高收益率，最终使房地产的价格下降。

（四）关于房地产税税制和税收征管的改革

辛哈（Sinha，1981）对诸如财产税的概念、种类、税负归宿等基本理论问题及财产税征管中会出现的问题进行了详细介绍，并对发展中国家的财产税体系进行了分析，指出了其财产税体系存在的问题并提出了一些建议。

威廉·麦克拉斯基（William J.McCluskey，1991）对分布在不同地区的14个国家的财产税体系进行了跨国比较，其中包含了英国、爱尔兰、澳大利亚、新西兰、葡萄牙等国；McCluskey（1999）对1991年的研究进行更新和补充，范围扩大到了世界上不同地域的22个国家和地区，涵盖了新加坡、波兰等国家，这两本专著都将所涉及国家的财产税体系做了全面分析，并对部分国家当前财产税体系作出评价，同时展望了财产税的前景和发展趋势。

伯德和斯莱克（Bird and Slack，2004）、麦克塞尔（Mikesell，2003）和贝尔（Bell，2003）觉得在与其余税收比较中，房产更容易被政府掌握。

卡尼亚和麦克拉斯基（Cornia and McCluskey，2005）从财产税体系出发，论述财产税在世界各国的具体应用，从财产税的现行税制安排及财产税在各国改革实践中的经验，指出财产税应该根据实施国家的具体环境设计与之相适应的税制结构和征管制度。

伯德和巴尔（Bird and Bahl，2008）认为房地产税是地方政府管理中的最佳选择，能够为地方政府提供可预测和持续稳定的收入，能够健全辖区内的财政分权机制。

（五）中国房地产税收难点问题

罗伊·巴尔和约翰内斯·E林（Roy W. Bahl and Johannes E Linn，1992）认为房地产税是许多国家和地区最为重要的地方税种，对地方财政收入贡献巨大。

威廉·福克斯（William Fox，2005）认为中国物业税的导向性非常强，它将影响投资的流向，是用于投资还是生产，所以在进行税制设计的时候要特别注意，确定征收物业税产生的效果是否符合中国经济发展的方向。首先，当地政府必须能够合理地制定税率；其次，物业税实现增加税收收入的目的；最后，税制要简单，不要太多的减免，但是要考虑公平。特别强调，物业税是一种税负很重的税，在中国开征物业税要特别注意，不要让这种税收影响到经济的发展。

二、国内研究现状梳理

党的十九大报告中提出的“深化税收制度改革，健全地方税体系”是对十八届三中全会确定“加快房地产税立法并适时推进改革”的进一步要求，也是对2003年党的十六届三中全会首次提出的“条件具备时开征统一规范的物业税（即房地产税）”设想的延续。通过对国内文献资料梳理，我们发现，国内学者对房地产税的研究历程是“综合研究—功能定位研究—税制某一方面的改革研究—立法研究”，基本上经历了从“总体到局部、从框架到细节”逐步推进的过程，具体如下。

（一）对房地产税的综合研究

谢伏瞻（2005）分析了当前房地产业存在的问题并分别从需求、供给和结构三方面分析了房价上涨的原因，提出采取经济手段为主、行政手段为辅的综合措施治理房地产业，加强对房地产的调控，引导和保护合理需求，抑制投机需求，增加有效供给，有针对性地解决重点地区存在的突出问题和结构性矛盾，把对房地产市场的调控放在宏观调控大局中通盘考虑。

北京大学中国经济研究中心宏观组（2006）认为房地产税制上存在诸多问题，首先，税制结构不合理，房地产保有环节税负过轻，而流转环节税负过重；其次，地方政府所提供的与居住环境相关的公共产品都是免费的，导致地方政府缺乏提供公共产品的动力；最后，税费种类繁多，税、租、费等概念混淆不清。

北京大学中国经济研究中心宏观组（2006）认为房地产税制改革有以下两个要点：第一，改革后要对居民住宅征收物业税。征税的理论依据在于“受益原则”。在许多发达国家，房地产税收是地方政府的主体税源，并且由于其向住宅进行征收，税源也相对稳定，不会随着经济条件的变化而发生大的波动，这就使得地方政府的财政收入不至于变化太大而影响当地的社会和经济发展。第二，简并税种。主要是将目前对经营性用房和占用土地征收的城镇土地使用税、耕地占用税、房产税及土地增值税等进行合并，开征统一的物业税。这样不仅可以减少稽征成本，还能对地方政府乱收费行为进行制约，也使地方政府有在长期内改善地方环境、通过使房地产增值而扩大税基的动机。

邓宏乾和陈峰（2008）发现房地产投资增长对宏观经济的促进作用是有条件限制的，当房地产投资过度或不足时，房地产投资增长会对宏观经济增长产生不利影响，由此可知房地产投资对宏观经济波动的影响可能存在门限值。

谷成（2011）从五个方面阐述了开征房地产税后的有利影响：一是有利于改善我国房地产税税种繁杂、重复征税及一些税种计税依据设计有待改善的现状；二是有利于遏制房地产投机行为，规范房地产交易秩序；三是有利于降低房地产成本，使购房者获利；四是有利于增加地方财政收入，助力财税体制改革；五是有利于调节贫富差距，实现社会公平。特别提及了可以通过对贫困家庭实行减免税优惠政策，起到维护社会稳定的作用。谷成还指出，我国房产税的性质仍未明确，税制的设计与实现完善税制、调节房价、实现收入再分配、缩小贫富差距及引导住房消费等政策目标还存在一定程度的偏离。对居民住房征收房地产税不应局限于满足地方政府的财政需求，房地产税改革应当在规范和整合房地产租、税、费体系和逐步完善房地产税征管环境的基础上，按照税收公共化的要求稳步推进，逐步向市场经济所要求的公共财政体制目标靠近。

罗涛、张青、薛钢（2011）对国际上关于房地产税立法权和征管权的划分做了详细分析。在税收立法权的划分方面，分权程度相对较高的联邦制国家（如美国、澳大利亚），地方税的立法权一般由州一级政府行使，州以下地方政府往往也拥有较大的立法权；在分权程度相对较低的单一制国家（如英国、新西兰），房地产税的立法权一般由中央政府行使，州以下政府拥有的房地产税的立法权往往较小。在税收征管权的划分方面，通常在税制的划分中，征收责任是地方政府的，但在有关税制要素的制定方面，则受到一定约束。地方政府在确定税基和税率的自主权越大，国家内部的房地产税差异就越明显。尤其是在联邦制体制下，往往由州或省政府制定法律框架，由市政府来具体执行。

蔡红英、范信葵（2011）详细介绍了多个国家的房产税现状及来源，并从各个国家的房地产税制要素、税收优惠及征收管理、税基评估三方面做了比较分析。

徐滇庆（2014）指出研究房地产政策必须关注房地产市场的供求关系。房地产供求关系影响着整个国民经济的发展。如果供大于求，房地产市场理应进入收缩态势，减少投入。如果供不应求，应当积极扩大建筑业产能，修建更多的住宅以满足日益增长的住房需求。

葛静（2013）通过对重庆北部新区的实地调研，发现税务部门现行的税收征管模式还不适用于对存量房产征税，“人海”战术和“保姆式”服务也导致征收成本过高、征管能力不足。而且由于政策制定得不够缜密、执行也存在滞后现象，导致该地区出现税负不公的结果，致使纳税人不满。

解学智、张志勇（2014）研究发现国外在房产税的税率设置方面，主要有累进税率、定额税率、比例税率及多种税率相结合的税率结构。在OECD（经济合作与发展组织）国家中，实行累进税率和定额税率的情况大致相当，征收房地产税的金砖国家则全部实行比例税率。

程瑶（2016）针对现行税制各税种存在的问题，从税制体系的构建、税制要素的设计两方面提出了两种房产税改革方案，第一，“两税合一”方案，将现有保有环节两个税种房产税、城镇土地使用税合并更名为房地产税，土地增值税因计税依据与所得税重叠而应并入所得税，同时保留耕地占用税、契税；第二，“三税合一”方案，在“两税合一”方案的基础上，将流转环节对耕地征收的耕地占用税并入保有环节征收，即将现有针对房产、土地征收的房产税、城镇土地使用税、耕地占用税全部并入房地产税，将土地增值税并入所得税，保留契税。

（二）对房地产税的功能定位研究

1.房地产税的筹资功能——房地产税能否成为地方主体税种

米建国、庞凤喜（2004）认为虽然当前房地产税的规模较小，但改革整合土地增值税、城镇土地使用税、契税、房产税等税种和收费后的房地产税规模比较可观，可以作为地方主要税种。

李波（2008）为房地产税是受益税，体现了税收受益原则，故而适宜成为地方主体税种。原因在于基层地方政府的重要职责是为辖区内的居民提供公共物品与服务，例如市政建设、治安维护、环境美化等，并且这些公共物品与服务和本级政府的管理区域、服务对象直接对应，具有明显的地方性，为房地产带来增值，而居民作为该地区的直接受益对象，在享受了地方政府提供的公共物品与服务的同时就应当支付对价，体现受益与纳税对等原则。

贾康（2010）指出，由于增值税试点范围的扩大，应该进一步优化地方税收制度的运作效率，使用战略性的思考方式来寻找符合未来经济市场运作趋势的地方税主体税种，借助这种方式缓解地方财政资源匮乏的现象。

安体富、葛静（2012）认为在分税制体制下，房产税的首要功能是成为地方主体税种，这是因为从属性上来讲，房产税具有地方主体税种的特质，拥有较强的财政收入功能，并且通过实证分析发现如果对全部存量住房征收房产税，那么征收的房产税将是地方政府均衡、持续、稳定的收入，可以起到缓解基层政府财政紧张的作用。

刘佐（2013）认为，从发展趋势看，房地产税应成为我国未来地方税体系的主体税种之一，其收入也应当随之成为我国未来地方税收入的主要来源之一，但是此项收入不太可能成为我国地方政府财政收入的主要来源。其他财源，特别是规范化的中央政府转移支付可能更为重要，这主要是我国市场经济条件下主体税种税基的流动性和基本公共服务均等化对于加强中央财政、税收的要求决定的。有些人误以为各国普遍以房地产税收入为地方政府财政收入的主要来源，由此产生的很多推论显然难以成立。

刘明慧、赵敏捷（2014）认为房地产税短期内能够增加房屋持有环节成本，对房地产市场进行调节，但无法迅速大幅度地降低房价，长期来看符合税制改革方向，能够增加地方政府税收，重构和优化地方政府收入体系。

熊伟（2015）将房地产税职能定位为筹集财政收入，在新一轮房地产税制改革中，他认为房地产税将在完善中央与地方财政分权体制、构建地方税主体税种中发挥重要作用。

胡怡建、范桠楠（2016）通过分析房地产税收益税的特征和我国地方财政体系的情况，认为我国的房地产税应主要定位在筹集地方财政收入的功能上，调节收入分配和调控经济运行作为辅助功能。

张斌（2016）认为房地产税是很多国家都采用的一个税种，主要功能定位在为地方政府提供稳定的税收来源。在我国的改革推进中，基于国情，房地产税被寄予更多期望，三大功能经常被提起：培育成为地方税主体税种、调节收入和财富分配、促进房地产市场平稳健康发展。目前，我国地方税收收入规模较小、主体税种不突出，地方政府严重依赖土地出让收入。“营改增”全面推广后，原来作为地方税收的营业税退出历史舞台，培育地方税主体税种成为财税体制改革的重要任务。在此情况下，借鉴国外经验，收入来源稳定性强的房地产税成为完善地方税体系的首选。未来如果房地产税作为市、县一级基层政府的主体税种，将会对地方政府治理模式产生重要而深远的影响，地方政府也需要进一步提高治理能力。

周克清（2016）认为，以房地产税为核心的财产税所具有的受益性仅能够与基层政府的支出责任相匹配，而无法满足省级政府的支出需求。因此，在地方税体系中房地产税只能成为县区级地方税系的核心税种，而不是我国一般语境下地方税系的核心税种。

2.房地产税调节功能——对房价宏观调控

丁成日（2007）阐释了税收、地方公共支出与房地产之间存在正反馈关系，房地产税一方面增加了纳税主体的税收负担，另一方面又意味着政府财政开支的增加。从这一层面分析，我国房地产税对房地产价格存在影响，其影响包括直接效应和间接效应。其中，直接效应就是房地产税收资本化，而间接效应是房地产税可以通过辖区内的地方公共支出作用于房地产价格。

况伟大（2013）通过对北京市住房持有者进行问卷调查，得出的结论是：房地产税对房价调控作用有限，居民对开征房产税的预期效应与房产税开征时间和居民持有住房的数量有关。

张克（2014）认为增加房产在保有环节的税负会增加保有成本，抑制投机，影响投资回报率，从而减少社会需求。

王家庭、曹清峰（2014）认为在我国房产税改革试点中不存在明显的政策预期效应；房产税试点显著降低了普通住宅价格，但对商品房价格和高档住宅价格影响不显著。

刘蓉等（2015）认为全面开征房地产税，不仅能调节贫富差距，在一定程度上遏制炒房风气，还能有效弥补土地财政枯竭后地方政府面临的财政缺口。

白文舟等（2016）在比较沪渝两地住房市场结构差异的基础上另选33个大中城市进行分组对照，发现房产税改革对高房价住宅房价涨幅的抑制作用明显。

3.房地产税分配功能——满足地方政府公共产品供给的需要

张学诞（2013）选取不同税率及房屋价值扣除比例模拟测算房地产税制改革对地方财力的影响，测算结果表明房地产税制改革能够提供较大份额的税收收入，增收效果显著。

高培勇（2011）认为发挥房地产税的公平效应，必须对存量房地产征税。

闫勇和姚思宇（2015）假设在土地保有环节开征房地产税，通过地方效用函数比较征税前后地方财政收入的差异，结果表明房地产税收能够在一定程度上弥补地方财力，有利于调节财政支出结构、优化土地资源的配置。

张平、任强、侯一麟（2016）发现基层政府可以通过房地产税获得可观的自有财源，同时也面临着如何使用房地产税使其达到制度设计的目的，以及将受到更多的居民监督和预算透明的压力。政府需要将房地产税纳入整个税制改革体系中进行通盘考虑，从完善整个税制的角度进行房地产税制度设计。

李成瑞、姜海、石晓平（2017）通过预测不同改革方案下典型城市住房与土地财政收入变化，评估房地产税替代土地出让纯收益成为地方支柱性收入来源的前景。研究发现，如果合理设计覆盖城市存量和新增住房的房地产税，可在短期内保证地方土地财政收入的相对稳定，并在远期实现房地产税替代土地出让金成为地方财政支柱，增强地方土地财政收入的可持续性。

（三）对房地产税税制改革的研究

1.从国家治理层面对房地产税制进行多角度、多层次的设计

刘尚希（2013）把房产税定位为房产调节税，即调节住房资源的配置和住房消费，主要针对多套房，高档住宅，而不是针对普通住房。之后再把房产调节税变成国民税，即普遍征收，但是目前作为国民税对房地产进行普遍征收这个条件还没有达到。

胡怡建（2013）认为未来房产税改革的三个基本方向：第一是对新购房征税不对存量房征税，第二是对投资性房地产征税，第三是采用较低的税率。对增量房征税、对投资性房产征税，把征税缩小在一定的范围里面，这样社会虽然有不满意之处，但是比较容易接受。

杨志勇（2014）认为房产税是为地方政府公共服务融资的税种，应该在考虑公平的基础上普遍征收标准意义上的房产税，其税率的设定应是在不同城市、不同区域、不同地段、不同社区适用不同的税率；房地产税收入用于提供地方公共服务，对地方治理提出了很高的要求。地方政府征税后，需要告诉当地人民钱用在何处。地方政府没有太多的国家机密，信息必须是公开透明的。加快房地产税改革步伐，可以促进地方治理的改善，但是也可能有风险。

马海涛（2017）认为房地产税应不考虑家庭因素，普遍征收；不考虑房产的档次、位置、面积，统一按照价值征收；房产价值以当年市场价值为基准。在普遍征收的前提下可以对自住房产，按家庭人口数设置一定量的市值减免，以提高该税的横向和纵向公平，提高该税的可接受性，而且不过多增加税政管理难度。出租房、空置房、度假房、在建房等不享受此项减免。减免的市值以当地当年中位房价为基础，参照当地人均住房面积。减免值不宜超过人均面积的三分之一乘以中位房价。这样既体现纳税与享受服务之间的

义务与权利对等关系，更保证基层政府有充足的税源，以提供服务。

2.从不同目的出发，运用不同的研究方法估算我国房地产税税率

樊慧霞（2009）认为采用科学合理、准确有效的房地产税基评估方法是准确计算与征收房地产税的基础与关键。优化我国房地产税基批量评估方法体系应从三方面入手：一是建立以“市场比较法为主，成本法和收益法为补充”的评估方法体系；二是采用“批量评估为主、单宗评估为补充”的房地产税基评估技术；三是建立专业化、专门化的税基评估数据库。她根据单个地区（行政区）模型的推导，地方房地产税的任何增加都可能会产生“双重负担”，即不仅会由全国的资本所有者承担，也会由地方生产要素和消费者来承担。如果这个负担落到了地方土地所有者身上，那么地方财产税负担的增加会部分地资本化为较低的土地价格。另外，一个房地产税税率较高的地区（行政区）内的平均税收负担相对于全国房地产税的平均水平，也可能被资本化为较低的土地价格，即房地产税的消费税效果会被资本化进房地产的价值中。房地产税是具有累进性的一个税种，也就意味着在研究房地产税的收入再分配问题时可以借鉴并运用新论的研究成果。这就为我国利用房地产税调节收入分配、促进社会公平的实现提供了有效的理论依据和实证检验。经过实证分析，她认为我国房地产税税率水平一般不应高于1%，同时不低于0.3%，即$0.3\% \leqslant r \leqslant 1\%$。这样既可以满足地方政府财政支出的需求，又不会增加纳税人的税收负担，符合房地产税改革的财政原则和公平原则。

何倩（2013）以合理税负为目的，测算我国房地产税税率范围为0.14%～0.29%；在制定税制时居民房地产税应包括农村居民房地产，同时可以从税收优惠政策上对农民的房地产给予减免，这既符合国家减轻农民负担的国家政策，又可以体现税收的实质公平。

吴旭东、田芳（2016）用单个城市缴纳土地增值税最大值除以单个城市住房评估最大值，推算出全国住房房地产税率最大值约为0.7771%，用单个城市缴纳土地增值税最小值除以单个城市住房评估最小值，得到全国住房房地产税率最小值约0.0114%。经概算全国居民住房房地产税率区间为0.0114%至0.7771%，综合考虑居民房地产税负税能力，以税负率测算我国房地产税税率不高于0.78%。

吴利群、王春元（2016）运用动态的方法测算房地产税的税率，主要是考虑到地价上涨，以及由此所带来的在整个房地产生命周期内房地产税额变化，将新的房地产税税率定为0.6%，以及根据房价收入比测算的居民经济承受能力——人均税负情况。当然，房地产税作为地方税，而且也即将成为地方税的主体税种，可以将其设置为幅度税率，如0.5%～0.7%。

（四）对房地产税的立法研究

1.由具体的“政策修补”提升到“立法”层面

刘剑文、陈立诚（2014）认为我国以往的改革路径是所谓“行政试点”模式，缺乏稳固的法律基础，有违税收法定主义。未来的房产税改革应通过立法的方式来推进，落实税收法定原则。同时，房地产税是一种典型的地方税，可以作为地方财政收入的稳定来源，因此不应忽视地方政府在房地产税立法过程中的积极性。同时，房产税改革还需要和土地增值税、城镇土地使用税、耕地占用税的改革一起统筹考虑，整体推进房地产税制改革。

许善达（2014）认为房地产政策应该限制无效需求，释放有效需求，以此解决产能过剩问题，增加经济发展的动力。

朱为群（2015）认为房地产税并非在一片空地上的全新构建，而是基于现有的税制安排而进行的一项改革。因此，房地产税改革必须考虑现有的税制结构和税负水平，秉持“稳定税负”的原则逐步推进。考虑到我国目前房地产交易环节税费种类较多、负担较重，因此房地产税制的改革要按照“有增有减”的改革思路落实“稳定税负”的基本原则。具体来说，要逐步取消房地产交易环节的不合理税费，为开征持有环节的房地产税腾出空间，以免徒增公众负担，引发不必要的恐慌和可能的接触。

王朝才、张学诞（2016）认为房地产税的立法宗旨，应该定位于完善地方税体系，形成科学、平衡的税制体系，提升地方治理能力。这一宗旨，特别是对提升地方治理能力的要求，实际上暗含了房地产税的增加地方财政收入、调节居民财富和收入分配及调节房地产价格这三种功能，这就使房地产税的立法宗旨处于一个更高的层面之上。

张富强（2016）认为规范房地产税制，推进房地产税立法，对于理顺国家与纳税人间收入分配关系具有极其重要的意义。在立法过程中，在税收法定原则下，充分尊重市场规律和社会公众的共同利益，充分体现公平性、正义性、时效性和合理性的价值，以使之成为一种符合公平正义价值标准的良法，从而使社会大众对这种法律表现出一种公认和普遍的赞同与服从。

2.从房地产税与土地制度、土地财政等方面进行了相关研究

陈多长（2004）认为长期内房产税将导致住宅资产的价格下降；短期内开征房产税的后果是提高了房屋租金价格，降低了均衡住房服务供给数量，同时会有效率损失。如果政府仅仅是为了调节房地产财富的分配和增加财政收入，那么，房产税的作用是值得肯定的。

陈志勇等（2011）构建面板数据模型实证研究了财税体制变迁、土地财政对经济增长的影响。研究发现，2000年以来财税体制的变迁，一方面驱使地方财政依赖房地产业，并通过对房地产业的扶持带动其他产业发展，另一方面驱使地方政府依赖土地出让收入建设基础设施、改善投资环境，促进地方经济增长。他还采用分税制、土地财政依赖、产业结构变动等指标构建面板数据双固定效应误差组合模型，实证检验了土地财政依赖对房地产业的影响，结果验证了分权效应对房地产业影响显著，但土地财政依赖对房地产业产值比重影响并不显著。

胡建美（2017）认为随着税制改革的推进和信息社会的到来，与土地相关的税收政策的结性问题也日渐凸显。这些结构性问题既包括土地相关税收政策本身的结构性问题，也包括土地相关税收政策之间的结构性问题，还包括土地相关税收政策与新经济形态之间的结构性矛盾。要化解上述矛盾问题，就要减少土地取得和交易环节的税种，降低土地供给制度成本；扩大土地资源使用保有环节征税范围，提高土地使用制度成本；同时，要做好相关配套制度的供给。

三、研究述评

从文献来看，国内外的研究主要针对全局或某一个局部的研究视角展开，成果综合性很强，对于局部问题也有深入的研究，但是专门从地方财政收支相匹配的视角研究房地产税课征机制的成果并不多见。基于此本书将遵循“地方财政”这一条研究主线，以“以支定收”为主导思想，从“房地产

税是地方主体税种、用于满足地方财政支出需要”的本质职能出发展开研究，即房地产税不仅能够增加地方财政收入，而且能决定地方公共产品和公共服务供给的数量和质量，由此可能形成良性或恶性循环：“房地产税税收收入—公共产品和服务水平—纳税遵从度—下一轮房地产税税收收入”。在这一功能定位下本课题系统地研究房地产税的法律机制、征管机制和税收机制，全方位、多角度增强房地产税的科学合理性和可操作性，促进房地产税收制度有效落地和全面实施，确保地方财政收支的良性循环。

第三节 研究内容

一、本书的研究内容

通过对辖区内财政支出——满足公共服务需求，如教育、医疗和公用设施建设等的分析，以及对辖区内财政收入——以房地产税取代土地出让金、原有房产税、城镇土地使用税、土地增值税和耕地占用税等分析，得出我国房地产税税收收入应归属于县（区）级政府，用于满足辖区内公共产品和公共服务供给。基于此，本书以我国房地产税课征机制为研究对象和最终落脚点，从法律机制、税收机制和征管机制三个方面展开研究，进行全面而系统的设计。

（一）追根溯源法律机制

法律机制是征管机制和税收机制的基础和先决条件。本书将扫清我国目前无法征收房地产税的法律和认识障碍，解决现实中的土地问题，即房地产税与土地出让金的关系、房地产税与房屋土地现行税制的关系、法定地方政府的财政收支范围、赋予地方政府更多的税收立法权等。

（二）设计构建税收机制

税收机制是课征机制的核心和重要内容。本书将界定房地产税的纳税人，划定房地产税的征税范围，调整房地产税的计税依据，测算房地产税的税率区间，设计房地产税的折算率，制订适合于不同房地产类型和不同人群的税收优惠政策，全面、科学地设计和构建我国房地产税收制度。

（三）整合梳理征管机制

征管机制为税收机制提供税基、税率和折算率测算的数据供给和征管保障。本书将建立房地产价值评估体系，选择适用于我国现阶段的评估机构、评估方法和评估频度；完善房地产税的跨省登记机制，增强不动产登记动力，推进住房信息登记联网；注重纳税服务质量、提升纳税遵从度、有效解决争议，提高征管水平；建立农村土地和房屋规范化管理机制，建立农民集体所有权的团体，规范农村经济建设用地，去除农村宅基地身份性，实现农村土地自由流转。

二、本书的总体框架

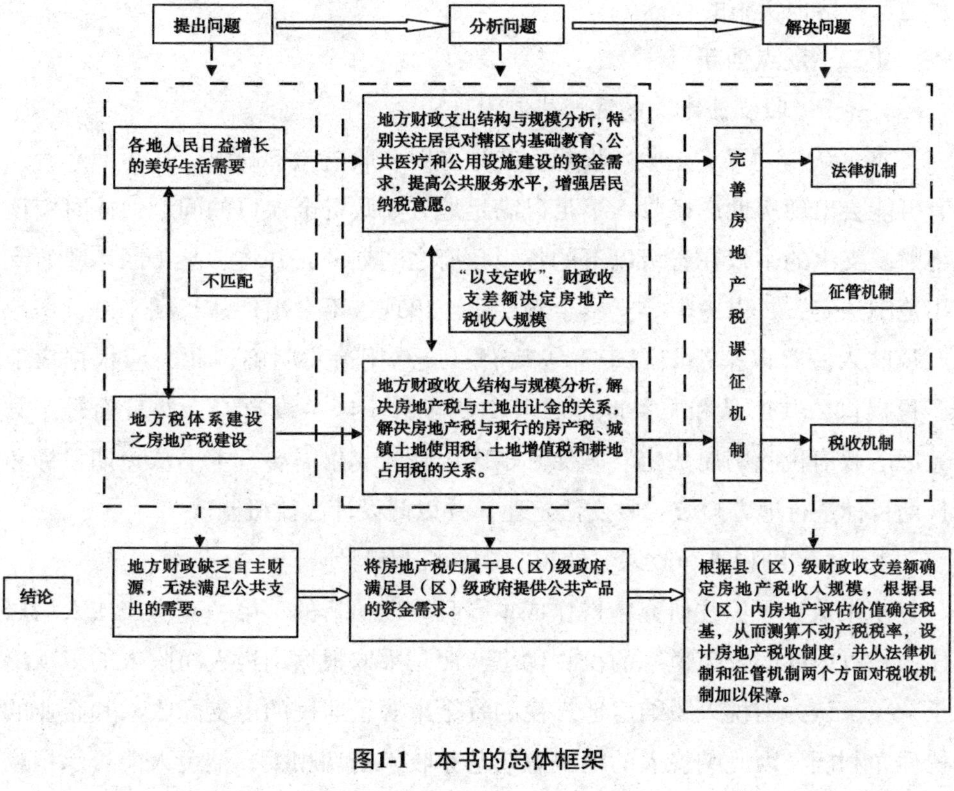

图1-1 本书的总体框架

第四节　本书的创新之处与不足

一、创新之处

（一）思想创新

本书以“地方财政”为研究视角，以“以支定收”为主导思想，以房地产税用于满足地方政府财政支出需求为研究主线，以“理顺法律关系、提升纳税遵从、完善税收制度”为研究目的，从法律机制、征管机制和税收机制三个方面设计房地产税课征机制。三个机制相辅相成、共同配合，最终达到房地产税落地实施的目标。

（二）观点创新

1.基于“收支法定”的法律机制设计

本书认为“以支定收”设想存在地方财政收支差额缺陷。从短期来看，有可能会出现房地产税收入不足以满足地方财政资金缺口的问题，此时应该将财政支出的事权在省级以下的各级政府之间划分，并将“县（区）政府支出范围法定”，以此限定支出金额，不至出现入不敷出；从长期来看，房地产税收入一直以来都归属于省级政府、最终用途不明确，此时应根据房地产税提供公共产品和服务职能将其归属于县（区）级政府，并且通过“县（区）政府税收归属法定”确保其辖区内财政支出需要。本书从短期目标和长期目标进行地方财政“收支法定”，并以此设计法律机制。

2.基于“纳税人净收入”的税收优惠机制设计

本书放弃了以往研究中操作成本高且难以执行的“第一套房产或人均居住面积以内的部分免税”的税收优惠，而是采取根据纳税人净收入的多少给予减免，认为纳税人缴纳房地产税的资金来源于居民的可支配收入和企业的税后净利润，因此纳税人的纳税意愿与净收入密切相关，纳税人能否承担或愿意承担房地产税的税款取决于其净收入的多少，并据此设计不同纳税人的税收优惠政策。

（三）方法创新

1.采用收支平衡方法计算名义税率

税率测算的理论基础是根据县（区）级财政收支差额确定房地产税收入规模，根据县（区）内房地产评估价值确定税基，从而测算不动产税税率区间。财政收支差额通过该地区的财政支出需求减去非税收收入，再减去地方税收入（不包括房产税、城镇土地使用税、土地增值税和耕地占用税等）得到，再通过财政收支差额除以该地区的房地产评估价值计算名义税率。

2.采用分类方法计算折算率

根据房地产税理论基础和现实要求，我们按照房地产性质将其划分为住宅、别墅、办公楼、营业用房并且按照计算公式给每类房产估定不同的折算率，这在名义税率统一的基础上对不同类型的房地产税进行了有效调节，达到公平税负的目的。

二、不足之处

受客观因素的限制，没能按照税收理论和计算公式测算出适用于我国的房地产税税率是本书的不足之处，也是本书最大的遗憾。希望随着未来我国房地产税课征制度的不断完善，能够进一步验证本书的学术观点，测算出不同地区的房地产税适用税率，以弥补这一缺憾。

第二章　房地产税的内涵、理论基础及法律依据

第一节　房地产税的内涵

房地产税是国家凭借政治权力，依法强制、无偿、固定地参与房地产收益分配而取得财政收入的一种形式。具体而言，是指直接以房地产为征税对象，以房地产价值为计税依据，或主要以房地产开发经营流转行为所发生金额为计税依据的税赋。房地产税收在经济社会发展过程中发挥重要作用。房地产税收不仅能够保证国家稳定地组织、积累财政收入，为城市建设积累资金，促进土地资源合理配置，调节土地级差收益，合理调节各方面的经济利益。而且还可以加强国家宏观调控，完善经济运行机制，引导社会资金合理流动，调整产业结构，促进房地产经济快速、稳定、健康地发展，全面提升经济发展水平和综合国力。

纵观世界，大多数国家都对本国房地产市场上的土地和地上建筑物征税。但是每个国家的税收制度都不尽相同，其税种名称也大不相同。如表2-1所示，有些国家仅对土地征税，有些国家仅对地上建筑物即房产征税，还有些国家将二者统一征收。另外，我们所看到的有关土地和地上建筑物的税种名称包括三种，分别是房地产税、财产税和不动产税，这三个税种有本质的区别。房地产税包括对取得环节、保有环节和转让环节的房地产所征的全部税收，它贯穿于房地产经济运行的整个过程，是比较全面和概括性的综合税种。财产税是特指对保有环节征收的单一环节税，即对自然人或法人所保有或持有的财产课征的税收，具体包括一般财产税与个别财产税。一般财产税是对纳税人所拥有的所有财产的综合课征；个别财产税是对纳税人所拥有的某些特定财产的分别课征，如土地税、房产税、不动产税等。不动产税是财

产税的一个组成部分，是个别财产税，它特指仅对保有环节的不动产即对持有的土地和地上建筑物征税。因此，三者的关系为房地产税的征税范围最大，财产税征税范围其次，不动产税的征税范围最小。研究三者的关系和征税范围，对世界各国房地产相关税收的研究大有裨益，对进一步完善我国房地产相关税收也具有积极意义。

表2-1　世界部分国家（地区）房地产税收征税对象及税种名称

土地与地上建筑物分别征税				征收统一不动产税或财产税	
对土地征税		对建筑物征税			
国家	税种	国家	税种	国家	税种
俄罗斯	土地税	法国	房屋税	美国	财产税
巴西	农业土地税			巴西	城市房地产税
印度	土地税	英国	房屋不动产税	墨西哥	
韩国	综合土地税			波兰	
新西兰	土地税	坦桑尼亚	房屋税	瑞士	房地产税
捷克	地产税			德国	财富净值税
日本	地价税、特别土地保有税	匈牙利	建筑物税	日本	固定资产税
				加拿大	不动产税
				法国	
				英国	
爱沙尼亚	土地税	捷克	房产税	荷兰	

资料来源：郭文华.国外不动产税收制度研究［M］.北京：中国大地出版社，2005：11.

目前，在我国开征的与房地产相关的税收包括：房产税、城镇土地使用税、增值税、土地增值税、契税、印花税、耕地占用税、城市维护建设税及教育费附加、企业所得税和个人所得税等。而房地产专属税种仅为五个，即房产税、城镇土地使用税、土地增值税、耕地占用税和契税。我国对于取得土地和房产环节，征收耕地占用税和契税；对于保有土地和房产环节，征收房产税和城镇土地使用税；对于转让土地和房产环节，征收土地增值税。由此可见，在保有环节征收的只有房产税和城镇土地使用税两种，而其他税种都是在流转环节征收。

理论界研究各国税种名称，并想通过设立新的税种替代保有环节的房地产税收。因此，在我国房地产税的内涵和名称也是几经变革。2003年10月党的十六届三中全会上正式提出“物业税”，这次会议通过的《中共中央关于完善社会主义市场经济体制若干问题的决定》中提出："实施城镇建设税费改革，条件具备时对不动产开征统一规范的物业税，相应取消有关收费。"由此，物业税的概念正式进入国人视线。然而国内学者对这一提法存在不少异议。物业税与物业费究竟是什么关系？物业税如何整合相关收费？物业税的性质究竟如何？有些学者认为物业税的提法是借鉴了香港的称呼，而香港的物业税是指向土地及建筑物的拥有人就其出租物业收入征收的所得税，其税基为实际租金收入，而对业主自住、授予亲属使用而未收取的租金和空置的房产不予征税。从这个意义上来看，物业税实际上是我国税法中针对个人或企业房地产出租收入而征收的个人所得税和企业所得税中的部分，可以不单独设立税种。还有些学者经过较长时间的推敲，认为"物业税"与在保有环节征收的房地产税具有相同的意义，即对土地和土地改良物的拥有人征收的一种财产税，在香港也有类似税种，叫作"物业差饷税"，因此"物业税"只是简便的叫法，是可以作为保有环节房地产的新税种而单独存在的。由于两种概念争议的存在，我国保有环节房地产税种的新名称并未以"物业税"命名。

直到2013年，我国中央层面在房地产税的改革上，提出了统筹改革的要求，即进行"房地产税"的立法。中央相关文件中相关称谓的变化也反映了对物业税和房地产税的更加准确的认知，至此房地产税的称呼出现在人们的视野中。现有文献在使用房地产税、财产税和不动产税等概念时含义并不相同。虽然房地产税与财产税和不动产税有本质的区别，它应该是包括对取得环节、保有环节和转让环节的房地产所征的全部税收、贯穿于房地产经济运行的整个过程的更广义的概念，但是国内学者，甚至政府部门将房地产税的概念缩减为仅仅指对保有环节的房地产征收的税收，等同于不动产税。另外，对于大众而言，"房地产税"的称谓更加直接而且易于接受。因此本书也采用"房地产税"这一概念展开研究，即房地产税是以土地和房屋为征收对象，对土地和房产的所有者在保有环节所征收的税，属于财产税范畴。目前在我国房地产税不是一个单独的税种，它包括在保有环节征收的房产税和城镇土地使用税两个税种。

第二节　房地产税的理论基础

明确房地产税的理论依据有利于探讨政府开征房地产税的基本出发点，有利于探讨政府最终想要实现的社会经济目标。房地产税收的理论依据不仅影响政府房地产税收制度和税收行为合理性的判断，而且影响政府课税行为的政策效果。本章将重点分析房地产税的理论依据，试图解释房地产税与地方财政收支关系、房地产税经济效率目标和社会公平目标实现、房地产税法理依据等一系列问题。

一、公共经济学理论

公共经济学关于房地产税收理论主要包括以下四个方面的内容。

（一）财政收入说

征收任何种类的税收最终目的一定会落在满足财政收入方面，房地产税也不例外。因此公共经济学认为，土地和房屋是两类主要的私人财产，并且对土地和房屋课税都具有税源充足、税基广泛、征管方便的特点，因此，房地产税适合成为财政收入的主要来源。特别是在以农业经济为主导经济形式的封建社会中，臃肿的政府机构和庞大的财政支出需要稳定的财源作保障，但是封建社会生产力十分低下，农业产品税不足以满足财政支出的需要，房地产税就以其特有的优势成为当时财产税体系中最为主要的税种。不仅在经济不发达的阶段如此，即使在经济高度发达阶段，房地产税也能够发挥组织财政收入职能。但由于房地产具有不可移动性和用途多样性，房地产税具有征收范围区域性、税基（房地产价值）评估复杂性等特点，因此目前房地产税只适宜由地方政府统一征收，并用于地方公共产品和服务项目的支出，成为地方主体税种之一。由此可见，实现政府财政收入、满足财政支出是课征房地产税的重要理论依据之一。

（二）利益支付说

利益支付说的核心观点包括两个方面。第一，政府部门为房地产所有者提供了公共服务，如国防安全、国内治安、制定法律、维持市场秩序等，这些服务使得房地产所有者拥有财产的权利得到了切实保障，满足了他们物质利益和精神层面的双重需要。房地产所有者从与房地产相关的公共服务中获益，就应该为这种服务买单，而征收房地产税恰好是房地产所有者对从政府那里获得公共服务的利益的支付。第二，政府部门特别是地方政府在提供公共产品和公共服务的同时，还会适当地改善不动产周围环境、提供公共设施、带动局部经济发展等，这些都会提高相关土地和房屋的价值，增加当地房地产的有效需求，扩大房地产所有者和房地产使用者的额外收益。对于房地产所有者和使用者来说，他们从政府行为中获益，就应当支付使财产价值增值的相应费用，因此最好负担一定比例赋税并用于满足地方财政支出。

以利益补偿为目标开征房地产税具有很强的理论支持，但是在实际生活中，房地产税是否能够发挥利益补偿作用尚不明确。因此，也有部分公共经济学的学者提出："如果基于利益的课税目标，对公共服务的使用者采用收费制度会比财产税更为恰当。"[①]诚然，使用者收费制度和房地产税收制度都可以从利益对等原则找到理论依据，并且收费制度在排他消费上更能起到税收制度所不可比拟的作用，但是收费制度存在致命缺陷，不具有可行性和操作性。比如，在确定每一单位土地和房屋享有公共服务的数量、公共服务收费价格及解决排他性成本过高等问题上都会遇到障碍。然而，就房地产所有者而言，他们享受政府提供公共服务的机会是均等的，并且也不会因为房产的增加而额外负担公共产品和服务支出，这恰好满足财政收入的非排他性和非竞争性原则。由此可见，征收房地产税比收取房地产费用更加合理。因此利益支付说是课征房地产税的又一个重要的理论依据。

（三）负税能力说

负税能力说是从衡量课税是否公平的角度出发，将纳税人拥有的土地及地上建筑物组成的房地产的数量与质量作为衡量负税能力的重要指标，纳税人拥有的土地及房产数量越多、质量越好、价值越大，说明其负税能力越大；反之，其负税能力越小。比如两个人的基本收入相同，但是其中

① [美]哈维·S.罗森. 财政学（第四版）[M]. 北京：中国人民大学出版社，2000：445.

一人拥有一笔财富，那么拥有财富的人存在纳税优势，其纳税能力较强，缴纳税款也应较多。因此从横向公平和纵向公平的角度考虑，对财富拥有者课税十分合理。对房地产课税不仅是政府参与房地产利益重新分配的过程，也是政府均分土地财富的过程。政府对不动产征税的目的还在于降低土地财富的集中度、打击不劳而获、防止投机倒把、限制哄抬房价、公平财富分配。因此，按照纳税人的负担能力课税是课征房地产税的另一个重要的理论依据。

（四）负担归宿说

重农学派经济学家魁奈最早提出负担归宿的观点。负担归宿说主要是针对土地税而言，认为土地是财富的唯一源泉，土地的出产物是真正的“社会纯产品”；由于土地供给弹性为零，对地租和对地价征税不具有转嫁性，因此土地税的这两个主要税种最终都要由土地所有者负担，如果不对土地所有者课税，而是对土地使用者课税，那么对于任何形式的土地课税最终也都将通过税收资本化的方式，转嫁到土地所有者身上。因此，出于简化税制、降低纳税服从成本和刺激生产的考虑，直接对土地所有者课税。[①]因此，土地税负具有不可转嫁性是对房地产征税的又一个重要的理论依据。

二、房地产经济学观点

房地产经济学研究者逐渐将研究的重心从课征不动产税的财政收入职能方面转向课征不动产税收的资源配置职能和课征不动产税如何实现政府的经济政策目标等方面。因此，房地产经济学是研究房地产资源配置的一般规律，这些规律既包括一般资源配置的数量配置规律，又包括房地产特殊空间配置规律。同时，西方学者的特殊经济模型也可以作为研究不动产问题的理论基础。

（一）资源配置规律

1.一般资源配置规律

市场与政府是资源配置的两个重要力量，是一对矛盾的统一体：市场失

① 陈多长. 房地产税收论［M］. 北京：中国市场出版社，2005：49.

灵要求政府调控，但是政府调控也会存在失灵，因此在市场失灵的情况下，政府一方面应该积极调控，弥补市场失灵，另一方面还要纠正政府调控的失灵。不动产市场也同样面临着市场和政府关系的处理问题。征收不动产税就像一把“双刃剑”，运用得当则可以弥补市场失灵，提高资源配置效率；运用不好则不仅干扰市场的正常运行，损害资源配置效率，也会给国家财政税收体制造成重大影响。

在没有政府干预的经济运行中，市场体系要有效发挥作用，必须具备以下条件。

第一，市场是完全竞争的，这就要求每一个市场有很多买者和卖者，没有哪一方可以控制被交换商品和服务的价格。所有买卖双方都是价格的被动接受者，价格由供求关系决定。

第二，行业成本是递增的，这就意味着任何生产者扩大生产规模，在某一产出水平上，单位成本上升。否则，随着该产品的第一个生产者的生产规模扩大，其成本下降，没有哪个企业同类产品的生产效率会超过该企业，该企业在该行业形成自然垄断。

第三，排他性原则，这是市场体系充分发挥作用的前提条件。排他性是指除了商品的购买者以外，其他任何人都不会从中得到满足。相反，不具有排他原则的商品具有外溢效应，此时需求曲线不能代表全部的购买意愿，供给曲线不能包含全部的供给成本，均衡点价格信号是错误的。因此，排他性原则不成立将直接导致价格信号失灵，资源配置低效。

第四，市场信息完全，买卖双方必须对物品的所有用途和特征全面了解，所有想要购买该商品的人的支付意愿与供给该商品的人的出售意愿能够在市场交换中得以实现。相反，市场信息不完全会导致买方或卖方的一厢情愿，致使市场价格偏离，资源配置效率低下。

第五，资源的流动性完全，资源流动方向将随着价格波动做出相应的反应，消费者和生产者的决策也会随着价格信号的变化而改变。如果资源缺乏流动性，价格就不能发挥指示器作用，同时决策者也不能利用价格信号做出灵敏反应，市场体系这只看不见的手就无法引导社会资源向社会价值最大化方向流动。

在现实生活中，这些条件和环境几乎不存在，市场失灵必然存在，在房地产市场也不例外。同时房地产市场还具有其他市场所没有的特征，加剧了房地产市场资源配置的乏力，因此更加需要政府部门和公共部门的介入，同时这也为课征不动产税提供了更为合理的依据。这些特征如下。

第一，房地产市场信息不对称。由于房地产市场具有地域性、复杂性等特点，土地和房屋市场上都存在着严重的信息不对称现象。首先，国家掌握着国有土地的所有信息，而房地产开发企业对信息了解并不充分，在信息不透明、不对等的条件下，土地供求无法体现公平、公开和公正的原则，更谈不上土地资源的有效配置。其次，在房屋买卖市场，交易的双方主体是房地产开发者和消费者，由于消费者自身缺乏专业知识，无法辨别房地产商品的建筑材料、配套设施和产品质量，无法应对房地产商品的差别性和复杂性。最后，中介机构的介入使房地产市场信息透明化更加困难，售房者与消费者依靠中介机构连接，双方缺乏交流的平台，致使房地产信息无法准确传达，资源配置低效。

第二，房地产市场的垄断。房地产市场垄断可以从土地和房屋两个方面来考察。一方面，土地的稀缺性、不可再生性和土地所有权的集中性，导致在房地产市场上土地供给受到地域和时间的限制，进而造成土地市场的垄断性增强，土地供给者之间的竞争不广泛、不充分。另一方面，房屋的地域性和固定性，使不同地域之间难以形成统一的房地产市场竞争，竞争的范围受到极大的限制，极易形成垄断。在垄断的房地产市场中，开发商会通过采取减少产量并提高价格的措施，将消费者剩余变成自己的超额利润，并从中牟取暴利。

第三，房地产市场的外部效应。房地产市场的外部效应是指在房地产经济活动中没有得到补偿的额外成本和额外收益。生产者成本大于收益，则收益外溢，形成正的外部效应或外部经济；生产者成本小于收益，则受损者得不到利益补偿，形成负的外部效应或外部不经济。如果是由私人提供外部经济的房地产，就会出现供给不足的问题，即使政府采取财政补贴的激励措施也只能实现房地产供给者个人利益最大化而不是社会利益的最大化。因此政府部门应当提供这类具有垄断性、公益性的外部经济的房地产，同时对受益主体课税。对于房地产外部不经济现象，如房地产开发企业给周围群众带来的噪声污染、土地的工业利用破坏了周围环境等，政府可以借助不动产税收工具，促使这些造成外部不经济的房地产开发者和土地利用者为其造成的损害承担相应的经济赔偿责任。从这个意义上讲，不动产税收实际上是一种治理外部不经济的政策手段。

2.空间资源配置规律

房地产的空间资源配置规律是研究房地产的价格的空间分布和动态变化的规律，涉及区域经济学和城市房地产租金的相关理论。解决能否开征不动产税的关键问题是如何建立不动产价值评估体系，确定不动产税税基的计量依据，而房地产的空间配置规律为不动产价值的评估和判定提供了重要的理论依据，为开征和完善不动产税开辟了道路。

（1）房地产市场与区域经济

房地产市场是一个区域性的市场，区域经济的状况与房地产市场的兴衰密切相关。区域的概念有广义和狭义之分。广义的区域是指根据一定的目的和原则而划定的地球表面的一定范围的空间，是因自然、经济和社会等方面的内聚力而历史奠定，并具有相对完整的结构，能够独立发挥功能的有机整体。[①]狭义的区域是指拥有多种类型资源，可以进行多种生产和非生产性社会活动的空间范围。区域经济是国家经济的空间子系统，任何一个国家的国民经济都是由异质区域经济有机耦合而成。具有不同特质和水平的区域经济，在空间上相互依存、相互联系，构成了一国国民经济的整体。

区域经济的客观基础包括三个方面的内容：

第一，区域间资源禀赋差异。生产要素的不均衡分布使各地之间资源禀赋差异较大。生产要素具有不完全流动性，一些生产要素可以自由流动，如劳动力、资金、技术等，但如土地、矿产、地形、水文、气候等是无法流动的，这就造成了自然资源在空间上无法完全流动，从而拉大了区域间资源禀赋差异。同时，即使那些被认为是可以自由流动的资源，其流动性也会受到一些非经济因素的限制。比如，户籍管理制度和传统的习俗观念使劳动力的

① 魏后凯. 现代区域经济学［M］. 北京：经济管理出版社，2006：1.

迁徙和居住受到了很大限制等。生产要素的不完全流动性是形成区域经济活动差异的基础。

第二，集聚经济。集聚经济是区域经济存在的一个充分必要条件。集聚经济使各种要素和经济活动在空间上完美结合，使区域内各种产业有规则、缜密地、如晶体般连接在一起。按照其产业和经济联系结合在一起的企业可以节约生产成本，提高经济效益，产生集聚经济效益。正是由于这种集聚经济的存在才形成了现实世界中以城市为中心的区域经济。

第三，转移成本。转移成本是指为克服空间距离在经济、社会和心理方面所花费的全部成本。转移成本包括运输费用、时间成本、信息成本和心理成本四个方面。转移成本一方面限制了资源自由流动，另一方面使区域资源禀赋优势和集聚经济效益得以在区域间实现，使经济活动局限在一定空间范围，形成区域经济。

对区域经济来说，劳动力要素和房地产要素是两类核心资源，其区域竞争力主要由这两类资源决定。同一区域内劳动力市场、房地产市场和产出市场密切相关，劳动力和房地产是区域产出所必需的投入，并通过产出的销售收入支付劳动力和房地产的使用价格，而这两个使用价格又构成区域产出成本，影响区域经济的发展。因此要实现区域产出，区域内劳动力和房地产要素必须容易获得且可靠计量。区域内人口结构、人口规模、房地产存量和房地产开发能力都决定着房地产资源水平。若区域内房地产供给能力下降，而房地产需求上升，则导致房屋租金和房屋价格上涨，最终导致劳动力和房地产的使用价格上涨，区域性生产成本提高，抑制区域经济扩张与增长；反之，亦然。因此，从区域经济学角度出发，房地产的价格受区域内劳动力价格和产出品价格的双重影响。

（2）房地产市场与城市房地产租金

研究城市土地、城市住房租金和价格变化对于确定不动产计税基础、改进不动产价值评估体系、完善不动产税税收体系具有重要意义。因此，城市房地产租金理论也是课征不动产税的重要理论依据。

从区域经济学理论出发，城市的形成和发展主要有三个方面的原因。第一，比较优势，各区域间资源禀赋差异较大，且不可自由流动，这使得各地之间在生产不同产品时生产效率存在差异，产生了比较优势，进而出现了贸易交换和商贸城市。第二，规模经济，专业化分工和固定成本的存在，既提高了生产效率，又降低了单位成本，这使得工厂取代了家庭个体生产，工厂周围人口规模不断扩大，最终形成了商业城市。第三，集聚经济，各种生产要素和经济活动在空间上集中在一起，从而形成了以城市为中心的区域经济带，这也是大城市发展的根本原因。

早在1817年，李嘉图在其著作《政治经济学及赋税原理》中提出的地租的本质和起源是对城市房地产租金研究的起点。在随后的200年间，各学者在地租定量分析方面也取得了实质性进展。

李嘉图在其代表作《政治经济学及赋税原理》“论租金”一章中对租金的定义和地租存在和增长的原因就给出了明确的解释。“租金，就是承租者愿意为租用住房而支付的费用，或者是业主愿意为占有或使用住房支付的年金”；“使用土地支付地租，只是因为土地的数量并非无限，质量也并不相同，并且因为在人口增长过程中，质量和位置较差的土地也投入耕种了”；“一个地区的人口每发展一步，这个地区就不得不使用质量较差的土地以增加食物的供给，这时，一切较肥沃的土地的租金就会增长”。[①]李嘉图的这些理论可以作为研究城市土地和住房租金问题的理论依据。总体来说，城市房地产租金和价格应刚好等于该房地产区位优势得到弥补时所对应的价值。位置越优越的住房和土地，其租金和价格越昂贵；反之，租金和价格越低廉。

Alonso William将冯·杜能的农业区位理论发展为城市区位理论，提出对家庭在城市里竞租和通勤时间的相关效用函数，并加以分析。城市区位理论首先假设不同家庭对于通勤时间和通勤费用存在差异，每一类家庭都会根据自己的偏好找到居住场所，并且房地产总是出租给出价较高者。得出的结论是：如果家庭的差别除了住房偏好之外，只有收入的差异，则竞争结果完全取决于土地消费和交通消费的收入弹性。当土地消费的收入弹性较大，而交通消费的收入弹性较小时，收入增长会使家庭土地消费增长较多，而交通消

① 钱瑛瑛. 房地产经济学[M]. 上海：同济大学出版社，2008：32.

费增长较少，此时收入增加会促使家庭向郊外方向迁移。相反，当土地消费的收入弹性较小，而交通消费的收入弹性较大时，收入增长会使家庭土地消费增长较少，而交通消费增长较大，此时收入增加不会促使家庭向郊外方向迁移，高收入家庭仍然占据城市中心。这个结论还可以很好地解释发达国家或地区富有家庭的郊区迁徙现象。在城市中的住房建筑同质的条件下，城市内不同收入家庭会因为支付能力和消费偏好的不同选择不同位置的住房，在空间上自然分化为“穷人区”和“富人区”，因此，政府应合理干预，避免同一城市内贫富差距区域化现象的产生。

Capozza Dennis和Robert W. Helsely于1989年和1990年对城市空间增长与房地产价格变化做了定量性研究。他们认为，住宅价格和租金以相近的速度随时间增长，并且城市边缘处增长较快，城市内部增长较慢。房地产价格变动的主要原因是对未来租金收益增长预测的变化，而不是当前租金的实际变化。当这种预期发生变化时，即使租金不变，城市土地及房屋价格也会发生剧烈变动。当预期增长率不变时，资本化率不变，而且在城市的任何地方都相同；当预期增长率上升时，会使资本化率降低，城市边缘相对于市中心租金增长较快，随着城市的不断扩张，城市内部的资本化率会逐渐提高。另外，对于增长速度不同的城市，增长速度快的城市的房地产价格会明显高于增长速度慢的城市。

（二）房地产价格形成机制的经济模型

1.迪帕斯奎尔—惠顿模型

关于房地产价格形成机制问题，丹尼斯·迪帕斯奎尔和威廉·C. 惠顿（1995）提出了静态四象限模型（简称D-H四象限模型）。D-H模型通过租金和新开发建设量两个接口，将资产市场和物业市场相联系。D-H模型假定，在房地产市场其他条件给定时，房地产的价格和租金数量由资本市场资金供求和物业市场住宅使用权供求分别决定。

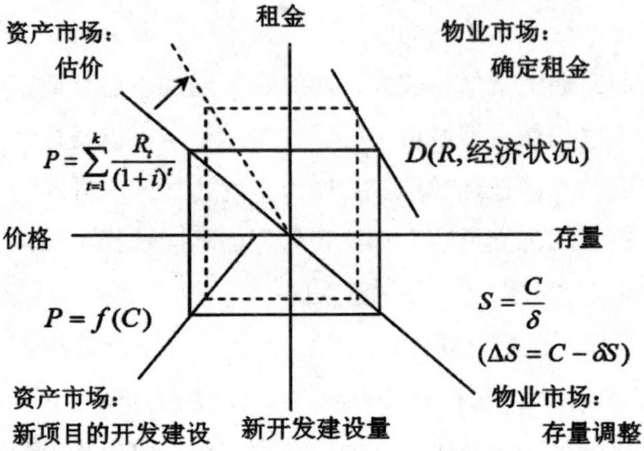

图2-1　迪帕斯奎尔—惠顿的物业市场和资本市场四象限模型

在D-H四象限模型中（图2-1），在第一象限中，物业的需求取决于租金，同时取决于经济状况，因此物业需求是租金R与经济状况的函数，即D（R，经济状况）=S。在物业市场上，存量供给由资产市场给定，第二象限中的射线斜率代表了房地产资产的资本化率，租金水平R和资本化率i决定房地产资产价格P。由于新增项目开发建设的重置成本随房地产开发活动C的增加而增加，因而在第三象限中射线向左下方延伸。均衡房地产开发建设量保持在使物业价格P等于房地产开发成本水平上，即$p=f$（C）。而在第四象限中，年度新增开发建设量C被转化为房地产物业市场的长期存量S，并且在一定时期内的存量变化ΔS等于新建房地产量减去房屋拆除的存量损失假设折旧率为δ，则$\Delta S=C-\delta S$，在房地产整个市场能出清的均衡条件下，折旧等于新竣工量，即有$\Delta S=0$，因而有$S=C/\delta$。

根据D-H模型，投资者持有房地产的存量和价格主要取决于其期望收益率。而确定期望收益率的因素主要有四个方面：长期利率、预期的租金上涨率、租金收入流量风险，以及政府对房地产的税收政策等。因此，当其他市场条件不变时，征收房产税使得投资者对于房地产投资的预期收益要求提高，当期房地产价格降低。如图2-1，当税负增加时，期望收益率提高，第二象限射线会顺时针旋转，房地产价格下降，新开发建设量下降，房地产存量下降，租金相对上涨，房地产相关市场相应变动，直至出现新的均衡，如图中虚线所示。因此，从D-H模型框架分析，征收房产税在一定程度上能降低当前地房地产的交易价格。

2.杜能-阿朗索模型

杜能（1926）和阿朗索（1964）的投标竞租模型也给出了类似的解释。这两种模型主要是用于揭示土地租金成本与空间区位之间的关系。其中，杜能模型解释的是土地租金成本与用地规模、竞争性用途中土地分配之间的一维关系。杜能认为，土地租金梯度是负的，土地价格随着运输距离的增加而下降。而阿朗索的竞租模型经米尔斯（1969，1970）、穆特（1969）和埃文斯（1973）等学者的改进，成了反映地价与距离凸性关系的主导模型。其中，行业竞租模型认为，实际租金梯度曲线作为各个竞租曲线的包络线，不同行业通过竞租划分城市土地区域。家庭竞租模型则假设，所有的土地均同质，供应量固定，且分配给愿意支付最高租金的居民。在居民理性追求个人效用最大化的前提下，家庭竞租模型认为不同收入的群体，可以通过竞租分配城市居住用地。

3.动态蛛网模型

蛛网模型是由美国经济学家H.Schultz、意大利经济学家U.Ricel和荷兰经济学家J.Tinbergen提出的有关需求弹性、供给弹性与价格收敛性问题的时间序列动态模型。蛛网模型考察不同供求弹性下各个时期需求量、供给量和价格之间相互作用，侧重于阐述生产周期较长的商品价格和交易量在偏离均衡状态之后的波动。蛛网模型假定：商品本期产出量Qst由上一期价格P（t-1）决定，当期需求量Qdt则由当期价格Pt决定。

传统的蛛网模型多为线性形式，认为市场是完善的，单一价格调节即可使商品的供给和需求达到均衡。在现实中蛛网模型往往是在非线性和非均衡的假设下运行的，同时还要将异质预期引入模型来分析非理性假设下的市场均衡问题。目前，蛛网模型分析框架被广泛应用于对农产品市场、房地产市场的均衡分析。[①]

① 徐宁，吴福象. 我国房产税试点的绩效评价与政策优化研究［J］.上海经济研究，2012（4）：105-107.

三、税收经济学理论

税收经济学中，关于房地产税的理论包括税收负担转嫁与归宿的局部均衡分析和一般均衡分析理论，以及税收中性与非中性理论。

（一）税收负担转嫁与归宿

税收负担的全部运动过程包括税负冲击、税负转嫁和税负归宿三个环节。其中税负冲击是纳税人最初承受税收负担的环节；税负转嫁是纳税人将所纳税款转移给他人负担的环节；税负归宿是税收负担的最后归着环节。其中税负转嫁最为重要。税负转嫁是通过价格变化实现的，具有税收负担再分配性质的客观运动过程，其转嫁方式具体包括前转、后转、消转和税收资本化。对于房地产税负转嫁，其转嫁方式主要为税收资本化。税收资本化是纳税人购买不动产时，将其未来应纳税款从购进价格中预先扣除，从而将税收负担向后转嫁给不动产的出售者。例如，政府对房地产持有者征税，如果房地产持有者要转让房地产，而房地产购买者也是理性经济主体，并且获知“持有房地产将被征收房地产税”的相关信息。因此房地产购买方将会要求降低房地产购买价格，房地产下降的金额应等于所有未来缴纳税款的现值。这样房地产的购买者减少的房地产购置价格，相当于未来房地产的税负，房地产购买者把税负转嫁给出售者，从而实现税收资本化的税负转嫁方式。

1.局部均衡分析

税负转嫁和归宿的局部均衡分析是指假定某种商品价格不受其他商品的价格和供求状况的影响，只分析由其自身的供给和需求两种相反力量共同作用而同时达到均衡时的价格决定。

对于房地产而言，无论是土地还是地上建筑物，其供给弹性都较小，也就是说，随着价格的变化，其供给的数量几乎不会受到影响。因此房地产的供给方，即原持有方，需要承受税负转嫁的困扰。由于房地产税是对房地产所有者征收，因此在不动产转让时，新的房地产所有者会将自己未来需要支付的税款的现值从房地产交易价格中扣除。在获得不动产后，新的房地产所有者虽然按期纳税，但是实际上其所缴纳的税款在购买不动产时已经做了扣除，也就是说其税款在原房地产所有者和新所有者之间进行分摊，即新房地产持有者通过税收资本化的方法将税收负担转嫁给原房地产所有者。

原房地产所有者究竟负担多少房地产税要由买卖双方的供求弹性决定，在其供求弹性对比中，弹性较小的一方负担税款较多，弹性较大的一方负担税款较少，也就是说，如果供给弹性比需求弹性小，原房地产所有者将负担较多的税款；如果供给弹性比需求弹性大，新房地产所有者将负担较多的税款。一般情况下，由于土地的供给弹性几乎为零，房产的供给弹性也相对较小，因此其房地产税绝大部分由原房地产所有者负担。

2.一般均衡分析

美国著名经济学家哈伯格首先提出并设计了税负归宿的一般均衡分析模型。该模型假定整个经济体系只有两个市场，即生产资料市场和生活资料市场；生产要素只有两种，即资本和劳动力；家庭部门没有储蓄，即收入全部用于消费。

表2-2 税负转嫁与归宿一般均衡分析模型

TKF	+	TLF	=	TF
+		+		+
TKM	+	TLM	=	TM
=		=		=
TK	+	TL	=	TT

在表2-2中，F代表生产资料业，M代表生活资料业，K代表资本，L代表劳动力。TKF代表以生产资料业的资本收入为征税对象所课征的税，TLF代表以生产资料业的劳动者工资收入为课征对象所课征的税，TF代表以生产资料为课税对象所课征的税。TKM代表以生活资料业的资本收入为征税对象所课征的税，TLF代表以生活资料业的劳动者工资收入为课征对象所课征的税，TM代表以生活资料为课税对象所课征的税。TK代表来自全部两个部门的资本收入为课税对象所课征的税，TL代表来自全部两个部门的劳动者工资收入为课税对象所课征的税，TT代表综合税。

在表2-2中共计六个等式。通过对上述六个等式的分析，可以得出一般结论。

第一，对同一部门的资本收入和劳动收入同时征税等于对该部门的收入征税；

第二，对不同部门的资本或劳动力征税等于对全部资本收入或劳动力收入征税；

第三，对所有部门的收入征税等于对全部资本收入和劳动力收入征税。

在政府对生产资料资本收入征税后，生产资料业的资本收益会相对下降，但由于生活资料业的资本收益不征税，生活资料业资本收益率会相应提高。资本会从生产资料业向生活资料业流动，这必然使生产资料业的资本收益率随之上升，生活资料业的资本收益率下降，直至二者的资本收益率相同，资本的流动才能停止。因此，对生产资料业资本收入征税的结果，不但生产资料业的资本所有者承担了税收负担，而且随着资本流动导致资本收益率平均化，生活资料业的资本所有者业承担了税负。

在政府对两个部门的资本收入征税相同的税收，但对劳动力的收入不征税的情况下，征税的结果会产生替代效应，即用劳动力替代资本。这种替代效应在不同部门都会发生，并且会形成资本价格的相对下降。通过生产要素配置比例的变化，可能会导致两个部门的资本所有者承担比政府课税更重的税收负担。因为替代效应不仅导致价格相对下降，同时由于劳动力需求增加，劳动力的价格会相应提高，资本收益率下降。

从税负转嫁和归宿的一般均衡分析可知，政府对某一生产部门的某一生产要素课税，其影响不仅仅局限于该行业的该部门，甚至波及整个经济，并且所有者承担的税负可能大于政府所课征的税款。[①]从上述理论推及房地产行业可知，政府对房地产课征税款，房地产持有者所负担的税款可能大于政府所课征的税款，并且课税行为将波及整个经济，房地产的上下游产业众多，经济影响巨大，因此房地产税收制度的改革牵一发而动全身，应该谨慎处置。

（二）税收中性与非中性

1.税收中性

税收中性是指税收不干扰市场对资源配置的基础性作用，或不对消费者的选择和生产者的决策产生干扰作用。税收中性主张的理论基础为经济自由

① 马国强. 税收概论［M］. 北京：中国财政经济出版社，2000：104-131.

主义。税收中性主张：（1）税收只是实现财政收入的一种手段，不具有调节经济的功能；（2）税收不应产生额外税收负担，不应使生产者和消费者遭受额外的损失；（3）市场运行是完全自由的，市场经济本身在资源配置和经济决策方面具有自我调节和约束能力，不需要国家的干预。

古典学派、新古典学派和货币主义、理性预期学派都反对国家对经济生活的干预，主张经济自由运行。

古典经济学派的代表人物亚当·斯密是最早倡导税收中性的，这也与他当时所处的自由竞争的资本主义发展阶段密切相关。亚当·斯密认为政府对市场经济的干预，会影响市场经济的有效运行，会阻碍社会资源的合理流动和最佳配置。政府应承担“守夜人”的角色，履行“夜景国家”职能。这种说法限制了政府利用经济手段调节社会经济的职能，而把取得财政收入作为政府征税的唯一目标。

新古典学派的代表人物马歇尔继亚当·斯密之后，利用供求曲线的“均衡分析法”，分析了征税的超额负担问题。他认为由于商品税的转嫁性，会发生市场经济扭曲，会给消费者和生产者带来额外负担；而直接说不具有转嫁性，消费品的相对价格保持不变，不会产生超额税收负担。因此马歇尔提出“以实行直接税，反对间接税”的做法以保持“税收中性”。

其他学者运用税收无差异曲线，通过课税对劳动力和资本等生产要素的影响分析，得出直接税也会导致超额负担，也会产生干扰经济的不良影响，因此又主张采用商品税。

2.税收非中性

税收非中性是相对税收中性而言的，是指国家将课税行为作为干预社会经济活动的有力工具，并以此直接参与社会资源的配置并实现资源配置效率最大化。

税收非中性的代表是提倡国家干预主义的凯恩斯，他在1929—1933年经济大危机时代提出税收非中性的理论观点。他认为市场自发调节失败会造成资源配置不能达到帕累托最优状态，政府应弥补市场失灵，主动利用税收手段对市场资源配置进行调整和干预，以形成课税最大收益，提高和改进整个社会的资源配置。

但是政府对市场的调节，不应是随意的，而应该遵循一定的原则，否则会给经济带来更大的损失，二战后经济滞胀就是很好的证明。因此，税收非中性应做到以下几点：（1）政府的课税行为应具有合理性；（2）政府对资源的配置应讲求高效率，这种高效率不仅应体现在宏观经济运行中，还应体现在政府的征税行为中；（3）政府的课税行为不应只关注效率损失，更应关注社会福利收益，不应只关注局部均衡分析，更应关注一般均衡分析的效应。

第三节　房地产税主要法律依据

房地产税是关系到群众利益的大事，涉及法律、政策、经济和社会等诸多领域。房地产税是以房屋为征税对象，按房屋产权所有人征收的一种财产税，征收必须是以个人或企业拥有房地产为前提。房地产税改革举步维艰，其原因之一正是因为法律问题未能明确。目前我国关于房地产税的主要法律依据如下。

一、宪法

《中华人民共和国宪法》（以下简称《宪法》）第十条规定："城市的土地属于国家所有。农村和城市郊区的土地，除由法律规定属于国家所有的以外，属于集体所有；宅基地和自留地、自留山，也属于集体所有。国家为了公共利益的需要，可以依照法律规定对土地实行征收或者征用并给予补偿。任何组织或者个人不得侵占、买卖或者以其他形式非法转让土地。土地的使用权可以依照法律的规定转让。一切使用土地的组织和个人必须合理地利用土地。"

《宪法》第十三条规定："公民的合法的私有财产不受侵犯。国家依照法律规定保护公民的私有财产权和继承权。国家为了公共利益的需要，可以依照法律规定对公民的私有财产实行征收或者征用并给予补偿。"

在这里需要特别强调的是，我国房地产中土地所有权归属于国家或集体，其所有权不可以侵占、买卖和非法转让，但是可以转让土地的使用权，也就是说纳税人仅拥有土地的使用权，并不拥有其所有权。另外，无论是土地还是公民私有财产，为了国家公共利益的需要，国家可以征用并给予补偿，这是“土地财政”的法律依据。

二、物权法

由于我国土地的公有属性，土地及地上建筑物无法完全实现私有化，这是房地产税的立法需要解决的重要基本法律权属问题。

《中华人民共和国物权法》（以下简称《物权法》）第六十四条规定：“私人对其合法的收入、房屋、生活用品、生产工具、原材料等不动产和动产享有所有权。”

《物权法》第三编关于用益物权的规定中，将宅基地使用权、土地承包经营权、建设用地使用权规定为用益物权。第一百一十八条规定：“国家所有或者国家所有由集体使用以及法律规定属于集体所有的自然资源，单位、个人依法可以占有、使用和收益。”

《物权法》一百四十九条规定：“住宅建设用地使用权限期间届满的，自动续期。非住宅建设用地使用权期间届满后的续期，依照法律规定办理。该土地上的房屋及其他不动产的归属，有约定的，按照约定；没有约定或者约定不明确的，依照法律、行政法规的规定办理。”

由此可见，《物权法》对于业主拥有永久性土地使用权的权利保障法律规定是清晰的，其中涉及的房屋所有权也为征收房地产税提供粗略条件。但是《物权法》不够健全，首先，在建设用地使用权部分没有区分城市建设用地或者是农村建设用地。立法者才采取笼统的立法模式，将很多问题留出解释的空间，虽然这样有利于法律的稳定性和同步性，但是却在一定程度上加剧了城乡土地二元体制所带来的土地制度混乱。其次，没有提及续期后的费用、未来使用年限及相关问题。再次，对非住宅建筑用地没有具体规定，如商业和综合建设用地应如何处理，能否自动续期等。最后，房地产税法仍需要详细明确如何界定个人拥有的房屋权属，这不但是巩固房地产税的立法基础的要求，还是规范设立具体税种、避免重复征税的前提保证。

三、土地管理法

为了加强土地管理，维护土地的社会主义公有制，保护、开发土地资源，合理利用土地，切实保护耕地，促进社会经济的可持续发展，1987年1月1日我国开始实施《中华人民共和国土地管理法》（以下简称《土地管理法》）。

《土地管理法》第四条第一款规定："国家编制土地利用总体规划，规定土地用途，将土地分为农用地、建设用地和未利用地。严格限制农用地转为建设用地，控制建设用地总量，对耕地实行特殊保护。"

《土地管理法》第十七条规定："各级人民政府应当依据国民经济和社会发展规划、国土整治和资源环境保护的要求、土地供给能力以及各项建设对土地的需求，组织编制土地利用总体规划。土地利用总体规划的规划期限由国务院规定。"

《土地管理法》第二十二条规定："城市建设用地规模应当符合国家规定的标准，充分利用现有建设用地，不占或者尽量少占农用地。城市总体规划、村庄和集镇规划，应当与土地利用总体规划相衔接，城市总体规划、村庄和集镇规划中建设用地规模不得超过土地利用总体规划确定的城市和村庄、集镇建设用地规模。在城市规划区内、村庄和集镇规划区内，城市和村庄、集镇建设用地应当符合城市规划、村庄和集镇规划。"

《土地管理法》第二十四条规定："各级人民政府应当加强土地利用计划管理，实行建设用地总量控制。土地利用年度计划，根据国民经济和社会发展计划、国家产业政策、土地利用总体规划以及建设用地和土地利用的实际状况编制。土地利用年度计划的编制审批程序与土地利用总体规划的编制审批程序相同，一经审批下达，必须严格执行。"

《土地管理法》第五十五条规定："以出让等有偿使用方式取得国有土地使用权的建设单位，按照国务院规定的标准和办法，缴纳土地使用权出让金等土地有偿使用费和其他费用后，方可使用土地。自本法施行之日起，新增建设用地的土地有偿使用费，百分之三十上缴中央财政，百分之七十留给有关地方人民政府，都专项用于耕地开发。"

《土地管理法》是《宪法》的下位法，其中的很多内容都遵从宪法内容，在这里不再赘述。《土地管理法》中更加强调土地的规划和用途，土地利用按照严格保护基本农田，控制非农业建设占用农用地；提高土地利用率；统筹安排各类、各区域用地；保护和改善生态环境，保障土地的可持续利用；占用耕地与开发复垦耕地相平衡等原则编制土地规划，最大限度地使用土地，最优效率地利用资源。

在《土地管理法》中虽然有关于保护耕地的内容，并且提出按照“占多少，垦多少”的原则对耕地进行保护，但是这些规定多流于程序和形式，不仅对被占用耕地的补偿也没有明确规定，对于占用耕地后重新开垦新的耕地也没有做到。随着近些年城镇化水平不断提升，耕地被占用的情况更是屡见不鲜，《土地管理法》需要与时俱进，尽快调整和完善。另外，《土地管理法》中虽然有关于出让方式获得土地的规定，并且规定了土地有偿使用费在中央和地方之间如何划分，但是没有规定地方政府可以将多少土地资源以出让的方式转为建设用地。这也给各地方政府无规划、不合理地出让土地埋下了祸根，也为我国目前房地产税改革和财政体制深化改革设置了障碍。

四、经济法

经济法是国家调控经济和协调市场运行过程中经济关系的法律规范，它追求社会运行的安定有序和社会公平正义实质化。这也正是房地产税的经济法基础。

（一）社会运行安定有序

经济法追求自由与秩序的统一和谐及社会效益最大化。经济法通过干预、限制的手段，达到一种良好的社会经济秩序，实现自由与秩序之平衡，从而达到综合效益的最大化。在房地产市场中，安定的秩序表现为房地产市场、经济利益、社会和自然、人文环境及个人价值的优化和协调发展。国家通过制定的税收政策，对个体的经济行为进行调节，使得每一个个体的行为都符合国家的宏观调控的目标，进而实现税收效应，一方面，增加国家财政收入，通过征收房地产税，满足地方政府公共支出的需要，履行政府职责，树立国家公信力。另一方面，优化资源配置，通过征收房地产税，拒绝由土地所有权人或使用权人一次性无偿占有使用这种资源，实现由全社会分享土地红利，实现社会效益的最大化。房地产税实现了个体经济自由，维护了房地产市场的正常秩序，体现了经济秩序和自由和谐的完美统一，实现了社会运行的安定有序。

（二）社会公平正义实质化

经济法追求的公平正义是实质上的公平正义。实质公平正义要求针对有差别的情况进行不同法律调整，以实现最大多数人的幸福，是一种结果上的公平正义。社会公平正义实质化在税法立法过程中起着重要的指导作用，是制定科学合理的税收制度的强大支撑。我国房地产税的立法也不例外，在整个税制的设计、制订及实施的过程中，公平和正义必须贯穿始终。从某种意义上来说，房地产税收制度的实施过程中，是税法理论在现实社会中实践公平和正义价值的实现过程。房地产税是通过法律手段对占有土地和房产等不同财富而引起的存量财富差异进行调整，弥补了个人所得税制只能对流量财富而不能对存量财富进行调节的缺陷。通过对不同的群体、不同类型的房地产征收不同规模的房地产税，能够有效实现房地产税调节收入分配、缩小贫富差距的作用，体现了经济法中实质公平正义的要求。

综上所述，房地产税的理论基础和法律依据，从房地产税的起源、性质、功能和作用等多个角度进行了系统分析。从理论基础来看，按照利益支付说，由于政府进行公共投资、提供公共服务等原因使得居民的地产价值得到了提升、享受了公共服务，因此，需要付出相应的房地产税作为补偿；按照财政收入说，房地产税为地方政府提供稳定的财政收入，达到筹集财政资金的目的；按照房地产一般和空间配置规律，探讨房地产的价格形成机制，为房地产价值评估、完善房地产税的计税依据提供理论支持；按照负担能力说和税负归宿说、税负转嫁和税收中性等学说，房地产税一定程度上可调节贫富差距，缩小基尼系数，政府可以以此标准制订普惠性税收优惠政策，通过结构性减税等宏观调控手段达到对资源有效配置，让人民群众切实获得普遍的幸福感，提高人民生活质量。

从法律依据来看，《宪法》规定我国房地产中土地所有权归属于国家或集体，不可侵占、买卖和非法转让，但是土地的使用权可以转让；《物权法》对于业主拥有永久性土地使用权的权利具有一定的保障作用；《土地管理法》更加强调土地的规划和用途，为保护、开发土地资源，合理利用土地，切实保护耕地，促进社会经济的可持续发展提供法律依据；《经济法》所追求社会运行的安定有序和社会公平正义实质化，也正是房地产税的立法基础。虽然这四个主要法律都为开征房地产税提供了法律依据，但是也都存在着一定程度的障碍，需要在今后的实践中不断完善。

第三章　我国地方财政发展演进及收支现状分析

近年来，世界各国对财政分权问题普遍关注。联邦国家的财政大多将财政划分为联邦、州、地方三级，每一级财政都有其相对独立的财税立法权和专门的财政收支预算制度，采用“立宪性一致同意”的财政分权模式，并在此基础上建立州与州之间、地区与地区之间相对独立和完善的财税体系。单一制国家的财政一般情况被分成中央财政和地方财政两级，中央集权程度较高，地方自由裁量权较小，不能完全自主决定财政收支，其重大财政事项都由中央政府替地方政府决定，而地方政府相当于中央在各个经济区域的分支机构。

1978年我国开启了市场取向的经济体制改革，中央和地方政府的财政关系是由计划经济向市场经济转变的重要内容。本章将对中国财政分权历程进行考察，通过中央和地方事权和财权的划分，进一步明确省级以下政府的事权与财权。

第一节　我国中央和地方财政关系演进

一、1978年之前的中央和地方财政关系

从新中国成立到1978年之前，我国中央和地方的财政关系经历了多次集权与分权的改革，每次改革都是根据当时的经济形势做出的，都是中央和地方政府博弈的结果。

新中国成立之初，我国曾经实行过短暂的集权式管理，实行完全的“统收统支”财政制度。这种集权式管理面临着极大的中央和地方协调成本，弊

端凸显。于是在1958年我国开始了第一次财政改革，大力推行分权式改革，一方面，按照各地的财政收支情况进行差异化处理：要求盈余地区将多余收入上缴，而对财政资金不足的地区给予相应的补助；另一方面，扩大地方政府的财政激励，规定地方政府在预算执行过程中超收和节支的部分可自由支配。

1959年分权改革变得非常激进，采用“收支下放，计划包干，地区调剂，总额分成”的分权政策，这是新中国第一次采取财政包干制。中央将大量企业下放给地方政府，企业利润归入地方财政，税收收入和各项支出责任都划归地方政府管理。地方政府不仅要满足本级财政支出，还要将收大于支的部分交付中央政府，用于中央的正常开支和补助落后地区、民族地区；中央政府对地方政府的正常支出不予干预，同时也不给地方拨付专项资金。

1961—1963年间由于中央政府将权力过度下放，造成了经济混乱，开始做集权调整。中央将大量企业上收，恢复专案拨款，整顿预算外资金收入，压缩企业利润留成，限制企业投资，同时限制地方政府开支，财政体制也回到收支两条线的状况，中央政府重新成为投资主体，地方政府的权力被削减。

20世纪60年代中后期为了发展地方经济建设，中央政府再一次赋予地方政府财政支出权力。1970年开始将大量企业下放给地方政府，甚至包括中央直属的企业。地方政府在获得大量企业的同时，也对财政体制进行了几次改革，其中包括1971年的“定收定支、收支包干、保证上缴、结余留用、一年一定”、1974年的“收入按固定比例留成，超收另定分成比例，支出按指标包干”、1976年的“收支挂钩，总额分成”，其改革内容包括地方上缴部分实行绝对数或相对数包干，地方政府拥有上缴之后结余资金的支配权，地方政府承担地区发展的事权等。

经过几次分权和集权的改革，我国中央与地方的财政关系已经从高度集权的财政关系向分权的财政关系转型。从分权的角度来看，此时的中国已经是一个以地方政府为主的经济体。

二、1978—1993年间的中央和地方财政关系

1978年是我国改革开放的起点，由此至1993年是我国经济腾飞的起步阶

段，也是我国经济体制由中央计划转向市场调控的关键时期。1978年至1993年间我国经济形势发生了翻天覆地的变化。在所有制方面，我国除了拥有国有企业、集体企业之外，新增了为数众多的私营企业，特别是乡镇企业，还不断涌现出个体经济；在价格体系方面，既有国家调控价格，也有私有经济主导的市场价格；在地区发展方面，在保证大多数地区经济形态不变的前提下，在沿海地区逐步开放，成为经济发展的前沿，并且在政策上享受很多优惠，获得了经济发展先机，成为中国区域经济主导力量；在国际交往方面，开展国际贸易，获得外汇储备，并将之用于进口国有企业需要的设备、引进人才和技术，从而使本国经济快速发展。为了激励地方经济发展、减轻财政压力、化解危机，中央政府积极推进分权化改革，极大限度向地方政府下放了手中的权力，推行“分灶吃饭”为特征的分级财政体制改革。

（一）财政收入实行包干制

这一时期的财政政策与经济发展战略相匹配，实行的是财政包干制，即俗称的“分灶吃饭”，将中央和地方的收支分开，各自在自己的经济范围内寻求财政平衡。“分灶吃饭”的财政体制将中央和地方的财政收入分为四种类型：中央固定收入、地方固定收入，固定比例分成收入、中央和地方的调剂收入。其中，中央财政的固定收入包括中央企业收入和关税收入；地方财政固定收入包括地方企业收入、盐税、农牧业税、工商所得税、地方税和地方其他收入；固定比例分成收入是中央部门直接管理的企业收入中央分享80%、地方20%。中央和地方调剂收入是将1979年的数据作为包干基数实行包干，地方的财政支出按企事业单位隶属关系划分，首先用地方固定收入和分成收入，多余的部分上缴中央，不足部分用调剂收入弥补，仍然不足的，中央按照差额给予补助。

随着1983和1984年国有企业两步“利改税”的推进，国有企业原来上缴利润变为征收企业所得税，财政体制也随之改革。1985年开始将原来的按收入分享改为按税收分享，同时在上缴的比例中实行总额分成，即将地方的全部财政收入（地方固定收入和地方分享收入）与支出挂钩，盈余部分与中央进行一定比例的分享。

（二）财政支出事权下放给地方政府

从1980到1992年期间，中央政府先后三次调整中央与地方政府的财政承包合同，其目的是将财权和事权同时下放给地方政府，建立地方政府财政收支的相关性。这三次调整分别是1980—1985年的“划分收支、分级包干”模式、1985—1988年的“划分税种、核定收支、分级包干”模式、1988—1992年的“多种类型并举模式”①。三次改革使地方政府具备了独立的地方利益，拥有了与中央政府讨价还价的资本，中央政府和地方政府通过博弈的方式解决纵向财政竞争。

包干制提升了地方政府大力发展经济的积极性，特别是对于发达地区，在完成包干之后还有大量的财政盈余，地方政府可利用的资金非常可观。而中央财力则出现困难，其原因在于地方政府隐瞒实际财政收入或将预算内收入转到预算外等。包干制导致了“弱中央、强地方”的现象，中央财政在被挤压了收入之后，不得不每年向央行透支，于是造成了严重的通货膨胀；地方财政边际留存率高，激励财政收入高的产业，地区间的产业结构严重同构，同时为了扶持和保护本地企业的发展，限制外地商品的流入，全国被分割成为零碎的市场。

三、1994年以后的中央和地方财政关系

1992年10月党的十四大正式确立了社会主义市场经济体制的改革目标，并于1993年11月的党的十四届三中全会上决定：“为进一步理顺中央与地方的财政分配关系，更好地发挥国家财政的职能作用，增强中央的宏观调控能力，促进社会主义市场经济体制的建立和国民经济持续、快速、健康发展，决定从1994年1月1日起，改革原有财政包干体制，对各省、自治区、直辖市和计划单列市实行分税制财政管理体制。”

（一）分税制改革内容

1994年分税制改革的直接目标是提高两个比重，即财政收入占GDP的比重和中央财政收入占全国财政总收入的比重，并进一步规范政府间财

① 谷成. 基于财政分权的中国财产税改革［M］. 北京：人民出版社，2011：37.

政关系。各级财政相对独立的事权与财权相结合原则成为处理政府间财政关系的基本原则。分税制改革的原则和主要内容是：按照中央和地方政府的事权划分，合理确定各级财政的支出范围；根据事权与财权相结合的原则，将税种划分为中央税、地方税和中央地方共享税，分设国税和地税两套税务机构分别征管；科学核定地方收支数额，逐步实行比较规范的中央财政对地方的转移支付制度；建立和健全分级预算制度，硬化各级预算约束。[①]具体内容如下。

1. 分权以划分税种为特征

与以前财税体制中中央和地方共享收入不同，分税制首次将税种作为中央与地方共享对象，这也成为财政分权的重要特征。按照税种性质不同，分税制将所有税种划分为三类：中央税、地方税和共享税，其中中央税包括进口环节的增值税、消费税、关税、车辆购置税和中央直属企业的企业所得税等税收；地方税的主体是营业税、城市维护建设税、车船税、与土地相关税种、地方企业所得税等；共享税主要包括增值税（不含进口环节）、印花税等。

在1994年之后，我国还经历了两次影响深远的税制调整，总体上的趋势是缩小地方税范围，增加共享税范围。第一次是2002年的所得税分享改革，将原本属于地方税的企业所得税和个人所得税变更为中央地方共享税，分享的比例为当年中央和地方五五分成，此后为六四分成。第二次是2012年的“营改增”，将原属于地方的营业税变更为中央地方共享的增值税，中央和地方五五分成。

2.分设国税和地税两套税务机构

在分税制改革中，除了上海和西藏外，全国各省、自治区和直辖市及以下地区原有税务局被分设为国家税务局和地方税务局，税务局原有的人员按照其业务属性分别划归国税局和地税局。国税和地税有两个显著差异，一方面是征税范围，地税只负责地方税的征收，国税不仅征收中央税，还征收全部的共享税；另一方面是管理模式，国税实行垂直管理，地税实行属地管

① 《国务院关于实行分税制财政管理体制的决定》（国税发〔1993〕85号文）

理，国税局系统在机构、人员编制、经费、领导干部职务等方面采取下管一级的原则，其中，地方各级国家税务局正、副局长由上一级国家税务局直接任免；但地方税务局的管理权限则划归地方政府，其机构设置、人员编制和管理体制等都由地方政府负责。

3.转移支付

中国的财政转移支付制度是在1994年分税制的基础上建立起来的，是一套由税收返还、财力性转移支付和专项转移支付三部分构成的、以中央对地方的转移支付为主的且具有中国特色的转移支付制度。

税收返还是中国财政转移支付的主要转移支付制度的认证形式，是地方财政收入的重要来源。为了减少改革对地方利益的触动、促使改革顺利进行，中央政府决定予以地方政府税收返还，其返还数额以1993年为基期年核定。按照1993年地方实际收入及税制改革后中央和地方收入划分情况，合理确定1993年中央从地方净上划的收入数额，并以此作为中央对地方税收返还基数，保证1993年地方既得财力。1994年以后，税收返还额在1993年基数上逐年递增，递增率按全国增值税和消费税增长率的1∶0.3系数确定，即全国增值税和消费税每增长1%，中央财政对地方的税收返还增长0.3%。[①]虽然在短期内，地方政府可以通过做大基数获得更多的税收返还，但是从长远来看，中央的财政收入将比地方政府增长更快，将获得更大的税收利益，这一举措有效解决了中央财力的困境。税收返还以维护地方既得利益的基数法进行分配，体现了对收入能力较强地区的倾斜原则，维护了较富裕地区的既得利益，与缩小地区间差距的主旨背道而驰。

财力性转移支付是为弥补财政实力薄弱地区的财力缺口，由中央财政安排给地方财政的补助支出。财力性转移支付是缩小地区财政差距的重要手段，应是财政转移支付的主要组成部分。主要包括：一般性转移支付、调整工资转移支付、民族地区转移支付、农村税费改革转移支付、年终结算财力补助等形式。

专项转移支付是中央财政为实现特定的宏观政策及事业发展战略目标而

① 《关于分税制财政管理体制税收返还改为与本地区增值税和消费税增长率挂钩的通知》（国发〔1994〕47号）.

设立的补助资金，重点用于各类事关民生的公共服务领域。地方财政需按规定用途使用资金。

（二）分税制改革的成就

1.中央财政收入快速增长

分税制改革之后，中央财政困境得到解决，“强地方、弱中央”转变为“弱地方、强中央”；财政收入占GDP的比重和中央财政收入占全国财政收入的比重都得到提高；预算外收入减少，地方政府隐瞒收入的可操作空间下降，预算外收入转为预算内收入，对中央财力影响较小；以流转税为主体的现代税收体系促进中央税收收入高速增长，一方面原因是中央财政收入以增值税为主，增值税又与制造业紧密相关，在经济高速增长阶段，制造业的发展更为迅速，产业结构与税收制度的契合带来了税收收入的高速增长，另一方面原因是国地税分设带来的征管效率的提升，由于大多数主体税种均由国税局征收，国税局垂直统一的管理模式提高了征收效率，降低了地方政府出于地方经济发展目标对税收征管的干扰，做到了“应收尽收”。[①]

2.全国统一市场逐步形成

分税制改革以前，地方政府为了追求地方财政利益最大化，经常采用地方保护主义政策——争夺资源和市场、对要素市场和产品市场进行分割。分税制改革后，增值税和企业所得税都变为中央和地方共享税，其中增值税的共享比例为75%和25%，企业所得税的比例为60%和40%，对于地方政府而言，地方保护主义的行为已经不能直接带来地方财政收入的增加，地方政府出于财政激励分割市场的动机被显著削弱了，这样在客观上促进了全国统一市场的形成。全国统一市场的建立，一方面有利于减少地方保护主义，促进企业突破地方局限，扩大全国范围内的知名度，鼓励企业做大做强；另一方面，有利于促进地区间的产业分工，发挥各地的比较优势，形成地区联盟，合作共赢。

（三）分税制改革的缺憾

分税制的改革是一把双刃剑，既有突出的成就，也有明显的缺憾。分税

① 范子英.深化财税改革，重塑中央与地方财政关系——第二章：中央地方财政关系的历史演进[R]中国经济改革研究基金会，2016.5.

制不仅是对财政领域的颠覆性改革，也对国企改革、金融改革等有直接的促进作用；然而分税制改革也给中央和地方财政带来了新的经济问题和社会问题，这些问题也成为当下制约中国经济增长的瓶颈。

1.改革仅限于收入分权

分税制改革是出于解决中央财政困境的目的，因此能否提高中央财政的收入比重是至关重要的问题，为此整个改革设计也都是围绕收入分配进行的，而对支出责任的明确和调整显得不足。也就是说，中央和地方在财政收入方面进行了洗牌，而财政支出方面并没有做出调整。这样就导致地方收入被中央分享之后，地方支出责任维持原状，从而产生了地方财政收支不平衡。并且之后的数次改革都加剧了这种不平衡，比如2006年取消农业税、2006—2011年多次提高个人所得税的费用减除标准、2012年开始实行的“营改增”、小型微利企业房产税等地方税种的减免，这些都造成了地方财政特别是县以下地方财政出现更大的财政缺口和更为严重的财政困境。与此相反，地方承担的支出责任却在持续增加，在人们对美好生活需求的不断提升下，地方政府肩负着人民幸福的重要使命，地方财政负担加剧。

2.改革仅限于中央与省的分权

为了解决中央财政困境，分税制改革仅仅考虑了中央和与中央政府对位的省级政府间税收分成，对省以下各级政府间的财政分权并未做进一步的规定。从现实来看，我国目前省以下收入划分有三种模式：一是对那些收入稳定且规模较大的税种，如增值税、所得税及房产税等的收入，比照中央和地方共享税的办法，由省级财政与市县级财政按比例共享，该比例有五五、六四、七三或者其他，一般省级比例低于市县；二是将那些收入较少、税源零星分散的税种收入，如耕地占用税、契税等税种划作市县固定收入；三是在按照以上两种办法划分收入的同时，还将若干主要行业或支柱产业的税收收入，划作省级固定收入，各省（市、自治区）内行业、产业、企业的类型也有所不同，一般选择石油、石化、有色、电力、金融、保险、卷烟、汽车等。

分税制改革仅限于中央和省级的收入划分给予了省级财政更大的操作空间，名义上各地可以因地制宜采取适合本省的财税分成政策，但在实际操作中难免导致各省内部收入划分不一致，各地区财政收入苦乐不均。市县级基层财政只能通过与省级政府讨价还价获得财政收入分成，自身缺少主体税种和自主财力，财政收支不均衡问题日益突出。

四、党的十九大以后的中央和地方财政关系

1994年分税制改革是我国建立社会主义市场经济体制必须进行的重大制度改革。分税制改革使中央政府财力明显增强，有效提升了中央政府在全国范围内宏观统筹协调能力。但是地方政府财力分配过小，导致其在履行过多事权时入不敷出。为了解决这些问题，习近平总书记在党的十八届三中全会上提出“完善立法、明确事权、改革税制、稳定税负、透明预算、提高效率”的改革思路；在党的十九大报告中提出“加快建立现代财政制度，建立权责清晰、财力协调、区域均衡的中央和地方财政关系”。2018年在全国两会上提出“省级及以下国家税务机关与地方税务机关合并”。这些内容都是未来我国中央与地方财政关系改革的基本方向和指导思想，也是推进中国特色社会主义新时代财政管理体制改革的重要依据。党的十九大报告及2018年两会的具体要求如下。

（一）建立现代财政制度，构建新型中央和地方财政关系

建立现代财政制度、建立新型中央与地方财政关系，要在以下三个方面做出努力。

一是“权责清晰”，“权”指财力，是各级政府拥有的组织财政收入的权限，“责”指事权，是政府为民众提供的公共服务的责任。[①]“责”是基础，“权”是保障，无论是中央政府还是地方政府，其事权和财权都应匹配。为了实现这一目标，中央政府出台了多项举措，如实施新的《预算法》、改革基本公共服务等。由此可见，中央政府正致力于形成中央和地方财力和事权划分的清晰框架：明确界定各级政府应履行的责任，为公众监督提供制度环境；完善财力与事权匹配机制，为各级政府履行事权提供财力保证，从而保障各级政府的公共服务供给，以满足人民群众日益增长的美好生

① 李勇. 中央与地方政府财政关系的新定向[N]. 天津日报，2018-01-22.

活需要。

二是“财力协调”。转移支付制度是协调中央和省级政府之间的财力分配的重要手段。国务院已于2015年对专项转移支付制度进行改革和完善，并要逐步加大纵向财力转移支付力度，将跨区域河流治理、生态文明建设、城乡应急保障能力建设等内容纳入专项转移支付范畴。除此之外，为了弥补欠发达省份财力、促进公共产品供给均等化，中央还要进一步提升均衡性转移支付的比重。

三是“区域均衡”。我国的转移支付仅限于中央对各地方政府的转移支付，尚未实现地区间的横向转移支付。目前中国仅有区域间的对口支援，主要采用东西部地区的扶贫协作、援疆、援藏等形式。这种对口支援不仅可以解决欠发达的地区为本地区发展需要的资金问题，也从人才、技术等根本方面解决了发展短板问题，因此对口支援在解决区域均衡问题上是行之有效的，我们要继续坚持对口支援工作，并提供各种保障举措，提升效率，保证效果。

（二）深化税收制度改革，健全地方税体系

深化税收制度改革是建立新型中央和的地方财政关系的根本要求。我国从“十一五”以来一直致力于结构性减税，如2008年内外资企业所得税合并、2009年“增值税转型”、2006—2011年提高个人所得税费用减除标准、2016年全面推行的“增值税扩围”、2018年改革个人所得税征管模式等，这些措施对供给侧结构性改革、降低企业成本具有重要意义，与此同时各级政府财政收入也随之减少。从长期来看，这是政府促进经济可持续发展、培养更多税源的主动作为，但是从短期来看，在当下各地大规模推进新型城镇化和新农村建设的影响下，地方政府财力会越发紧张，越来越不能满足地方财政支出的需要。

“营改增”后地方财力更加薄弱，地方主体税种严重缺失，因此健全地方税体系成为当务之急。为此，众多学者提出改革方案，其中主流说法包括改革现有税制、开征新税种、改中央税为共享税，以增加地方财力。

1.改革现有税制

深入推进房产税改革，一方面，完善房地产税的课征机制，清除房地产税法律障碍，提升纳税遵从度，设计房地产税收制度，为地方政府提供稳定的收入来源，保证地方财政支出需求；另一方面，增加房地产投机者的成本以抑制房价过快上涨，更好地落实中央“房子是用来住的，不是用来炒的”精神指示，推进“多主体供应、多渠道保障、租购并举”住房制度的建立。

深入推进资源税改革，因地制宜设计资源税改革方案，理顺资源税费关系，建立规范公平、调控合理、征管高效的资源税制度，有效发挥其组织收入、调控经济、促进资源节约集约利用和生态环境保护的作用。一方面，扩大资源税征税范围，根据各地资源开发利用的实际情况，适时地将水资源、森林、草场、滩涂等资源纳入资源税的征税范围；另一方面，全面实施清费立税、从价计征改革，在实施资源税从价计征改革的同时，将全部资源品目矿产资源补偿费费率降为零，停止征收价格调节基金，取缔地方针对矿产资源违规设立的各种收费基金项目。

深入推进个人所得税改革，使其充分发挥增加地方财政收入、公平收入分配的目标。2018年，我国对个人所得税法进行了全面的修改，其改革特色主要体现在以下两个方面。一方面，将我国个人所得税一直以来实施的分类征收制改为混合征收制，即将工资薪金所得、劳务报酬所得、稿酬所得和特许权使用费等劳动所得合并，统一征收税款，其他所得依旧采用分类征收制度。这样可不再区分工资薪金与劳务报酬的界限，免去很多在实际征管中因劳动合同表述不清而带来的征管麻烦，还可以消除因为税率差异而导致的二者税收负担不同等问题。另一方面，除了提高费用减除标准为5000元外，增加了大病医疗、子女教育、继续教育、房屋贷款、房屋租金和赡养老人等专项附加扣除。改革原有 “一刀切”的费用减除标准，采用一般扣除和专项扣除相结合的方法，为纳税人合理减负，保障个人的基本生活需要，实现个人利益最大化。新的个人所得税制度能够鼓励人民群众通过劳动增加收入，迈向富裕。

2.开征新税种

2018年开征的环境保护税将为新的地方主体税种，为地方政府加强环境保护和环境治理提供强有力的资金支持，推进美丽中国建设步伐。环境保护税应根据各地企业状况，确定重点税源对象，制定行之有效的对策，在增加财政收入的同时有针对性地解决环境污染问题。

3.改中央税为共享税

深入推进消费税改革，增强消费税增加财政收入、调整产业结构、引导消费方向、促进节能减排的功效。一方面，扩大征税范围，增加对高档家具、私人飞机等高档消费品和高能耗消费品征税；另一方面，将具有全国影响力的征税项目，如烟、酒、成品油、小汽车等，划归中央财政，将具有地方影响力、能够起到节能减排作用的征税项目，如鞭炮烟火、化妆品、实木地板、木质一次性筷子等划归地方财政。

（三）整合税收征管力量，降低纳税遵从成本

新中国成立以来，我国税务机关经历了“统一—分设—合作—合并”的发展历程。每一次税务机构设置与改革都与当时的经济形势和财政体制要求密切相关。关于国税和地税两个征管机构是分设还是合并，在理论界讨论了很久。“营改增”是此次国地税合并政策出台的间接因素，也是我国税收制度进一步深化改革的前期准备。“营改增”之后，企业的税收负担明显降低，但是两套税务机构的存在使税收征管成本并未减少，征管效率有待提升；地方税务机关失去了原来最大的税种——营业税，而新的地方主体税种尚未形成，因此地税工作量明显减少；由于国税人员对于辖区内土地存量、转让等情况缺乏了解，会抽调地税人员帮助完成纳税申报，同时对于“营改增”后的转让土地使用权部分的税收仍由地方税务局负责征收和管理，由此出现了国地税合作的新形式，但是在合作过程中，国税依然处于主导地位。因此“营改增”后，地方税务机构已经没有存在的必要，国地税合并是大势所趋。

2018年3月17日公布的《国务院机构改革方案》显示：“拟改革国地税征管体制。将省级和省级以下国税地税机构合并，具体承担所辖地区内各项税收、非税收入征管等职责。国税地税机构合并后，实行以国家税务总局为主与省（区、市）人民政府双重领导管理体制。”国税与地税合并是财税体制改革的起点，将会重新明确中央与地方的事权与财权范围，重新确定中央与地方的财政分配关系，重新建立一个规范、高效、统一的税收征管体系。国税与地税合并的意义不仅在于税收征管和筹集财政收入，更在于降低纳税的遵从成本，为财税体制改革的深入推进“铺路”，为国家治理体系和治理能力现代化助力。[①]因此，国地税合并是一次重大改革，对我国税收制度改革、征管体制改革、财政体制改革都具有重要意义。

1.肩负着税制改革的历史使命

税收是联系财政与经济、政府与市场的纽带，税制改革不仅是财税体制改革的重要组成部分，更成为整个经济体制改革的重要支柱。[②]税务机关是税收制度改革的引领者和实施者，在税制改革中起到主导作用。在新的历史时期下，我国的税制改革将涉及增值税、消费税、资源税、环境保护税的进一步完善，以及房地产税和个人所得税改革的有序推进。国地税合并后具体承担所辖区域内各项税收、非税收入征管等职责，这将突破原有的税种划分界限、税与非税的界限，从现代经济发展需要的角度，通盘考虑整体的税制改革，而不是将目光局限在个别税种的单独改革上，也不会经常陷入“费改税”的艰难跋涉中。因此，国地税合并是国家对税务机关历史使命的重新认识，是对我国税制改革整体化、系统化的重新思考。

2.践行着提高征管效率的要求

省级和省级以下国税地税机构合并其最主要的目的就是“降低征纳成本，理顺职责关系，提高征管效率，为纳税人提供更加优质高效便利服务”。国税地税的合并，标志着我国税收法治建设进入了新的征程。一方面，国地税合并将税收资源整合，简化了办税程序、提高了办税效率。届时企业既能节省在国税局和地税局之间奔波的时间成本和用人成本，也能“一站式”完成税务登记、抄税、报税、缴税等业务，纳税更加便捷，纳税遵从度将显著提升。另一方面，国地税合并将执法口径和征管信息统一，不仅有利于税务机关公平执法，降低税收风险，提高征管效率，也有利于增强企业与税务机关信息的透明度，防止“多头检查”和“双重处罚”的现象发生。

3.承载着财政体制改革的希望

党的十九大报告中提出的“加快建立现代财政制度，建立权责清晰、财力协调、区域均衡的中央和地方财政关系”是我国完善政府间财政关系的原

① 孙韶华. 国地税合并惠及当下立足长远［J］. 经济参考报，2018-06-19.第001版.

② 数据来源：《2008年中国统计年鉴》.

则要求，为深化纵向财政体制改革明确了方向与目标。税务机构设置是税收管理体制及财政管理体制的核心内容，科学合理地改革设置税务机构，防止职能重叠、工作重合，准确定位，合理分工，各司其职，有序协同，是国家财政统筹协调、运行顺畅、改革到位的重要组织支撑和保障。国地税机构合并，将形成统一的机构体系，强化中央财政总揽全局、协调各方的能力，有利于形成科学规范、权责清晰的中央和地方财政关系，完善依法行政的财政体制和国家治理体系。

第二节　省以下地方政府事权和财权的划分

为了理顺中央与地方财政关系，中央政府出台了各种政策，采取了各种措施，推进其在实践中的改进与完善，也为省以下地方政府的事权和财权划分提供了依据。

一、省以下地方政府事权的划分

实行分税制以来，地方政府间事权划分在总指导原则上经历了“事权与财权相适应”“财力与事权相匹配”“事权与支出责任相适应”三个阶段的变化，然而目前我国省以下地方财政依然存在着很多问题，比如财政事权和支出责任划分不尽规范，财政事权和支出责任划分缺乏法律依据，法治化、规范化程度不高等。省以下地方财政管理体制也在不断探索、改革与完善。各省结合省域实际情况，尝试事权与支出责任划分新办法，对地方政府间事权与支出责任划分不断调整，比如2015年的河南省探索各级政府在普通干线公路建设、养护、管理、治超等方面的事权划分；2016年山东省开展省与市县事权和支出责任划分试点；2017年云南结合自己省域实际情况提出改革的重点事项、内容、时间安排等。[①]然而这些尝试都是对于省以下地方政府事权和支出责任的探索，并未取得值得借鉴的先进经验。虽然各省在省以下政府间事权与支出责任划分方面有较大差异，但是都呈现出一些共性的规律，并

① 陈欣欣. 地方政府间事权与支出责任划分研究——以河南省为例［D］. 湖北武汉：华中师范大学，2017：21.

随着经济发展会取得新的进展。

（一）省以下地方政府划分事权和支出责任的特征

1.以公共产品的受益范围为划分事权的依据

在现行行政管理体制下，中央和地方各级政府拥有并履行各自的职责，政府间的事权划分按照公共产品受益范围来确定最优配置主体。相对于中央政府而言，省以下地方政府更加了解其辖区内居民的公共服务需求偏好，由相应级别的政府提供辖区内基本公共服务更具有针对性，更具有效率，更加能够满足居民的公共服务需求。然而省级政府、市级政府、县（区）级政府还拥有各自的职责范围，因此我们将尝试进一步划分其支出责任，以便市级和县级政府更好地提供公共产品和公共服务。

表3-1 各级地方政府职责范围划分

政府层级	职责	具体内容
省级	行政运转和跨省合作	本级机关事业单位和垂直管理单位运转，省级公共安全，省际间或国际间政治、经济、文化合作等
	公共事业和民生保障	地方高校、高中教育及高等职业教育，省级疾病防控与环境卫生、健康医疗体系建设，省级公共卫生突发性事件，社会保险、社会福利、社会救济、优抚安置、基本住房保障，省级科学研究与技术研发应用项目，省级图书馆、博物馆、科技馆，省级自然保护区，省域内和跨市县自然资源管理和环境保护等
	公共设施和跨市县基础设施建设	省域性和跨市县的水利设施、电力设施、邮电通信网络、国道及省道公路、普通铁路、港口、省级航空枢纽等基础设施的建设与维护等
	国有资产管理和市场监管	省级行政事业单位国有资产和企业国有资产管理，省域市场秩序稳定和经济结构调整、收入分配调整，省级发展规划，省级金融监管，省级农业、林业开发，全省范围内的数据统计等
市级	行政运转	本级机关事业单位和垂直管理单位运转，市级公共安全
	公共事业和民生保障	学前教育、中小学教育及中等职业教育、成人教育，市级文化体育设施，市级医院和基层医疗机构，人口和户籍管理，辖区内治安和社会稳定，社区服务，扶贫，就业促进等
	市政工程和公共设施	城市道路，市级公路建设，市内及市区与县衔接的公交网络建设与运营，城市规划，市级资源管理，市政公用事业（包括给水、排水、供电、供气、供热、公共交通、能源利用、园林绿化、垃圾与污水治理、环境卫生、环境保护与污染治理）等
	国有资产和市场监管	市级行政事业单位国有资产和企业国有资产管理，市内市场秩序稳定，市级发展规划、经济结构调整，市内的数据统计等

续表

政府层级	职责	具体内容
县级	行政运转	本级机关事业单位和垂直管理单位运转，县级公共安全
	公共事业和民生保障	学前教育、中小学教育，县级文化体育设施，县级医院和基层医疗机构，人口和户籍管理，辖区内治安和社会稳定，社区服务，扶贫，就业促进等
	公共设施建设	县内道路，县级公路建设，县内及县与所辖地区衔接的公交网络建设与运营，县级资源开发与管理，县级公用事业（包括给水、排水、供电、供气、供热、公共交通、能源利用、园林绿化、垃圾与污水治理、环境卫生、环境保护与污染治理）等
	国有资产和市场监管	县辖区内市场秩序稳定，县级发展规划，县经济结构调整，县范围内的数据统计，县辖区内就业促进等

资料来源：范子英. 深化财税改革，重塑中央与地方财政关系［R］. 中国经济改革研究基金会，2016.5

从表3-1可知，地方政府间，特别是市级和县级政府间事权范围交叉较大，易产生公共职责。另外，各级政府间的事权范围除了按照明确的属地原则划分之外，大部分公共部分处于博弈和推脱的范畴，这将不利于发挥各级政府职能、履行各自职责。为此，各级政府间应尽量细化职责类型，尽可能减少需要共同承担的职责，明确各级政府需要独立承担的职责。与此同时，在财政资金支出方面尽可能减少按比例分摊支出金额，可以通过垂直管理的派出机构单独支付。这些举措必须以明确划分市级和县级事权为前提。

2.以“上级主导、层层下放”为划分事权的路径

在现行行政管理体制下，我国地方政府间事权与支出责任划分遵循“上级主导，层层下放”的路径模式。地方政府间事权与支出责任划分的调整一般是由上级政府以行政文件的方式下发至下级政府，规定废止现有的行政管理体制，[①]“部门对口”与“下管一级”并用，在这个过程中省级政府起关键作用。地方政府间事权划分路径“自上而下”，容易造成责任和支出范围下移，而财权并没有发生改变，进而带来事权和财权不匹配的问题。

另外，我国尚未出台相关法律规定地方政府间各自事权范围。同时，地方政府间事权和支出责任缺乏自动调整机制。政府间的事权和支出责任在一

① 李春根，舒成. 基于路径优化的我国地方政府间事权和支出责任再划分［J］. 财政研究.2015（6）：59-63.

个阶段内是固定不变的，但是随着经济的不断发展，人民日益增长的美好生活需要也在不断发生变化，政府提供的既定公共物品和公共服务很难满足人民需求，支出范围和支出责任需要不断调整。政府间事权和支出责任缺乏自动调整机制，“上级主导，层层下放”的执行效果将受到很大影响，事权将持续下放，各级政府间事权和财权差距将进一步拉大，造成地方政府间更大规模的财政危机。同时，由于财政资金不足，将很可能导致地方各级政府提供公共产品和公共服务的数量和品质大打折扣，难以满足辖区内居民的有效需求，从而为地方财政体制建设设置障碍。

3.以“减少财政层级”“增加供给主体”为调节手段

自分税制改革后，省以下财政关系处于不断的探索之中，较为成功的调节手段有两个，一个是“减少财政层级”，另一个是“增加供给主体”。

不论是在理论界还是在现实中，一直遵循的是“减少财政层级”的思路，由此分化为“省直管县（市）”和“乡财县管”。“省直管县”要求理顺省、市、县的支出责任，明确划分各自的支出范围，市级和县级政府彼此不得要求对方承担属于自己的职责；县级政府被赋予更多的职责，可以自主管理地方实务，并且县级财政直接与省级财政挂钩，不用再与市级单位产生事权瓜葛和利益分配，保证县级政府拥有充足的财力。“乡财县管”是在乡镇政府管理财政的法律主体地位不变、财政资金所有权和使用权不变、乡镇享有的债权及负担的债务不变的前提下，县级财政部门在预算编制、账户统设、集中收付、采购统办和票据统管等方面对乡镇财政进行管理和监督，帮助乡镇财政提高管理水平的做法，有利于理顺和规范县乡财政分配关系，缓解了县乡财政困境，有利于彻底划清乡镇各项债权、债务，严禁新增负债，逐年核定消化债务比例，有利于调动乡镇增收节支和当家理财的积极性，促进了全县财政收入的快速增长。

PPP（Public-Private Partnership，即政府和社会资本合作）模式的提出为公共产品供给主体多元化、地方政府间事权与支出责任划分提供了新的思路。PPP模式可以广泛应用于市政、交通等基础设施类、医疗卫生、健康养老等公共服务类及水利、农业、林业等其他方面。PPP模式可以使社会资本有效参与公共产品和公共服务的供给，能够降低政府投资风险、减轻财政负担、提高资金使用透明度、促进基础设施民营化、提升公共服务水平等方面发挥着重要的作用。目前，我国PPP模式已经在基础设施建设领域取得成功，并且已有众多可复制的案例，如北京地铁四号线、北京鸟巢体育馆、天津地铁六号线、武广高铁等。但是我国在公共服务领域和国家重点建设领域还未涉猎，这也是未来改革和试点方向。

（二）省以下地方政府划分事权和财政支出责任的改革方向

参照《国务院关于推进中央与地方财政事权和支出责任划分改革的指导意见》，提出我国省以下地方政府划分事权和财政支出责任的未来改革方向。

1.明确各级政府事权和支出责任

省级政府要参照中央和地方政府划分事权和支付责任的做法，结合当地实际情况，按照财政事权划分原则，合理界定地方政府间财政事权和支出责任。总体原则是，一方面，不能将过多的支出责任交给基层政府承担，将部分适宜由更高一级政府承担的基本公共服务职能上移，明确省级政府在保持区域内经济社会稳定、促进经济协调发展、推进区域内基本公共服务均等化等方面的职责；另一方面，强化基层政府贯彻执行国家政策和上级政府政策的责任，将有关居民生活、社会治安、城乡建设、公共设施管理等适宜由基层政府发挥信息、管理优势的基本公共服务职能下移。尽量减少和避免各级政府间的公共事权，做到“事权分级，一事一级，避免交叉，减少遗漏，有效分类，各司其职”。

2.建立财政事权划分动态调整机制

为防止地方政府间事权和支出责任固化，应建立财政事权划分的动态调整机制。一方面，随着经济社会的快速发展，各种新事物和新问题不断涌现，人民日益增长的美好生活需要也在不断发生变化，这就对各地方政府提出了更高的要求，特别是基层政府提供公共产品和服务的要求不断提升，直至能够满足辖区内人民的需要为止，使人民获得最大的幸福感；另一方面，事权与支出责任划分是理顺政府间财政关系的逻辑起点，是地方政府间财力分配的重要依据，反过来，地方政府的财力又决定着下一轮事权和支出责任的划分，依此往复，实现各级政府间事权与财权的动态平衡。地方政府间的事权和支出责任的动态调节，不断促使地方政府提供量多质优的公共产品和公共服务，获得更多的财政受益，从而形成财政收支的良性循环。

3.保障地方政府履行财政事权

地方财政事权由地方政府行使，地方政府应履行加强公共服务和社会管理职责，因此将受益范围地域性强，信息较为复杂，与当地居民密切相关，由地方政府提供更方便有效的基本公共服务，如社会治安、市政交通、农村公路、城乡社区事务等确定为地方的财政事权和支出责任。中央应对地方的财政事权履行提出规范性要求，并赋予地方政府充分自主权，并通过法律法规的形式予以明确，依法保障地方的财政事权履行，更好地满足地方基本公共服务需求。省级政府也应参照中央政府对地方政府的做法，要求市以下各地方政府严格遵守法律规定，履行财政支出职责，避免责任不清、互相推诿。

二、省以下地方政府财权的划分

（一）省以下地方政府财权划分的通用做法

省级以下地方政府的财权划分在前文中已经有所阐述。目前省以下财政收入分为三类：一是省级政府固定收入，以省内重点行业或支柱产业的税收收入为主；二是市县级政府固定收入，以收入较少、税源零星分散的税种收入为主；三是省级和市县级的共享税收入，比照中央和地方共享税的办法，由省级财政与市县级财政按比例共享，一般省级比例低于市县，以收入稳定且规模较大的税种为主。

为了保障市县级拥有充足的财政收入，党的十九大报告中明确提出“深化税收制度改革，健全地方税体系”，培植房地产税、资源税、个人所得税、环境保护税等作为地方主体税种，以满足地方政府提供公共产品的资金需求。

（二）省以下地方政府财权划分改革的方向

1.从税收收入角度，培植地方的成长性税源

目前我国省级财政收入主要依靠收入规模较大、具有全国影响力的中央地方共享税，特别是在“营改增”以后，原本能为地方税收收入贡献35%以上的营业税被取缔，换来的是增值税分配给地方财政的共享比例提升为50%，这样一来地方财政对中央财政更加具有依赖性。与此同时，与地方性

的营业税相比，全国性的增值税更加重了省际的税收竞争，拉大了各省级财政收入返还差距，而且比例越高，差距越大，这更加不利于欠发达地区经济发展。为此，省以下政府间财政划分，不应仅仅考虑辖区内部财权划分的结构问题，更应该考虑如何增加税收总收入问题。

地方税收收入主要包括两个部分，即中央地方共享税和地方专享税。地方政府应更加依赖地方专属税收，因此需要培植地方的成长性税源。选取能够随着经济增长而不断增加，具有地方影响力和可持续发展性、能够被辖区内居民和企业所接受的税种作为地方主体税种，以降低对中央地方共享税和中央政府转移支付的依赖性。

2.从税收归属角度，给予市县财政固定收入

目前省级政府会把一些零星、分散的税收收入划归市、县级财政，但这些税种不仅收入少，而且在某些地区甚至无法开征，因此市县级财政名义上获得了稳定的收入，实际上财力支配却愈发困难，特别是县以下地区财政支出根本无法保障。另外，部分省级政府也会将一部分税收收入与市、县级政府共享，但是共享比例并不确定，要看双方交涉的能力。由此可见，市、县级财政缺乏稳定财源和固定收入。

从理论上看，1956年Tiebout提出的房地产税的受益论为解决房地产税的收入归属提供了理论支持。受益论指出，房地产税的征收与政府行为密切相关，房地产价格取决于当地税收和公共服务水平，并且辖区内居民可以通过“以脚投票”的方式选择公共产品和公共服务供给较好的辖区居住。为此，我们应该重新考虑将房地产税等地方主体税种划归更低级别的基层政府机构，根据基层政府的事权范围和支出责任提供公共产品和公共服务，同时房地产税等税种还是基层政府的财力保障，以确保公共产品和公共服务数量和质量，从而促进地方财政收支的良性循环。

3.从税收权力角度，争取地方政府的征税权

目前我国的税收权力高度集中在中央，税收立法权、税种的开征权、停征权、税制要素的制定权等都由中央政府统一规定，这对于提高中央财政收入比重、增强中央政府调控能力、保证中央政府绝对权威具有重要作用。相对于中央政府的高度集权，地方政府不具有税收的立法权，没有税种的开

征、停征权，对地方税种的具体征税范围、税目、税率、税收优惠的调整权限十分有限，形同虚设。地方政府在与中央政府分配税收利益时处于弱势地位，不利于争得更多财权。

因此，我们应提请中央政府考虑在中央集权的前提下，予以适度的放松，给予地方政府一定的税收权利，特别是对于地方主体税种具有充分的调整权利，除增加财政收入外，还能够起到调节贫富差距、调控当地经济的作用，更好地为地方财政收支服务。

第三节　我国地方政府财政收支规模与结构分析

经过近几年财政政策的发展变化，我国财政收入和财政支出都出现了稳步上涨，但是相对于中央政府而言，地方政府财政收入和财政支出的增速更快。

一、财政收入规模

表3-2为2007—2017年我国全国、中央和地方财政收入总额。经过数据整理，我们得出中央和地方财政收入占全国财政收入的百分比。为了更加直观地反映问题，我们用折线图来表示，如图3-1。

表3-2　2007—2017年我国财政收入情况表　　单位：亿元

年份	全国财政收入	中央财政收入	地方财政收入	中央财政收入占比	地方财政收入占比
2007	51321.78	27749.16	23572.62	54.1%	45.9%
2008	61330.35	32680.56	28649.79	53.3%	46.7%
2009	68518.3	35915.71	32602.59	52.4%	47.6%
2010	83101.51	42488.47	40613.04	51.1%	48.9%
2011	103874.43	51327.32	52547.11	49.4%	50.6%
2012	117253.52	56175.23	61078.29	47.9%	52.1%
2013	129209.64	60198.48	69011.16	46.6%	53.4%
2014	140370.03	64493.45	75876.58	45.9%	54.1%
2015	152269.23	69267.19	83002.04	45.5%	54.5%
2016	159604.97	72365.62	87239.35	45.3%	54.7%
2017	172567	81119	91448	47.0%	53.0%

数据来源：2016年以前数据来源为2008—2017年《中国统计年鉴》，2017年数据根据财政部网站公布的数据整理而得

图3-1是2007—2017年我国中央和地方财政收入占全国收入的百分比。从图上可知，我国2007—2010年中央财政收入均高于地方财政收入，从2011年开始中央财政低于地方财政收入。但是二者差别不大，十多年来占比都在45%~55%之间。

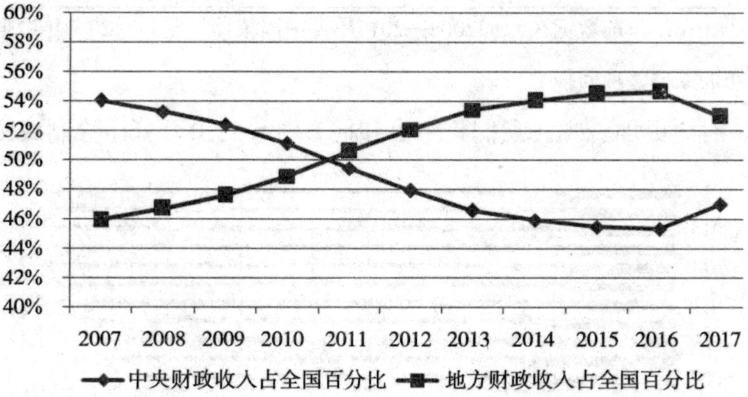

图3-1　2007—2017年我国中央和地方财政收入占全国财政收入百分比

二、财政支出规模

表3-3为2007—2017年我国全国、中央和地方财政支出总额，由表可知，中央财政支出远低于地方财政支出，2007—2009 年中央财政支出一直占全国财政支出的20%。但是从2010年以后，特别是2012年以后这一比例一直在15%以下。

表3-3　2007—2017我国财政支出情况表　　单位：亿元

年份	全国财政支出	中央财政支出	地方财政支出	中央财政支出占比	地方财政支出占比
2007	49781.35	11442.06	38339.29	23.0%	77.0%
2008	62592.66	13344.17	49248.49	21.3%	78.7%
2009	76299.93	15255.79	61044.14	20.0%	80.0%
2010	89874.16	15989.73	73884.43	17.8%	82.2%
2011	109247.79	16514.11	92733.68	15.1%	84.9%
2012	125952.97	18764.63	107188.34	14.9%	85.1%
2013	139744	20472	119272	14.6%	85.4%
2014	151662	22570	129092	14.9%	85.1%

续表

年份	全国财政支出	中央财政支出	地方财政支出	中央财政支出占比	地方财政支出占比
2015	175768	25549	150219	14.5%	85.5%
2016	187841.1	27404	160437.1	14.6%	85.4%
2017	203330	29859	173471	14.7%	85.3%

数据来源：2016年以前数据来源为2008—2017年《中国统计年鉴》，2017年数据根据财政部网站公布的数据整理而得。

为了对比更加直观，我们将中央和地方财政支出百分比绘制成图3-2。

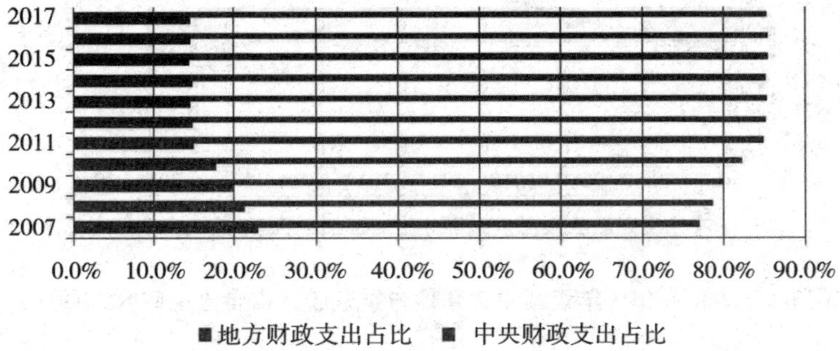

图3-2 2007—2017年我国中央和地方财政支出占全国财政支出百分比

由图3-2可见，中央和地方财政支出存在巨大差距，中央财政支出不足地方财政支出的四分之一。而地方财政收入却和中央财政收入大体相同。这就导致中央和地方财权和事权不统一。如图3-3所示，地方财政收入一直高于地方财政支出，虽然地方财政收入近十多年来有所增长，但是与地方财政支出相比显得更加平稳，地方财政收支的差距正在逐渐加大。

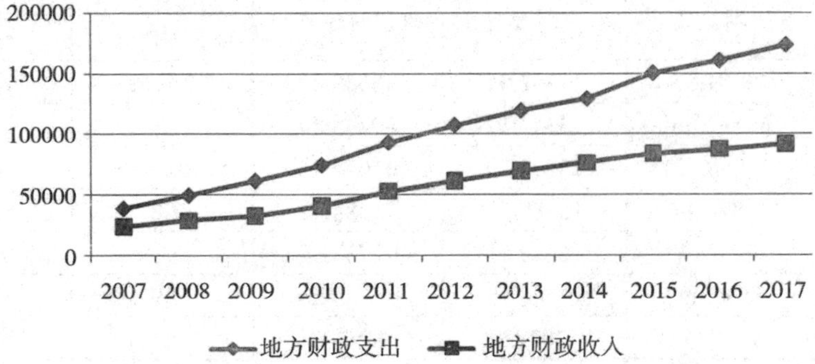

图3-3 2007—2017年地方财政收入和财政支出情况

为了弥补地方财政收支差额、统筹地区协调发展，我国建立了中央与地方政府间的财政转移支付制度。基于中央与地方财政能力的差距，中央政府在税收上缴完成后，将部分中央财政资金转移到地方政府，提高地方政府财力，或均衡地区间财政收入。①中央财政盈余部分作为弥补地方财政赤字的资金来源，通过转移支付的方式对各省级地方政府进行财政收入重新分配。

虽然通过财政转移支付能够在一定程度上缓解地方政府的财政压力，但是作用有限，所占比重比较小，并未真正解决财政收支不平衡的问题。在财政转移的过程中，各地方政府为了获取中央政府更大的财力支持，出现了权力寻租、地方竞争、讨价还价等一系列问题。面对这些问题，很多地方政府考虑向预算外方向发展。地方政府财政预算外收入一般由三部分组成即行政事业收费、土地出让金、政府性基金。近年来，中央政府财政预算管理不断规范，各地方财政预算外收入中的行政事业性收费比重不断降低，土地出让金的地位却越来越高。特别是一些财政支出较大而收入较少的省份，认为“土地收入”是增加地方政府收入最快捷、最简单、最直接、最有效的方式，导致各级地方政府过度依赖土地出让金收入，即“土地财政”，这使本就复杂的财政分权问题更加雪上加霜。

三、土地财政在地方财政中的地位

“土地财政”是指在中国经济社会转型时期，以地方政府为主体、高度依赖其行政区内的土地资源所进行的财政收支活动和利益分配关系，且土地相关财税收支占地方政府总收支比重较高的财政运行形态。②1988年我国确立了土地的有偿使用制度，土地使用者必须向国家交纳土地出让金才能获得土地的使用权。1994年我国实行了分税制改革，鉴于土地属于不动产，不可移动且归属明确，因此将与土地相关的收益都归属于地方政府。由此，土地财政在地方财政中占有重要地位。

（一）土地财政的收入规模

土地财政收入就是土地出让收入部分。土地出让是国家买卖的一级市

① 曹端海，谢俊奇，孙艾青.基于财政分权视角的土地财政问题研究［J］.改革与战略，2017（10）：116.

② 王玉波.土地财政的成因与效应及改革研究综述［J］.经济问题探索，2013（2）：150-155.

场，国家凭借土地所有者身份将土地使用权暂时让渡给其他企业或者个人使用，而企业和个人需要向国家缴纳土地出让金。在过去相当长一段时期内，我国经济保持高速增长，对建设用地的需求急剧增加，土地被大量出让，土地出让收入成为地方政府的“第二财政”。

如图3-4所示，我国2005—2017年间，我国土地财政收入占地方财政收入比重均为36%以上，超过地方财政收入的三分之一。特别是在2010年，我国尚未推行房地产限购制度，房地产价格一路飙升，出现大量泡沫，地方政府从土地出让中获得巨大经济利益，当年土地财政占地方财政收入的74%，创历史最高。随着国家出台的一系列房地产限购政策，土地出让行为有所收敛，土地出让金占地方财政收入比重有所下降，但是很快又反弹回来。从2015年开始，随着我国税收制度改革的不断深化，特别是“营改增”以后，我国地方财政收入预算内部分减少，土地财政又出现上涨态势，其占地方财政收入的比重又超过了50%。由此可见，地方财政对土地的依赖程度有增无减。

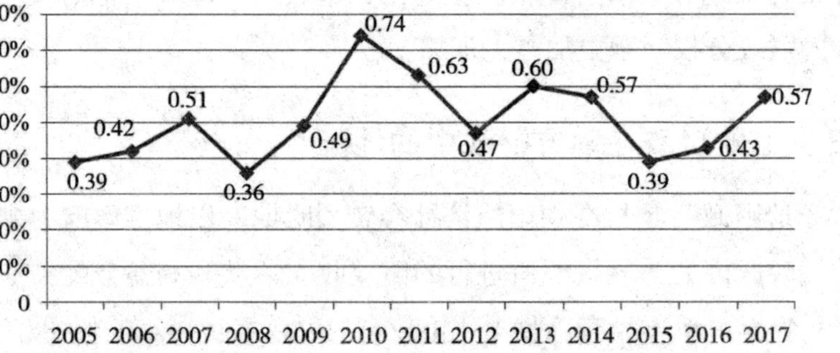

图3-4　2005—2017年土地财政收入占地方财政收入的百分比

数据来源：根据财政部网站公布的数据整理

（二）土地财政的支出方向

近年来，由于土地财政属于地方政府的“第二财政”，用于弥补地方财政预算内收支缺口，因此也不得不承担着许多社会职能。土地出让收入的使用范围，一方面承担着土地出让过程中的成本支出，另一方面也承担着社会公益支出。

成本支出是征地、拆迁、前期开发等支出，这部分支出一般占土地出让总支出的80%左右，主要是对农民失去土地、房产及产业的财产性补偿，如土地补偿费、安置补助费、地上附着物和青苗补偿费、拆迁补偿费等，以及在土地可供出让前进行开发所产生的费用。①

非成本性支出是土地出让收入减除成本支出后，剩余的部分由地方政府支配用于公益支出，主要包括以下六个方面：一是用于农业土地开发的资金，不低于各市县确定的平均纯收益的15%；②二是用于失地农民的社会保障和维持生活水平，以及用于农村基础设施建设方面的支出；三是城市基础设施建设及城市配套功能建设方面的支出，这部分资金支出比重最大，一般占到非成本性支出的一半以上；四是对城市低收入人群的保障支出，从土地出让净收益（扣除成本性支出和土地出让业务费、农业土地开发资金等）中提取不低于10%的比例用于城镇廉租住房保障支出；③五是对农田水利建设的支出，这部分资金来自土地出让净收益的10%；④六是用于教育支出，从土地出让收入中扣除征地、拆迁、开发等成本性支出后余额10%的比例提取。⑤

（三）土地财政与房地产税的衔接

土地财政是我国经济社会转型时期的必然产物，对地方财政做出的贡献非常巨大，其为弥补我国地方财政收支不足、加速工业化和城镇化进程、带动地方经济发展起到了重要作用，但是由于地方政府过度依赖土地财政，也带来了增加地方政府债务、引发金融风险、城市无序扩张、耕地被大量占用、被征地农民经济利益受损、助推房价过快上涨、寻租和腐败滋生等诸多问题。

为了解决这些问题，我们考虑用一种既能够起到增加财政收入、推动经济发展的作用，又能使地方财政收入稳定增长、抑制房价过快上涨、防止滋生腐败等规范的财政收入形式来替代土地财政。而这种形式正是房地产税。房地产税之所以能够取代土地财政，原因有二。一方面，随着近

① 《国务院办公厅关于规范国有土地使用权出让收支管理的通知》（国办发〔2006〕100号）
② 《国务院关于将部分土地出让金用于农业土地开发有关问题的通知》（国发〔2004〕8号）
③ 《国务院关于解决城市低收入家庭住房困难的若干意见》（国发〔2007〕24号）
④ 《中共中央 国务院关于加快水利改革发展的决定》（国发〔2011〕1号）
⑤ 《国务院关于进一步加大财政教育投入的意见》（国发〔2011〕22号）

年来我国城镇化进程不断加快，我国土地资源正在减少，能够获得土地出让金的土地规模也在减少，如果城镇化水平到达顶峰，土地财政收入将不可持续。而当前地方政府“寅吃卯粮”，后续财力不足的问题已经迫在眉睫。房地产税承接了土地财政制度的相关规定，并且随着城镇化规模的不断扩大，房地产税的优势更加凸显。相比于土地财政制度，房地产税具有更大的财源空间和更加持久的征收能力，因此取代土地财政制度具有可行性。另一方面，土地财政和房地产税都是地方财政收入的支柱和平衡财政预算的重要手段，具备相互替代效应。纵观世界，以美国为首的发达国家都经历了从土地财政到房地产税的转变，众多国家的经历证明以房地产税替代土地财政具有历史合理性。[①]由此可见，房地产税替代土地财政既具有可行性，也具有合理性，势在必行。

四、房地产行业蓬勃发展为地方财政提供丰富税源

根据1998—2017年我国商品房销售情况可知（见表3-4），从纵向看，我国商品房销售面积由1998年的1.2亿平方米上涨到2017年的16.9亿平方米，20年间增长了13.08倍；销售额由1998年的2513.30亿元增长到2017年的133701亿元，增长了52.2倍。与此同时，房地产行业对我国经济增长的贡献呈现逐步上升的态势，房地产开发投资额占GDP的比重从1998年的4.2%提高到2014年的14.8%，增长了十个百分点，虽然2015年、2016年、2017年较2014年的增长速度有所下降，但依然呈现出增长的态势，证明房地产行业对我国经济增长做出了一定的贡献。

表3-4 1998—2017年我国商品房销售情况

年份	商品房销售面积(亿平方米)	比上年增长率(%)	商品房销售额(亿元)	比上年增长率(%)	本年完成投资额(亿元)	房地产投资增长率(%)	投资额占GDP比重(%)	GDP(亿元)	GDP增长率(%)
1998	1.2	33.3	2513.3	39.7	3614.2	13.7	4.2	85195.5	7.8
1999	1.5	25	2987.9	15.9	4103.2	13.5	4.5	90564.4	7.6
2000	1.9	26.7	3935.4	31.7	1984.1	21.5	5	100280.1	8.4

① 张倩，王海卉.从“土地财政”到“房产税”须解决的三个问题［J］.城市问题.2015（10）：88.

续表

年份	商品房销售面积（亿平方米）	比上年增长率（%）	商品房销售额（亿元）	比上年增长率（%）	本年完成投资额（亿元）	房地产投资增长率（%）	投资额占GDP比重（%）	GDP（亿元）	GDP增长率（%）
2001	2.2	15.8	4862.8	23.6	6344.1	27.3	5.7	110863.1	8.3
2002	2.7	22.7	6032.3	24.1	7790.9	22.8	6.4	121717.4	9.1
2003	3.4	25.9	7955.7	31.9	10153.8	30.3	7.4	137422	10
2004	3.8	11.8	10375.7	30.4	13158.3	29.6	8.1	161840.2	10.1
2005	5.5	44.7	17576.1	69.4	15909.3	20.9	8.5	184318.9	10.4
2006	6.2	12.7	20826	18.5	19422.9	22.1	8.9	219438.9	12.7
2007	7.7	25	29889.1	43.5	25288.8	30.2	9.4	270232.3	14.2
2008	6.6	-14.7	25068.2	-16.1	31203.2	23.4	9.8	319515.5	9.7
2009	9.5	43.6	44355.2	76.9	36241.8	16.2	10.4	349081.4	9.4
2010	10.5	10.6	52721.2	18.9	48259.4	33.2	11.7	413030.3	10.6
2011	10.9	4.4	58588.9	11.1	61796.9	28.1	12.6	489300.6	9.5
2012	11.1	1.7	64455.8	10	71803.8	16.2	13.2	540367.4	7.9
2013	13.1	17.3	81428.3	26.3	86013.4	19.8	14.5	595267.4	7.8
2014	12.1	-7.7	76292.4	-6.3	95035.6	10.5	14.8	643974	7.3
2015	12.9	6.6	87280.8	14.4	95978.9	1	13.9	689054.1	6.9
2016	15.7	21.7	117627.1	34.8	102580.6	6.9	13.8	744127.2	6.7
2017	16.9	7.7	133701	13.7	109799	7	13.2	827122	6.9

数据来源：根据各年度统计年鉴整理

根据1998—2017年房地产销售情况、投资情况和GDP增长情况对比可知（图3-5），首先，除2008、2011、2012、2014和2015这五年外，剩余的大部分年度的商品房销售面积的增长率均高于同年度的GDP增长率。其次，除2015年外其余年度的房地产投资增长率均高于同年度的GDP增长率，其中只有2008年较为特殊，虽然发生了国际金融危机，但房地产投资增长率仍然高于同年的GDP增长率。最后，除2008年和2014年外，其余年度的商品房销售额的增长率均高于同年度的GDP增长率。

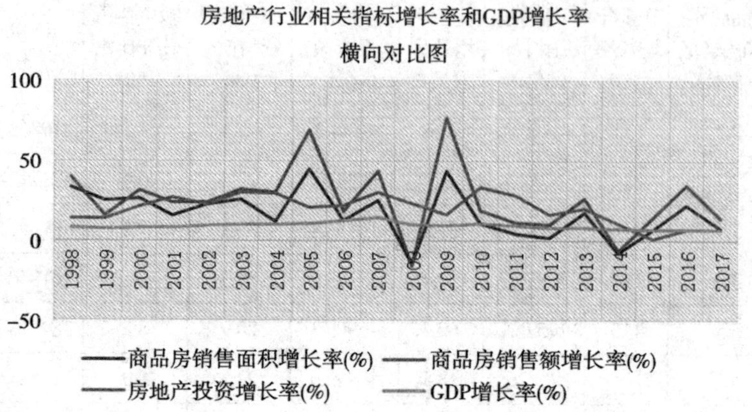

图3-5　1998—2017年房地产销售情况、投资情况和GDP增长情况对比

综上所述，自1998年实物福利分房制度取消以来，全国房地产行业二十年的相关数据充分说明，房地产行业的蓬勃发展为国内经济的持续增长做出了巨大的贡献。当然，作为一个整体，国内经济的持续增长离不开各个省市乃至基层地方政府经济的飞速发展。国内经济的发展会使国民生活逐步提高，促使房地产业的进一步发展，而房地产行业的发展又会为国内经济的增长带来更大的贡献，如此周而复始，形成了良性的增长环境，为我国开征房地产税提供了稳定、丰富且可持续发展的税源，因此，培育和构建房地产税作为地方政府主体税种具备现实可行性。

第四章　新时代地方税体系建设和房地产税收入归属研究

党的十九大报告提出“中国特色社会主义进入新时代，我国社会主要矛盾已经转化为人民日益增长的美好生活需要和不平衡不充分发展之间的矛盾。”社会主要矛盾的核心仍是供需矛盾，而税收作为重要的社会再分配制度，在推进供给侧改革和改善民生方面可以大有作为。

第一节　新时代地方税体系建设

“深化税收制度改革，健全地方税体系”是党的十九大报告中明确提出的财税体制改革重点。那么如何围绕健全地方税体系来推进税制改革，是亟待研究的问题。为此，要从理顺财政关系入手，分析现行地方税体系存在的缺陷，并逐个加以解决。

一、健全地方税体系需处理好三个关系

健全地方税体系改革，既要融入中央与地方的收入划分、税收制度和非税收入的改革，又要体现地方税体系自身的要求。[①]因此，应妥善处理好以下三个关系。

（一）各级政府间的财政关系

各级政府间的财政关系是地方税体系的宏观框架，是我们研究地方税体

① 许文. 正确认识现代财政制度下的地方税体系建设（下）[N]. 中国财经报，2017-12-05，第006版.

系必须解决好的首要问题。《国务院关于推进中央与地方财政事权和支出责任划分改革的指导意见》（国发〔2016〕49号）从顶层设计角度来推进事权与支出责任相适应，不仅对中央和地方财政关系，而且对省级以下地方政府间事权与支出责任的划分都具有深刻的指导意义。

1.中央与地方的财政关系

分税制使中央与地方的财政关系发生了反转。分税制改革之后，中央财政困境得到解决，“强地方、弱中央”有所缓解；财政收入占GDP的比重和中央财政收入占全国财政收入的比重都得到提高；以流转税为主体的税收制度促进中央税收收入高速增长，国地税分设带来的征管效率显著提升。[①]反观地方财政，地方税种的规模较小而且税收弹性不足，特别是在“营改增”之后，地方政府更加缺乏主体税种；地方财政收入规模虽然绝对数量增加，但是缺乏增长潜力。

事权由中央向地方转移而财权未变。2007—2017年间我国中央与地方财政收入占全国财政收入百分比差别不大，十多年来都在45%到55%之间。而由于事权下放，中央财政支出比重由20%逐步下降到15%以下。地方财政收入赶不上支出的增长（图4-1），中央与地方的财权与事权不匹配的程度也呈现出扩大的趋势。

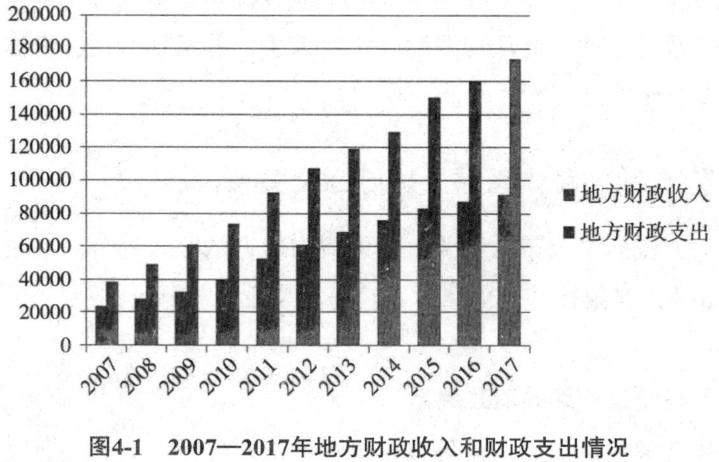

图4-1　2007—2017年地方财政收入和财政支出情况

① 范子英.深化财税改革，重塑中央与地方财政关系——第二章：中央地方财政关系的历史演进［R］.中国经济改革研究基金会，2016.5.

2.省以下地方政府间的财政关系

从地方财政收入来看，目前以浙江省为代表的一些发达省份会将“财力下沉”，将更多的财政收入归属于省以下各级政府，省级政府不再明确补助项目，而是由各级地方政府根据年度重点工作安排使用资金。这种“放水养鱼”的方式有利于基层政府自由支配财政资金，减少省级政府的调控余地。然而这种做法在我国大部分省份中没有被采用。

从地方财政支出来看，一方面，地方政府间事权与支出责任划分遵循“减少财政层级”的路径模式，由此分化为“省直管县”和“乡财县管”，这对于进一步理顺省、市、县、乡的财政关系，明确各自支出范围和责任，缓解基层政府财政困境具有重要意义。另一方面，地方政府间财权与支出责任划分以“增加供给主体”为调节手段，比如政府和社会资本合作（PPP）模式使社会资本有效参与公共产品和公共服务的供给。

（二）税收收入与非税收入的关系

近年来，随着我国非税收入的规模不断扩大，对非税收入的规范化管理被提到议事日程。《政府非税收入管理办法》（财税〔2016〕33号）明确提出了政府非税收入的概念、范围及征收管理、票据管理、资金管理和监督管理的办法。

非税收入与税收收入一样，也是政府预算收入的重要组成部分，被纳入财政预算实行分类分级管理；收缴实行国库集中收缴制度，全部上缴国库；参照税务管理中对票据的要求，对非税收入票据进行严格管理等。

与税收收入不同的是，除了二者性质不同外，税收被纳入一般公共预算管理，而非税收入按照不同性质被分别纳入一般公共预算、政府性基金预算和国有资本经营预算管理；税收政策的制定权高度集中在中央，而非税收入除了由财政部制定管理制度和政策外，鼓励各地区探索和建立本地区的非税收入管理制度；税收收入按照税种及分成比例划分为中央与地方收入，非税收入是按“事权与支出责任相适应的原则”确定中央与地方、省与市县、部门与单位之间的分成比例。

（三）中央与地方税收管理权限的关系

地方税可以分为两类：一是地方专享税，由原地方税务局负责征收且收入归属于地方政府，包括车船税、环境保护税、房产税、契税、城镇土地使用税、耕地占用税、土地增值税、烟叶税8个税种；二是中央地方共享税，包括增值税、企业所得税、个人所得税、资源税、印花税、城市维护建设税6个税种。地方专享税和中央地方共享税都是地方财政收入的重要来源，因此在研究地方税体系时应同时考虑。

1.税收立法权和税收解释权

我国的税收立法权集中在中央。上述14个税种中，企业所得税、个人所得税、车船税和环境保护税由全国人民代表大会及其常委会立法，属于法律级别；其他均为全国人民代表大会及其常委会授权国务院立法，为暂行条例的级别。税收的解释权也多集中在中央，属于法律级别的4个税种由国务院颁布实施条例予以解释；暂行条例级别的税种中，除了房产税、城镇土地使用税、契税和城市维护建设税4个税种由省级政府颁布实施条例外，其他均由财政部和国家税务总局颁布实施细则予以解释。

2.税收调整权和减免权

地方政府仅享有有限的税收调整权和减免权。在上述14个税种中，省、自治区和直辖市对其中11个税种有调整和减免权。

（1）关于税率的调整权。资源税、城镇土地使用税、契税、车船税和环境保护税在中央规定的税目和税率幅度内可以确定本地区适用的税目和税率。其中城镇土地使用税的适用单位税额对经济落后地区可适当降低，对经济发达地区可适当提高，但需报财政部批准；环境保护税具体适用单位税额需报同级人大常委会决定，并报全国人大和国务院备案。

（2）关于税额的减免权。在资源税中，对生产过程中因意外事故或自然灾害遭受重大损失等情况决定是否予以减免；在城镇土地使用税中，对个人居住房屋及院落用地，免税单位职工家属宿舍用地，集体和个人办的学校、医院、托儿所、幼儿园用地给予减免优惠；在耕地占用税中，对于老少边穷地区农民占用耕地建房纳税确有困难的，可以免征或减征；在企业所得税中，民族自治地方可以对企业所得税中属于地方分享的部分决定减征或免征；等等。

（3）关于征管的调整权。房产税的纳税期限；土地增值税在核定征收时，可结合本省实际，区分不同房产类型确定核定征收率；印花税中对不涉及省际关系的订货会上签订合同的纳税地点；增值税中可以确定本地适用的起征点，并报财政部和国家税务总局备案。

二、我国地方税体系存在的主要问题

（一）地方税单薄而支出责任扩大，地方政府财政自给能力下降

财政自给能力是某级政府在不依赖高层政府和其他同级政府援助的情况下独立筹措资金的能力，可以以各级政府的预算收入与本级政府预算支出的比例来表示。①为了使研究更有代表性，本书选取了我国东北、西北、中部、东南和西南五个方位的15个省份，以2015、2016年和2017年三年的数据分析我国地方政府的财政自给能力。

从表4-1中可知，全国平均地方财政自给能力为0.53～0.55，东南地区和中部地区的省份地方财政自给能力较强，江苏、浙江和福建均超过了全国平均水平，河北、湖北、安徽、辽宁较为接近全国平均水平。其余地区的大部分省份财政自给能力均出现不足，特别是西北地区的青海，财政自给能力仅为0.16～0.18，另外黑龙江、吉林、新疆、云南、贵州等欠发达省份，财政自给率也处于偏低水平。问题的原因在于地方缺乏主体税种，各级政府间事权和支出责任划分又缺乏法律规范，从而导致基层政府自给能力不足、财政入不敷出，公共产品供给不到位，过度依赖中央转移支付。

表4-1　2015—2017年部分省份地方政府财政自给能力对照表

地区	省份	2015	2016	2017
东北	辽宁	0.46	0.48	0.49
	黑龙江	0.29	0.27	0.27
	吉林	0.38	0.35	0.32
西北	新疆	0.35	0.31	0.32
	青海	0.18	0.16	0.16
	陕西	0.47	0.42	0.42

① 韩慧琳. 地方财政自给能力的区域差异与均衡配置[J]. 财会月刊，2011.12.

续表

地区	省份	2015	2016	2017
中部	河北	0.47	0.47	0.49
	湖北	0.49	0.48	0.48
	安徽	0.47	0.48	0.45
东南	江苏	0.83	0.81	0.77
	浙江	0.72	0.76	0.77
	福建	0.64	0.62	0.71
西南	云南	0.38	0.36	0.33
	贵州	0.38	0.37	0.35
	四川	0.45	0.42	0.41
全国		0.55	0.54	0.53

数据来源：根据国家统计局网站公布的数据整理

地方政府财政自给能力=地方财政预算收入/地方财政预算支出，其中预算收入包括税收收入和非税收收入

（二）税收制度不完善，非税收入不规范

1.税收制度不完善

党的十八大以来，我国一直致力于结构性减税。从长期来看，这是政府促进经济可持续发展、培养更多税源的主动作为。但是从短期来看，地方政府财力会越发紧张。因此，培植房地产税、个人所得税、资源税、环境保护税等作为地方主体税种就成为当务之急，然而这些税种都存在着一定程度的缺陷。

（1）房地产税。我国现行税制中对于房地产征收的税种杂而多，包括房产税、城镇土地使用税、土地增值税、契税和耕地占用税等，并且存在着严重的重复征税现象。另外我国“轻保有、重流转”的税制结构导致了我国房地产市场价格居高不下，难以控制。

（2）个人所得税。2018年新《个人所得税法》经全国人民代表大会表决通过，并于2019年1月1日开始实施。此次修改以构建综合征收和分类征收相结合的混合税制为出发点，将纳税人的工资薪金、劳务报酬、稿酬、特许权使用费四项劳动所得归并为综合所得，提高免征额至5000元/月，增加了子女教育支出等六项专项附加扣除。然而此次修改没有以家庭为单位进行征

收，也没有将所有所得纳入综合征收范围，这可能是受我国目前对个人所得征管水平有限所致，这也将在具体征管中将带来更多难题。

（3）资源税。近年来在“生态文明”的倡导下，我国对资源税进行了多次改革。2016年7月1日起全面推进资源税改革，除了对黏土、砂石实行从量定额征收外，对绝大部分资源类产品均实行从价定率征收。同时在河北开征水资源税的试点工作，有待进一步完善和推广到全国范围。还有一些其他资源产品仍有待于纳入征税范围。另外，地区间资源禀赋差异较大，各省之间税收收入差别较大，因此资源税作为地方主体税种并不合适。

（4）环境保护税。《中华人民共和国环境保护税法》（以下简称《环境保护税法》）于2018年1月1日起实施，其征税范围包括大气污染物、水污染物、固体废物和噪声。环境保护税是一个新税种，专业性要求较高，需要环境保护部门与税务部门通力合作，特别是对大气污染物和水污染物要按照污染当量排序，对同一排放口的前三或前五项征税，这也增加了税收征管的难度。另外，税法中对于机动车排放污染物免税的规定有待商榷。

2.非税收入不规范

首先，我国非税收入数额较大。财政部公布了2017年财政收支的情况，全国一般公共预算收入172567亿元，其中税收收入144360亿元，非税收入28207亿元，政府性基金预算收入61462亿元，国有资本经营预算收入2579亿元。我国非税收入占整个财政收入近40%，收入规模过大。其次，我国非税项目繁多。在2016年财政部发布的《政府非税收入管理办法》中，将非税收入归纳为12类，这还没有包括社会保险费和住房公积金的部分。当纳税人缴纳了一定数量的税款之后，还要负担一定程度的非税项目，税费负担加重。最后，我国非税项目政出多门。非税项目要按照四种不同的规定予以征收，分别是国务院和财政部的规定、国务院和省政府及财政部门的规定、省政府及财政价格主管部门的规定、相关法律法规和规章的规定，这不利于非税项目统一征收和管理。

（三）地方税收管理权限不充分，地方政府自主能力较差

目前我国税法中虽然也赋予了地方政府一定的税收征管权限，但是往往都是细枝末节，对地方经济调控、调节贫富差距、维护生态环境不能起到应有的作用。地方政府缺乏税收管理权限会带来很多问题。

1.地方政府应对财政风险的能力较弱。我国幅员辽阔，各省治理结构有很大差异，受到当地经济运行因素、自然资源禀赋差异因素、财政管理能力和技术因素等的影响，会造成不同程度的财政风险。然而由于地方政府不具有税收管理权限，对当地经济运行无法调节，对当地特色税源无法合理培植与征管，从而在应对财政风险时显得束手无策。

2.地方政府对财政收入把控能力不足。人民日益增长的美好生活需要促使公共产品和公共服务的数量增加和质量提升，从而带来财政支出水平的不断提高，而地方政府没有税收管理权限，对地方财政收入的把控能力不足，很难根据当地实际情况满足辖区内居民的生活需要。

3.税收征管的差异性和灵活性较差。随着经济社会的不断发展，各地会涌现出不同的经济事项，这就要求税务机关在征管方面随之做出调整。然而，地方政府缺乏税收管理权限，要听从中央统一指挥。但是从中央出发，有些事项只是局部现象，不适合在全国范围内统一规定。因此，各地税收征管的差异性和灵活性较差，无法因地制宜地提升税收治理的质量与效率。

三、健全地方税体系的政策建议

（一）确保各级政府财权与事权法定

满足人民物质文化生活需要，必须有一定数量的资金作为保障，因此要确保各级政府事权与财权相匹配，将各级财政收支法定。

1.财政支出范围法定

在我国没有明文规定政府之间事权划分，事权下放非常严重，基层财政不得不承担越来越多的政府职能。为此，我国必须通过法律的形式加以明确，避免支出责任随意划分，保持体制的规范性与政策的稳定性。

首先，按照政府职能对各级政府之间实际支出范围进行总结和分类，以“成本最低”为原则识别并剔除不合理的支出项目和支出归属，使各级政府对支出范围不存在异议并愿意承担。对于各级政府间公共部分要专门加以规定，减少相互推诿的盲点和相互争抢的热点。其次，按照支出责任与资金来源相匹配的原则将支出项目分为四类，即中央资金支出项目、省级资金支出项目、市县级资金支出项目及共同融资支出项目，每一笔支出都要在法律上明确支出主体和支付方式。再次，建立财政事权划分动态调整机制。随着人民日益增长的美好生活需要不断发生变化，地方政府间的事权动态调节能够防止支出责任固化，促使地方政府提供量多质优的公共产品和公共服务，实现人民需要与财政支出之间的动态平衡。最后，将确定的财政支出范围上升到法律，并在较长的时间内保持不变，以此作为各级政府遵循的准则。

2.税收收入归属法定

（1）从税收分成角度，增加地方税收收入比重

增加地方税收比重可以将原来所属于地方的税种保持不变，而将部分中央税和中央地方共享税转换为地方政府专享税或提高地方的共享比重。比如，为了统一管理，所得税可以改变目前中央与地方60：40的比例分配，参照“营改增”后增值税的50：50的比例进行调整，也可以采用40：60的比例分成。这是因为企业和个人的发展与当地经济发展密不可分，都享受地方公共产品和公共服务，因此企业所得税和个人所得税都应当适当提高地方分享比例；对于消费税，可以考虑按照征税范围的影响力和重要程度，在中央和地方政府间分享，将维护国家权益和实施宏观调控必需的征税范围，如成品油、烟、酒、小汽车、贵重首饰及珠宝玉石等税收收入划归中央政府，而将地方生产并且对全国经济影响不大的高档化妆品、木质一次性筷子、实木地板、鞭炮烟火、高档手表等征税范围的税收收入划归地方政府等。

（2）从税收归属角度，给予市县财政固定收入

目前省级政府会将省内重点行业或支柱产业的税收收入作为省级固定收入；将收入较少、税源零星分散的税种收入作为市县级财政固定收入；将收入稳定且具有一定规模的收入在省与市县级政府共享。对于市县级政府来说，虽有些固定收入，但是金额不多，无法满足支出需要，财力支配愈发困难。为此，应该根据省、市、县级政府的事权范围和支出责任，重新考虑税收收入的归属。比如可以将与房地产相关的所有税种划归给各县（区）级政府，因为房地产坐落地不可改变并且地价与所在辖区关系较大，这样划分有利于税收征管；将与资源、环境相关的税种划归给各市级政府，因为市级政府更方便、更易于履行环境保护和资源利用的职责；延续个人所得税中央和

地方共享税的性质，并且扩大地方政府的收入比例；将中央地方共享税划归省级政府，因为省级政府与中央政府的联系更为直接，并且各省的经济环境直接影响共享返还比例，有利于促进各省优化投资环境等。总之，给予市、县级政府稳定的财政收入，能够降低对中央地方共享税和政府转移支付的依赖性，更好地满足财政支出的需要，促进地方基层财政收支的良性循环。

（二）规范税收与非税收入

1.地方主体税种的设置与完善应以人民美好生活需要为最终目标

实现人民美好生活愿望的基本途径主要包括两个方面，一方面是提供充足且优质的公共产品和公共服务，另一方面是提高居民收入水平和缩小贫富差距。而地方税具有增加地方财政收入和调节收入分配的功能，这正好与两个途径相匹配。因此，完善地方税税收制度应以满足人民美好生活需要为最终目标。

从地方主体税种的设置上来看，房地产税和个人所得税是直接税，对于缩小居民的贫富差距具有重要作用；资源税和环境保护税是从节能环保的角度出发，促进能源的有效开发和利用，对环境的破坏进行补偿修复，还辖区内居民良好的生态环境。因此，将这四个税种作为地方主体税种能够有效满足人民公平、正义、安全和环境的需要，也将成为未来地方税改革的重点。

（1）深入推进房产税改革。对于房地产税的改革我们应该从三个方面入手。首先，清除房地产税的法律障碍，解决房地产税与土地出让金之间的关系。如果产权人在购买房地产时已经负担过土地出让金，就很难再让其接受房地产税。因此对于存量房地产，可以将产权人已经负担的土地出让金按照土地剩余使用期计算每年的折现数额，从房屋价值中剔除，减少税基；对于新增房产，用房地产税替代土地出让金。这样不仅公平了新旧房地产所有者之间的税收负担，同时使纳税人感觉自己没有被重复征税，提升纳税遵从度。其次，厘清房地产税和其他与房地产相关的税种的关系。“营改增”之后，土地增值税在名义上与增值税存在重复征收，在实质上与所得税存在重复征收，因此建议取消土地增值税。耕地占用税和契税虽然都是在转让环节征收，但是都是一次性缴纳并且都由承受方负担，所以可以并入新的房地产税中由房产所有人在未来持有期间缴纳。城镇土地使用税与房产税都是持有环节征收，可以将土地和房产合并征收。因此，改革后的房地产税应该将原有的房产税、城镇土地使用税、耕地占用税和契税合并，取消土地增值税。最后，提高税收征管水平。完善跨省房地产登记制度，推进住房登记信息联网，在全国范围内完成房地产实名登记；建立适合我国现阶段的房地产评估机制，在评估机构、评估方法、评估频率、评估数量等方面予以明确；提高纳税服务水平，努力解决纳税争议。

（2）深入推进个人所得税改革。尽管目前的《个人所得税法实施条例》规定了在具体征收过程中房租、房贷、子女教育经费、继续教育经费、赡养老人采用每月定额扣除的办法，大病医疗采用“一事一办”的扣除方法。看似明确，但是仍然存在着很多不确定之处。纳税人的生活际遇可能每一年都在发生变化，导致其住房、教育、医疗及赡养老人的情况也随之发生变化，而这些信息能否被及时捕捉和掌握，并迅速对其专项附加扣除做出调整，需要税务机关更加先进的征管方式、更加合理的征管手段及更加专业的征管人员。除此以外，个人所得税综合征收制度不应只局限于个人的工资薪金、劳务报酬、稿酬和特许权使用费等四项劳动所得，而对其他所得依然采用分类征收制度，特别是对于资产衍生所得采用分类征收制度不符合公平原则。因为相对于劳动所得而言，资产所得规模庞大且所付出的代价和成本较低，资产衍生所得也是拉大贫富差距的主要原因，因此，未来个人所得税改革应该考虑不再仅局限于劳动所得，而应以家庭为单位进行“全部家庭成员、全部所得”的综合征收。将家庭所有收入按照超额累进税率征收，才是最公平、正义的做法，这也对我国下一轮税制改革和税收征管提出了更高的要求。

（3）深入推进资源税改革。因地制宜设计资源税改革方案，理顺资源税费关系。一方面，扩大资源税征税范围，根据各地资源开发利用的实际情况，适时地将水资源、森林、草场、滩涂等资源纳入资源税的征税范围；另一方面，全面实施清费立税、从价计征改革，并将全部矿产资源补偿费的费率降为零，停止征收价格调节基金，取缔地方针对矿产资源违规设立的各种基金项目。

（4）持续关注环境保护税。2018年开征的环境保护税成为新的地方主体税种，为地方政府加强环境保护和环境治理提供强有力的资金支持，有利于推进美丽中国的建设步伐。环境保护税应根据各地实际状况，确定以机动车为代表的重点污染源为征税对象，将更多自然人纳入环境保护税的纳税人行列。同时，环境保护税的开征还需要税务机关与环境保护部门的密切配合，因此应该搭建双方合作的平台，方便数据传输和及时沟通，为辖区内居民的生态安全提供切实保障。

2.非税收入的规范以健全地方税体系为主要目标

非税收入的规范应从以下两个方面着手。一方面，清理收费项目，持续推进费改税，健全地方税体系。对于部分收费和准税收项目，并入现有税收制度中，将非税收入转化为税收收入，降低非税收入数额，减少非税收入项目，同时通过税收返还、财政补贴等方式弥补地方政府费改税的损失；另一方面，理顺现行非税收入的管理体制，加快立法进程。财政部应对非税收入的各个项目统一制定标准，各省级财政部门参照财政部的规定统一征收、统一管理。同时应加快非税收入的立法进程，定期公布中央和省的收费清单，提高非税收入透明度。

（三）赋予地方适当的税收管理权限

健全地方税体系必须扩大地方税权的观点已经取得普遍共识，但是对于扩大哪些税权仍有争议。依法解决地方税权问题是对辖区内居民根本利益的保障，能够满足人民民主与法治的需求。

1.保持税收立法权的相对集中

按照《中华人民共和国立法法》（以下简称《立法法》）第七条规定："全国人民代表大会和全国人大常委会行使国家立法权。"第八条规定："税种的设立、税率的确定和税收征收管理等税收基本制度只能制定法律。"第九条规定："本法第八条规定的事项尚未制定法律的，全国人民代表大会及其常务委员会有权作出决定，授权国务院可以根据实际需要，对其中的部分事项先制定行政法规。"由此可见，我国的税收立法权必须且只能由全国人民代表大会和全国人大常委会行使，或者授权国务院制定。因此，赋予地方政府税收立法权违背《立法法》，在实际执行时还可能存在诸多隐患。所以，不建议赋予地方税收立法权。

2.赋予地方适当的税收调整权和减免权

在不能下放立法权的情况下，可以考虑下放更多的税收调整权和减免权。对于房地产税，在整合完善之后，应使其具备财产税的性质，对房地产价值评估方案、税率设定和税收减免都应由地方政府根据本地实际情况予以确定。对于个人所得税，改革以后应以家庭为单位征收，地方应根据本地区居民实际生活状况、人均收入水平，在国家允许的范围内适当调整费用减除标准、专项扣除标准和税收优惠，以此调整纳税人的税收负担，切实起到调节辖区内居民贫富差距的作用。对于资源税，地方应根据本地区资源的类型和特点，培植特色税源，在国家允许的范围内，对征税范围、税率和税收优惠方面有所调整，起到保护地方资源和税源的双重作用。对于环境保护税，应允许地方政府对造成严重污染的企业加成征收税款，对轻度污染的企业以帮助治理污染源和减轻税收负担。根据污染程度差别征税对于鼓励企业改进生产工艺、降低污染指数具有直接作用，对于治理污染、建设生态文明也将起到一定的间接作用。

第二节　房地产税的收入归属

房地产税收入归属实质上是房地产税应该由哪一级政府征收，税收收入应该归哪一级政府所有。[①]纵观世界各国的税收制度，大多数国家都把在保有环节课征的房地产税作为地方税种，收入归属于地方政府。我国目前保有环节房地产税也由地方税务机关负责征收，税收收入归地方政府所有。但是在各省内部并没有详细划分房地产税收收入到底归哪级政府所有，也没有明确房地产税的最终用途，而是和其他税收收入一样并入省级财政收入，用于全省的财政支出。

由于房地产税是对纳税人存量资产征税，纳税人每年需要用自有资金缴纳税款，因此房地产税历来被认为是最不受欢迎的税种，在美国历史上就曾经有过三次专门针对房地产税的抵制运动；在我国虽然在重庆和上海

① 樊慧霞，马晓波. 房地产税税收归属的国际经验与启示[J].内蒙古财经学院学报，2009（5）：96-100.

地区进行了房产税改革试点，但是也很少有民众愿意缴纳房产税，最终没有发挥应有的作用。民众不满的原因多来自税收负担与所享受的公共服务并不匹配，即使纳税人负担了较重的税款，但是在公共服务方面并没有感受到明显的改善。

为了提高纳税人的纳税遵从度，增加地方财政收入，充分发挥房地产税的调节作用，我们应该首先明确房地产税的税收收入归属，并将房地产税收入专门用于税收所属地区的基础教育、公立医疗、基层文化、公用设施和社会保障等公共服务的改善。

一、房地产税收入归属的理论与现实依据

（一）税基的非流动性有助于稳定地方财政收入水平

税基是否具有非流动性是判断一个税种能否成为地方主体税种的重要条件。所谓税基的非流动性是指对一个地域的某税种征税不会由于本地的税负水平高于其他地域而导致该税种的课税基础转移和流向其他地域的性质。如果一个税种的税基流动性大，很容易因为各地区的税负水平不均而引发地区性转移。以流动性较大的税种为主体税种，不仅不利于地区经济的稳定发展，还会引发地区间的恶意竞争，采用不征或少征等税收优惠方式减少税基，避免税源流向其他地域。

房地产税的征税对象是土地、房屋，不能轻易移动，具有税基固定、独立且不易隐藏的性质，并且对其所在地有很强的依附性。各地以土地、房屋为征税对象，有利于税源长期稳定，财政收入可持续增长；有利于促进当地公共事业发展，调节经济平稳运行。由此可见，房地产税的非流动性使其更适合成为地方主体税种，更适宜成为基层政府的主要收入来源。

（二）房地产税的弹性有助于地方财源持续增长

地方政府需要充足税源，以保证该地区公共事业得到有效发展。从长远来看，随着经济的持续发展，居民幸福指数持续增长，当地居民会要求与经济发展相匹配的更优质的公共服务。这就要求地方主体税种应具有一定的弹性，即当地税源应随着当地经济的增长而不断提升，税收收入与经济发展保持同步增长。如果地方政府的税源弹性小，经济发展不会带动税收收入的

增长，地方财政收入规模不足以满足居民需要的公共产品和公共服务，只能依赖上级政府的转移支付和非税收入，然而这并不是长远之计。长此以往，地方政府一方面会丧失一定的自主权，另一方面会导致地方政府只顾眼前利益，出现土地财政和地方债务危机等短视行为。因此将一个具有适度弹性的税种归属地方政府，将有利于保障其履行相应的政府职能。

根据国际上通用的做法，房地产税是以评估价值作为计税依据的。随着经济发展，我国城市发展日益壮大，现有的城市区域已经无法容纳日益壮大的人口群和建筑群，城市有向周边地区发展的趋势，土地房屋所具有的价值也在不断提升。因此，以评估价值为计税依据的房地产税具有一定的税收弹性。从表4-2可知，我国2000—2017年的房地产税收入占地方财政收入的比重逐年上升，从7.01%提升至17.97%。由此可见，房地产税随经济发展而不断增长。房地产税能够为充实地方政府收入、保障财政支出水平做出贡献。

表4-2 2000—2017年我国房地产税与地方财政收入情况 单位：亿元

年份	房地产税收入	地方财政收入	房地产税收入/地方财政收入
2000	448.93	6406.06	7.01%
2001	500.31	7803.3	6.41%
2002	676.13	8515	7.94%
2003	895.53	9849.98	9.09%
2004	1207.78	11893.37	10.16%
2005	1590.60	15100.76	10.53%
2006	1961.92	18303.58	10.72%
2007	2755.34	23572.62	11.69%
2008	3458.62	28649.79	12.07%
2009	4812.32	32602.59	14.76%
2010	6529.86	41100	15.89%
2011	8223.26	52547.11	15.65%
2012	10127.99	61078.29	16.58%
2013	9246.43	69011.16	13.40%
2014	13818.69	75876.58	18.21%
2015	14020.88	83002.04	16.89%
2016	15017.73	87198	17.22%
2017	16437	91448	17.97%

数据来源：根据国家财政总局网站、国家税务总局网站、国家数据网站数据整理

（三）符合受益性原则，有助于提升纳税意愿

根据受益性原则，纳税人在缴纳税款时就会衡量税款和所享受到的公共服务是否对等，也就是说纳税人享受到的当地政府公共支出中的比例应当与所支付的税款相一致。从纳税人角度来说，只有当政府能够投入更多资金进行公共服务，纳税人相比之前享受到更优质的生活环境之后，才会有意愿缴纳更多的税款。从政府角度来说，政府在获得纳税人缴纳的税款的同时把这些税款用于提供公共物品和服务，履行其应负担的支出责任，使本地的经济和社会逐步发展，从而带动税收收入的增加。

地方政府，特别是县（区）级政府的主要职责就是给居民营造一个良好的生活环境，例如应在交通、绿化、治安、医疗等方面满足辖区内居民需求，创造有益于居民居住、工作和学习的生存环境。地方政府将征收的房地产税税收收入用于本辖区内的公共事业发展，为居民提供数量充足、质量精良的服务，这既可以牢牢抓住本辖区居民，还能吸引更多的周围地区居民来此定居，进一步发展房地产事业，提升纳税遵从度，从而形成良性循环。

二、我国房地产税收入归属存在的问题

在我国现行税收制度中，与房地产直接相关的税种有5个，分别是房产税、城镇土地使用税、土地增值税、契税和耕地占用税。其中仅有房产税和城镇土地使用税是在保有环节征收，属于房地产税范畴。这两个税种都属于地方税，其税收收入也都归属于地方政府。然而“地方政府”一词，我国与西方国家表达的含义不尽相同。西方国家的“地方政府”是指在“中央（联邦）、省（州）、地方”三级政府管理体制下处于最低层级的基层政府，而我国的“地方政府”则是与中央政府相对应的称谓，包括省以下各级政府，即省、市、县、乡四级政府。因此，在研究我国房地产税税收归属问题时，仅仅将其停留在地方政府的层面是不够的，必须要明确房地产税到底要归属于哪一级地方政府。因为只有这样，才能明确公共产品究竟应该由哪一级政府提供，才能有效设计我国房地产税改革方案。然而目前我国房地产税收入归属并不明确，将会带来以下问题。

（一）从财税收支角度看，房地产税收入与基本公共服务不对等

2016年，我国税收收入共计130354亿元，其中房产税2221亿元，城镇土地使用税2256亿元，分别仅占比1.70%和1.73%。[①]我国地方基本公共服务供给包括义务教育、公立医疗、基层文化和社会保障等方面。在义务教育方面，建立了生均公用经费基准定额、“两免一补”、中央与地方经费分担比例三统一的城乡义务教育经费保障机制，并提出生均公用经费基准定额，中西部地区普通小学每生每年600元、普通初中每生每年800元；东部地区是650元和850元。在公立医疗方面，城乡居民基本医疗保险财政补助标准由每人每年380元提高到420元，基本公共卫生服务项目年人均财政补助标准由40元提高到45元。在基层文化方面，支持了49871家公益性文化设施、1260个公共体育场馆向社会免费或低收费开放，推进县级文化馆、基层综合性文化服务中心建设。在社会保障方面，推进居家和社区养老服务改革试点，全面建立困难残疾人生活补贴和重度残疾人护理补贴制度，为1700多万人发放补贴，支持实施临时救助968万人次。[②]

综上所述，我国目前的房地产税税收收入根本无法满足基本公共服务供给，基本公共服务供给还需要依靠中央政府转移支付完成。这就会造成即使将房地产税收划归地方政府也没有完全对应地用于地方公共产品的供给，很难明确房地产税收收入的进一步归属，更难衡量出地方基本公共服务究竟需要多少地方税收收入加以满足。

（二）从房地产税征收角度看，纳税人遵从度与公共产品供给不匹配

我国地方政府提供公共产品和公共服务，在客观上改善了居民的居住环境，提供公共设施，提高了相关土地和房屋的价值，扩大了房地产所有者和使用者额外收益。然而房地产所有者并不愿对此缴纳房地产税，因为对于纳税人而言，房地产税是保有环节征收，不能用销售房地产的金额交税，只能用自己的其他收入来负担税款，这就会在一定程度上减少纳税人的可支配收入。另外，房地产税对持有人征收，税负不易发生转嫁。因此房地产税成为

① 数据来源：中华人民共和国财政部，2016年财政收支情况. http://gks.mof.gov.cn/zhengfuxinxi/tongjishuju/201701/t20170123_2526014.html

② 全国人民代表大会常务委员会关于批准2016年中央决算的决议.

最不受欢迎的税种，纳税遵从度较低。这就形成了目前我国房地产税纳税遵从度与公共产品供给不匹配的问题。

如果纳税人不及时缴纳税款，政府提供公共产品的资金将会减少，这会造成公共产品的供给不足；纳税人一旦认为他们没有享受到公共服务带来的额外收益，就会进一步降低纳税遵从度，这就陷入了一种恶性循环的境地，如图4-2所示。如此一来，房地产的税收收入将会受到极大的影响。

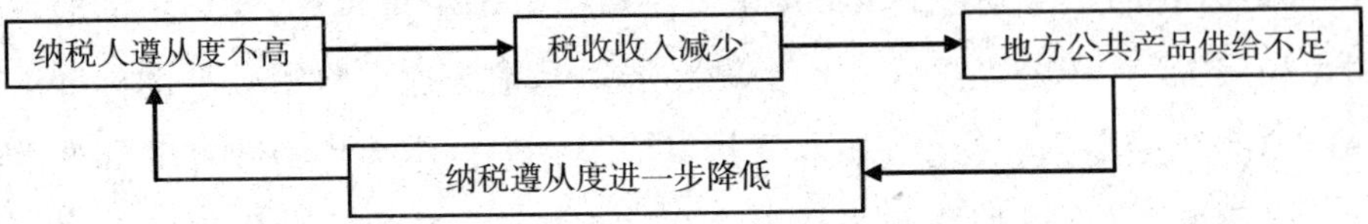

图4-2　纳税遵从度与公共产品供给的循环关系

（三）从经费使用角度看，征管受益方与经费使用方不统一

由于我国各地方政府没有税收立法权，同时中央转移支付与地方税收征管也都集中在省级政府，因此解决各县（区）公共产品供给主要通过省级以下转移支付完成。从全国大部分省来看，省以下转移支付占全部地方财政收入的50%以上，而地方主体税种并未真正发挥作用。

目前我国房地产税归属于地方政府但集中在省级政府，而真正提供公共产品的往往是县（区）级政府。这就形成了征管的受益方——省级政府与经费使用方——县（区）级政府不统一的情况。作为地方税种的房地产税，其收入集中到省级政府后，无法实现专门为辖区内政府提供公共产品的功能。同时，省级政府和县（区）级政府也没有根据各地区公共产品的供给数量和资金需求统筹规划房地产税的税收收入数量及支出方向。

二、域外典型国家房地产税收收入归属借鉴与启示

（一）联邦制国家——美国

根据美国宪法规定，美国联邦政府和州政府拥有各自独立的权力，并且按照行政级别，联邦政府的权力高于州政府的权力。美国采用分税制，联邦政府、州政府和地方政府有各自独立的征税权、税收制度和征管体系。由于各州立法具有独立性，各州之间的征免税规定也各不相同，税收制度极为

复杂。与分级财政体制相适应，美国分别设有联邦政府、州政府和地方政府三级税收征管机构，分别隶属于本级政府，负责征收和管理划归本级政府的税收。各级政府的税收征管机构之间不存在隶属关系，只是业务上的相互配合、相互协调和信息共享。

美国政府间转移支付主要有无条件拨款和有条件拨款两种。无条件拨款无须州和地方政府申请，按照标准和公式直接分配给各州政府，各州政府将无条件拨款的三分之一留在本级政府，用于本州的教育事业，其余的三分之二下拨给地方政府，主要用于地方公共安全、公共设施建设、公共卫生服务等事务。有条件拨款占全部政府转移支付的90%，主要用于卫生、社会保障、教育和交通四个方面，这类拨款对于解决美国失业率、贫困率、犯罪率居高不下和公共产品、服务的提供只有数量没有质量等问题效果更为直接。

在美国，州和地方税是州和地方政府提供公共产品的成本，是公共意志的体现。也就是说，之所以征收州和地方税是因为各地区居民对公共产品有需求，因此应承担公共产品的成本，缴纳州和地方税。州和地方税的种类和规模取决于各地居民对公共产品的需求偏好。公众的偏好和意志通过立法机关制定法律的形式得以确立，并在法律的框架内运作，因此开征州和地方税收能够实现州和地方政府间收支调节、资源有效配置和可持续发展的长远目标。美国房地产税在州和地方政府征收，州级房地产税占州政府收入的2%以下，地方房地产税占地方政府收入的75%以上，[①]由此可见，在美国房地产税主要由地方税务机关负责征收，并将其收入中的绝大部分归属于地方政府收入。在美国，教育、交通和福利设施方面的花费共占州和地方财政总支出的55%～60%，是最具代表性和最直接影响人民生活的州和地方性公共产品和服务。

（二）单一制国家——日本

日本是一个中央集权和地方自治相结合的单一制国家，其政府构成分为中央、都道府县、市町村，并实行三级税收征管体制。其中都道府县和市町

① 董蕾.美国不动产税［M］.北京：人民出版社.2013：71.

村被称为地方政府，与之相对应的地方财政分别称为府级财政和市级财政。各级政府具有相对独立性，中央政府具有并独享税收立法权，地方政府具有较大地方自治权，包括税种、税率选择权和制定地方税收条例的权力。

日本的房地产税主要包括不动产取得税、固定资产税和城市规划税。这三个税种由地方税务机关负责征收，但征管范围有所不同。其中不动产取得税是府级税种，是针对不动产流转过程中征收的流转税，其税收收入在府级财政收入中的比重比较低，仅为3.5%左右。[①]而固定资产税和城市规划税都是市级税种，在市级财政中占有重要的地位，分别是日本市级税收体系的第一和第三大税种。固定资产税是对土地、房屋、折旧资产等征税，城市规划税与固定资产税纳税人和征税依据完全相同，并以城区不动产评估价值作为课税标准，其税收收入专门用于城市规划和土地区划调整。

表4-3　日本中央政府与地方政府的事权划分

项目	中央	都道府县（地方）	市町村（地方）
基础设施	高速公路 国道 一级河川	都道府县道 一级河川（指定区间） 二级河川 港湾 公营住宅 决定市街化区域、调整区域	都市计划等 市町村道 准用河川 港湾 公营住宅 下水道
教育	大学 私立学校补助 （大学）	高中 特殊教育学校 中小学校教员工资、人事 私立学校补助（幼儿园—高中） 公立大学	中小学校 幼儿园
福利	社会福利 医生等资格证书 医药品许可资格证书	生活保护（町村的区域） 儿童福利 保健所	生活保护（市区） 儿童福利 国民健康保险 护理保险 上水道 垃圾处理 保健所

① 樊华.地方公共财政框架下的不动产税制现状及其改革研究［D］.浙江大学，2005：68.

续表

项 目	中央	都道府县（地方）	市町村（地方）
经 济	货币 关税 通商 邮政通讯 经济政策	地区经济振兴 职业培训 中小企业诊断与指导	地区经济振兴 农田利用整理
其 他	防卫 外交 通货	警察	消防 户籍 住民基本台账

资料来源：中华人民共和国财政部. http：//yss.mof.gov.cn/zhengwuxinxi/guojijiejian/200810/t20081008_80892.html

表4-3为日本中央政府与地方政府的事权划分。从表中可知，相对于中央政府来说，日本地方政府承担了更多的事务，不仅包括本级政府事务，还包括国家委托事务；不仅项目繁多，而且业务量大。地方政府的支出主要用于基础设施建设、教育和福利等方面。日本中央政府和地方政府在收入分配上的比例约6：4，通过财政转移支付，最终支出比例保持在4：6左右。①

三、我国房地产税收入归属改革设想

（一）房地产税收入归属原则

关于税收收入如何在中央和地方政府之间进行划分，国内外的财政学界已有较多研究，形成了一些共识性的原则，主要考虑的因素包括税收的受益性、税收收入规模、税收行政管理效率和政府间分工等。同时地方税体系在选取主体税种时也有一定的原则，要求地方税的税源必须具有非流动性、课征税款的直接受益性、对地方政府要有较强的依赖性、收入的稳定性和连续性、对经济发展具有适度的弹性等。为此在确定房地产税收入归属时，我们在已有研究成果的基础上，充分考虑房地产税的地域性、税收征管的有效性、负担者与受益者的统一性等影响因素，总结出如下划分原则。

1.税源易区分原则

房地产税的税源具有明显的地域特征，具有非流动性。房地产税的课税

① 中华人民共和国财政部. http：//www.mof.gov.cn/zhengwuxinxi/guojijiejian/200806/t20080623_47848.html

对象固定在某一区域，地理界限易于区分。税源不会随着人的流动而流向其他地区，从而产生税收征管主体的交叉。因此房地产税收入应归属于其所在地政府所有。

2.税款易征管原则

房地产税收收入归属应考虑征税成本及效率问题。对于税源分散、计税依据或税率的确定较为复杂的房地产税，与中央相比，地方税务机关较易了解本地的实际情况，并能够在本级政府及其他各部门的协助下对房地产基本情况和税收情况进行全面掌控，征管成本较低，征管效率较高，因此这样税种的税收收入就比较适合归属于本级政府。

3.受益易明确原则

房地产税的收入主要用于为本地区提供公共产品和服务，负担与受益的对应关系较为明确。如果纳税人缴纳的税款与某级地方政府提供的公共产品直接具有明确的受益关系的，那么这些税收收入就应归属于提供公共产品的那一级政府所有。①

（二）房地产税收入归属设想

1.将房地产税收入归属于县（区）级财政收入

根据国际经验和我们对房地产税收入归属原则分析，房地产税适合作为级次较低的政府税收体系中的主体税种，其税收收入应当归属于级次较低的地方政府所有。结合我国现阶段“省直管县”“乡财县管”等财政管理体制要求，将房地产税收收入归属于县（区）级财政。县（区）级政府是我国最重要和最稳定的政府级次，承担着主要的基础公共产品的供给责任，在我国目前“财权上移、事权下移”的现实状况之下，县（区）级政府财力运行状况较为艰难。将房地产税划归为县（区）级财政收入，对于开辟地方政府稳定的税收来源，缓解县级政府财政困境具有重要意义，同时对于基础公共产品的供给也提供了强有力的保障。

2.按照县（区）级财政支出与省以下转移支付差额确定房地产税收收入

根据目前我国公共产品供给状况分析，我国地方公共产品主要依靠中央

① 国务院发展研究中心课题组.不动产税的税种、税率设计和税收归属的探讨与建议［J］.中国发展观察，2006（8）：17-19

财政转移支付和省以下财政转移支付实现。如果将房地产税确定为县（区）级财政收入，应该能够减少地方政府对于中央财政转移支付的依赖，减少省以下地区对省级财政转移支付的依赖。房地产的税收收入可以按照县（区）级财政支出的需要，即基础公共产品供给的资金需求和省以下财政转移支付的差额来确定。未来财政转移支付金额将与辖区内公共产品的供给数量正向相关，与房地产价值和该地区富裕程度反向相关。从短期来看，由于我国房地产税收制度还未正式制定，更多依靠财政转移支付；从长远来看，随着我国房地产税收制度的不断完善，地方基础公共产品供给或将全部由房地产税收收入予以满足。

3.赋予县（区）级政府适当的税权

将房地产税划归县（区）级政府，需要进一步完善我国财政管理体制，进一步理顺省以下财政分配关系，同时还应赋予县（区）级政府更多的税权。在全国人民代表大会及其常委会统一制定税法的基础上，赋予地方政府税收减免权、税率制定权、税收征管权、房地产评估方法认定权及房地产评估系数的调整权等，使县（区）级税务机关能够更好地根据本地的实际情况行使征税的权力，并使房地产税切实成为符合县（区）级政府发展需要的重要财源，为辖区内基础公共产品供给保驾护航。

第五章 地方财政视角下我国房地产税的缺陷分析

党的十九大报告中提出“深化税收制度改革，健全地方税体系”，地方税体系建设已经成为我国财税改革的焦点。早在党的十八大财税改革全面启动之初，财政部就地方税体系建设问题提出了六大税制改革目标，分别是“营改增”、资源税、消费税、环境税、个人所得税和房地产税，其中房地产税被认为是最难啃的“硬骨头”。

从2012年1月1日起，在上海交通运输业和部分现代服务业开展“营改增”试点。自2012年8月1日起至年底，国务院扩大“营改增”试点至8省市；2013年8月1日，“营改增”范围已推广到全国试行，将广播影视服务业纳入试点范围。2014年1月1日起，将铁路运输和邮政服务业纳入营业税改征增值税试点，至此交通运输业已全部纳入“营改增”范围；2016年3月18日召开的国务院常务会议决定，自2016年5月1日起，中国将全面推开“营改增”试点，将建筑业、房地产业、金融业、生活服务业全部纳入“营改增”试点，至此，营业税退出历史舞台，增值税制度将更加规范。这是自1994年分税制改革以来，财税体制的又一次深刻变革。

为了促进资源节约集约利用，加快生态文明建设，我国资源税进行了一系列改革。从2011年11月起，将原油和天然气由从量定额改为从价定率征收，有效提升资源的开采和使用效率。自2014年12月1日起在全国范围内实施煤炭资源税从价计征改革。自2016年7月1日起，扩大资源税征收范围，在河北省进行水资源税改革试点。于2017年12月1日起扩大水资源税改革试点至北京、天津、山西、内蒙古、山东、河南、四川、陕西、宁夏等9个省、自治区、直辖市。除此以外，资源税在清费立税、合理负担、适度分权方面也进行了改革。

自2015年2月1日起，我国对电池和涂料征收消费税；自2016年10月1日起，对高档化妆品进行了界定，并降低了税率，由原来30%降为15%；自2016年12月1日起，在“小汽车”税目下增设“超豪华小汽车”子税目，即每辆零售价格130万元（不含增值税）及以上的乘用车和中轻型商用客车，在其生产（进口）环节按现行税率征收消费税基础上，在零售环节加征消费税，税率为10%。

为了保护和改善环境，减少污染物排放，推进生态文明建设，自2018年1月1日起实施《中华人民共和国环境保护税法》（以下简称《环境保护税法》）。2018年3月，财政部和国家税务总局又出台了如何计算污染物排放量和如何进行纳税申报的相关文件。2018年10月继续出台关于污染物适用、税收减免适用、污染物排放检测和征管协作等相关问题的文件。

2018年李克强政府工作报告中对改革难点之一的个人所得税提出了明确的改革方向。2018年8月31日，第十三届全国人民代表大会常务委员会第五次会议通过了《关于修改〈中华人民共和国个人所得税法〉的决定》。此次改革是对我国个人所得税的全面修订，改分类征收制为分类和综合相结合的混合征收制；改单一费用减除标准扣除为基本扣除、专项扣除和专项附加扣除的综合扣除机制；增设纳税人的个人纳税识别号，方便对纳税人个体进行有效征管。此次改革对我国个人分配制度的全新调整，对公平收入分配、创建和谐社会具有重要意义。

目前，前五个税种改革已经取得了相当进展，只有房地产税改革依然存在较多问题，需要较长的时间深入研究。本书将从房地产税的历史和改革效果出发，从法律、税制和征管三个方面探寻地方财政视角下我国房地产税存在的制度缺陷，力求从细节上找出现实问题，从总体上把握和设计，全方位、多角度增强房地产税的科学合理性和可操作性，促进房地产税收制度有效落地和全面实施。

第一节　我国房地产税的发展历程和改革效果

一、我国房地产税的发展历程

中国很早就开始了房产税的立法，经过近七十年的不断探索和尝试，取得了一定的进展，但是因为受制于我国客观经济环境和政策需求，一直没有成为主力税种。

1950年中央人民政府政务院颁布《全国税政实施要则》（以下简称《要则》），这是我国第一部税法。《要则》中将房产税设定为在全国开征的独立税种。1951年，政务院公布《城市房地产税暂行条例》，规定只在核准的城市范围内征收房产税和地产税，简并为城市房地产税。

1984年工商税制改革，房地产税被分为房产税和城镇土地使用税两个税种。1986年10月1日起《中华人民共和国房产税暂行条例》实施，成为目前房产税的适用依据，条例中将所有非营业的个人用房纳入免税范围，排除了80%以上的可征税房产。1988年11月1起实施的《中华人民共和国城镇土地使用税暂行条例》对节约用地和调节土地极差收入起到了一定的作用。

2003年党的十六届三中全会通过《中共中央关于完善社会主义市场经济体制若干问题的决议》，提出“条件成熟时可以取消不动产的相关收费，改为对不动产统一征收物业税”。这是我国首次提出对个人自用房产进行征税。此后，社会各界对房产税面向“非营业用房”征税争议不断。

2007年1月1日起，国务院修订了《中华人民共和国城镇土地使用税暂行条例》，将征税范围扩大到外商投资企业和外国企业，同时提高了城镇土地使用税的税额标准。2009年1月1日起，《城市房地产税暂行条例》废止，外商投资企业、外国企业和组织及外籍个人纳入1986年《中华人民共和国房产税暂行条例》适用范围，内外两套税制完成统一。

2011年1月28日，上海、重庆率先开展自住房房产税改革试点。2013年11月，党的十八届三中全会通过的《中共中央关于全面深化改革若干重大问题的决定》提出“加快房地产税立法并适时推进改革”，房地产立法被提上日程。2015年8月，房地产税纳入了第十二届全国人大常委会立法规划，正式规定房地产税的立法时间表。

二、我国房地产税的改革效果

虽然我国房地产税历经了数次改革，特别是近些年来人们对房地产税改革的呼声越来越高，因为大家越来越意识到房子的价值和不可或缺性。但是我国目前的房产税依然采用的是20世纪80年代的税法，城镇土地使用税虽是2007年的税法，但是内容改变不大。我国现行的房地产税，由于征税对象范围窄、税基偏小，税收弹性不足，导致房地产税收入在地方财政税收收入中比重十分有限。以2016年为例，房产税是2221亿元，城镇土地使用税是2256亿元，二者合计4477亿元，仅占当年地方财政收入的5.13%。

面对我国房地产行业存在的诸多问题，国务院和财政部先后发文，2005年的“国八条”主要是针对由于房地产市场投资性需求偏大、住房供应结构不合理、开发建设成本提高等原因导致住房价格上涨过快的问题而提出的解决对策；2006年的“国六条”在“国八条”基础上更加具有可操作性；2010年的“国十条”是在金融危机日趋严峻的情况下提出的，是为抵御国际经济环境对中国的不利影响、应对复杂多变的经济形势而采取灵活审慎的宏观经济政策；2011年的“新国八条”首次出现了“限购”“限贷”和“增税”的政策，使房地产市场出现积极变化，房价过快上涨势头得到初步遏制。这些政策都是我国政府面对房地产税价格居高不下、非正常上涨等现象所采取的手段，虽然都在短期内起到作用，但是并没有从根本上起到抑制投资、减少需求的作用，因而房地产价格依然飙升。随后，我国政府将目光放到了房地产税上，将其作为抑制不合理需求和房价过快上涨的工具。

2011年上海和重庆两市房地产税改革首次在保有环节和按照评估价值课征房地产税，为扩大征税范围、提高税基进行了初步探索，为我国未来房地产税改革提供了可借鉴的经验。表5-1是重庆和上海两市房产税实施细则的对比情况。

表5-1　上海、重庆两市房产税细则对比

项目	上海	重庆
试点范围	上海市行政区域	重庆主城区（九个区）
税率	暂定为0.6%。应税住房每平方米市场交易价格低于本市上年度新建商品住房平均销售价格2倍（含2倍）的，税率暂减为0.4%	以上两年主城区新房均价为基准，3倍以下的0.5%，3～4倍的1%，4倍以上的1.2%
本地居民	家庭第二套及以上住房（包括新购的二手存量住房和新建商品住房）	（1）个人拥有的独栋商品住宅 （2）个人新购的高档住房。高档住房是指建筑面积交易单价达到上两年主城九区新建商品住房成交建筑面积均价2倍（含2倍）以上的住房
外地居民	非本市居民家庭在本市新购的住房	在重庆市同时无户籍、无企业、无工作的个人新购的第二套（含第二套）以上的普通住房
计税依据	参照应税住房的房地产市场价格确定的评估值，评估值按规定周期进行重估。试点初期，暂以应税住房的市场交易价格作为计税依据。 房产税暂按应税住房市场交易价格的70%计算缴纳	应税住房的计税价值为房产交易价。条件成熟时，以房产评估值作为计税依据
免税面积	上海市居民家庭人均60 平方米	一个家庭可对一套应税住房扣除免税面积，存量独栋住宅为180 平方米，新购高档住房为100 平方米
税收优惠	（1）本市居民家庭在新购一套住房后的一年内出售该居民家庭原有唯一住房的，其新购住房已按本暂行办法规定计算征收的房产税，可予退还。（2）本市居民家庭中的子女成年后，因婚姻等需要而首次新购住房且该住房属于成年子女家庭唯一住房的，暂免征收房产税。（3）符合国家和本市有关规定引进的高层次人才、重点产业紧缺急需人才，持有本市居住证并在本市工作生活的，其在本市新购住房且该住房属于家庭唯一住房的，暂免征收房产税。（4）持有本市居住证满3年并在本市工作生活的购房人，其在本市新购住房且该住房属于家庭唯一住房的，暂免征收房产税；持有本市居住证但不满3年的购房人，其上述住房先按本暂行办法规定计算征收房产税，待持有本市居住证满3年并在本市工作生活的，其上述住房已征收的房产税，可予退还。（5）其他需要减税或免税的住房，由市政府决定。	（1）对农民在宅基地上建造的自有住房，暂免征收房产税。 （2）在重庆市同时无户籍、无企业、无工作的个人拥有的普通应税住房，如纳税人在重庆市具备户籍、有企业、有工作任一条件的，从当年起免征税，如已缴纳税款的，退还当年已缴税款。 （3）因自然灾害等不可抗力因素，纳税人纳税确有困难的，可向地方税务机关申请减免税和缓缴税款。

上海和重庆的房地产税改革试点在我国房地产税改革史上迈出了艰难的一步。与其他一般行业不同，房地产行业处于产业链条中端，是支柱性产业，它影响着房地产上游的钢材、水泥等建筑行业，也影响着下游的装潢材料、家用电器、家居装饰等行业，因此房地产行业对我国国民经济影响巨大。由于房地产行业涉及的行业广泛、涉及的人群众多，可谓牵一发而动全身，因此，我国对制定并推行房地产税收政策是非常审慎的。我国试图采用保守的税制改革方案，像其他税收法律的修订过程一样，先通过改革试点取得一定的成效，再在全国范围内推广。然而，上海和重庆两地的改革试点并未达成预期效果，因此到目前为止也并未在全国范围内推广。

上海和重庆的房地产税改革试点未达到预期效果，主要体现在以下三点。

其一，税收收入增长不明显，两市房产税占税收总额比重分别为2.5%和3.5%，仅为两市土地出让收入的7%左右；其二，对房地产成交量影响不明显，虽然试点当年的成交量分别下降46%和26%，比同类城市降幅高10～20个百分点，而第二年，两地成交量均呈现反弹式的较大幅度的增长；其三，对房地产成交价格几乎没有影响，试点当年交均价并未出现明显下跌，2011到2018年这八年间房产税对房价的影响几乎可以忽略不计。上海和重庆试点以后，个人住房房产税改革陷入停滞和困境。

上海和重庆的房地产税改革试点未达到预期效果，其主要原因如下。

首先，税收法制不完善。上海、重庆在推行房地产税改革试点之前，分别颁布了各自的《房产税暂行办法》，然而这些只是规范性文件，不是法律、法规，其效力非常低下。而我国的《房产税暂行条例》是法规的级别，它规定“对个人非经营性住房免征房产税”，这就与试点城市“对个人自用住房征收房地产税”的规定发生了冲突，即下位法违反上位法的规定。法律依据的不足是房地产税无法推广和执行的隐患，也是导致税务机关无法要求纳税人履行纳税义务、纳税遵从度不高、税收征收效果无法保证的根本原因。因此，我国开征房地产税的前提条件是提升房地产税的法律级别，用新的税收法律代替旧的法规制度。只有提高房产税的法律层级，才能为税收制度的执行和税收征管提供有力保障。

其次，税制结构不完善。上海和重庆的房地产税收制度存在很多弊端：

第一，税基窄，上海的房产税只针对增量房，不涉及存量房，这对新的买房者和旧的买房者来说税收负担不公平；重庆包括了存量房，但只针对高档住房，对普通标准住房不征税，随着国家对普通标准住宅标准的弱化，开发商会将高档住房归入普通住房行列，帮助购买者规避纳税。第二，税率偏高，上海税率是0.4%和0.6%；重庆是0.5%、1%和1.2%。上海和重庆都属于高房价城市，根据房价推测计算，一套价值500万元的住房每年要缴纳20000～60000元的房地产税，平均每月的支出是1700～5000元，而这笔支出不是从销售房产的价格中支付，只能依靠居民的日常收入，相当于缩减了居民的可支配收入，降低了生活水平。与此同时，在征税初期，政府的基础设施并未完全做好，居民享受的公共产品和公共服务与所缴纳的房地产税不相匹配，这会让居民更加不愿意接受房地产税，房地产税的征收比例随之降低。第三，缺乏整体税制结构的调整和优化。开征一个新的税种，应该有全局观念，在征税范围上互补，在税收负担上协调，既保证国家税收利益最大化，又不额外增加纳税人的负担。然而上海和重庆试点只是单纯地增加了一项房产税，并未相应调整税制结构，所以相当于百分之百地增加了纳税人的税收负担。另外，除了重庆和上海两地之外，其他地方居民都不需要为自用住房缴纳房产税，更加重了沪渝两市居民的反抗情绪。这与其他税种“先试点、再推行”相比，房地产税政策缺乏试点优惠，难以推行。因此，建立科学合理的税收制度是房地产税改革的基础。

最后，价值评估体系不健全。上海和重庆是以房屋的市场交易价格作为计税依据，而不是以评估价格作为计税依据。这是在房地产评估机构缺失、评估方法不统一、评估人员不专业等因素影响之下不得已采取的做法。但是在这里却存在着无法调和的矛盾，一方面，房地产市场交易价格是房地产销售时买卖双方达成的成交价格，也就是说房地产只有在销售时才会有成交价格，而另一方面，房地产税的性质却是在保有环节税收，也就是说在房地产持有期间所征收的税收，持有期间是不会知道房地产最终的销售价格的，因此按照交易价格征税是不合理的也是矛盾的。除此以外，目前采用的以市场交易价格为计税依据的方式，只是参考了已经销售的周边房地产的价格，虽然二者价格相似，但是因为每套房产的特征不同，比如楼层、朝向、面积、小区环境、交通状况等，因而价格可能有很大差距，按同一标准征税不科学、不合理。因此，健全的房地产价值评估体系是提升纳税遵从、提高征管效率的保证。

上海和重庆两地的房产税改革试点的不成功经历，可以让我们“管中窥豹”，看到我国目前在房地产税收立法、房地产税收制度、房地产税收征管等方面还存在众多的问题，需要一一解决和完善。

第二节　地方财政视角下我国房地产税的缺陷

一、法律缺陷

（一）与土地财政关系不清

在我国土地所有权归国家和集体所有，对于用于居住的房产来说，居民只拥有自政府出让土地时起若干年的使用权，而并没有所有权。居民普遍对只拥有使用权而没有所有权的土地征收房地产税是否合理、房地产税与土地出让金是否存在重复征收问题等存在疑问，而这些疑问正是开征房地产税的最大障碍。

1.土地产权问题

从法律的角度来说，所有权包括占有、使用、收益和处分的权利。使用权是所有权的重要特征。关于土地的所有权，住宅用地的使用期限为70年，工业用地为50年，教、科、文、卫等带有福利性质的土地为50年，商业、娱乐业、旅游业等营利性项目用地为40年，其他综合类性质用地为50年。我们以居民住宅用地为例探讨和解决土地产权问题。由于我国对住宅用地有70年土地使用权的规定，所以人们有一个普遍的误解，认为土地使用权到期后又重新收归国有，这样居民就彻底丧失了土地的产权，也没有了土地的使用权。《中华人民共和国物权法》（以下简称《物权法》）出台后，打破了这一误解。《物权法》第一百四十九条规定：“住宅建设用地使用权期间届满的，自动续期。”也就是说，居住用地70年土地使用期满后，土地回归国有，地上建筑物仍然属于业主所有。如果需要将土地使用权续期，则存在不缴纳任何费用、缴纳少量费用和缴纳大量费用等三种可能。虽然在我国现实中还没有遇到这三种情况，也就是说，我国不仅在法律中并没有完全明确到底应该怎样续期，在实际生活中也尚未涉及，但是从现实中的房价中，我们不难看出，居民认为他们不需要缴费，土地就会自动续约。比如人们在买卖房地产时，并没有将土地剩余使用年限作为影响房价的因素，剩余15年土地期限的住房和剩余65年土地期限的住房，价格差异不大。这就意味着，居民普遍认为70年土地使用权实质上是个虚数，而非实数。因为当居民住房土地使用期限是个虚数时，条件相当、期限不同房产价值相当；而假如续期需要重新缴纳巨额土地出让金时，不同年限房产的价值自然也会有较大差距。①但这些都是人们猜测，法律上并没有加以明确。因此为了减少续期是否需要缴纳费用的猜测，以及预防续期缴费的不确定性给房地产市场带来风险，我们建议全国人大和全国人大常委会应尽快出台法律对土地产权征税的合理性和存续期间土地收费方式进一步进行明确。

2.土地出让金与房地产税的区别

在土地产权问题明晰以后，我们接下来分析同时征收房地产税和土地出让金是否存在重复征收问题。产生这一质疑的原因有两个，一方面，从表面上看来，土地出让金和房地产税都是由国家收取，国家“分饰两角”给人们造成了重复征收的感觉；另一方面，人们对土地出让金和房地产税的属性并没有很深的了解，大家认为房地产开发企业在买地建房时已经缴纳过土地出让金，并且通过提高房价已经成功转嫁到居民身上，换句话说，居民在购买房地产时已经负担过土地的价款，为什么还要再次缴纳房地产税。事实上，土地出让金和房地产税二者并不矛盾，也不存在重复征收。土地出让金是国家凭借土地所有者身份对使用权持有人收取的地租，其性质是土地使用权的价格；而房地产税的性质是国家凭借社会管理者的政治权力对纳税人收取的税金，其性质是不动产保有环节上使用权持有人所必须缴纳的法定税负。“租”与“税”两者是可以合理匹配、并行不悖的。

然而关于土地出让金和房地产税的根本属性认知并不是所有人都能够接

① 张平，任强，侯一麟. 中国房地产税与地方公共财政转型［J］. 公共管理学报，2016（10）：5.

受，就像房地产税也不能被民众所接受一样。事实上，房地产税在其他国家之所以被居民所接受，很大程度上源于其受益税的特征。房地产税作为受益税，是为社区配套公共服务付费，无论是自有住房还是租用的住房，都应遵循使用者付费的原则，因为他们都享受到了社区服务带来的好处。因此，当我们把房地产税看作是对政府提供公共服务的收费，而土地出让金看作是基于土地所有权的一种租金时，这样的理解更容易让人接受。但是，如何体现房地产税受益税的性质？房地产税与公共服务应怎样建立联系？房地产税怎样才能让民众接受？这些问题都将在后文中的对策中逐一解决。

（二）与其他税种搭配不当

从理论上讲，对房地产课税有广义和狭义之分。广义的房地产课税是指所有与房地产相关的税收，它包括房地产取得环节课税、房地产保有环节课税和房地产转让环节课税。而狭义的房地产课税仅指对保有环节的房地产课税。

我国的房地产课税采用广义的概念，但又不严格遵循理论上的划分。我国对房地产的课税也分为三类：第一类是流转税类，它是在房地产取得、经营和转让的各个环节所课征的税收，在现行税制中包括增值税、城市维护建设税、耕地占用税、土地增值税、契税和印花税等税种；第二类是保有税类，也就是不动产税，它对房地产所有人或使用人课征，可以按照土地或房屋单独设置税种，也可以将土地房屋合二为一设置税种，在我国现行税制中，保有税类是单独设置税种的，分别开征城镇土地使用税和房产税；第三类是所得税类，它是房地产在经营、交易过程中，对土地、房屋所有权人就其转让所得、租赁所得和投资所得等课征的税收，包括企业所得税和个人所得税。

鉴于增值税、城市维护建设税、印花税、企业所得税和个人所得税中对房地产征收的税收只占各自税种很小的部分，并且这些税种也不能成为我国目前房地产税的代表，因此，我们只把与房地产直接相关的税种，如房产税、城镇土地使用税、土地增值税、耕地占用税和契税，作为房地产税收研究的重点。[①]

2016年，在土地和房地产相关税收中，受部分地区商品房销售较快增长等影响，契税4300亿元，同比增长10.3%；土地增值税4212亿元，同比增长9.9%；耕地占用税2029亿元，同比下降3.3%；房产税2221亿元，同比增长8.3%；城镇土地使用税2256亿元，同比增长5.3%[②]。在我国土地和房地产相关税收中，流转环节三个税种共计10541亿元，占比较大，为70.2%，而保有环节两个税种共计4477亿元，仅占29.8%。2017年，土地和房地产相关税收中，契税4910亿元，同比增长14.2%；土地增值税4911亿元，同比增长16.6%；耕地占用税1652亿元，同比下降18.6%；房产税2604亿元，同比增长17.3%；城镇土地使用税2360亿元，同比增长4.6%，[③]流转环节三个税种占比69.8%，保有环节两个税种占比30.2%。这还不包括流转环节的其他与房地产相关税收，如果全部统计计算，流转环节税收占比会更大。

由此可见，在我国与土地和房产相关的税收中，流转环节税负较重，保有环节税负较轻。这将提高纳税人税收负担、助推房价不合理上涨，同时不能起到调节贫富差距、优化资源配置的作用。我们需要整合房地产税与其他税种的关系，统筹规划，合理搭配，制定出总量适度、结构优化、税负公平的房地产税收法律。

（三）"以支定收"存在缺陷

在我国，中央政府与地方政府的事权范围，除了按照属地原则能够较为清楚地划分之外，其他部分都是中央和地方博弈的结果。在前文中，我们通过数据对比，发现我国目前中央政府仅承担15%的事权，却拥有50%左右的财权，而地方政府虽然也拥有50%的财权，却承担85%的事权。这种财权与事权的划分比例使地方政府承担了一些本该由中央政府承担的责任，并且没有获得相应的补偿，长此以往，地方政府没有足够的资金用来满足当地民众的公共需要，公共产品和公共水平下降，纳税人不愿意缴纳税款，由此将会带来财政收支不平衡的恶性循环。

---

① 董蕾. 美国不动产税研究［M］. 北京：人民出版社，2013：163-164.

② 2016年财政收支情况.中华人民共和国财政部.

③ 2017年财政收支情况.中华人民共和国财政部.

关于房地产税的课征模式，理论界提议将根据地方财政收入与财政支出的差额确定房地产税收入规模，根据辖区内房地产评估价值确定税基，从而测算不动产税税率区间，设计房地产税收制度，并从法律机制和征管机制两个方面对税收机制加以保障。因此，房地产税税收收入取决于地方财政的收支差额，这种做法被称为“以支定收”。这种做法一方面能够根据财政缺口征收房地产税，不盲目扩大纳税人的税收负担，客观上保证了纳税人享受多少公共服务，就负担多少税款，充分体现受益性原则；另一方面能够满足地方公共产品和公共服务供给的资金需求，不会因公共服务不足而引发地方财政收支不平衡问题。

然而这种“以支定收”的设想也存在制度缺陷。从短期来看，有可能会出现房地产税收入不足以满足地方财政资金缺口的问题，特别地方政府事权范围未在省级和省级以下各级地方政府准确划分的情况下，这一问题会更加严重。“以支定收”不能随意扩大支出范围、以此要求纳税人缴纳更多的房地产税来弥补资金缺口，否则会出现不可收拾的局面。从长期来看，房地产税收入一直以来都归属于省级政府、最终用途不明确，税收归属于省级政府，而与房地产相关的公共服务却由省以下地方政府负责，这显然更加不合理。因此，我们应从短期缺陷和长期缺陷入手，将地方财政“收支法定”。一方面将“地方政府支出范围法定”，明确地方政府和中央政府各自的支出范围，以及省、市、县等地方政府之间的支出范围，并以法律的形式固定下来，限定支出金额，不至出现入不敷出的现象。另一方面，将“地方政府税收归属法定”，明确地方政府与中央政府的收入界限，杜绝无主收入和交叉收入，避免相互争抢和讨价还价；明确省、市、县等各级地方政府间的收入划分，包括税种的划分、划分的方式和比例等，确保其辖区内财政支出的需要。

（四）地方税收立法权缺失

世界各国对于地方税管理权限的划分大体有三种类型：一是立法权与管理权完全属于地方，地方政府可以决定课征地方税收；二是立法权属于中央，地方政府有较大的机动权限；三是立法权和基本管理权均属于中央，地方政府只负责征收管理。我国基本采用第三种税收管理模式。

我国在1994年税制改革中进行了税收立法权划分，建立了中央和地方两级税收立法体系。根据宪法的规定，省、自治区、直辖市的人大及其常委会在不与宪法、法律和行政法规相抵触的前提下，可以制定地方性税收法规。但从二十多年来的税收立法实践来看，税收立法并为遵循这一规定，税收立法权仍然高度集中于中央。我国目前几乎所有的税收法律、条例及实施细则都由中央制定和颁布，只是把屠宰税、宴席税的某些税权下划到地方，然而这些税种在全国大部分地区从来没有征收过。即使当时有征收，现在也已经全部取消了。另外，除了全国人民代表大会授予海南省、深圳特区及相当于省级的民族自治区可以制订地方性税收法规外，其他的省、直辖市都无权制订地方性税收法规。因此，税收的立法权基本上都集中于中央，地方并没有税收立法权。地方税收立法体制形式大于实质，既不利于调动地方政府的积极性，也不利于建立完整的地方税体系。

如何建立起以中央为主、地方为辅的两级立法格局，我们还有很多内容需要研究，还有很长的路要走。

二、税制缺陷

房产税和城镇土地使用税是20世纪80年代出台的税种，近30年以来，我国未对《房产税暂行条例》和《城镇土地使用税暂行条例》进行大幅度修改。这两个条例是在我国经济“转轨”阶段逐步形成的，由于当时我国社会主义市场经济体制尚未建立完善，住房、土地使用制度均源于计划经济时代背景产生，符合当时的国情，因此在特定的历史阶段，上述两项暂行条例具有其存在的客观必然性，在当时也发挥了应有的作用，但是也不可避免地带有浓重的计划经济色彩。

随着我国市场经济体制的建立，我国房地产管理体制发生了两个根本性变化，一是我国房地产商品化进程加快，规模空前扩大，这部分商品房是按照市场规律运行的，有明确的产权，而且所占比例呈现出大规模高速扩张的态势；二是我国住房制度改革已经取得了决定性胜利，计划经济时期公房体制早已不存在，个人住房私有化实行近20年。据有关资料统计，目前我国城市住房私有化率达到80%以上，新建商品房销售中个人购买率在98%左右，且每年市场商品房供给能力以占城镇住房5%的速度不断增长。[①]这说明在我国市场经济条件下新的房屋管理体制已经形成，需要一种相对更加统一的税制，但是当前房地产税制度存在很多缺陷和弊端。

（一）征税范围不全面

目前我国的房产税和城镇土地使用税的征收范围限定为城市、县城、建制镇和工矿区，征税对象局限于经营用房地产项目，对农村房地产免征房地产税，对居民自住房免征房地产税，对行政单位、事业单位、社会团体和军事单位自用的房地产免征房地产税等。

与计划经济时代相比，我国当前税收制度的制定背景和经济环境已经发生了翻天覆地的变化，如果依然延续以往的税收政策，必然使房地产职能的发挥受到限制。一方面，随着工业化进程的加快，农村城市化程度不断提高，农村房地产规模急剧扩大，特别是经营用房快速膨胀，其居住环境和经营规模与城市房地产别无二致，因此，完全将农村房地产排除在征税范围之外，会带来城市和农村经营性房地产的税收负担不平等，人为造成城乡之间的税负差别。另一方面，随着我国房地产市场的不断发展，居民个人拥有住房已经成为普遍现象，且住房商品化程度有了很大提高。对居民个人不征收房地产税，将丧失保有环节税费，造成政府只提供公共服务，而没有收入补偿，导致政府在基础设施建设和公共服务支出方面没有动力。另外，居民住房除了具有生活必需品功能之外，还是具有很高价值的投资品，并且经济发展越快，土地资源越稀缺，投资回报率越高。如果把所有的居民住房不分性质全部排除在征管范围之外，将不利于发挥地方政府组织财政收入和调节居民的收入分配的职能。

（二）税基选择不合理

我国税法规定，房产税的计税依据有房产价值和房屋租金两种，由此产生的征收方式有从价计征和从租计征。从价计征是对房屋自用者按房屋原值一次性扣除10%~30%的余额计税；从租计征对房屋出租者是按房屋年度租金计税。城镇土地使用税是对土地所有者或使用者按照实际占用土地的面

① 肖学旺.我国房地产税制度改革问题研究［D］.新疆大学.2017：32.

积乘以单位税额征税。房产税与城镇土地使用税的计税依据都存在不合理因素，无法充分发挥其税收职能。

就房产税而言，其计税依据不合理表现在以下三个方面。第一，房产税按照经济行为不同而采用不同的计税依据和不同的征税方法，这就造成了房屋自用和房屋出租两种经营方式下，计征房产税的差异较大，税收负担不公平；第二，在按原值从价计税条件下，房产税计税依据与房屋原值挂钩，而与房地产市场价值相脱离，房产税与经济增长的弹性几乎为零，因此无法建立起房产税与经济增长相适应的税收增长机制，难以发挥其调控职能；第三，由于房屋建造时间不同，新旧房屋之间在建造成本上会出现较大差异，新建房产的成本必然大于旧房产的成本，新建房产的价值也必然大于旧房产的价值，因此按照房屋原值计税就会导致新旧房屋价值差异较大，房产税税负严重不公平。就城镇土地使用税而言，它是以土地面积为计税依据，与土地的质量和价格毫无关系，因此它不能充分发挥调节土地级差收入、优化土地资源配置、节约与合理利用土地等作用。

（三）税率设定不科学

从总体而言，保有环节的房地产税税率较低，而流转和转让环节的税率过高，因此与房地产相关的税收制度在鼓励房地产流动、避免房地产空置、调控房地产价格方面都不能起到应有的作用。

房产税采用单一比例税率，即对自用房产年税率设定为1.2%，对出租房产年税率设定为12%。一方面，这种税率没有考虑到各地经济的不平衡发展，地方政府不能根据实际情况灵活调节本地区的税收负担；另一方面，在两种计税方法下，税收负担失衡。由于对自用房产征税采用按原值一次扣除10%～30%后的余额计税（具体扣除比例，由当地省、自治区、直辖市人民政府确定），对出租房产采用按出租金额全额计税，如果令这两种情况下税收负担相同，可以得到：

$$原值\times(1-10\%\sim30\%)\times1.2\%=租金\times12\%$$

以扣除比例为20%为例，经过推导，当租金相当于原值的8%时，同一房产在不同的征收方式下税负相同；当租金高于原值8%时，出租房产缴纳的税额就高于自用房产缴纳的税额；当租金低于原值8%时，自用房产缴纳税额高于出租房产缴纳的税额。而在房地产市场上，房屋租金不会永远等于房屋原值8%，因此在两种计税方法下会出现税负差异。同样的课税对象，只因为用途不同，税负可能会相差很多倍，税制缺乏公平性，不但在一定程度上抑制了经济存在形式，而且造成纳税人想方设法避高就低，降低了纳税遵从度。这就忽略了各省、市、自治区之间，各地、州、市之间，各县、市、区之间经济发展不一致的情形，各级地方政府没有办法结合自身特点进行合理征税，统一的房产税税率会造成资源无法合理配置和效率低下等问题。

城镇土地使用税采用从量定额税率，中央设置了浮动区间税率，各省、市、自治区出台实施办法，以县、市、区为单位，根据不同地方的经济发展状况，分别设置税率。虽然能够体现一定的地域特殊性，但是由于较少考虑各地因经济发展水平、人口密度和人均消费水平不一致而导致的土地价值差异，土地级差收益日益突出，土地调节力度明显下降。另外，因为城镇土地使用税按实际占用面积征税，从量课征的方式缺乏弹性，税收收入难以随着市场发展和房地产价值增加而增长。城镇土地使用税对土地级差收入的调节、土地闲置和投机行为的整治作用未能最大限度地发挥，同时地方税收收入的增长空间又被极大地限制了。

（四）税收优惠无差别

目前我国房地产税的税收优惠是将农村土地和房产，城镇居民自住房产（包括第二套以上闲置住房）及所占用的土地，行政单位、事业单位、社会团体和军事单位自用的房产和土地都设定为免征房产税和城镇土地使用税。这种税收优惠是按照房地产用途进行划分的，并未体现出对不同纳税人采用不同的税收优惠政策。税收优惠的无差别主要体现在房地产属性、地域和所有人三个方面均无差别，这不利于税负公平，更不利于房地产税收政策的普及和推广。

首先，根据房地产的属性不同，我国房地产大体可以分为两大类，分别是经营类房地产和居住类房地产。在经营类房地产中又分为法人经营类房地产（办公、营业等）和自然人经营类房地产（出租、营业等）；在居住类房地产中，按照区域划分为城镇居住类房产和农村居住类房产，在城镇居住类房地产中又分为普通标准住宅和非普通标准住宅（别墅、公寓等）。因此，从上述分类中，我们可以将我国房地产大体分为四类，分别是经营性房产、城镇居民普通标准住宅、城镇居民非普通标准住宅和农村居民房产。这四种房产在盈利能力、评估价值和所有人财富等方面均有所不同，如果统一征收房地产税，并给予相同的税收优惠政策，表面看起来貌似公平，但实际上使房地产税收具有累退性，不能调节纳税人之间的贫富差距。从现实中分析来看，经营性房产和城镇非普通标准住宅应该比城镇普通住宅和农村房地产缴纳更多的税，但是我国现行税制的税收优惠政策并未做到。

其次，根据房地产的地域不同，我国城市有一线、二线、三线和四线之分，同时房地产也可以按照这一标准划分为四个不同的档次。每一个不同的档次，房地产的价值有所不同。“大城市里一张床，小城市里一套房”就深刻刻画出房地产价值的巨大差别。然而，我国目前的房地产税在全国统一执行，各地虽有较少的税收权利，但是没有调整税率和税收优惠的权利。因此，在我国所有地区房地产税的计税方法是统一的，税收优惠政策并无差别，最终导致对经济发达地区未体现累进性征收，对经济欠发达地区也未体现任何照顾。

最后，根据房地产的所有人不同，可以将房地产纳税人分为法人和自然人。一方面，企业房地产税的税款由企业法人承担，由于各个企业经营规模和管理水平不同，各个经营年度的风险因素不同，企业往往是盈利和亏损并存。主要表现为有些企业常年盈利，有些企业常年亏损，还有些企业有时盈利有时亏损。而房地产税并没有因为企业亏损而给予任何的减免，即使是亏损年度，房地产税也不可避免，这使亏损企业的财务雪上加霜，陷入更加困难的境地。另一方面，居民的房地产税由自然人负担，由于房地产税是对自然人的持有房产征税，并不是转让房产，因此自然人需要使用自己的可支配收入来负担这部分税款。我们的房地产税只考虑了纳税人所居住房地产的情况，并未考虑纳税人可支配收入的情况。比如对于孤寡老人、残疾人、收入较低的群体等，我们并没有考虑给予任何的税收优惠。因此，我国当前的房地产税收优惠政策，不仅没有体现法人和自然人的房地产主体差别，也没有体现负担能力不同的法人和负担能力不同的自然人内部的税负差别。

三、征管缺陷

（一）房地产价值评估机制不健全

房地产税制改革的首要任务就是需要做好房地产价值评估工作，合理确定房地产税的计税依据。从我国目前经济发展状况和房地产市场来看，按照房地产评估价值计征房地产税，既必要又可行。虽然我国现有的资产评估行业已有了一定程度的发展，但房地产估价行业发展明显滞后于各行业对房地产评估的特殊要求。从总体上来看，我国目前的房地产价值评估机制还存在如下问题。

首先，我国目前真正完全服务于不动产税收的资产评估系统还没有建立起来，没有统一的评估方法、评估标准和规范尺度，严重缺失专业性的课税评估准则、课税评估主体和课税评估程序等规定。我国幅员辽阔，如果不同省份、不同城市、不同地区之间采用不同的评估方法，必然造成税基不统一，税负不公平。因此，我们应当想办法找到一个合适的评估方法以保证评估工作的快速和高效。

其次，我国房地产估价从业人员和机构相对较少，并且评估机构的资质参差不齐。相对于较少的从业人员和评估机构来说，房地产评估工作是一个庞大的工程。如果没有科学、完备的评估方法，不能借助现代高科技手段，房地产评估将无法完成。另外，部分资质较差的评估机构和人员依然受利益驱动而进行不正当行为，不能公正、客观地反映房地产的实际价值。

最后，税务部门缺少对房地产专业数据的考核标准和评价体系。税务机关对专门的房地产评估机构给出的评估结果只能选择信任或被动接受，无法准确判断出评估结果的真实性。难以测定和考核评估结果，一方面致使房地产税的计税依据难以合理确定，给税收征管工作带来极大困难；另一方面也增加了评估机构和税务机关寻租和滋生腐败的可能性。

（二）跨省不动产登记制度不完善

不动产登记是产权所有者对不动产产权申请登记取得合法产权的必要步骤。目前新建商品房的销售是由房地产开发企业代办不动产登记手续，此时不动产登记成为房地产销售环节的最后一个程序。而存量商品房的买卖是由买卖双方到产权管理部门办理过户手续，同时完成了不动产登记。海量的不动产登记信息是税务机关判断纳税人和税基的依据，因此税务机关与不动产登记部门的合作将助力房地产税收征管。

我国的不动产统一登记制度是自2015年3月1日起施行的，《不动产登记暂行条例》（国务院令第656号公布）能够有效保障不动产交易安全，切实保护不动产权利人的合法财产权，更好地落实《物权法》，为预防和惩治腐败夯实基础。另外，我国还建立了以居民身份证号码和组织机构代码为基础的统一社会信用代码等制度，从制度上加强和创新了社会管理和房地产登记管理。

然而目前我国不动产统一登记制度推行进度较为缓慢。当前，几乎每一个城市都建立了城市住房信息系统，这些住房信息系统主要存在两方面的问题：一是从技术上看，系统兼容性较差，使得数据交换情况不容乐观，不动产登记部门与税务机关协调不足，数据信息共享途径受阻；二是从数据上看，在我国长期的房地产管理中，积累下很多顽疾，比如以前的纸质数据、产权较为复杂的中央产权房等，这些造成了房地产数据不全。现在我国税收征管工作，仅能做到对新建不动产和交易的房地产进行数据登记录入，而对之前已有且未进行交易房地产数据录入，需要多方配合，尚需时日。

特别值得一提的是，我国缺乏对跨省的不动产登记制度，对纳税人的全部房地产信息无法进行全面获得，更加无法规范登记和管理。而对于纳税人在全国范围内究竟拥有多少套住房、每套住房的具体情况等信息的掌握才是税收征管的关键，因此，跨省不动产登记制度不健全使不动产税税源监控更加困难。而事实上，在互联网和大数据快速发展的今天，这种信息共享是非常容易实现的，跨省不动产登记制度的完善也只是政策和时间问题。目前我们希望的是不动产权登记进程加快，实现不动产统一登记全国联网，其中包括房产、土地、海域、林木等。只有获取全国范围内房地产及相关信息，才能为房地产税的公平征收提供保障。

（三）农村土地和房产管理不规范

《中华人民共和国物权法》第五十八条规定：“集体所有的不动产和动产包括：

（一）法律规定属于集体所有的土地和森林、山岭、草原、荒地、滩涂；

（二）集体所有的建筑物、生产设施、农田水利设施；

（三）集体所有的教育、科学、文化、卫生、体育等设施；

（四）集体所有的其他不动产和动产。”

由此可以看出农村集体建设用地主要有三种。

第一种是农村住宅建设用地，即通常所称的宅基地，是由本集体经济组织中的村民申请之后依据其身份获得的，用于建设住宅和其他附属设施的土地，成为建设用地中数量最大的部分。

第二种是农村经济建设用地，是由本集体经济组织投资设立或者入股方式参与的乡镇企业的主要用地，在用途上限于工业、商业，是发展农村经济的主力，成为农村集体建设用地中经济价值最大的部分。

第三种是农村公益建设用地，是为本村发展提供基础设施建设的土地，主要用于政府机构建设、教育、医疗卫生、交通设施等目的。[①]

目前我国房地产税还没有将农村土地和房产纳入征税范围。这存在这三个方面的弊端：首先，从性质上来看，上述第一种农村住宅建设用地和第二种经济建设用地，与城市中的居民自住房产和经营类房产类似，都已经符合征税条件，可以纳入征税范围里来。如果不将农村房地产纳入征税范围而对城市自用房产征税，会人为造成城市和农村的差别，会降低城市居民纳税遵从度。其次，随着我国农村经济和城镇化进度不断加快，城市外扩现象明显，城乡界限日渐模糊，大量农业用地转为非农业用地，出现了很多的卫星城和新兴城区，一些地区已具备了城市的功能，完全由农村变成为小城镇，但土地性质仍是集体土地所有制，如何对其定义、对其进行征管，现行的税收政策未能明确，给税收征管工作带来了不小的压力。最后，农村地区也存在大量的非农用房产，特别是在部分经济发达地区，出现了许多在农村建造高档别墅、度假村的状况，由于房产税征税范围不包含农村，因此无法对其征税，进一步造成纳税主体之间的税收负担不公平。

---

① 米谷. 农村集体土地城市化的制度研究——以城乡土地利用体制一体化为视角［D］. 华东政法大学，2014：92.

另外，按照我国现行农村土地用途管理制度，农村土地是为了满足农民基本的生活需要，宅基地和土地承包经营权的流转也仅仅局限于农村集体经济组织内部，无法向城市流出，具有严格的身份限制，因而农村土地无法进行市场买卖，无法与城市土地市场衔接。但是随着我国现代化和城镇化进程的不断加快，我国将大面积的农村土地转为城市土地而将其纳入城市范围之内，地方政府合法地将土地的巨大级差收益收入囊中，并完全控制农村土地城市化的发展权，以土地出让金和税收方式在土地城市化中获得收益。这样一来，中国农村既丧失了赖以生存和发展的土地资源，也无法真正实现土地资本化和市场化。

（四）争议解决和纳税服务不到位

我国房地产税的改革方向是将企业、城市居民和农村居民的房地产都纳入征税范围里。未来房地产税的征税范围将非常广泛，不仅涉及目前全部及新建的大量企业，也涉及数量众多的个人纳税人。依靠目前仅有的税务工作者恐怕很难完成此项工作，因此，我们可能会借鉴国外的一些做法，运用计算机技术对房地产价值进行批量评估。然而批量评估的方式是统一化、无差别化的，无法体现房产的个性化差异，也无法考虑到每一个纳税人的具体情况而进行调整，加之每个纳税人对房地产税的理解和接受程度不同，难免产生评估争议。

按照我们目前对房地产评估方法的了解和其他国家的经验借鉴，我们认为产生房地产价值评估争议的原因有两个：一个是技术性争议。在房地产评估操作过程中可能会出现，受到客观因素和主观能力的影响，评估人员在采集数据时没有准确客观反映房地产的实际状况、无法兼顾到交易房地产的个性化价格影响因素、在技术参数测算求取时出现较大的误差等，以上情形不可避免，但都会损害到纳税人的正当权益，从而产生争议。另一个是抵触性争议。这类争议是评估工作之外的原因产生的，由于房地产税是用纳税人个人可支配收入完成税款缴纳，进而会增加纳税人对征收房地产税或对政府的公共服务的不满情绪，借此进行表达或者争取更多的权利。这类争议的处理会在很大程度上增加行政管理的成本。①

① 田芳. 中国房地产税问题研究［D］. 东北财经大学，2015：186.

面对上述可能发生的房地产税纳税争议，我国目前的争议解决和纳税服务水平并不到位。上述的技术性争议应该依靠我国争议解决机制完成，然而目前我国的争议解决缺乏系统、完善的“自上而下”的争议解决机制，在监督房地产价值评估结果、维护纳税人合法权益、对纳税评估机构的约束力方面还未起到真正的作用。建立与评估机构相独立、工作流程清晰明了、争议解决成本低廉的争议解决机制是我们未来发展的方向。

另外，上述的抵触性争议应该依靠纳税服务来解决。抵触性争议产生的原因主要是由于纳税人对房地产税有抵触情绪而不愿意履行纳税遵从，这正是纳税服务的工作目标。目前纳税服务，是房地产税的纳税服务，包括很多其他税种的纳税服务，仅包含实体形态的服务，比如给纳税人辅导纳税申报、传达税制改革内容、简化审批手续、预约定价安排等，但是对与纳税人精神层面的服务依然不到位，特别是对纳税人的抵触纳税情绪安抚工作仍需进一步努力。

第六章　我国房地产税法律机制研究

2018年3月5日李克强总理在政府工作报告中提出："深化财税体制改革，推进中央与地方财政事权和支出责任划分改革，抓紧制定收入划分改革方案，完善转移支付制度，健全地方税体系，稳妥推进房地产税立法。"这是对党的十八届三中全会提出的"加快房地产税立法并适时推进改革"和党的十九大报告提出的"要深化税收制度改革，健全地方税体系"的进一步推进和补充。我国房地产税的税收立法势在必行。

目前关于房地产税法最新的明确信息有两个，一个是2017年财政部部长肖捷在《党的十九大报告辅导读本》中首次提出："按照'立法先行、充分授权、分步推进'的原则，推进房地产税立法和实施，对工商业房地产和个人住房按照评估值征收房地产税，适当降低建设、交易环节税费负担，逐步建立完善的现代房地产税制度"；另一个是外交部党委书记张业遂在十三届全国人大一次会议新闻发布会上回答记者问，涉及房地产税的立法进展情况："房地产税立法是社会普遍关注的一个问题，加快房地产税立法是党中央提出的重要任务，由全国人大常委会预算工作委员会和财政部牵头组织起草，目前正在加快进行起草完善法律草案、重要问题的论证、内部征求意见等方面的工作，争取早日完成提请常委会初次审议的准备工作。"由此可见，全国人大及常委会正在积极筹备房地产税的立法工作，我国房地产税法已经蓄势待发。

房地产税法律机制是税收机制和征管机制的先决条件和实施保障，应该先于税收机制和征管机制的改革。为了确保我国房地产税的立法工作顺利进行，保证税收机制和征管机制能够有效运行，我国房地产税法律机制应从以下几个方面加以完善。

第一节　清除征收房地产税的法律障碍

目前我国开征房地产税的最大障碍就是土地出让政策。如前文所述，我国土地出让政策有着深厚的法律根源，有着广泛的政府行为，有着根深蒂固的民众思想，所以想要从土地出让政策过渡到征收房地产税，还有很多的法律障碍需要清除，还有很多协调和宣传工作要做。

一、解决土地出让金与70年产权关系问题

在解决土地出让金和70年产权关系之前，我们先了解一下地价的界定和计算。地价即土地价格，是指一定时期地租折现的总和，是资本化的地租。根据土地权利的划分，土地价格又可以分为土地所有权价格和土地使用权价格。土地所有权价格是指无限期地租折现的总和， 而土地使用权价格则是一定时期地租折现的总和。在我国，由于土地实行公有制，土地所有权归国家所有，能够转让的是土地的使用权，因此，我国的土地价格是土地使用权的价格。

如果用a_n表示第n年的地租、r表示折现率，那么出让年限为n年的土地出让金折现就可以表示为：

$$V_n = a_1/(1+r) + a_2/(1+r)^2 + \cdots \cdots + a_n/(1+r)^n \qquad (6\text{-}1)$$

前述可知，我国法律规定房地产的使用权属为40～70年，房地产使用人据此一次性缴纳了土地出让金。从性质上来看，土地出让金就是土地使用权的一种价格形式，是一定年限的地租的折现总和。[①]相当于土地购买者一次性支付了未来若干年的土地使用金额。为此，对于已经缴纳过土地出让金的土地和房产要承认其购买成本，并且在未来改革时予以考虑，按照上述公式计算不同年份的土地出让金现值。

关于土地出让金与70年产权，《物权法》的规定是：“住宅70年使用期到期后，可以自动续期”，这就意味着我们承认了住宅土地的永久使用权，

① 白彦锋. 土地出让金与我国的物业税改革［J］. 财贸经济，2007（4）：25.

是无限期的地租折现总和，其土地价格等同于购买了土地所有权的价格。这样一来，70年的产权关系形同虚设，也就是说无论法律上设置多少年的使用权期限，只要可以免费自动续期，相当于一次性出售土地所有权。这种做法很显然与《宪法》的规定“土地所有权归属于国家或集体，其所有权不可以侵占、买卖和非法转让”相违背。

以上问题可以有两种解决方案，一种是规定住宅产权是70年，也可以自动续期，但是续期需要一次性支付下一个70年的全部费用，也就是说不是免费续期，这样就不会出现由于免费续期而带来的疑似一次性转让土地所有权的嫌疑；另一种是70年使用期到期以后，我们不再续期，而是采用其他的方式出让土地的使用权，比如将土地出让金转换为其他收入形式并入其他财政收入中进行收取和管理。这两种解决方案各有利弊，第一种解决方案中，收取的续租费用需要向土地使用者或者房屋所有者一次性收取，支付人可能很难接受。另外70年租期时间较长，可能会发生很多变故，房屋的使用时间也未必能够达到70年，翻修重建对于土地产权可能还会带来更多的麻烦。因此第一种解决方案只是存在理论上的可行性，可操作性不强，被采用的概率不大。第二种解决方案中，由于土地是稀缺性资源，会越开发越少，地方政府也会面临着财源枯竭的问题，因此我们必须改变这种一次性征收的财政收入方式，为地方财政提供长久而持续的收入来源。将土地出让金转换形式并入其他财政收入中，目前呼声最高的是房地产税，但是在并入过程中要考虑到二者如何衔接，既能够让民众接受，愿意支付房地产税，也能够满足地方财政收入的需求，承担土地出让金原有的职能，因此，以房地产税取代土地出让金还有很长的路要走。

二、解决土地出让金与房地产税衔接问题

土地出让金与房地产税是否冲突？二者的关系如何解决？土地出让金是国家凭借土地所有者的身份将土地使用权暂时让渡给土地需求者而收取的租金，其本质是获取用益物权而应支付的对价。房地产税是国家以社会管理者的身份凭借政权的力量而强制向房地产的所有人或使用人征收的一种税，其本质上是纳税人支付的公共产品和公共服务的对价。

在现实生活中，我国的房屋价值中已包含未来40年至70年的土地出让金，如果再按照房屋价值征收房地产税，民众必然认为这是重复征税。产生这种想法的原因是，国家是征税者也是收租者，民众既是纳税人也是交租者，同时税和租的来源都是民众所拥有的土地和房屋。国家和民众的双重身份及租税的同一性是土地出让金和房地产税关联之所在①。为此，它们二者之间的关系需要理清，并要以此设计相关制度。

目前关于解决土地出让金和房地产税二者关系的方案在学术界颇有争议。有的学者赞同将土地出让金纳入房地产税，一方面土地出让金是一种短期行为，是对未来土地收益的一种“透支”，不利于地方财政收入的可持续性增长，也缺乏长期稳定性；另一方面，土地出让金使土地开发成本大大提高，既不利于房地产行业的健康发展，也提高了房价，影响了人民居住水平的提高。还有的学者反对将土地出让金纳入房地产税，认为二者属性完全不同，土地出让金的租赁双方即国家和承租人，二者间的地位平等，但是房地产税的征纳双方即国家和纳税人，二者的地位不平等，因此二者不能混为一谈，也不存在重复征收问题。

综上所述，首先我们必须意识到土地出让金与房地产税有很大的区别，正如前文所述，其实二者之间不存在重复征收的现象。但是我们必须同时看到土地出让金的巨大弊端，如地方财政过分依赖土地出让金、地方财政收入不稳定、助推房价上涨等问题，所以不得不解决土地出让金的问题，而解决的办法中最优的选择就是用房地产税替代土地出让金。土地出让金作为政府收取的40～70年土地租金的折现价值，和房地产税一样同属于地方财政收入，都为了维持地方政府政权的运行和公共支出的需要，因此二者之间并不是不可替代。

房地产税替代土地出让金可以从短期和长期来解决。从短期来看，在未来征收房地产税时，应该将居民已经缴纳的土地出让金按照剩余土地使用期计算每年的折现数额，再从房屋价值中剔除，使得房产税的税基中不包含居民预缴的土地出让金部分。从长期来看，将土地出让金纳入房地产税当中，

① 胡洪曙，杨君如. 财产税替代土地出让金的必要性及可行性研究[J]. 财贸经济，2008(9)：61.

把目前一次性收取的土地出让金变为分年分次地从房地产税中收取，不再征收土地出让金，逐步用房地产税替代土地出让金。对于旧的房地产，要先实行短期方案，短期方案实行时间截至缴纳过土地出让金的旧的房地产达到土地使用期届满，之后都适用于长期方案。对于没有缴纳过土地出让金的旧房产和新建房地产，直接适用于长期方案，征收房地产税不做任何扣除。这样处理不仅平衡了新旧房地产所有者之间的税收负担，同时使纳税人感觉自己没有被重复征税，提升纳税遵从度。

第二节　厘清房地产税与其他税种关系

房地产税有广义和狭义之分，广义的房地产税贯穿于房地产经济运行的整个过程，包括对取得环节、保有环节和转让环节的房地产所征的全部税收，是比较全面和概括性的税种，具体包括取得环节的耕地占用税和契税，保有环节的城镇土地使用税和房产税，转让环节的增值税、城市维护建设税、土地增值税、印花税、企业所得税和个人所得税；而狭义的房地产税仅是对保有环节征收的税种，目前仅包括城镇土地使用税和房地产税两个税种。下面我们将重点探讨保有环节的房地产税和其他与土地、房屋密切相关的税种的关系。

一、房地产税与耕地占用税

耕地占用税是国家对占用耕地建房或者从事其他非农业建设的单位和个人，依据实际占用耕地面积、按照规定税额一次性征收的一种税。耕地占用税具有兼具资源税和特定行为税的特征，采用地区差别税率，在占用环节一次课征，税收收入专用于耕地的开发与改良等。目前我国房地产税与耕地占用税的交集仅为“纳税人新征用的耕地，自批准征用之日起满一年时开始缴纳城镇土地使用税”。

耕地占用税的开征目的是为了合理利用土地资源，加强土地管理，保护农用耕地等。但现实中却远远没有实现这个目标，一方面，耕地占用税是在占用耕地建房或从事其他非农业建设时一次性缴纳，以后所有环节均不缴纳，而与房地产销售价格相比，耕地占用税的单位税额太低。全国耕地占用税最高的地区是上海，仅为45元/平方米，这与上海的房价大相径庭，上海每平方米的房屋价格为49564元/平方米，仅是一层楼房产的价格就是耕地占用税的1101倍，楼层越高，倍数越大。因此，按照这样纳税人获取耕地建房的成本太低，都希望通过这种途径获取更多土地，而耕地占用税形同虚设，根本起不到保护耕地的作用。另一方面，由于该税从量定额征收，在单位税额确定的前提下，税收与实际占用的耕地面积相关，而与耕地自身的等级质量和市场价值无关，于是造成了价值较高地块形成的商业价值更大，而支付的耕地占用税虽然也较多，但与其收益相比却呈现出相对负担反而较低的现象，形成了逆向调节，[①]不能很好地利用土地资源。

为解决耕地占用税不能合理利用土地资源，没有切实起到保护农用耕地的弊端，我们可以尝试借鉴美国的经验将房地产税与耕地占用税统一起来一并征收。美国关于农场土地有专项优惠，他们对农场土地与其他房地产采用不同的评估方法，即使用价值评估方法，它是按照农场土地当期的使用情况评估其价值，这个价值一般会低于市场价值，并且房地产税据此征收。如果农业土地不发生转让或不改变用途时，农场所有者只需按使用价值缴纳房地产税，并可享受相应的税收优惠，而一旦将土地转向非农业用途，农场所有者则必须按照土地的市场价格补缴以前年度的房地产税，同时还要接受一些惩罚性措施。采用这种方法主要是限制农业土地向非农业用途的转变。我国目前可以对农用耕地采用免税政策，但是将耕地转为非农业用途时，按照其评估价值征收房地产税，不仅不可享受税收优惠，甚至应该多倍于评估价值缴纳，这样能够增加耕地获得者的持有成本，限制耕地使用人将耕地转为非农业用途的行为，起到保护耕地的作用。

二、房地产税与契税

契税自东晋时期出现距今已有1600多年的历史，它是在土地、房屋权属转移时向其承受者征收的一种财产税。在土地买卖的一级市场，当政府出

① 陈宏. 我国耕地占用税存在问题及其完善[J]. 税务研究，2011(8)：83.

让土地的使用权时，受让方按照土地出让金缴纳契税；在土地买卖的二级市场，通常把土地使用权转让与房屋所有权转移视为一个整体，统称为房地产转让，受让方按照实际交易金额缴纳契税。

近年来随着我国经济社会的快速发展，国有土地出让、转让规模及房地产交易规模不断扩大，带动了契税收入的高速增长，使契税在我国地方税体系中的作用愈加重要。[①]契税在组织财政收入、调节收入分配方面起到了积极的作用。但是契税自身也存在这一些问题，比如重复征收的现象较为严重。一方面，在土地出让和房地产转让环节都需要缴纳契税，两次征税都是以交易额的全额为征税对象，而房产交易额中包含着已纳税的土地成本，[②]因此相当于税上加税。另一方面，房地产转让往往不止一次，对于同一块土地、同一套房产，在每次转让时都要由承受人依法征收契税，这种征收方式既增加了纳税人的税收负担，也增加了房地产的交易成本，助推房地产价格不合理上涨，不利于房地产的流转，不利于土地和房价下行。

为了解决契税存在的重复征税的问题，我们可以尝试从厘清契税与房地产税的关系入手。在我国目前房地产改革和地方税体系建设中，优化契税与房地产税的关系，能够带动房地产全环节的税制改革。契税与房地产税分别是在转让环节和持有环节征收，它们同属于财产税。目前关于契税和房地产税的改革方向有两个，一个是契税与房地产税分别征收，为避免重复征税，契税可以采用差额计征的方式，即在交易时通过在房地产管理部门查找房地产档案，了解上一环节已经缴纳过的契税，在本次交易应缴纳的契税中予以抵减。房地产税则按照正常的评估价值计征即可。另一种改革方向是将契税并入房地产税中一并收取，对于获取土地和房屋权属的承受方不在交易时一次性缴纳，而是在持有期间每年缴纳房地产税，相当于将获取时的税收分摊到未来若干年缴纳。这两种方式都有可取之处，第一种方式按两个税种分别征收，能够起到不同的调控作用，同时保留了各税种的独立性，为今后改革留有余地；第二种方式更加综合地将房地产各环节税收作为一个整体考虑，既能降低房地产购买成本，有效控制房地产价格，又能有效避免重复征税，

① 苏文宁，胡勤忠，殷守明.完善契税征收管理的建议［J］.税务研究，2015（10）：74.

② 吴笑晗.契税在我国财产税体系建设中的作用及改革前瞻［J］.财政研究，2013（10）：53.

"降流转，增保有"，使税收负担更加合理。这两种方式如何选择取决于我国房地产发展的进程和税制改革的需要。在房地产税改革初期，或许更倾向于简单、直接的第一种征收方式，而当经济发展的一定程度，各项税收制度和征管模式趋近于完善时，可以考虑更具有综合性的第二种征收方式。

三、房地产税与土地增值税

土地增值税是指转让国有土地使用权、地上的建筑物及其附着物并取得收入的单位和个人，以转让所取得的收入减除法定扣除项目金额后的增值额为计税依据向国家缴纳的一种税赋，不包括以继承、赠予方式无偿转让房地产的行为。土地增值税具有征税范围较广、采用超率累进税率和一次性征收的特征。

开征土地增值税的目的有三个，分别是增加国家财政收入，为经济建设积累资金；增强国家对房地产开发商和房地产交易市场的调控；抑制炒买炒卖土地获取暴利的行为。然而随着近些年来我国房地产市场情况的不断变化和我国税收制度发生的一系列重大改革，我们发现土地增值税目前只能起到增加国家财政收入的作用，而这个作用还是以严重的重复征税为代价换取的。

（一）土地增值税与企业所得税——实质上的重复征收

土地增值税是在纳税人转让土地和房屋权属获取收入时缴纳，并且其计算方法是按照土地增值额乘以适用税率。而土地增值额等于收入总额（包括货币收入、实物收入和其他收入）减去扣除项目金额（包括取得土地使用权支付的金额、开发成本、开发费用、相关税金和加计扣除等）。企业所得税在资产转让时缴纳，其计算方法是用应纳税所得额乘以适用税率。而应纳税所得额等于收入总额（包括货币收入或非货币收入）减去各项扣除（包括成本、费用、税金、损失和其他）。通过比较发现，土地增值税和企业所得税只有税种名称和适用税率不同，开发费用的扣除项目计算稍有不同，而其收入与支出相配比的原则、计算方法有很多相同或相似之处，二者的税基几乎相同，这造成了实质上重复征税的现象。

（二）土地增值税与"营改增"后的增值税——名义上的重复征收

"营改增"后，企业转让不动产应该缴纳增值税，同时也要缴纳土地增值税，二者均称为增值税，在名义上存在重复征收。事实上，“营改增”后的增值税与土地增值税的计算方法并不相同，其具体规定为：“房地产企业在转让房地产项目时，可以按照取得的全部价款和价外费用扣除在受让土地时向政府部门缴纳的土地价款。转让房地产的企业在转让时，可以按照取得的全部价款和价外费用减去该不动产购置原价或者取得不动产时的作价。”由此可见，“营改增”后的增值税是按照价格的差额征收，而土地增值税如前所述，实际是按照所得征收。虽然二者在实质上不同，但是在名义上却都用了“增值税”的名字，难免让纳税人觉得重复。

土地增值税在名义上与增值税重复征收，在实质上与所得税重复征收，同时它又是房地产流转环节的税负，是助推房价攀升的幕后黑手，对于抑制炒买炒卖土地获取暴利和调控我国房地产市场并未起到应有的作用，反而推波助澜，因此多年来一直饱受诟病。房地产税改革的目的之一就是要“重保有，轻流转”，因此，我国未来如果实行了真正的房地产税，对地方财政有了切实的资金保障以后，土地增值税便失去了它的主要功能，可以取消。

综上所述，在厘清了众多房地产税的关系以后，我国未来的房地产税改革方向应该是：取消土地增值税，短期内保留契税，将耕地占用税与现行房产税、城镇土地使用税“三税合一”，而未来应该将契税、耕地占用税与房产税、城镇土地使用税“四税合一”。

第三节　法定地方政府的财政收支范围

未来我们对于地方财政收支和房地产税改革的设想是实行“以支定收”，即根据县（区）级财政收入与财政支出的差额确定房地产税收入规模。在这一设想下，房地产税税收收入取决于地方财政的收支差额。但是这种“以支定收”的设想存在着制度缺陷，即房地产税收入不足以满足地方财政资金缺口，从而引发随意扩大支出范围、以此要求纳税人缴纳更多的房地产税来弥补资金缺口的不可收拾的局面。针对这一缺陷，我们应将地方财政“收支法定”，即将“县（区）政府支出范围法定”，以此限定支出金额，不至出现入不敷出；将“县（区）政府税收归属法定”确保其辖区内的财政支出需要。

一、县（区）政府支出范围法定

在界定县（区）政府支出范围之前，首先要明确地方政府职能，然后再决定财政收入的分配，即按照“政府职能先于财政收入”的原则，让地方政府职能先于财政支出范围和财政收入分配。政府的收入分配取决于各级政府的支出需要，有效的财政收入分配离不开各级政府财政支出的分类，比如，可定价的公共服务投入应来自对用户的收费，地方受益的一般性公共服务的资金应来自地方税收，有巨大外部效应的基础设施投入应来自受益地区范围内的税收和政府间拨款。这也是我们理顺财政收支对应关系的原则。

在国外，各级政府的财政支出范围是由宪法或财政法加以规定的，并且在较长时期之内保持不变，这样就能有效防止上级向下转移事权。例如，美国的宪法列举了联邦政府的管辖范围，在联邦政府的范围之外由州和地方政府管辖。加拿大的宪法明令禁止向地方政府强加无资金来源的财政支出[①]。

在我国，正是由于没有在中央和地方政府之间进行明确的事权划分，事权下放非常严重，中央政府的财政支出已经由2007年的23%下降到2017年的14.9%，而地方财政不得不承担越来越多的政府职能。因此，我国必须通过宪法或法律的形式对政府间支出责任加以明确，避免上级政府向下级政府权力下放、各级政府支出责任划分的随意性、支出范围出现较大变动，保持体制的规范性与政策的稳定性。这是解决“以支定收”问题的根本。

较为可行的做法是，首先，对我国中央和地方政府间、地方各级政府间的政府职能进行准确划分，特别是对于公共部分要专门加以规定，减少相互推诿的盲点和相互争抢的热点；其次，按照职能划分对中央和地方政府、地方各级政府之间各自的实际支出范围进行总结和分类，以“成本最低”为原则识别并剔除不合理的支出项目和支出归属，使各级政府对支出范围不存在异议并愿意承担；再次，按照支出责任与资金来源相匹配的原则将支出范围在各级政府之间分为四类，即中央政府提供资金的支出项目、省预算提供

① 周树成.县级财政法定支出问题研究［D］.天津大学，2005：30-31.

资金的支出项目、县（区）级政府提供资金的支出项目及共同融资的支出项目，并在法律上对无资金来源的支出明确支出主体和支付方式；最后，将最终确定的财政支出范围上升到法律层次，并在较长的时间内保持不变，以此作为各级政府遵循的准则。

二、县（区）政府税收归属法定

在明确了县（区）政府财政支出范围之后，可以进一步确定县（区）政府的税收收入归属。我国目前的税收收入分为中央税、地方税和中央地方共享税。中央税是由中央政府征收、管理和支配的一类税收，通常是将维护国家权益、实施宏观调控必需的、收入充足和稳定的税种划分为中央税，具体包括消费税、关税、进口环节的增值税和车辆购置税；地方税是由地方政府征收、管理和支配的一类税收，通常将适合地方征收管理的税种划分为地方税，具体包括房产税、城镇土地使用税、耕地占用税、契税、土地增值税、车船税等；中央地方共享税是由中央政府征收，中央政府和地方政府共同管理和支配的一类税收，通常是将与经济发展直接相关的主要税种划分为中央与地方共享税，具体包括增值税（不包括进口环节税收）、城市维护建设税、企业所得税、个人所得税、资源税、印花税等。对于地方税收入，我们虽然规定了哪些税种所属于地方政府，但是在各省内部并没有详细划分地方税收入到底归哪级政府所有，也没有明确地方税的最终用途，而是一起并入省级财政收入，用于全省的财政支出。

2018年“两会”提出省级及以下各级国家税务局和地方税务局合并，这势必带来税收收入归属的重新调整，这也为进一步理顺中央和地方财政关系、明确中央和地方事权和财权划分、确立地方各级政府间税收收入归属带来新的契机。

按照目前我国中央和地方财政收入五五分成的比例、中央和地方财政支出为15∶85左右的比例来看，未来我国应该将原来所属于地方的财政收入保持不变，将关税和车辆购置税仍归属于中央政府保持不变，而将部分中央税和中央地方共享税全部转换为中央和地方共享。比如，增值税可以继续保持中央和地方50∶50的比例分成不变；对于消费税，可能是目前改革呼声最高的税种，我们可以考虑将维护国家权益和实施宏观调控必需的税目，如成品油、烟、酒、贵重首饰及珠宝玉石等税收收入划归中央政府，而将地方生产并且对全国经济影响不大的化妆品、木质一次性筷子、实木地板、鞭炮烟火等税收收入划归地方政府；对于所得税可以改变目前60：40的比例分配，为了方便统一管理，可以按照“营改增”后增值税的50：50的比例进行调整，也可以采用中央和地方政府40：60的比例分成，这是因为企业坐落于全国各地，个人的工资水平也与地方财政不可分割，无论企业和个人都享受了较多的地方公共产品和公共服务，因此企业所得税和个人所得税都应该适当提高地方的税收收入归属比例；对于资源税，海洋石油部分的资源税仍属于中央政府，其他资源税仍属于各地方政府等。

除此以外，还应在省级和省以下各级地方政府之间划定收入范围。可行的做法是，将与坐落地紧密相关的房地产相关税收，如房产税、城镇土地使用税、耕地占用税、土地增值税、契税等收入划归给县（区）级政府，将原属于省级政府的其他税种和中央与地方共享的税收收入划归给省级政府，并且将各级地方政府的税收收入以法律的形式固定下来，在长期内保持不变。这为解决县（区）级财政困境、提升县（区）级公共服务水平提供了巨大的资金保障。

第四节　赋予地方政府更多的税收立法权

税权的划分是指税权在相关国家机关之间的分割配置，包括横向分配和纵向分配两个方面。横向分配是指税权在相同级次、不同国家机关之间的分割和配置；纵向分配是指税权在不同级次的同类国家机关之间的分割和配置。税收立法权的划分也有横向和纵向分配两种。在国际上，税收立法权的横向分配主要有三种模式：单一模式、复合模式和制衡模式。单一模式是指税收立法由一个具有立法机关性质的行政机关来行使；复合模式是指税收立法由立法机关与行政机关共同行使；制衡模式是指在立法、行政、司法三权既相互独立又相互制约的基础上，税收立法由议会、总统、最高法院三方共同行使。无论采用哪种模式，各国的税收立法都是以正式的法律形式为主，行政法规为辅。税收立法权的纵向分配，国际上主要有集权模式、分权模式和集权分权兼顾模式。但不管采用什么模式，各国都把税收基本法规、主体税种的立法权集中在中央；而在一些涉及中央和地方共同立法的税收问题上，中央往往只做原则性的立法，具体的法律、法规允许地方在不违背原则的前提下自主立法，充分体现了原则性和灵活性的有机结合。中国的税收立法权在纵向分配上属于集权模式，这与我国的政治经济体制、历史文化都有密切的关系。

我国税收立法权的划分应建立起以中央为主、地方为辅的两级立法格局，尽量提升地方人大及其常委会的参与度，收紧国务院税收立法权限，其具体方案如下。

对涉及国家整体利益、体现国家宏观调控手段的税种，如增值税、关税等，应由全国人大及常委会统一立法，税法的修改、补充、废止及对税法的解释权都应该由中央统一掌握；对属于现行税制中对宏观经济影响较大但属于地方的主体税种，如资源税、房产税等，可由全国人大及其常委会统一立法，但将制定实施细则和确定适用税率的权利交给地方人大及其常委会，以调动地方的积极性，增加地方财政收入；对于与中央关系不大、地方特色较强、收入规模有限的税种，如契税、车船税等，可以赋予地方立法权，地方人大及常委会可以对其立法并制定实施细则，决定其征收范围、纳税人、税率和税收优惠等。

与此同时，当赋予地方人大及其常委会一定的立法权以后，各级各类税收立法权之间难免发生冲突。一旦发生冲突时，应遵循一定的原则予以协调。

（1）法律优先原则，即任何法规、规章不得与法律相抵触，法律的效力高于法规，法规效力高于规章；

（2）中央立法权优先原则，即地方人大立法内容不能与中央立法内容相抵触，如果抵触，地方立法内容无效；

（3）新法优先原则，即沿用现行税收适用原则，当新法开始生效实施时，旧法自动废止，但是当新法与旧法处于普通法与特别法的关系时，以及某些程序性税法引用“实体从旧、程序从新”时，可以例外；

（4）特别法优先原则，即特别法优于普通法，这一原则甚至打破了税法效力等级的限制，居于特别法地位级别较低的税法，其效力可以高于作为普通法基本较高的税法；

（5）程序法优于实体法原则，即纳税人通过税务行政复议和税务行政诉讼寻求法律保护的前提条件之一，是必须事先履行税务行政执法机关认定的纳税义务，而不管这项义务是否完全发生。

第七章 我国房地产税税收机制研究

我国地方税与基层公共服务间缺乏紧密的联系。目前基层公共产品和公共服务供给主要依靠地方财政收入和中央对地方的转移支付。然而，地方财政自有收入规模很小，大部分要依靠转移支付来完成。当中央对地方政府的转移支付出现偏差时，仅仅依靠地方政府自有收入会导致严重的资金不足，同时将引发公共产品和公共服务提供数量不足、质量低下等现象。房地产税改革的直接意义在于构建地方税体系，赋予地方政府稳定的自有财源；而间接意义是从多个角度促进地方公共财政转型和改善地方治理。房地产税既会影响收入端，也会影响支出端。对纳税人来说，房地产税与自身获得的公共产品和公共服务直接相关，能够提升纳税人的纳税意识，提高纳税遵从度。对政府来说，政府增加公共服务供给使本地区房价升值，税基增加使房地产税收入提高，政府更加有动力来提供公共产品和公共服务，由此形成了地方财政收支的良性循环。

为此我们在设计房地产税税收机制时应始终坚持房地产税的“受益性”的原则。首先，保证房地产税的“受益性”必须坚持宽税基，尽可能将所有房地产都纳入征税范围，房地产价格会随着公共产品和公共服务水平的提升而有所上升，房地产税收也会自然增加，从而发挥了价值捕获的职能。其次，保证房地产税的“受益性”必须减少税收减免。切不可为了短时间内取得公众的支持而给予不合理的优惠政策，一旦形成不仅导致更多的不公平现象，也会影响房地产税的功能发挥，未来再想取消这些优惠政策会变得难上加难。最后，保证房地产税的“受益性”必须尽可能降低税收的征管层次，不仅使房地产税切实成为基层政府的收入来源，而且让房地产税的纳税人能够明显感觉自己身边的公共服务数量和质量的提升，关心房地产税的征收和使用，并敦促资金使用效率达到最高。我们将按照房地产税的“受益性”原则，设计我国房地产税的税收机制。

前文中我们已经研究过目前我国房地产相关税收的分类，并且按照相关性的强弱将增值税、企业所得税和个人所得税排除在研究之外，仅保留了与房地产密切相关的五个税种。另外，我们还进一步研究了这五个税种的关系。由此得出的结论是，我国未来的房地产税改革应该取消土地增值税，将契税、耕地占用税与现行房产税、城镇土地使用税合并征收。

第一节　纳税人

一般情况下，房地产税的纳税人应该是房地产所有人，但是很多时候会出现企业、政府部门及事业单位产权不清，产权与使用权分离的情况；有很多房屋只有使用权，无法确定产权。因此在实际征管过程中，对房地产所有人征税的困难相当大。然而虽然房地产的所有人和实际使用人有时并不一致，但是不论所有人还是实际使用人都同样享受到政府提供的公共产品和服务所带来的好处。比如，房地产所有人因政府的投资改善房地产周围环境、建设基础设施，而享受到房地产价值增值；房地产实际使用人享受到政府提供的给排水、卫生、治安等公共服务。因此，按照“受益性”原则，房地产税的纳税人可以是房地产的所有人，也可以是房地产的实际使用人。遇到有争议的权属关系时，可以遵照以下原则处理，即产权属于全民所有的，以经营管理单位为纳税人；产权为共有的，以共有人为纳税人；产权关系不明确的，以代管人或使用人为纳税人。

随着我国房地产税改革中征税范围的扩大，比如将居民用于居住的房地产、农村广大地区的房地产、全额拨款和差额拨款以外的事业单位和社会团体的房地产都纳入征税范围，纳税人的范围也将随之扩大。因此我们在界定房地产税纳税人时，应该考虑上述情况。另外，由于中国现行房地产税收体系具有特殊性，纳税人可以享有地上建筑物或附着物的所有权，但是不能享有土地的所有权，而只有使用权。

因此我国房地产税的纳税人应为在中华人民共和国境内，拥有土地使用权和地上建筑物或附着物所有权或实际使用土地和地上建筑物的自然人或法人，简单来说，就是在我国境内拥有建筑物所有权及土地使用权的单位和个人。单位包括企业、执行自收自支预算管理办法的事业单位和社会团体等，个人包括个体工商户和其他个人，其他个人是指拥有或使用房地产的城镇居民和农村居民。

第二节　征税范围

一、房地产课税对象分类

从征税对象来看，房地产税的课征对象为土地及地上建筑物，可以有三种存在形态：即土地、建筑物、房地合一。在征税时往往将土地和房屋合并征收，这是因为土地和房屋经常一同使用和转让，房产随着年限的增加不断折旧，价值不断下降，但是土地却由于其稀缺性、经济的发展及周边环境的改善而不断增值，房产价值依托于地产价值，具有关联性，难以区分。另外，国家公共支出使不动产周边环境改善促进土地增值的部分，应当以税收的形式回归国家。因此，房地产税的征收对象应当包括房产和地产两个部分。

从房地产归属来看，可以将房产可分作八类：第一，国有房地产，具体包括直管产房地产、自管产房地产和军产房地产三类；第二，集体所有房地产；第三，私有（自有）房地产；第四，联营企业房地产；第五，股份制企业房地产；第六，港澳台投资房地产；第七，涉外房地产；第八，其他房地产。

从房地产的用途来看，按照房屋用途进行划分，可以将房屋可分作八类：第一，住宅，具体包括成套住宅、非成套住宅和集体宿舍等；第二，工业、交通、仓储用房，具体包括工业用房、公用设施用房、铁路用房、民航用房、航运用房、公交运输用房和仓储用房等；第三，商业、金融和信息用房，具体包括商业服务用房、经营用房、旅游用房、金融保险用房和电讯信息用房等；第四，教育、医疗卫生和科研用房，具体包括教育用房、医疗卫生用房和科研用房等；第五，文化、新闻、娱乐、园林绿化、体育用房，具体包括文化用房、新闻用房、娱乐用房、园林绿化用房和体育用房等；第六，机关事业办公用房，具体包括党政机关、群众团体、行政事业单位等行政、事业单位等所用的房屋；第七，军事用房，具体包括中国人民解放军军事机关、营房、阵地、基地、机场、码头、工厂、学校等所用的房屋；第八，其他用房，具体包括涉外用房、宗教用房和监狱用房等。①

为了便于征税，我们参照上述分类可以将房地产分为两大类，即经营性房地产和非经营性房地产。其中经营性房地产是指用于生产经营或以此获取收益的房地产，具体包括企业房地产、执行自收自支预算管理办法的事业单位的房地产、个体工商户房地产和其他个人用于生产经营的房地产（包括坐落在城镇的房地产和农村房地产）。除此之外，国家机关、执行全额或差额财政拨款的事业单位和社会团体、军队等的经营性房地产也比照经营性房地产进行管理。非经营性房地产分为公共性房地产和居住性房地产，公共性房地产主要是指国家机关、军队和人民团体用于自用的房地产和教育、医疗、科研、公共基础设施等办公使用房地产。居住性房地产包括城镇居民房地产和农村居民房地产，其中城镇居民房地产又可以分为普通标准住房和非普通标准住房；农村居民房地产包括自己居住的房地产和转让的小产权房地产。

二、征税范围划定

在征税时，我们可以比照现行房产税和城镇土地使用税的做法，给予非经营类公共性房地产免税，因为这些单位的性质都属于国家财政拨款单位，都是为公共利益服务的，如果对其征税，相当于对财政拨款征收财政收入，没有意义，因此选择对其不征收房地产税。而对于经营类房地产和非经营类房地产中的居住类房地产应该予以征税。特别是将农村房地产纳入新设的房地产税征税范围，既可以对现行农村房地税费进行调整和归并，避免乱收费、乱摊派的现象，又可以减少城乡两套税制给税收征管工作带来的不便，加快房地产税制改革进程。对个人拥有的居住性房地产也纳入房地产税征收

---

① 李晶. 中国房地产税收制度改革研究［D］. 东北财经大学, 2011: 24-25.

范围，因为个人居住性房屋的价值直接反映个人收入的高低，对个人住宅征税能够充分体现出房地产税累进性特征，合理调节收入分配差距。另外，现行的房产税和城镇土地使用税对居民自用房产不征税而对出租等经营性房产征税，这在实际征管中难以操作。因为出租者与承租者的出租行为不需要经过税务机关和其他相关机构办理，一般为私下交易，并且税务机关对支付的租金金额也无从知晓，因此，税务机关难以掌控出租性不动产的税源和税基，大大增加了逃避纳税义务的可能，提高了征管成本。因此房地产税对城镇居民个人自用和出租的房地产应不再区分，而是无论其使用性质是什么，一律征收房地产税。

三、特殊情况的处理

特别值得一提的是，我们还应该对利用农村集体土地建设并转让的小产权房进行征税。目前我国小产权房因需求量大增而大量存在，而小产权房交易却游离于政府的监管之外。小产权房是农民利用农村集体土地建设的房产，与城市房地产相比，因没有负担过土地出让金而在价格上非常有优势，这也使得投机分子在买卖小产权的过程中攫取巨额利润，这将导致城乡房地产的税负不公并造成房地产市场更加混乱。因此，房地产税改革应该把小产权房也纳入征税范围，这是因为小产权房分布在城市周围，其使用权人同样享受到了同一区域内商品房所有者享受到的当地政府提供的公共服务，公共服务水平提升时，小产权房的价格也在上涨，根据量能课税原则和税收公平原则，小产权房的使用权人应承担同等纳税义务，也应支付公共服务对价。但是对小产权方征税之前，我们必须现将小产权房的土地收归国有，让小产权房的交易合法化，因此，小产权房的购买者应缴纳一定数额的土地出让金，以此获得国家承认的土地使用权。通过对小产权房合法化处理，能够为开征房地产税奠定基础，也能够有效抑制小产权房交易。

四、房地产税的计税依据调整

房地产的计税依据应调整为不动产的市场价值。土地和房屋的市场价值反映的是其作为经济资源的价值，土地的级差收益和土地、房屋的时间价值和空间价值都包含其中。按不动产市场价值征税，能够体现受益性原则，使居民的权利和义务对等。这是因为区域内居民一方面会因为政府增加公共投入而提高区域范围内房地产市场价值而获益，另一方面又会因房地产市场价值的提高而相应增加其计税依据和税收负担，居民获益与税负相平衡，充分体现了“谁受益，谁纳税”的原则。按不动产市场价值征税，还符合量能负担的原则，它能够比较客观地反映纳税人的负担能力，使纳税能力强的人多负担，纳税能力差的人少负担。另外，按市场价值征税使不动产税与不动产市场价值紧密相连，使不动产税的税基更富有弹性，征税更为合理。但是，在现实中，市场价值数据往往难以直接取得，需要定期对房产和地产的价值进行综合评估，以获得较为准确的评估价值，反映房地产现价。评估价值虽然是人为的结果，但是它是市场价值最直接的体现，因此，按评估价值征税也可以起到按市场价值征税的效果，这样做能够较好地保护和合理利用土地资源，促进土地和房产资源的有效配置，调节社会居民不动产占有差距和收入分配差距，充分发挥不动产税的“自动调节器”功能。

第三节　税率区间测算

一、税率形式的选择

房地产税的税收负担水平是人们普遍关注的问题。一方面，将目前在开发建设阶段的各种税费后移至住房保有阶段，居民负担水平是否发生变化、是否与收入状况相匹配，会不会出现“买得起房，养不起房”的问题及由于纳税人无力承担而欠税，尤其需要考虑到在采取银行按揭方式购房情况下的居民个人负担问题。因此，需要统筹研究哪些税费可以后移、哪些不能后移，哪些需要房产所有者在保有阶段承担、哪些不需要其承担。另一方面，房地产税作为对企业和居民个人不动产的征税，尤其是对个人所拥有的不动产征税，不能仅仅考虑房地产税本身的税负问题，还要结合个人所得税、增值税、消费税、营业税等由居民个人承担的税负的整体情况及税负如何在各个税种间进行分配和协调。税率有两种选择：一是比例税率，计征方便，但不利于发挥对富人财产的调节作用；二是累进税率，通常选择超额累进税率，能够较好地发挥调节作用，但设计和计征较为复杂。因此，现阶段宜采用比例税率，待条件成熟再调整为累进税率。并考虑到简明税制的要求，由中央政府统一立法，规定税率幅度，地方政府可在统一规定的税率幅度内，根据当地经济发展状况确定具体适用税率。

二、税率区间模型设计与测算

由前文分析可知，税率区间测算将要采用的方法是，根据县（区）级财政收支差额确定房地产税收入规模，根据县（区）内房地产评估价值确定税基，用收支差额除以税基，测算不动产税税率区间。

$$T_j=\frac{D_j-\mathrm{NT}_j-\mathrm{LT}_j}{\sum_{i=1}^{n}P_i},T=\frac{\sum_{j=1}^{m}T_j}{m} \tag{7-1}$$

D_j代表j地区的财政支出需求；NT_j代表j地区的非税收入；LT_j代表j地区的地方税（不包括房产税、城镇土地使用税、土地增值税和耕地占用税等）；T_j代表j地区的税率，P代表该地区的评估价值；i代表房产种类，这里将房地产按照性质分为四大类，分别为企业用房、城镇居民非普通住房、城镇居民普通住房、农村居民住房等，分母是对所有房产的评估价值求和。T表示名义税率，它是计算全国大陆地区31个省（自治区、直辖市）各地区税率平均值。

受到数据来源限制，目前我们只能找到全国范围内的地方财政支出需求、全国范围内的非税收收入、全国范围内的地方税收入，但是对于房地产评估价值暂时无从获取，因为我国从未有过大规模的房价评估，所以很难获取数据，即使有些网络平台和数据库中有关于房地产价格和价值的相关数据，也都是对于挂牌出售的房地产价值的汇总，而对于城镇企业和个人持有的、未打算出售的房地产及广大农村地区的房地产价格信息将无从获得，这也为本书的税率测算带来难题。

但是从理论上来讲，我们相信这种税率的测算方法是科学合理的，是基于房地产税，是辖区内企业或个人因享受到公共产品和公共服务所支付的对价，按照这种方法测算出来的房地产税率能够弥补地方财政支出缺口，能够有效解决地方财政困境等问题。

三、研究结论

在国内部分学者的研究中，借鉴了外国税制中的房地产税税率，比如美国的税率为1.2%～3%，日本的税率在1.4%～2.1%之间。对于这些税率，我们不能照搬，原因有二。第一，这些税率是根据美国和日本当地的财政收入和财政支出差额以及当地房地产价格测算出来的结果，美国和日本两个发达国家与我国的税制体系不尽相同，财政支出方向和规模也有差异，因此，如果照搬照用，势必不能解决我国地方财政存在的根本问题。第二，这些税率的选用，是在美国和日本房地产价格相对平稳的情况下采用的，并且进一步控制房地产价格。但是在我国，目前房地产价格存在着非正常上涨情况，如果参照国外税率，势必会造成纳税负担偏高。纳税人用可支配收入来缴纳房地产税，税后净收益减少，会影响民众的生活质量，房地产税会成为人民最不喜欢的税种，纳税遵从会受到一定的影响，进而影响地方公共产品和公共服务的水平，从而造成房地产税的无疾而终。因此，税率的选择必须慎重。

还有些学者从我国国情出发，按照不同的角度测算了我国房地产税的税率。吴利群、王春元（2006）提出以稳定税制改革前后税负水平为目的，测算我国房地产税税率估计为0.6%；樊慧霞（2011）以满足地方政府支出需求和不增加纳税人税负为目的，测算我国房地产税税率范围为0.3%～1.0%；吴旭东、田芳（2015，2016）综合考虑居民房地产税负能力，以税负率测算我国房地产税税率不高于0.78%等。这些税率测算的方法较为符合我国的国情，测算的结果也比较可信。因此，我们可以将房地产的税率取中间值暂定为0.5%。在根据不同的房地产类型规定不同的折算率，以起到增加房地产税收入和公平税负的目的。

第四节　折算率设计与测算——不同类型房地产的税负公平

我国在以房地产评估价值作为计税依据，在统一的名义税率之下，对不同类型的房地产可以采用不同的评估比率，以此调节不同类别的房地产应缴纳的税额。我们可以运用下列公式计算不动产税税额：

房地产税的税额=评估价值×评估比率×名义税率

房地产税的实际税率=评估比率×名义税率[①]

这种计税方式一方面能够引导房地产开发企业合理开发和利用土地资源，加大对基础性普通住宅的供给，避免因盲目建设超出消费者需求的高档投资性房地产而造成的房地产供求结构性失衡现象；另一方面政府可以根据房地产的类型和纳税人的承受能力做出相应调整，直接实现其调控目标，具有灵活性。

受采集数据所限，我们将房地产分为普通住宅、别墅、办公用房和营业用房四类。对于所有房产采用同样的实际税率是不公平的，对普通住宅采用较低的评估比率，而对别墅采用较高的评估比率；对非营业性房产采用较低的评估比率，而对营业类房产采用较高的评估比率等。因此，我们在统一的名义税率基础上，通过折算率调节不同房产的实际税率，这样折算率的设计才能真正体现税负公平。

$$r_i = \frac{n \times p_i}{\sum_{i=1}^{n} p_1}, \quad t_i = T \times r_i \tag{7-2}$$

r_i代表i种房产的折算率；p_i代表i种房产的平均价格，它不同于上述公式中的P_i。在这里通过对每一类房产的价格除以四类房产的平均价格来计算各类房产的折算率。理想状态下，企业办公房地产和城镇居民非普通标准住宅的折算率应大于1，即r_i>1，而城镇居民普通标准住宅的折算率应小于1，即r_i<1。而营业用房产不好确定，因其接近于四类房地产的平均价格，所以可能折算率更接近于1。t_i代表i种房产实际税率，它等于名义税率乘以

① 公式的推导过程是：

税额=名义税率×税基 ①

税基=不动产市场价值×评估比率 ②

由①和②可得，税额=评估价值×评估比率×名义税率 ③

实际税率=税额÷评估价值 ④

由③和④可得，实际税率=名义税率×评估比率

折算率，按照前面的表述，理想状态下前两种房产的实际税率高于名义税率，而非普遍住房的实际税率低于名义税率，营业用房的实际税率更接近于名义税率。

表7-1　2012-2016年全国不同类别房地产平均价格　　　　单位：元/平方米

房产类别	2012年	2013年	2014年	2015年	2016年	五年平均值	折算率	名义税率	实际税率
住宅	5429.93	5850	5933	6473	7203	6177.786	0.6	0.50%	0.30%
别墅	11460.19	12591	12965	15157	15911	13616.838	1.3	0.50%	0.65%
办公楼	12306.41	12997	11826	12914	14332	12875.082	1.2	0.50%	0.60%
营业用房	9020.91	9777	9817	9566	9786	9593.382	0.9	0.50%	0.45%

数据来源：中华人民共和国统计局网站

表7-1是我国2012—2016年不同类别的房地产价格，按照上述公式计算，住宅、别墅、办公用房和营业用房的折算率分别为0.6、1.3、1.2和0.9，如果名义税率是0.5%，那么由此测算出的四类房地产的实际税率分别为0.3%、0.65%、0.6%和0.45%。当我们能够获取更多类型房地产价格时，比如我们可以增加农村房地产价格、小产权房的价格，到那时折算率可以通过上述方法得出更加准确的结果，折算率的设计和估算更加科学、合理。

第五节　税收优惠——不同纳税人的税负公平

一、第一套房产或人均居住面积以内的部分免税的弊端

目前，关于税收优惠的研究，国内的学者、政府部门都愿意采用“第一套房产或人均居住面积以内的部分免税”的税收优惠，这种优惠政策存在以下弊端。

首先，如果以第一套房产为免税部分，从纳税人第二套或以上房产开始征税，会存在以下两个方面的问题需要解决。一方面，对第一套房产应该有个基本规定，最少应符合普通标准住房的条件，即在容积率、住房面积和房产价值方面应该有所要求。否则，很多纳税人为了逃避纳税义务，会将自己拥有的别墅、高级公寓等作为自己的首套免税住房，如此一来不仅带来财政收入的减少，而且造成纳税人之间的税负不公平。特别还会形成一种导向，

纳税人会更愿意购买面积更大、价值量更大的非普通标准住房，这将与国家倡导的建设普通标准住房的目标相违背。另一方面，这样的免税条件还对纳税评估和税收征管产生了很高的要求，纳税人拥有的散落于全国各地的房地产必须被全部登记造册，并且一一评估其价值，对于其究竟选择那一套房产作为首套免税房产虽是纳税人自己的选择，但是税务机关也必须及时与房地产部门和评估机构经常沟通、时时关注，否则有可能造成纳税人在全国各地的房产都成为其首套免税房产而不缴纳税款，也有可能在地方财政保护主义下阻碍纳税人将本辖区内的房地产作为首套免税房地产而拒绝给予其税收优惠。不论是哪一种情况都是不合理的，都需要我国未来用完善的登记制度、先进的评估方法和有效的征管手段加以解决。

其次，如果以人均居住面积为免税部分，从超过人均面积的部分开始征税，会存在三个方面的问题。第一，应该以多大面积为免税面积，这个标准在全国范围内很难统一。由于各地经济发展状况不同、纳税人收入不同、纳税人能够买得起的房地产面积也不相同，往往越是发达的地区，人均住房面积越小，而越是不发达地区，人均住房面积越大。如果采用统一的免税标准，很可能造成发达地区缴纳的税款远远小于不发达地区，这不符合税收优惠制定的初衷。第二，房地产税是要以纳税人拥有房地产的价值量来缴纳税款，而我们免除的却是面积的部分，我们需要先对整套房地产进行评估，然后计算出每套房地产单位面积价格，再去乘以扣除免税面积的剩余面积。这样对于税务机关来说，房地产价值、房地产面积、家里人口数量等都会成为计算免税条件的必备要素，工作相当复杂，工作量相当大。第三，如果纳税人拥有两套及以上的房地产，但是每一套的面积都不大，都不足以满足纳税人全家人的平均减税面积要求，此时应该如何处理？是将第二套以上的房地产也用来平均，还是只考虑第一套房地产的分摊？如果考虑将第二套房地产的分摊，那么不同的房地产价格不同，并且可能坐落地也不相同，会涉及不同地区间的税收协调；如果考虑只对第一套房地产分摊，那么相对于家庭人口相同但第一套住房面积较大的纳税人来说，上例中的纳税人将会缴纳更多的税款，这不符合纳税公平原则。

最后，“第一套房产或人均居住面积以内的部分免税”仅仅是针对纳税人是居民个人的税收优惠，而对于企业却没有任何的税收优惠。当一个企业在鼎盛时拥有面积巨大且经济价值巨大的房地产，这对于企业来说是锦上添花，此时房地产税对其影响微乎其微。但是当企业走入困境时，这些房地产对于企业来说将是沉重的负担，因为无论企业盈利与否，只要其拥有房地产，都必须缴纳房地产税。对于亏损的企业来说经济价值巨大的房地产在短期内无法出售，并且从企业长远利益考虑也不愿意将其出售，那就要在亏损期继续承受每年巨额的房地产税，从而使企业经济状况雪上加霜，想要达到扭亏为盈的局面更加难上加难。这种现象在我国普遍存在，特别是在东北地区，有大量企业正面临着亏损但负担大量房地产税、即使企业闲置的房地产也需要缴纳税款等现象，而在南方发达省份都采用租用场地和办公场所的办法解决这一尴尬局面。因此，为了解决这些问题，我们应该想出万全之策，能够更加科学地考虑企业的现实情况，从而帮助其摆脱困境。

二、遵从纳税人可接受能力设计房地产税税收优惠

本书放弃了成本高且难以执行的“第一套房产或人均居住面积以内的部分免税”的税收优惠，而是根据纳税人净收入的多少给予减免，这种方法不仅适用于居民个人也适用于企业。纳税人缴纳房地产税的资金来源于居民的可支配收入和企业的税后净利润，因此纳税人的纳税意愿与净收入密切相关，纳税人能否承担或愿意承担房地产税的税款取决于其净收入的多少，并据此设计不同纳税人的税收优惠政策。

名义税率和折算率是我们经过测算的结果，并不是居民和企业能够承受的税收负担。本书参照美国等发达国家房地产税收制度，将采用下列公式计算我国居民和企业可承受的房地产税收。

$$\mathrm{AT}_s=\mathrm{YT}_s-(\mathrm{YT}_s-R_s\times A)\times B \tag{7-3}$$

AT_s代表每个家庭或企业可以接受的房地产税；YT_s每个家庭或企业应该缴纳房地产税；R_s应代表每个家庭的可支配收入或者是企业的税后净利润，但因现实原因，我们很难获知每个家庭的可支配收入和企业税后净利润，就用R_s代表每个家庭或企业的收入总额；A代表居民和企业可以接受的房地产税占收入总额的百分比，简称纳税人可接受百分比；B代表税收抵免率。

每个家庭或企业应该缴纳的房地产如果超过收入总额一定的百分比，对超过的部分给予一定的抵免。对于税收抵免率，我们可以按照纳税人的实际情况加以区分，比如对于收入最低的纳税人，B可以选择100%；对于收入较低的纳税人，B可以选择0～100%之间的百分比，比如60%（美国做法）；对于收入较高的纳税人，B可以选择0。这样就实现了对于不同群体给予了不同的税收优惠政策。

在我国目前阶段，这属于一种理想化的税收优惠措施，但是这也是科学合理的税收优惠政策。经过我们不断地调研和反复推敲，应该能够找到适合各类纳税人的可接受百分比和抵免率，从而实现不同纳税人间的税负公平。我们应借鉴外国的先进经验，对我国不动产税税收优惠的实施对象进行分类，比如对于普通的居民个人和一般企业，国家可以规定统一的纳税人可接受百分比（A），并且采用较低的税收抵免率（B）；对于高收入群体，可以将税收抵免率降为0，即其可接受的税款金额就是其应该缴纳的税款数额；对特殊人群，如退休人员、残疾人员、贫困人员用于居住的房地产可以设置较低的纳税人可接受百分比和较高的税收抵免率，此时税收抵免率甚至可以设置为100%；对于企业，如果其连续三年出现亏损，可以降低其可以接受的百分比，提高税收抵免率，从而降低其缴纳的税款等。

同时，我们还应该综合考虑纳税人的税收负担，可以房地产税直接作为抵减项目，从企业所得税或个人所得税的收入总额中扣除，直接减少应纳税所得额，从而降低纳税人总体税收负担。这也为我国今后的房地产税改革、企业所得税改革和个人所得税改革提供了新的方向。特别是对于我国的个人所得税改革，除了一般的费用减除额以外，还应增加专项附加扣除，而专项附加扣除中除了包括居民的子女教育、继续教育、大病医疗、住房贷款利息、住房租金、赡养老人费用之外，还应该包括纳税人已经缴纳的房地产税税额，这样的税收政策有利于同时促进个人所得税和房地产税的改革，有利于我国的地方税制体系更加完善。

第八章　我国房地产税征管机制研究

根据财政分权理论，中央政府主要职责是维护宏观经济稳定和保障公平的收入分配，地方政府主要职责是提供地方公共产品。地方政府的行为能够较好地反映当地居民的利益，因此应获得财政自主权，拥有独立的主体税种。房地产税是地方政府主体税种的最佳选择。房地产税的税源形成和征税管理都应依附于地方政府，并满足地方政府的财政支出需要。房地产税的征收与再分配的整个过程体现了地方政府提供辖区内公共产品和公共服务的职能，因此房地产税的征管工作应由地方政府自主负责。然而，我国目前尚未开征真正意义上的房地产税，主要就是因为我国房地产的税收征管工作不完备，仍需要在以下几个方面有所提升。

第一节　房地产税基评估机制

房地产税是对存量房地产征税，而不是对年度流量房地产征税，因此房地产税的税基即房地产的价值不能客观得到，只能通过专业部门评估得到。美国房地产税税基评估行业经历了一百多年的发展，其在评估机构设置、评估方法选用和评估程序执行等方面形成了较为科学的体系，使美国房地产税税基评估机制在世界上具有领先地位，值得我国学习和借鉴。同时我国跨省房地产登记制度如何完善也能从中找到答案。

一、美国房地产税税基评估机制概况

（一）美国房地产税税基评估机构

美国的房地产税的税基评估机构是自律性组织，主要有美国评估师

协会、美国评估学会及专业性协会等。这些组织都有自己的章程和执业标准，但彼此间的执业标准并不统一。随着评估行业的发展，各协会逐渐认识到统一规范资产评估执业标准的必要性和重要性，于是1987年在美国评估师协会的倡导下成立了评估促进会，其宗旨是促进并提高评估行业的专业水准，并从使用者的利益出发，制定、出版、解释并修订统一的评估标准（USPAP）。该评估标准规定了所有的评估机构及评估人员均要遵守的行业准则，具体包括执业人员道德条款、执业能力条款、房地产评估标准、房地产咨询及咨询报告、评估报告的内容、评估报告的使用等十六项内容。房地产评估行业的完善使税务机关的工作量大为减轻，税务机关不用花费大量精力去获得房地产价值数据并审查其真实性，就可以得到房地产税的税基，极大地降低了房地产税的征管成本。

美国房地产税税基评估机构还制定了规范的执业资格管理制度。房地产评估师必须具备以下条件，才能从事房地产评估业务，如具有大学毕业或同等学力，从事房地产业五年以上，修完有关房地产业的一定数目的核心课程（如职业道德、资产评估基本原理、资产评估程序、收益资本化、市场分析、成本分析、评估报告的撰写等），通过房地产评估师资格考试，具有诚实正直的良好声誉等。此外，评估师还必须遵守联邦和所在州的法律，在各州独立获取执照，不能跨州执业。在美国房地产评估师的执照分为临时执照、初级执照、中级执照和高级执照四种，持每种执照的评估师所从事的执业范围不同。取得执照的经纪人还要接受每两年一次的再教育，定期参加考试，以保证房地产评估师的专业水准和服务质量。

（二）美国房地产税税基评估方法

美国房地产税税基评估部门根据评估对象的不同分别采用三种评估房地产价值的方法，即为现行市价法、重置成本法和收益现值法。

1.现行市价法

现行市价法是运用实际销售的数据和房地产性能来估计房地产价值的。它是以目标房地产的市场价值与新近转让的类似的房地产价格为基础，找出二者间存在的差别并加以调整，最终得到该目标房地产的市场价值。现行市价法通常采用以下几个步骤进行。

（1）从内外两个方面确定房地产价值特征。从内在特征方面来看，房地产自身所具备的特征和物质细节是决定房地产价值的关键因素，比如房地产的具体位置、占地尺寸、建筑物设计样式、房龄、功能、质量等。除此之外，还包括与建筑物不可分割的附属设施部分，比如户外游泳池、网球场、中央空调、电梯等。从外在特征方面来看，房地产物理特征之外的相关特征也决定房地产的价值，具体包括实际销售价格、出售时经济形势、价格指数、融资条件、出售对象、房地产使用年限和是否需要重新装修等内容。

（2）考虑上述决定房地产价值的内外因素，寻找与目标房地产相类似的房地产。以同等条件下类似房地产的价格为基础，找出目标房地产与类似房地产的区别，这些区别可能是正面的即目标的房地产比类似房地产更有价值的优点，也可能是负面的即目标房地产比类似房地产价值更低的缺点。当目标房地产比类似房地产更具有价值时，应该把该因素价值加到类似房地产价格上；反之，则应减去相应因素价值。

（3）依据所有符合条件的类似房地产调整后的价格形成对目标房地产价值的评估。目标房地产一般会介于不同的类似房地产极端价格之间，这就需要评估人员收集比较对象的相关资料，筛选出合适的比较对象，并剔除那些调整后价值与其他类似房地产价值偏离较大的类似房地产，对剩余的调整后房地产的售价进行评价和相互协调，得出目标房地产最后的估算价值。

从理论上讲，现行市价法应该每年进行一次评估，但是由于财产性能并非年年更新，统计工作也并非年年进行，因此在大多数情况下根本做不到每年评估，只能在一定期间内对特定性能的房地产评估一次。采用的方法是将评估的辖区分为地区或街道，然后在销售额的基础上按地区分别估计房地产价值的年变动率，并将这个比率用于地区内所有房地产。房地产越趋于同质或差异越小时，这个方法就越精确。

2.重置成本法

重置成本评估价值由房屋重置成本、折旧金额和土地价值三个部分决定。

（1）估算重置现有房屋成本。重置成本是以现在的价格修建一套与目标房屋使用材料、人工数量和房屋质量等方面完全相同的房屋所需要的成本，它是重置成本法下评估价值的理论基础和价值标准。重置成本的估算往往采用以下四种方法。

①单位面积估算法。它是以对建筑物主要构件的有效了解为前提，用单位面积的直接成本（如劳动力成本、材料和配件成本、支付给分包商的费用等）加上非直接成本（如融资费用、销售费用、管理费用等），再加上建筑方的利润，得到该房屋单位面积的重置成本估计值的方法。

②数量测量法。它采用分项列表方式，将材料、配件、人工的所有价格分开列表，单独核算并详细填列常务开支和利润。它是对重置成本更加精确的估算，只适用于较为完备的建筑成本估算。这种方法计算过程复杂，而且精确计算的结果往往导致测算成本高于投资者或购买者能够接受的价格，因此这种方法很少被采用。

③单位对照法。它是用类似房屋的总成本除以对应房屋面积得到的每平方英尺的成本作为参考，估算目标房地产成本的方法。这种方法相对于前两种方法比较简单，但是估算结果不够精确，只适合初步评估或粗略估计的情况。

④建筑成本资料汇编法。建筑成本资料汇编法是将全国成本变化较大的房地产纳入分析材料，并将这些材料按地方索引汇编，提供典型建筑物的重置成本估算。这种方法往往与其他三种方法结合使用，在按前三种方法估算价值的基础上，参考建筑成本资料汇编对当地成本差异和时间差异进行调整，最终得到较为准确的重置成本。

（2）估算房地产折旧金额。房地产的折旧可以分为实体性折旧、功能性折旧和经济性折旧三类。实体性折旧是由于建筑物的自然腐蚀、磨损和不可抗力等共同作用所带来的价值损失。功能性折旧是指由于技术进步和消费者偏好的变化使原建筑物不能提供按照新方法或新设计建造的建筑物具备的功能而带来的价值损失。经济性折旧是由于周边环境的负面影响使目标房地产价值下降带来的损失，它反映了房地产价值评估中的空间因素。分析这三种类型的折旧，我们不难发现，实体性折旧和功能性折旧都是可以修复的，而经济性折旧是不可修复的。对于实体性折旧和功能性折旧，可以通过对建筑物的定期维护（如粉刷墙面、修葺房顶、修理设施、清洁打扫等）和对房屋的功能改造（安装现代化家用设备、房屋结构整体改造等）来弥补将要降低的房地产价值。而经济性折旧则是由于周边环境造成的，在周边环境无法更改的前提下，这种折旧本身就是不可以修复的。房屋价格和房屋租金因环境变坏而降低就是经济性折旧最好的体现。

（3）评估房地产所在地的土地价值。评估土地价值最常用的方法是现行市价法，即找到相似的位置、类似的未开发的土地的价值，从而判定目标房地产所在地土地的价值。

房地产房屋部分的重置成本减去房屋价值的折旧金额，再加上房地产土地部分的价值，就得到房地产的全部评估价值。

房地产价值=房屋重置成本-房屋折旧+土地价值

3.收益现值法

收益现值法的原理是根据房地产在未来期间内产生的净收益现值来评估房地产价值。投资者购买房地产实际上是在购买未来的收入流或利润流。房地产所有者持有房地产时间长，而且收入稳定，因此房地产的市场价值评估应该采用永续年金现值的计算方法，即房地产评估价值等于净经营收入除以市场资本化比率。

房地产市场价值（即税基）V=净经营收入（NOI）÷市场资本化率（R）

（1）净经营收入NOI（net operating income）

NOI是指房地产产生的毛收入扣减资产的经营费用后的现金余额。用公式可以表示为：

总租金收入+非租金收入=潜在总收入

潜在总收入-空置和信用损失=有效总收入

有效总收入-经营费用=净经营收入

净经营收入（NOI）的估算需要经过四个步骤的计算：

第一步是要确定总租金收入，总租金收入取决于类似房地产价格、目标房地产特点和房地产市场的发展趋势等因素。特别是租期的长短对总租金的多少起到决定性作用。通常租赁时间越短，租金变化越大，总租金会随着市场租金的变化而不断波动；相反，租赁时间越长，租金变化越小，市场租金对总租金没有丝毫影响。

第二步是要计算潜在收入，潜在收入是在总租金收入的基础上，加上非租金收入，比如因出租房地产而额外收取的停车费，因对租户开放游泳池等娱乐设施而收取的费用等。

第三步是要得到总有效收入。总有效收入是从潜在收入中扣除房地产空置和信用损失的估计值，具体包括扣除未支付的租金和不能收回的无效支票等。

第四步有效总收入中扣减经营费用。经营费用包括房地产税、支付的工资总额、维护和维修费用、保险费、管理费、其他杂费等。

（2）资本化比率R（rate）

资本化是将未来收入流转化为现值的过程，未来收入流除以资本化比率，就得到资本现值。从理论上讲，资本化比率由两个部分组成，即资本的回收率和资本的回报率。

资本的回收率考虑的是投出的资本在未来几年内可以全部收回，在这里通常可以采用直线法或偿债基金的方法来加以计算。直线法相对比较简单，只考虑一次性投资问题，不考虑到收回的资本可以进行再投资，由此引入了偿债基金的方法。偿债基金法考虑利息的成分，利息还可以再进行投资，因此资金每年的回收率高于直线法。

资本的回报率是计算单位投资可以获得多少回报。资本的回报率由三个部分组成：（1）真实回报。真实回报指在没有通货膨胀因素、没有风险的情况下的投资回报。在过去的20年中，美国各研究者提出每年真实回报在2%~3%之间。[①]（2）通货膨胀补偿。投资者要求任何种类的投资回报都要高于真实回报，要求对未来的通货膨胀给予补偿。投资者的真实回报与通货膨胀补偿之和应等于国库券现有利息率。因此从国库券利息率中减去2%~3%的真实回报，就可以得到通货膨胀补偿率。（3）风险补偿。房地产与国库券不同，是带有风险的，而且这种风险可能是显著的。因此，投资者应要求比无风险和低风险下更高的回报作为风险补偿，并且房地产投资风险越高，风险补偿应该越高，资本化比率也应该越高。

① ［美］查尔斯·H. 温茨巴奇，迈克·E. 迈尔斯，苏珊娜·埃思里奇·坎农.现代不动产［M］.任淮秀，庞星华，冯烜，译.北京：中国人民大学出版社，2001：177.

综上所述，通过对现行市价法、重置成本法和收益现值法的比较分析，我们发现，这三种方法适用的范围有所不同。现行市价法在能够找到大量的、近期销售的类似房地产时最为适用。重置成本法对于房地产尚未销售、没有产生收入或者没有与其相类似的房地产时适用。收益现值法对评估能够带来未来收益的房地产的价值时最适用。评估人员对房地产进行评估时，需要对三个评估结果进行协调，最终得到令人信服的评估价值。

（三）美国房地产税税基评估程序

美国房地产税税基评估有着严格的执行程序，一共分为七个步骤。

1.房地产基本情况的界定

首先，判定待评估的特定房地产的产权类型，是无条件继承的房地产权、终生房地产权还是长期租赁资产。其次，确定评估日期，由于不同时间点上房地产的价值有所不同，评估日期会影响房地产的评估价值，特别是对那些持有数年、价值构成复杂的房地产来说，确定评估日期至关重要。再次，明确寻求的价值类型，是市场价值，还是保险价值、企业清算价值或其他价值等。最后，对房地产价值可能会造成较大影响的显著的条件或影响因素应事先提出并加以考虑。

2.数据的收集、筛选和初步分析

美国房地产数据信息有两种不同的来源。一方面，大城市区域的家庭住宅信息来源于当地多样化的资料服务，通过一个调制解调器，就可以从服务中心获得已售房地产的描述资料和数字化图像，从而获得符合适当标准的信息资料。另一方面，房地产信息来自地方法院，在大多数交易中，契约都要登记注册，任何人都可以从中获得信息，有些信息是公开的，有些则需要根据相关数据推算。这些信息可以作为评估的参考资料。

数据一般可以分为三类。

（1）与房地产所处环境相关的信息，如自然因素（地理位置、占地尺寸、土壤条件、建筑物的构造和质量、便利程度、周围基础设施、气候条件、景色和污染程度等）、经济因素（物价指数、税率、银行贷款利率、房地产开发公司的信誉等）、社会因素（居住模式、人口趋势、环境特点、居住者的欣赏水平、文化背景等）和政府因素（分区规划和建设管理法案、房地产税收、公共用房、治安和防火系统等）。

（2）与房地产本身相关的信息，如检查房地产的毁损和修建情况，以确定其贬值程度和折旧价值；考察房屋现有用途的实现程度，以预期房地产计划用途的实现能力等。

（3）与房地产供给和需求状况相关的信息，如与房地产相类似或可替代的其他房地产存货清单、空房率和吸收率的估计值，还有销售资料、租金率和经营管理费用的相关数据等。

在数据收集和整理完毕后，制订评估计划和初步的研究分析，将影响房地产的所有相关数据都纳入评估计划表，然后对每个数据加以分析，得出相关结论。

3.最高和最优用途分析

最高和最优用途是空地或已经开发的地产在各种合理和合法的可行性用途下能产生最高价值的用途。最高和最优用途是在一个给定的有效需求水平和融资条件下合法的、技术上和经济上可行的用途，这种用途是通过分析得到的，并不代表是真实的用途。因此在进行资产评估时，要将房地产所有可能的用途，包括替代性的和过渡性的用途进行整理和分析，得出每种用途的预期收益和拆除成本，进而确定最高和最优用途时所能产生的最高价值，它应是土地评估价值的上限。

4.土地价值评估

土地价值一般要与建筑物价值分开，单独评估。通常的做法是先评估预期的房屋和土地的组合价值，再从总价值中扣除建筑物成本，就基本可以得到土地的价值。土地的价值一般应低于最高和最优用途下分析的价格。

5.三种评估方法的应用

现行市价法认为一项房地产的价值应该与另一个提供相似效用的房地产的价值大致相等；重置成本法认为购买者愿意支付的房地产价格不会超过重建这项建筑物的成本；收益现值法认为房地产价值就是房地产预期产生的未来现金流的现值。根据三种评估方法的不同原理，会得到三个不同的评估价值。

6.价值数据的协调和最终评估价值的确定

对三个不同的评估价值进行协调并不是简单地取平均值，而是应该从房地产的特点和评估的特定目的出发，找出更为适合的评估方法，或者将三种方法的结果相融合，最终确定在特定日期下的房地产价值。

7.出具评估报告

专业的评估报告应该遵循一定的格式将前面六个步骤准确描述，这份报告也可以作为最终价值评估的合理性证明和证据资料。

（四）美国房地产税税基的批量评估体系

在美国，单个房地产的评估程序规范、严格，但是却带来了较高的评估成本，因为上述评估步骤需要花费大量的时间和人力、物力。征收房地产税的关键是控制房地产税的征收成本。不能及时地降低征房地产价值评估成本，可能也是许多国家尚未开征房地产税的原因。美国之所以能够降低房地产税的评估成本主要是因为其采用了批量评估的方法，这与单个财产的评估方法是截然不同的，如表8-1所示。

表8-1　美国单个房地产评估与批量评估的差异

单个房地产评估	批量评估
识别和定位房地产	识别一个地区的所有应税财产
列举房地产权利	通过立法指定房地产权利
建立评估日期	通过立法指定一个标准日期
标明房地产评估目的	评估的主要目的是为了征税
定义评估价值	通过立法指定市场价值或其他标准值
为目标房地产制定评估方法和水平	为所有房地产构造一个经济计量模型
搜集包括目标房地产和其他对比房地产的所有市场数据（包括销售情况、租金水平和成本）	建立和维护全面计算机化数据库，包含所有房地产未来发展趋势
评估目标房地产在价值最大化合法用途下的价值	通过立法制定最高和最优用途下房地产的价值
评估目标房地产的土地价值	指定几个土地估价模型，收集可用的市场数据，开发基本参数和调整因素，采用计算机辅助质量评价体系
使用三种评估方法，取得每种评估方法的评估价值，并选取最优的结果	使用权重分析方法在房地产评估和测试评估模型中计算评估值
报告从单一形式到完整形式给出最终的评估结果	创建评估条目和评估注意事项，这些构成每个评估价值的最小文档，并创建一个大样本的评估总结报告。

资料来源：Hong Yu-Hung. Framework for Real Property appraisal. ［s.n.］，2004.

美国目前采用的批量评估的方案是运用经济计量模型和计算机系统进行评估的一套方案。这套方案评估成本较低、评估结果准确、评估时间较短，在美国各州普遍采用。但是这套方案对评估体系的整体要求较高，这里面既包括对计算机操作系统等硬件设施的要求，也包括对房地产价值评估机构评估人员素质的要求，还包括美国房地产税收制度的连续性与稳定性要求。这也是美国房地产评估体系能够走在世界前列的关键所在。

（五）美国房地产税税基评估周期

由于评估工作相对繁杂，美国房地产评估机构一般不会在每一年都对所有房地产都进行评估，而是采用以下三种类型的评估周期，并且在美国不同的州会采用不同的评估周期。

1.一年内全部评估

一年内全部评估是在某一年度内对地方政府辖区内所有房地产全部进行评估，除发生房地产新建、拆除或用途变更等情况外，房地产的评估价值在以后一段时间内不做调整。在不进行评估的年份中，会将评估的辖区分为地区或街道，然后在销售额的基础上按地区或街道分别估计房地产价值的年变动率，并将这个比率用于地区内所有房地产。房地产越趋于同质或差异越小时，这个方法就越精确。这种按年变动率评估的方法直至下一次全部评估为止。美国各州所规定的一年内全部评估的评估周期时间间隔不等，一般为2～10年左右，如艾奥瓦州2年，明尼苏达州4年，密歇根州5年，康涅狄格州10年等。[①]

2.N年内全部评估

N年内全部评估是由评估机构在N年内对辖区所有房地产按顺序进行评估，但是每年只对其中1/N特定部分的房地产进行评估。与一年内全部评估周期相比，N年内全部评估周期的评估方法使辖区内所有的财产轮流充当被评估的角色，每年的工作量较为平均，可以适当减轻评估机构工作人员的在规定时间内的工作压力，可以使评估工作均衡、稳步地进行。但是这种评估周期也会由于评估时间不同而带来税负不均衡，评估时间最晚的房地产持有

① 白彦锋.美国财产税的估税周期与估税方法［J］.涉外税务，2010（2）：44-46.

者抱怨其房地产价值会因经济发展和通货膨胀而比之前评估的房产具有更高的评估价值，从而承担更重的税收负担。然而，这种不足会随着时间的推移和评估周而复始的转换作用到所有房地产持有者身上，在全辖区范围内是相对公平的，因此这种评估周期也被美国各州广泛采用。

3.年度增减价值评估

年度增减价值评估是结合财产目录中标出财产的实物特征，每年对辖区内所有房地产的新增价值和新减价值进行评估，加入或减少新的价值权重，并根据这项财产在辖区中的重要性进行调整，以反映市场价值的变化趋势。这种评估周期的采用必须依靠计算机和现代管理信息系统才得以实现。使用这种评估周期最忌讳对去年情况进行简单复制，因为房地产的新增价值不仅仅局限于新增房地产的材料成本，新减价值也不仅仅局限于原来房地产的账面价值，更重要的是对房地产整体价值的提升或降低。因此，如果只是单纯地在去年房地产数据的基础上变动当年新增或新减该房地产或配套设施的价值数据，就会使房地产的总体价值产生偏差，价值评估变得没有意义。

二、我国房地产税税基评估机制发展方向

考虑我国目前的税收征管情况，针对房地产税的特点，我国政府应建立统一、高效、精简的房地产管理体制，鼓励房地产评估机构的建立与完善，将房地产价值评估工作交由价值评估机构完成，并将评估结果上报当地税务局，当地税务局应参照国土资源等相关单位提供的信息对评估结果进行审核和监督，并参考其评估结果进行征税，为房地产的征收创造公平的外部环境。

准确评估房地产价值是确定房地产税税基、决定房地产税应纳税额的基础，是有效征收房地产税的关键。然而，目前我国对房地产的价值评估还处于起步阶段，在这方面还存在着很多不足，这也成为制约我国房地产税制建立与发展的瓶颈。我国应借鉴美国房地产税税基评估机制的先进经验，尽快对我国房地产的评估机制加以改革。

（一）评估机构的选择

目前，我国的房地产价值评估机构包括事业单位性质的评估机构和企业性质的评估中介机构。事业单位性质的评估机构具有非经营性特点，并具

有双重经济职能：一方面承办本辖区内的房地产评估业务，主要为确定辖区基准地价、支付房地产所有人补偿金和征收房地产税等相关业务提供服务；另一方面，以自己名义或以代理政府的名义行使房地产市场评估的监督管理职能。企业性质的评估机构是一种中介机构，这种民间的评估部门在评估技术、数据可信度和评估责任划分等方面还存在一定的问题，因此为了对其进行有效的规范和约束，民间房地产评估机构必须向当地房地产主管部门提出申请，并通过资质审核，才能获得营业执照并从事相关业务。

从美国经验来看，这种民间的评估机构更符合市场经济发展的需要，它们将会普遍存在，并成为今后房地产评估行业的主力军。但是这并不意味着政府的评估部门可以被取缔，因为目前的民间的评估机构在技术水平、人员构成等方面情况差异较大，政府的评估部门在一段时间内还必须保留，但是他们的身份应该发生改变，他们不再直接参与房地产价值评估，不再既承担运动员的角色，又承担裁判员的角色，而是应该对中介机构提供的评估结果要进行审核和评定，并根据评审结果进行资质等级认证，优升劣降。处理好事业单位性评估机构和企业性评估机构的关系，将有利于维护评估市场的秩序，促进房地产市场的健康发展，能够为税务机关提供准确的评估数据，降低征管成本。

（二）评估方法的采用

借鉴美国房地产价值的评估方法，我国也可以采用现行市价法、重置成本法和收益现值法等评估方法，并根据不同的适用范围选择不同的评估方法。评估人员对房地产进行评估时，应重点考察目标房地产的特点，选择更加适合该房地产评估的方法，最终得到准确的评估价值。鉴于我国目前评估体系尚不完善，现行市价评估方法的运用将会遇到很多技术难题，因此，建议在现阶段对自用房产采用重置成本法，对出租房产采用收益现值法，待条件成熟时，再引入现行市价法。

借鉴美国的先进经验并结合我国“房产与地产分别管理，房价与地价各有标准”的房地产管理方式，将房地产评估程序确定如下。

1.评估自用房产

按照重置成本法，评估程序为以下六个步骤。

第一，收集土地和房产基本信息及市场供求信息，并分析相关数据，参考基准地价标准和最高最优用途，核定该区位土地对应的价格；

第二，确定该房地产在产权建设规划部门备案的平均容积率；

第三，根据建筑管理部门公布的建筑统计数据，核定相应的单位建安造价；

第四，根据建设部颁布的房屋折旧标准，确定房产的成新度；

第五，根据房屋产权证或组织实地测量，确定房产的建筑面积；

将以上五个步骤获得的数据代入公式，计算房地产评估价值和房地产税税额：

房地产评估价值=（基准地价 ÷ 容积率+单位建安造价 × 成新度）× 建筑面积①

上述房地产评估价值由土地评估价值和房屋评估价值两个部分构成。其中，基准地价 ÷ 容积率 × 建筑面积是计算土地部分的价值，这里需要说明的是，我们在评估房地产价值时，不能仅考虑房屋所占用的土地面积，还应该考虑房屋周围空地的价值，因此用建筑面积 ÷ 容积率来计算建筑物所占用及其周边的土地面积，在乘以基准地价就得到了土地部分的评估机制。另一部分是房屋的评估价值，我们采用现行土地增值税对房屋评估价值的方法，即用房屋的重置成本乘以成新度折扣率计算，而房屋的重置成本可以通过单位建安造价 × 建筑面积来计算。

第六，出具评估报告。评估工作结束后，评估机构遵循一定的格式将前面五个步骤准确描述，最终形成评估报告。

2.评估出租房产

按照收益现值法，评估程序为以下四个步骤。

第一，收集租赁房地产相关信息，包括总租金收入、非租金收入、空置和信用损失及经营费用等，并通过前述公式计算出租该房地产所获得的净营业收入，在实际工作中，该净营业收入也可近似表示为总租金收入与物业费、采暖费、基本维修费和其他费用的差额；

第二，根据投资回收率、真实回报率、通货膨胀预期补偿率和风险补偿率推算出资本化率；

---

① 丁芸.中国土地资源税制优化研究［D］.中国地质大学，2008：135.

资本化率=投资回收率+真实回报率+通货膨胀预期补偿率+风险补偿率=投资回收率+名义利率

第三，运用公式：评估价值=净营业收入÷资本化率，计算出房地产的评估价值。在实际操作中，可用如下公式，近似计算房地产的评估价值；

评估价值=（年租金-物业费-采暖费-维修费-其他费用）÷名义利率

第四，出具评估报告。

（三）批量评估的构建

我国也应尽快利用采用批量评估方法，提升评估速度，降低征管成本。

首先，我们应该制订统一的评估标准。由于我国幅员辽阔，各地区之间发展不平衡，各省之间的实际情况存在较大差异。国家应规定统一的价值评估标准，这样既能够提高房地产评估的工作效率，也能够在不同省份、不同地区之间寻求房地产价值评估的公平性。同时，应允许各省在具体实施房地产评估时，结合本省实际情况做出明确规定进行评估。

其次，建立房地产信息数据库。完整、准确、规范的数据库是征收房地产税的基础。因此，国家应通过行政手段协调各房地产相关部门对房地产信息数据进行统一整合，并对已有的数据进行审核和统一口径，对缺失的数据进行收集和登记；通过对企业和个人信息的甄别，对跨省拥有的房地产数据进行整合，完善跨省房地产登记制度；通过计算机系统，搜集和整理数据，绘制房地产税地图，并定期公布房地产相关数据，提升信息透明度。

最后，合理划分批量评估区域。为了提升房地产评估效率，确保评估结果的精准，以及体现各个房地产价值的差异化，我们应该对房地产评估的区域进行合理划分。划分的标准有两个，一是根据房地产的空间区域进行划分，最理想的办法是按照不同的社区来划分，因为同一社区内可剔除房屋位置差异因素，房价差别不大，但不同社区房屋位置较远导致价格差别较大，这样既便于划分区域，也能够得到社区人员的帮助和支持；二是根据房地产的属性进行划分，我们将房地产划分为经营性房地产、城镇居民普通标准住宅、城镇居民非普通标准住宅和农村房地产，还可以进一步将经营类房地产分为办公楼、公寓、门市房等，城市住宅房地产分为高层、小高层、洋房、别墅等房屋类型。我们在进行批量评估区域划分时，应该将上述两个标准相结合，在提高评估速度的同时，尽可能做到突出每个房地产的特征，保障公平。

（四）评估频度的选择

由于我国地域辽阔，房地产数量众多，而评估机构还不是十分完善，评估人员的水平有待提高，因此如果采用“一年内全部评估”的方法，势必对各地方评估机构带来繁重的工作量，施加巨大的压力，不利于提升工作效率，影响数据的准度和精度。一旦在一年内完成对所有房地产的评估，我们将在一段时间内不再重新评估，如果数据不够准确，对纳税人来说会存在税负不公平的现象。而“年度增减价值评估”的方法则适用于前期已经进行过税基评估的房地产，各个房地产均有基础数据，而新的评估在各房地产基础数据之上对新增价值和新减价值进行评估，从而产生新的评估价值。这种方法很显然也不适合还没有过任何评估经历和评估经验的我国。

综上所述，目前最适合我国的房地产评估频度的应为“N年内全部评估”。我们可以将社区内所有房产大体分为N等份，在N年内逐一对辖区所有房地产按顺序进行评估。对于N的选择，可以根据当地评估机构的能力来进行确定。与“一年内全部评估”相比，“N年内全部评估”的方法等分了待评估房地产的数量，均衡了各年的工作数量，缓解了每年的工作压力，能够保障数据的准度和纳税人缴纳税款的公平性。与“年度增减价值评估”相比，“N年内全部评估”对于是否进行过房地产价值评估、有无基础数据均可。因此这种评估频度应该是我国现阶段最好的选择。

（五）评估人员的管理

评估人员的政治素质和业务素质是我国房地产价值评估体系能否成功建立的关键因素。然而从目前的情况来看，我国现有的评估人员在数量和质量上远达不到房地产市场快速发展的要求。因此，评估改革的当务之急是尽快建立一支富有实践经验、精通房地产评估理论的评估师队伍，设立资质认定考核标准，加强对评估人员的管理，为房地产税制的改革提供人力保障。

对评估人员的管理应从以下三个方面着手：第一，房地产评估人员必须参加行业准入考试，要求评估人员掌握社会、经济和建筑等多领域的专业知识，根据考试结果评定房地产评估人员等级，并规定不同等级的人员所从事的执业范围和相关法律责任；第二，房地产评估人员要定期参加培训与继续教育，规定每位评估人员每隔2～3年参加一次培训，并将培训考核成绩记录在案，作为以后评定等级的参考条件，对在规定期限内未参加培训或考核不通过者，应给予适当的惩罚；第三，制定评估师职业守则，并以法律的形式固定下来，这是对评估师职业道德和政治素质的规范和要求。

第二节　跨省房地产登记机制

房地产税的课征需要具备多方面条件，其中最重要的条件是能准确地掌控税基，实践中的基础工作就是开展不动产登记。目前房地产税迟迟不能出台，并非是房地产税制的设计有多难，而是税收征管跟不上，包括不动产登记的严重滞后，尤其是跨省的不动产登记发展步履艰难。这些都影响到税务部门对纳税人房地产信息的完整获取，极大地制约了税务机关的征管能力。因此，为了准确获得纳税人的基本房地产信息，保证房地产税的开征，应当在全国范围内迅速开展跨省房地产登记制度。

一、充分认识不动产跨省登记对开征房地产税的重要意义

不动产跨省登记的意义重大，一是摸清家底，摸清国内不动产市场的状况，为将来土地供应、市场调整、城市规划、开工建设等多方面工作的开展提供基础性的参考依据；二是能使房产交易更安全、更便捷、更顺畅；三是为未来房产税的课征提供必要条件。房地产税的课征，无论从房地产自身特征，还是从国外房地产税的征管经验来看，主要是根据其土地和房屋的归属，也就是说，应该由房地产所在地的税务机关负责征收和管理。由此可见，征收房地产税的前提是不动产登记，如果没有完善的不动产登记制度，在全国范围内开征房地产税还言之尚早。我们必须充分认识到房地产跨省登记任务的艰巨性，会有来自地方政府、利益集团和对登记制度不理解的群众等形成阻力，因此要强化法律和政府行政手段，保证不动产登记和信息共享顺利进行。

二、进一步完善不动产登记机制

从国家管理层面来看，国家具有推行不动产登记的动力，因为不动产统一登记可以改变我国目前不同种类不动产相对分离的管理状态，便于全面加强管理；从法律层面来看，不动产统一登记是产权管理制度的重大举措，是完善房地产管理的重要开端；从经济社会发展层面来看，科学的宏观政策制订需要详尽完整的数据支持，统一的不动产数据对于新型城镇化的规划和建设具有很强的指导意义。但是从不动产所有者来看，他们是被动的，缺乏动力的，甚至有些所有者因为担心征税，态度是抵触的。为此，要不断完善制度机制：一是要加强统筹规划，建立以土地为基础的不动产统一登记制度，把不动产登记与国家新型城镇化规划、城市住房发展规划、保障性住房建设规划等结合起来，扩大不动产登记应用范围和效果，调动相关部门积极性；二是要加强私有产权保护，强化自然人不动产安全意识，调动个人参与不动产登记的积极性；三是调整完善住房、土地、财税、金融等方面政策，实行差别化的住房税收、信贷政策，支持合理自住需求，抑制投机投资需求，共同构建房地产市场调控长效机制。

三、加大力度推进住房登记信息联网

建立不动产统一登记制度，实现住房信息联网，是房地产调控长效机制的基础数据工程，是承认公示和保护百姓权利的措施。只有完成不动产登记、住房信息联网等长效机制的基础工作，从土地、金融、财税等方面进行改革，才能真正形成房地产长效调控机制。2014年以来，我国出台了《不动产统一登记条例》，建立了不动产统一登记信息平台，组建了不动产登记局开展不动产统一登记。从技术层面看，经过多年的努力，不动产登记工作取得了较大的进展，房地产信息系统在各地基本建立，房主与房产基本对应。在一些经济比较发达的省份，相关政府部门也建立了土地数据库、房产数据库。不动产登记中最为核心的全国个人住房信息系统联网工作，于2010年就已经启动，但进展并不顺利。目前只有部分城市实现信息系统与住建部联网，打破各省市彼此隔离的孤立状态困难重重。为了推进住房信息全国联网，应当采取以下措施：一是完善制度安排，要加强统一领导和协调，自然资源部会同住房城乡建设部、农业农村部、林业局、海洋局，建立不动产登记工作部际联席会议制度，明确各方职责，打破地方政府和利益集团的阻力，进行责任追究；二是寻求技术突破，加快制订全国统一的数据采集、存储标准，尽快打破统一的信息技术平台建设这个住房信息联网的瓶颈，使不动产登记制度建立在可靠的技术基础上，减少各方面推进联网的难度；三是广聚信息资源，通过上海、重庆两地的试点，我国在房地产税方面已经积累的一定的经验，但全面征收房地产税还需要创造更多的条件，包括与银行征信系统、户籍信息系统等数据联网，突破不动产管理的“信息孤岛”，使房地产税制改革等市场化长效机制具备坚实的基石。

第三节　农村土地和房屋规范化管理机制

国家现代化发展过程中总会伴随着城市化的发展，城市化的发展意味着城市面积的扩大。单从土地角度来看，城市化可以看成是一个建立在将农村土地纳入城市范围基础上的空间性扩张过程。然而土地资源是有限的，城市化与土地物权之间的密切关系深刻影响到国家土地制度安排。促进中国农村的城市化，就必须利用农村集体所有的土地资源，实现其资本化、市场化，这是城市化过程中的最初始的一步，也是我们开征房地产的准备工作之一。

被城市规划纳入的农村土地，必然按照城市规划的安排具体的用途属性。按照现行的法律，农村集体建设用地主要有三种：即农村住宅建设用地、农村经济建设用地和农村公益建设用地。对于农村公益建设用地，可以参照目前我国房产税和城镇土地使用税的规定，对其进行免税。但是应该把农村住宅建设用地和农村经济建设用地纳入征税范围。这样既能够解决城市与农村房地产税收负担不公平问题，也能够将农村价值量较大的经营用房和住房收归其中，更能解决城乡界限模糊、征税范围划分不清的问题。

一、建立农民集体所有权的团体，规范农村经济建设用地

随着我国城镇化水平的不断提升，对农村人口城市化、农村土地城市化的要求越来越高，农村集体所有的土地资源合理开发和利用能够为实现其资本化、市场化从而为农村城市化提供资本储备。政府采取单向征收“土地出让金”方式牢牢控制土地买卖的一级市场，对城乡建设用地使用权实行严格的用途管制，特别是对于农村集体建设用地使用权的流转问题，不但没有选择商业化流转的成功道路，反而是利用用途管制切断了农村融资渠道，将土地的级差收益收归城市，忽略了农村的自主发展。

长期以来，农村经济建设用地主体模糊成为限制土地自由流转的最大障碍。因此，改革我国农村集体建设用地制度，必须首先明确农村土地的权利主体。对于农村集体建设用地的所有权主体界定上，应组建农村农民集体所有权团体，并赋予该团体以法人资格，以使该团体对外具有独立的主体资格，同时又能集中全体农民的意志，有效地行使集体所有权。[①]土地流转的收益分配问题也是必须由具有法人资格的农民集体所有权的团体来解决。

农民集体所有权的团体是一个类似公司性质的纯经济性机构。这个机构可以用来处理农村集体建设用地的流转问题，其中包括根据城市规划将所有农村集体建设用地以打包方式或者是单独方式承包给开发商，并与开发商商谈各种条件，如出让年限、出让费用等；管理和调控农村建设用地每一次的商业化流转；组织农民按照其土地使用权的资产比例来行使表决权和分红权等。农民集体所有权的团体能够帮助农民实现农村建设用地的自主、有序流转及全社会综合发展的土地需求，同时也能使农民充分享受到城镇化的红利及土地的发展利益，缓解土地问题所引起的社会矛盾。

二、去除农村宅基地身份性，实现农村土地自由流转

我国农村宅基地制度存在着现实需要和立法之间的巨大矛盾，农村土地问题将影响房地产市场价格、社会和谐和经济持续发展。农村宅基地制度的

① 高富平.农村土地承包经营权流转与农村集体经济的转型——新一轮农村土地制度改革的法律思考［J］上海大学学报（社会科学版），2012（4）：105.

出现是由于农村的经济发展相对落后，为了给农民提供最基本的生活保障，政府无偿分配宅基地，并同时禁止宅基地的向外流转，让宅基地的实惠全部落在农民身上。农村宅基地制度确实在一定程度上保护了农民的经济利益，但却使农村宅基地确立了独特的身份性，同时也是对农民发展利益的剥夺。在市场经济之下，如果能够取消农村宅基地的身份性、允许农村宅基地自由流转，那么农民就能够自主发展，实现自身利益的最大化。因此，开禁我国农村宅基地使之自由流转已成为经济社会发展的必然选择，“同地同权”也已经成为土地改革的主要目标。

宅基地的流转首先要去除身份性。然而去除农村宅基地身份性不宜操之过急，更不能采用一刀切的方式将农村居民宅基地使用权全部收归集体，而应该采用循序渐进的方法。比如对于各家各户已有的宅基地不做重新分配，对于各家各户新增人口也不予宅基地分配，减少人口也不予收回。这样宅基地将不再通过分配方式获得，可以在当地通过宅基地自由流转方式获得，这就和城市的房地产市场自由买卖大致相同，农村普通的住宅用地可以实现自由流转。

宅基地的身份性去除之后，宅基地流转的规划可以参照城市规划的方式建设。首先，应当将已经去除身份性的宅基地作为资产纳入新组建的具有法人性质的农民集体所有权的团体进行管理经营。其次，根据该区域的经济发展状况和综合社会需要，赋予每个宅基地新的用途，此时宅基地使用权可以超出原基本生活、生产需要的范围，从事完全商业化的事业。再次，为了保证宅基地社会性的实现，宅基地商业化流转过程中的监督、管理、权力制约、税收、征收等制度也是不可或缺的。由于通过流转的宅基地本身产权并没有变化，依然归集体所有，因此所有宅基地流转收益也都是归集体所有，这将为农村的自主城市化提供充足的资金，真正实现城乡一体化发展。[①]

① 米谷. 农村集体土地城市化的制度研究——以城乡土地利用体制一体化为视角［D］. 华东政法大学，2014：164.

第四节 纳税服务和争议解决机制

房地产税的征收原理与流转税、所得税的征收有很大的不同。流转税通常以流转额（收入额）作为计税依据，有收入才会征税。纳税人把取得的、刚刚进入账户的收入，拿出一部分缴税，比较容易实现。税务机关甚至可以采用扣缴的方式征收税款入库。所得课税是同样的道理，有所得才征税，纳税人通常具备现实的缴税能力。而像房地产税这类财产税，按照房地产所有者确定纳税义务人，按照房地产的评估价值确定计税依据，纳税人需要用其他流动性资产来纳税，比如用银行账户里的存款、手持现金或者可变现的有价证券、可变卖的零星动产等纳税。纳税人如果没有流动性资产，纳税会变得十分困难。另外，相对于税务机关从纳税人收入中扣缴税款的方式来说，纳税人“实实在在”地从自己的兜里掏钱的这种交税方式，使纳税的痛苦指数极大地上升了，因而财产税的纳税抵触和阻力是非常大的。

现实中存在的技术性纳税争议和抵触性纳税争议，其根源都在于财产税的极高的纳税痛苦指数。当然另外一个因素也不能忽视，就是对房地产是否具有可征税性的错误认识，纳税人往往认为房地产税是对私人财产的一种剥夺。那么，要解决好房地产税征收过程中发生的争议，税务机关建立完善的纳税服务机制是关键。

一、端正对房地产的可征税性认识

政府从私人房地产强制性地取得税收收入，不仅仅是依据国家政权的威力而为之，而是因为政府的公共产品、公共服务形成私人房地产价值后的一种“回收”，或者说对房地产征税是相对应房地产享受公共产品、公共服务的一种“对价”。然而，品质相近商品房，在大城市市区可以卖到每平方米10000元，但是在县城可能只能卖到每平方米3000元。7000元的价格差距是如何产生的？是因为大城市有更好的道路、学校、医院及其他公共设施，而这些更好的公共产品和公共服务都是由政府提供的。政府把房地产中公共投入形成的价值中的部分，以税收的形式收回，用于提供更多、更好的公共产品和公共服务，形成良性循环，更加符合房地产所有人的利益。如果税务机关能和纳税人讲清楚这个道理，纳税人的纳税抵触情绪会大大减少，纳税遵从度会大大提升。

二、采用代扣代缴为主的征管方式

依然采用“以代扣代缴、代收代缴为主，自行申报为辅”的纳税申报方式，如对单位统管房，由单位代扣代缴房地产税；由物业部门管理的，由物业部门代收代缴房地产税；对出租性房地产，承租人既可以作为纳税人，也可以作为扣缴义务人，但有关税收负担问题要详细记载在租约条款里；对其他个人的房产，采用由纳税人主动申报和税务人员上门征收相结合的方式等。这样能够尽量减少纳税人直接从自己的可支配收入中拿出一部分钱用于支付房地产税，从纳税人的角度考虑纳税人的体验，更好地缓解纳税的不满情绪。

三、深化纳税服务，用心解决争议个案

新房地产税是对房地产保有环节征收的一种财产税，即对存量房征税。存量房也就是通常所说的二手房，其现价已经严重背离了其原始价格，在征税确定计税依据时就要重新进行评估，得出评估价。影响房地产价格的因素很多，当评估机构采用批量评估办法时，往往可能会忽略个性化因素，使评估价格不够准确，纳税人就会有异议。从维护纳税人权益的角度来看，科学、高效地解决纳税争议是开征新房地产税必须做好的准备工作。一是要分清引起争议的机构。它应该是具体从事房地产重置价格（即计税依据）测算的评估机构。这个机构应该是征纳之外的第三方机构，而不应是税务机关，因为税务机关不具备公正的法律地位，也没有相应的能力。二是要设置合适的争议解决机构。如果评估机构是第三方机构，与税务机关不存在行政隶属关系，因此当纳税人对评估结果产生异议时，税务机关不具备评估资格，也不具备仲裁资格，解决争议不适用行政复议。由政府部门设立专门的仲裁机构进行仲裁是可行的途径，也是国际上通行的做法。三是要发挥税务机关的服务作用。税务机关自始至终要做好宣传、沟通和释疑工作，针对纳税人的需求，提供尽职的服务。

参考文献

中文参考文献

[1] [美]哈维·S. 罗森. 财政学(第四版)[M]. 北京: 中国人民大学出版社, 2000: 445.

[2] [美]查尔斯·H. 温茨巴奇, 迈克·E. 迈尔斯, 苏珊娜·埃思里奇·坎农. 现代不动产[M]. 任淮秀, 庞星华, 冯烜, 译. 北京: 中国人民大学出版社, 2001.

[3] 陈多长. 房地产税收论[M]. 北京: 中国市场出版社, 2005.

[4] 安体富. 优化税制结构: 逐步提高直接税比重[J]. 财政研究, 2015(2): 41-44.

[5] 邓力平, 王智烜. 房地产税改革: 公共财政与发展财政统一的思考[J]. 财政研究, 2011(12): 5-8.

[6] 马国强. 税收概论[M]. 北京: 中国财政经济出版社, 2000.

[7] 贾康. 房产税改革: 美国模式和中国选择[J]. 人民论坛, 2011(3): 48-50.

[8] 谢伏瞻. 中国不动产税收政策研究[M]. 中国大地出版社, 2005.

[9] 张学诞. 房地产税改革对地方财政的影响[J]. 中国财政, 2013(17): 20-21.

[10] 丁成日. 改革和发展中国房地产税: 理论问题与现实挑战[J]. 财政研究, 2006(01): 11-15.

[11] 谷成. 基于财政分权的中国财产税改革[M]. 北京: 人民出版社, 2011.

[12] 范子英. 深化财税改革, 重塑中央与地方财政关系——第二章: 中央地方财政关系的历史演进[R]中国经济改革研究基金会, 2016. 5.

[13] 胡怡建, 范桠楠. 我国房地产税功能应如何定位[J]. 财政研究, 2016(1): 46-53.

[14] 米建国, 庞凤喜. 改革财产税制应成为完善地方税制的突破口[J]. 税务研

究, 2004(9).

[15] 侯一麟, 马海涛. 中国房地产税设计原理和实施策略分析[J]. 财政研究, 2016(2): 65–78.

[16] 张平, 任强, 侯一麟. 中国房地产税与地方公共财政转型[J]. 公共管理学报, 2016(10): 1–15.

[17] 白彦锋. 美国财产税的估税周期与估税方法[J]. 涉外税务, 2010(2): 44–46.

[18] 白彦锋. 土地出让金与我国的物业税改革[J]. 财贸经济, 2007(4): 24–30.

[19] 丁芸. 中国土地资源税制优化研究[D]. 中国地质大学, 2008.

[20] 李晶. 中国房地产税收制度改革研究[D]. 东北财经大学, 2011.

[21] 刘剑文. 论房地产税法的功能定位[J]. 广东社会科学, 2015(05): 222–232.

[22] 杨志勇. 中央和地方事权划分思路的转变: 历史与比较的视角[J]. 财政研究, 2016(09): 2–10.

[23] 朱为群, 唐善永, 缑长艳. 地方税的定位逻辑及其改革设想[J]. 税务研究, 2015(02): 51–56.

[24] 高富平. 农村土地承包经营权流转与农村集体经济的转型——新一轮农村土地制度改革的法律思考[J]上海大学学报(社会科学版), 2012(4): 101–116.

[25] 王宛岩. 我国不动产课税制度研究[D]. 财政部财政科学研究所, 2010.

[26] 田芳. 中国房地产税问题研究[D]. 东北财经大学, 2015.

[27] 王希岩. 基于地方公共财政视角的中国不动产税制优化研究[D]. 华东师范大学, 2015.

[28] 米谷. 农村集体土地城市化的制度研究[D]. 华东政法大学, 2014.

[29] 吴晓玲. 房地产税改革研究[D]. 武汉大学, 2014.

[30] 张晶. 我国地方政府土地财政依赖问题研究[D]. 郑州大学, 2014.

[31] 熊峥铮. 公共财产视角下我国房地产税改革研究[D]. 暨南大学, 2016.

[32] 朱晓龙. 新型城镇化进程中的城市财政体制研究[D]. 中国财政科学研究院, 2016.

[33] 罗炜. 论量能课税原则下我国房地产税立法的完善[D]. 华南理工大学,

2016.
[34] 吴友群. 中国地方政府债务成因、风险及财政收支调整研究[D]. 中央财经大学, 2016.
[35] 李春根, 舒成. 基于路径优化的我国地方政府间事权和支出责任再划分[J]. 财政研究. 2015(6): 59-63.
[36] 李波. 财产税适宜作为省以下地方政府的主体税种[J]. 经济研究参考, 2008(12).
[37] 周克清. 我们到底需要什么样的房地产税制度[J]. 会计之友, 2016(4).
[38] 白文舟, 刘银国等. 沪渝房产税扩围房价效应识别——基于反事实分析的经验证据[J]. 财贸研究, 2006(1).
[39] 王家庭, 曹清峰. 房产税能够降低房价吗——基于DID方法对我国房产税试点的评估[J]. 当代财经, 2014(05): 34-44.
[40] 刘明慧, 赵敏捷. 房地产税改革定位的相关问题辨析[J]. 经济与管理评论, 2014(03): 90-96.
[41] 熊伟. 财政分权视角下的房地产税改革[J]. 广东社会科学, 2015(05): 241-247.
[42] 张克. 从物业税设想到房产税试点——转型期中国不动产税收政策变迁研究[J]. 公共管理学报, 2014, 11(03).
[43] 闫勇, 姚思宇. 征收房地产税对地方公共财政和土地出让的影响研究[J]. 财政研究, 2015(01).
[44] 吴利群, 王春元. 我国房地产税税率设计及税负测算分析[J]. 广西财经学院学报, 2006(02): 14-17.
[45] 何倩. 关于房地产税的几点思考[J]. 东北财经大学学报, 2013(02): 75-79.
[46] 吴旭东, 田芳. 房地产税税率: 影响因素、税率测算和方案选择[J]. 地方财政研究, 2016(04): 73-79.
[47] 高培勇. 中国近期税制改革动向与趋势[J]. 国际税收, 2015(01): 6-8.
[48] 李昕, 徐滇庆. 房地产供求与演变趋势: 澄清一种统计口径[J]. 改革, 2014(01): 33-42.
[49] 陈志勇, 陈莉莉. 财税体制变迁、"土地财政"与经济增长[J]. 财贸经济,

2011(12):24–29+134.
[50] 曹端海,谢俊奇,孙艾青. 基于财政分权视角的土地财政问题研究[J]. 改革与战略,2017(10):115–118.
[51] 王玉波. 土地财政的成因与效应及改革研究综述[J]. 经济问题探索,2013(2):150–155.
[52] 樊慧霞,马晓波. 房地产税税收归属的国际经验与启示[J]. 内蒙古财经学院学报,2009(5):96–100.
[53] 张倩,王海卉. 从"土地财政"到"房产税"须解决的三个问题[J]. 城市问题. 2015(10):88--93.
[54] 樊华. 地方公共财政框架下的不动产税制现状及其改革研究[D]. 浙江大学,2005.
[55] 肖学旺. 我国房地产税制度改革问题研究[D]. 新疆大学. 2017.
[56] 胡洪曙,杨君如. 财产税替代土地出让金的必要性及可行性研究[J]. 财贸经济, 2008(9):57–61
[57] 陈宏. 我国耕地占用税存在问题及其完善[J]. 税务研究,2011(8):83–85.
[58] 苏文宁,胡勤忠,殷守明. 完善契税征收管理的建议[J]. 2015(10):74–77.
[59] 吴笑晗. 契税在我国财产税体系建设中的作用及改革前瞻[J]. 财政研究,2013(10):50–53.
[60] 周树成. 县级财政法定支出问题研究[D]. 天津大学,2005.
[61] 李明辉. 我国地方税收立法权问题研究[D]. 哈尔滨工程大学. 2014.
[62] 杜红. 中国房地产税立法功能研究[D]. 吉林大学,2017.
[63] 刘娟,刘中原. 我国房地产税立法的进展、难点与对策[J]. 法治论坛,2017(02):26–37.
[64] 林蔚. 优化地方税体系与房地产税立法的深层次改革[J]. 法治论坛,2017(02):15–25.
[65] 任桂生. 我国房地产税立法研究[D]. 吉林财经大学,2017.
[66] 王妍妮. 论我国房地产税改革的现实困境[D]. 山东大学,2017.
[67] 胡世锋. 房地产税与土地财政的关系及其未来趋势分析[J]. 中国房地产,2017(12):48–55.

[68] 陈欣欣. 地方政府间事权与支出责任划分研究[D]. 华中师范大学, 2017.

[69] 张平. 房地产税的政府层级归属：作为地方税的理论依据与美国经验启示[J]. 中国行政管理, 2016(12): 125–130.

[70] 史月芳. 地方政府间事权与支出责任相匹配的研究[D]. 山西财经大学, 2016.

[71] 陈珂. 新常态下县级财政收支问题研究[D]. 郑州大学, 2016.

[72] 郭良赛. 中国式财政分权对地方政府财政收入结构影响的研究[D]. 山东财经大学, 2016.

[73] 王晨芳. 我国房地产税立法研究[D]. 浙江财经大学, 2015.

[74] 武世平. 我国房地产税法改革的障碍和对策[J]. 中外企业家, 2015(17): 153.

[75] 赵永佳. 构建我国房地产税收法律制度的研究[D]. 吉林财经大学, 2015.

[76] 郝俊鹏. 基于现代财政制度视角的中国地方主体税种选择研究[D]. 华中师范大学, 2015.

[77] 姜欣. 完善我国房地产税立法的思考[D].华南理工大学, 2015.

[78] 杨雯. 我国房地产税立法研究[D]. 安徽大学, 2015.

[79] 刘伟. 基于地方财政收入视角的房产税改革[D]. 西南财经大学, 2014.

[80] 李振伟. 我国房地产税制改革研究[D]. 中共中央党校, 2014.

[81] 刘强安, 覃志刚. 美国不动产税制及与地方财政关系的经验与借鉴[J]. 管理现代化, 2013(04): 96–98.

[82] 王远航. 公共财政视角下的房产税改革研究[D]. 上海交通大学, 2013.

[83] 张衡. 土地财政问题的宪法学研究[D]. 郑州大学, 2012.

[84] 白冠秋. 房地产税基评估研究[D]. 河南大学, 2012.

[85] 陈弦. 以促进地方公共治理为目标推进房地产税制改革[J]. 经济体制改革, 2012(02): 123–126.

[86] 曹飞翔. 我国房地产税收法律制度研究[D]. 华东理工大学, 2012.

[87] 涂琳芳. 物业税法基本法律问题研究[D]. 暨南大学, 2011.

[88] 郑婕. 建立我国不动产税税基评估体系研究[D]. 厦门大学, 2008.

[89] 文政. 基于中央与地方政府间关系的财政支出事权划分模式研究[D]. 重

庆大学，2008.
[90] 张平竺. 房地产税基评估研究[D]. 厦门大学，2007.
[91] 苏永军. 中国地方政府收入行为与地方收入制度优化研究[D]. 复旦大学，2006.
[92] 孙莉. 我国房地产税收法律制度重构研究[D]. 安徽大学，2006.
[93] 田发. 重构地方政府间财政关系[D]. 中南财经政法大学，2005.
[94] 樊华. 地方公共财政框架下的不动产税制现状及其改革研究[D]. 浙江大学，2005.
[95] 胡建美. 房地产税改革中与土地相关税收政策研究[J]. 地方财政研究，2017(01)：43-49+62.
[96] 张富强. 房地产保有税立法的正当性[J]. 华南师范大学学报（社会学科版），2016(04)：112-119+192.
[97] 程瑶，伍洲. 完善我国房地产税收制度研究[J]. 上海经济研究，2016(07)：83-91.
[98] 董蕾. 美国不动产税研究[D]. 吉林大学，2011.

英文参考文献

[1] Oates W E. The Effects of Property Taxes and Local Public Spending on Property Values: An Empirical Study of Tax Capitalization and the Tiebout Hypothesis[J]. Journal of Political Economy, 1969, 77(6): 957—971.
[2] Hamilton B W. Zoning and Property Taxation in a System of Local Governments[J]. Urban Studies, 1975, 12(2): 205 —211.
[3] Mieszkowski. The Property Tax: an Excise Tax or a Profit Tax. Public Economies Literature, 1972, 1(1).
[4] Xuefei Ren.City power and urban fiscal crises: the USA, China, and India [J]. International Journal of Urban Sciences, 2015, 191.
[5] Yin Zhang, Gang Yang. A Brief Analysis on the Development Strategies for New-Type Urbanization Simulated by Demographic Factors: Based on Real Evidence in Chongqing[J].Canadian Social Science, 2014, 105.

[6] ZhiZhang Wang, Mengzhu Li. Inclusive Innovation Path Design of the New-Type Urbanization Development in Multiple-Block-Joint Impoverished Regions [J] .Studies in Sociology of Science, 2014, 51.

[7] Michael E.Bell, John H.Bowman.Implementing; "A local Property Tax Where There Is No real estate Market --The Case of Commonly Owned land in Rural South Africa" [J] .Canadian Social Science, 2006, 105.

[8] Oates, WallaeeE.Federalism and Government Finance: modern Public Finance [M]. Cambridge, M.A: Harvard University Press, 1994.

[9] Netzer D.Economies of the Property Tax [M] .Washington, D.C.: The Booking Institution, 2006

[10] Meiszkowsiki, Peter.The Property Tax Excise Taxation profit TA [J] .Public Economies Literature.2007, (1).

[11] Guoping Xu. Research on the Achievement of New-Type Urbanization of Chongqing Under The Perspective of Low-Carbon Development [J]. Management Science and Engineering, 2014, 84.

[12] Holger Sieg, Yu Wang. The impact of unions on municipal elections and urban fiscal policies [J] .Journal of Monetary Economics, 2013.

[13] Haiying Huo, Haiyan Wang, Yajie Li. Study on collaborative innovation of central city and sub-central city in resource-based zone during the new-type urbanization [J] .World Journal of Engineering, 2015, 124.

[14] Keith Cuthbertson, James Foreman-Peck, Peter Gripaios. The effects of local authority fiscal decisions on population levels in urban areas [J] .Reginal Studies, 1982, 163.

[15] Borge, L.E., Ratt.J. Property Taxation as Incentive for Cost Control: Empirical Evidence for Utility Services in Norway, 2006.

[16] Makoto Chikaraishi, Akimasa Fujiwara, Shinji Kaneko, Poumanyvong, Satoru Komatsu, Andrey Kalugin. The moderating effects of urbanization on carbon dioxide emissions: A latent class modeling approach [J]. Technological Forecasting & Social Change, 2013.

[17] Shun-Chieh Hsieh. Analyzing urbanization data using rural-urban interaction model and logistic growth model [J]. Computers, Environment and Urban Systems, 2014.
[18] Shiwei Liu, Pingyu Zhang, Kevin Lo. Urbanization in remote areas: A case study of the Heilongjiang Reclamation Area, Northeast China [J].Habitat International, 2014, 42.
[19] Sylvie Charlot, Sonia Paty, Virginie Piguet. Dose fiscal Cooperation Increase Local Tax Rates in Urban Areas? [J].Regional Studies, 2015, 4910.
[20] Terrence J. McDonald. The history of urban fiscal politics in America, 1830-1930: what was supposed to be versus what was and the difference it makes [J]. International Journal of Public Administration, 1988, 116.
[21] A.C.Harberger.The Incidence of the Corporate Income Tax [J].Journal of Political Economy, 1962, 70 (3) : 215-240.
[22] Wanwei Zhu, Prosper Bernard Jr., Michel Plaisent, James Ming-Hsun Chiang. Innovative Planning and New-Type Urbanization in China: The Case of Wuxi City in Jiangsu Province [J].Current Urban Studies, 2014, 0204.
[23] Hamilton.B.W.Zoning and Property Taxation in a System of Local Governments [J].Urban Studies, 1993.
[24] Sirmans G.S.Gatzlaf D.H. and Macpherson D.A.The History of Property Tax Capitalization in Real Estate [J] .Journal of Real Estate Literature, 2008.
[25] Hoyt, W.H.Comes. P.A.&Bieh.AM. Tax Limits and Housing Markets: Some Evidence at the State Level [J] .Real Estate Economics, 2011.
[26] Borge, Rattso. The Relationships between Costs and User Charges: The Case of a Norwegian utility service [J]. Final Archive, 2011.
[27] Arnott R, Lewis F. The transition of land to urban use [J] .Journal of Political Economy, 1979, 87: 161-169.
[28] Carlton, Dennis W. The Spatial Effects Of A Tax On Housing and Land [J]. Journal of Regional Science and Urban Economics, 1981, (11) : 509-527.

[29] Mills Edwin S. In Land Value Taxation: Lincoln Institute of Land Policy [C]. The Economic Consequences of a Land Tax， 1998.

[30] Shoup D C. The optimal Timing of Urban Land Development [J].Regional Science Association Papers, 1970, 25: 33-44.

[31] William J. McCluskey.Comparative Property Tax Systems [M]. Avebury, 1991.

后　记

从读博士开始，我就经常关注我国房地产市场和房地产税收制度的发展，并且以此为研究方向，完成了我的博士论文，出版了我的第一部专著《美国不动产税研究》，并获得了“吉林省第十届社会科学优秀成果奖著作类三等奖”。本专著是在我的博士后出站报告《地方财政视角下我国房地产税课征机制研究》的基础上修改而成的，它也是对我的第一部专著的延续。我和许许多多在求学路上的人一样，用自己的辛勤与汗水努力奋斗着，这其中的历练和艰辛难以用言语表达。在这里我怀着一颗感恩的心，对曾经帮助过我的老师、朋友和家人献上我的感激之词。

首先，我要衷心感谢中国人民大学财政金融学院的全体教师，特别感谢我的导师岳树民教授。岳老师严肃的科研态度，严谨的治学精神，精益求精的工作作风，深深感染和激励着我，让我在汲取所学知识的同时，学到更多学习和工作的方法，使同样身为教师的我收获颇丰。在此谨向岳老师致以诚挚的谢意和崇高的敬意。

其次，我要衷心感谢吉林财经大学税务学院的各位领导和同事，感谢他们在我博士后学习和工作期间给予我很多理解与支持，在日常工作上帮助我承担了很多，让我有更充裕的时间、更充沛的精力投入学习研究中去。特别感谢王向东教授和张巍教授在我论文撰写过程中给我提出的宝贵意见和大力帮助。还要感谢中国大企业税收研究所的同仁们，谢谢你们给我提供了研究的平台和发展的机会，让我能拓展国际视野，接触更高端的学术团队，不断充实和丰富自己，迈上新的台阶。

再次，我要衷心感谢出版社的各位老师，感谢他们对本书提出的宝贵意见，这些建议是我学习的新起点，是我终生受用不尽的财富！

你的潜能在这里

魏 新◎编著

北京工业大学出版社

图书在版编目（CIP）数据

你的潜能在这里 / 魏新编著 . —北京 ：北京工业大学出版社，2012.2

ISBN 978-7-5639-2977-1

Ⅰ . ①你… Ⅱ . ①魏… Ⅲ . ①成功心理－通俗读物 Ⅳ . ① B848.4-49

中国版本图书馆 CIP 数据核字（2012）第 009351 号

你的潜能在这里

编　　著：魏　新
责任编辑：张姗姗
封面设计：汝俊杰
出版发行：北京工业大学出版社
（北京市朝阳区平乐园 100 号　100124）
010-67391722（传真）bgdcbs@sina.com
出 版 人：郝　勇
经销单位：全国各地新华书店
承印单位：三河市元兴印务有限公司
开　　本：787mm × 1092mm　1/16
印　　张：17
字　　数：227 千字
版　　次：2012 年 3 月第 1 版
印　　次：2021 年 1 月第 2 次印刷
标准书号：ISBN 978-7-5639-2977-1
定　　价：29.80 元

前　　言

潜能就是潜在的能量。在自然界中，能量既不会凭空产生，也不会凭空消失，只是从一种形式转化为另一种形式，或是从一个物体传递到另一个物体上。无论何种形式的转化，能量都是不会损失的。它通常会平静地依附在某种事物上，往往在紧急时刻才会表现出来。比如有的人在遇到危险、拼命逃跑的时候，就能越过四米宽的障碍，而这是在安逸的环境中所不能达到的。

通常来看，刚出生的婴儿是不具备任何潜能的，纵然有一些所谓的“神童”出现，那也可能是因为遗传或是进行胎教导致的。确切地来说新生儿更像一张白纸，需要积累更多的潜能。潜能和人的其他能力一样都是通过不断地学习和锻炼才能掌握的。

学习知识、积累经验都是我们平时为自己做的准备和存储，那么如何让它们在关键时刻发挥最大效用呢？如何在危难时刻让智慧的火花迸射出来呢？这本书将从不同的方面挖掘你的潜能，通过思维的角度、外界激励的角度、兴趣激发的角度、坚定信念的角度、竞争的角度、身处逆境的角度等向人们阐释了怎样激发自己的潜能，看一看自己的潜力究竟有多大。

因此，本书就是帮助你释放自己，释放你自身的潜能，让你的潜能散发出无限的光芒，照亮你前行的道路。

目　　录

第一章　潜能需要释放

1. 执著，激发无限的潜能

尽管在自然世界中万物都存在着固定的发展规律，但是，令人惊叹的奇迹仍在频频发生。原本“飞天梦想”只会出现在神话故事里，“更换心肺”也只是远古时期的疯言疯语，而今天这些都已经被人类变成了现实。飞机火箭让人类随心所欲地翱翔在广阔的蓝天上，移植手术给人类带来了战胜死亡的巨大神力，与此类似的奇迹还有很多。由此可见，人的潜能是无限的，没有什么是不可能的。

郑板桥大唱着“千磨万击还坚韧，任尔东西南北风”，执著地走出了属于自己的艺术人生；曹雪芹低吟“字字看来皆是血，十年辛苦不寻常”，顽强地写出了蜚声海内外的中国古典四大名著之一的《红楼梦》。难道这些伟大的人物，生来就天赋异禀，注定一生不平凡？不！其实他们原本并不比其他人强多少，只因他们不甘平庸，执著而努力，最终激发了自身的潜能，因而才有了后来令人敬仰的成就。

世界上的每一个人，都是独一无二的，身上都蕴藏着巨大的潜能，而开启这座潜能宝库的钥匙就是执著。执著是创造奇迹的法宝。正如荀子所言：“不积跬步，无以至千里；不积小流，无以成江海。骐骥一跃，不能十步；

驽马十驾，功在不舍。锲而舍之，朽木不折；锲而不舍，金石可镂。蚓无爪牙之利，筋骨之强，上食埃土，下饮黄泉，用心一也。”可能与不可能之间，本没有什么明确的界限。如果非要找出一个界限的话，那就是“用心是否专一”。

众所周知，世界上只有两种动物能够到达金字塔——雄鹰和蜗牛。雄鹰有一双宽大而强劲的翅膀，可以扶摇直上九万里。因此，对于雄鹰来说，遥不可及的高空尚且不在话下，更何况区区一个金字塔呢？当然，并不是每个人都那么幸运，拥有雄鹰的翅膀，能够一飞冲天。但是，我们不能随便放弃，更不能轻易地否定自己。既然我们不具备雄鹰的优势，何不学学蜗牛呢？与雄鹰的矫健、敏捷相比，蜗牛简直一无是处。它弱小、迟钝、笨拙，还背负着笨重的行囊。然而，即使这样，它也没有认输，依然不断地前进。最后，它终于与占尽一切优势的雄鹰平分秋色。蜗牛是凭借什么力量创造了这个神话的呢？答案很简单，只有两个字——执著。

执著是什么，何以拥有如此大的力量？从“发明大王”爱迪生发明电灯的故事中，我们可以更加深刻地理解“执著”二字的真正含义。

> 为了找到适合室内照明的材料，爱迪生与助手们将1600种耐热材料分门别类地进行试验，但是都失败了。紧接着，他们又制造出很多种棉纱做成的炭丝，又进行了多次试验。这样，灯泡的寿命一下子延长了13个小时，后来又达到45个小时。这个消息一传开，轰动了整个世界，但是，爱迪生并没有就此止步。于是，马拉松式的试验开始了。凡是植物方面的材料，只要能找到，

爱迪生都拿来做试验，甚至连马的鬃、人的头发和胡子都被做过试验。最后，爱迪生选择了竹子这种植物。他把炭化后的竹丝装进玻璃泡中，通上电后，这种竹丝灯泡竟连续不断地亮了1200个小时！之后，爱迪生的试验依然继续进行着。他一直用了6000多种材料经历了上千次的失败，直到1906年，他又改用钨丝，这使灯泡的质量又得到极大的提高，并一直沿用到今天。这就是爱迪生的“执著”，也是他能够创造出那么多奇迹的根本原因。

世界上没有无缘无故的成功，也没有无缘无故的失败。天赋再好，后天不努力依然会一无所成。“江郎才尽，仲永沦平庸”的悲剧不是少数。一个人的成败，有时候就在其精神，能够坚持到底，即使原本是平庸之人，也能创造奇迹。因为，天才和庸才的区别仅仅在于能否释放自身的潜能，并且合理运用。其实，世界上最大的遗憾并不是失败，而是胜利就在前方，你却选择了放弃；光明就在附近，你却没有勇气继续前进。人生之路，是自己走出来的，成功还是失败，其决定权在你自己。

澳大利亚的一位残疾青年——约翰·库缇斯，一出生，腿就是畸形。于是，他的腿全部被截去，只剩下上半截身体。他没有肛门，医生只好给他腹切，让他能排便，并且他的膀胱也有问题，病痛时刻折磨着他。医生们曾经断言：“这孩子不可能活过24小时。”然而，小约翰却一天天地活了下来，并且活得很精彩。他用自己的实际行动为自己创造了一个辉煌的人生，同时，也向全世界宣言：别对自己说“不可能”。

高度的残疾，没有让他停下前进的脚步；残酷的命运，没有令他低下高贵的头颅。没有腿，他就坚持用手走路。终于，在他不懈的努力下，他成为了澳大利亚残疾人网球赛的冠军和残疾人游泳、跳水、橄榄球、乒乓球教练。他可以独自驾车出游，他到过190多个国家和地区进行演讲，接受过南非总统曼德拉的接见。他现在是世界著名的激励大师之一，他用自己的亲身经历激励并感动了上百万人。他的演讲震撼人心，让无数对生命失去信心的人找到了方向，重新点燃了他们对人生的渴望，他也因此成为无数人崇拜的偶像。

一个从小到大都被周围人预言了太多太多“不可能”的人，却一次又一次地用行动打破了人们的预言，创造了一个又一个在常人眼里“不可能”的奇迹。究竟是什么力量支持着约翰成就了这一切呢？正是那股不肯服输的执著让约翰始终坚信自己能够获得成功，始终不肯放弃努力和奋斗，最后，他终于创造了令人震惊的奇迹。

人生短暂，请不要将时间浪费在自我怀疑上。人的潜能是无限的，而执著则是挖掘潜能的最佳利器。只要你坚信自己可以成功，然后用执著这一利器挖掘自身的潜能，那么，创造奇迹就不再只是一个遥远的神话。

2.相信自己永远是最棒的

世界上很多人认为自己才智平平，不可能做出什么惊天动地的伟业。因此，他们凡事都十分谨慎，从不敢妄言成功，只求简简单单、平平安安就好。殊不知，正是这种无知的“偏见”才造就了他们今日的种种际遇。否定自己是对人生的彻底颠覆，怀疑未来是对人生的残酷诋毁。

在人生的道路上，追求成功的人有千千万，为何最后能够到达成功彼岸的人却寥寥无几呢？最主要的原因就在于大多数人都缺乏自信。他们总是刚刚遇到一些困难，便选择放弃，认为这是不可逾越的障碍。这种懦弱、消极的人，自然会经常与成功失之交臂。

因此，无论你现在处于什么样的境遇中，都不应该怀疑自己拥有改变的能力，要坚信自己一定能够成功，要敢于对自己喊出：我就是最棒的。唯有具备这样的自信，方能创造出最精彩的人生。

“相信自己，就会创造奇迹”。小 A 和小 B 的求学经历，就为此做出了最好的诠释。

小 A 高考落榜，没有通过那座千万人争抢的“独木桥”，只好准备复读。但是，就在他为考上大学的一些同学送行的时候，无意中听到了班主任的一句话：

“有些同学，平时学习很努力，但是没有考上，他们即使再复习两年，也没有多大希望。”就这样，一句话粉碎了他最后的一点希望，他感觉自己的世界一下子变得阴暗起来。他越想越觉得班主任的这句话有道理。过去的一年，他竭尽全力学习，最终却考得如此不尽如人意，看来自己真的不是读书的料。于是，小A一狠心放弃了复读的机会，决定到南方去打工。

原本约好一起复读的小B得知后，多次劝说小A，但小A却坚持自己的决定。走之前，小A劝小B："你是全班最后一名，估计希望也不是很大，你如果没有死心，你就先读一年，我在南方闯出一条路，然后你也过去。"小B大怒，说："你没出息也就罢了，别把我也拉进去。我的前方一片光明！"就这样，两人不欢而散。

外出打工的小A，换了几次工作，成为了一名调酒师。虽然还算轻松，但是，每每想起曾经放弃的学业，心中总是很郁闷，而且当年那种自我怀疑的挫败感一直萦绕在心头，挥之不去。

一次偶然的机会，小A和小B碰面了。闲谈中，小A获知小B已经考入了英国剑桥大学，成为了该校的一名硕士研究生。小A后悔不迭，想起当年自己说的那些话，感觉非常惭愧，都不好意思再面对小B。

小B却不在意，仍然热情地对他说："小A，你别往后看，要往前看。你知道吗？我从来就没有觉得自己没有希望，即使是倒数第一名，我也把自己看得很高。我相信自己能行，这话说起来很假，可就是这个信念支撑着我一路走过来的。我刚到剑桥的时候，简直就跟进城的陈焕生一样，什么都不懂，到处碰壁，被人歧视，那段时间真的很难过，可我就是不服输。我不认为自己比别人少什么，别人能做到的，我一定也可以做到。你看，熬过那段时间后，现在一切都变得很顺畅了。”

听到这里，小A感慨万分：“我终于知道我输在什么地方了，我总觉得成功是不可能的，结果自然不能如意。”小B赶忙说：“你认识到这一点就好，我告诉你一个绝招，要相信自己，什么时候都要把自己放在第一位，我不是说让你自私，而是要高看自己一眼，越是处于低谷的时候越要如此。就像越王勾践那样，‘有志者、事竟成，破釜沉舟，百二秦关终属楚；苦心人、天不负，卧薪尝胆，三千越甲可吞吴’，所以，永远不要怀疑自己，相信自己就是最棒的！”

小B走后，小A经过多方面的考虑，决定进校复读。他觉得尽管进高校并非唯一的出路，但是他想重新开始，不管哪条路，只要奋斗了，就有希望。带着这种自信，小A仅仅用了半年的时间，他的成绩就已经名列前茅。高考后不久，小A如愿地收到了清华大学的录取通知书。小A在写给小B的感谢信中说：“感谢你，让我相信成功原来并没有那么难，相信自己，没有什么是不可能的！”

由于天赋的不同和学习能力的不同，人的成绩总是会有高低之分，正如我们的手指不可能完全相同一样。但是，这种外在的差异，却可以通过后天的勤奋和努力来弥补和超越，只要你能始终相信自己！著名的乒乓球运动员邓亚萍曾经说过，竞赛拼到最后往往要看内心的意志力，意志强的会最终胜出。有的人功亏一篑，就是因为不敢相信自己。因此，做人切不可妄自菲薄，否则，终将一事无成。

现在，有许多年轻人都缺乏坚强的意志力，因为他们过于关注别人的看法，将名次看得太重，而不愿意从自身找原因。因此，一遇到挑战他们就会对自己说："我做不到，这不可能成功。"其实，人的潜能是内在的，有时候并不会轻易显露出来，而那些能够取得成功的人，都是善于挖掘自身潜能的人。

一位渴望成功的年轻人问智者："尊敬的智者，我什么事情都做不好，没有人看得起我，我觉得自己一无是处，我该怎么办呢？"智者没有直接回答这位年轻人的问题，而是对他说："孩子，我很理解你的心情，但我现在不能帮你，因为我必须先处理好自己的问题。"智者停顿了一会儿，接着对他说："假如你愿意帮我，我就可以很快处理好自己的问题，然后也许就能帮你了。"年轻人说："好吧，那请您告诉我是什么事情吧。"

于是，智者从手指上脱下一枚戒指交给年轻人说："你到集市上把这枚戒指卖了，因为我需要钱还债。换回的钱越多越好，无论如何不能少于一个金币。"年轻人带着戒指来到了集市上。但是，当听到年轻人说戒指的最低价格不能少于一个金币后，集市上的人有的哈哈大笑，有的说年轻人头脑发昏，还有一位慈祥的老爷爷告诉他："孩子，你要价太高了，不可能卖掉。"就这样，年轻人在集市上到处兜售戒指，但没有一个人愿意出一个金币，他垂头丧气地回到了智者那里。

年轻人对智者说："尊敬的智者，对不起，我没能达到您的要求。也许我可以卖到两个或三个银币，但是一个金币太多了，我没有办法卖出去。"智者微笑着说："那可不一定，你再去一趟珠宝店，没人比珠宝商更清楚它的价值了。你跟珠宝商说我要把戒指卖掉，问他能出多少钱，但不要真卖戒指，问完价格后你再带着戒指回来。"

于是，年轻人带着戒指又来到了一个珠宝店，珠宝商仔细看了看戒指后说："告诉尊敬的智者，如果他想卖戒指，我最多可以给他 58 个金币。""什么？ 58 个金币！您说的是真的吗？"年轻人惊呼道。珠宝商回答："真的。如果不着急的话，我可以出 70 个金币，可是如果你着急脱手……"

这次，年轻人高兴得手舞足蹈，他兴奋地跑到智者那里，将这一切告诉了智者。智者说："你的价值就像这枚戒指一样，只有专家才能做出真正的判断。你怎么能够因为生活中随便一个人的评价、随便一件事的失败，就丧失信心，而否定自己真正的价值呢？"智者说着又将戒指套回了自己的手指上，年轻人若有所思地点了点头。

实际上，我们每个人都是独一无二的，都蕴藏着巨大的潜能，都有享受成功的机会。那为什么有很大一部分人的潜能释放不出来呢？就是因为他们的潜能和价值在自我怀疑与他人的否定中慢慢地磨没了。因此，辉煌并不只属于那些伟人，只要我们相信自己，释放出自身的潜能，扭转乾坤甚至一夜成名并不是不可能！

3.你发现自身的潜能了吗

人生就像一个大舞台，而我们便是这场演出的主角。能否演绎出精彩的剧目，完全取决于你能否发现并释放出自身的潜能。潜能就像阳光一样，能够帮助我们打造出一个充满活力的绚丽人生。无论是谁，只有充分释放自身的潜能，找到自己的“天赋”所在，便能实现生命的意义，获得梦寐以求的成功。

潜能就像一个大宝藏，包含着真正的智慧。只要你能够将这种智慧挖掘出来，那么，理想便能很容易地变为现实。因此，要想获得成功、拥抱胜利，就应该尽可能地去挖掘自己的宝藏，然后，更加有效地利用它们，从而使自己的人生多姿多彩。那么，追求梦想、渴望成功的你，发现自身的宝藏了吗？

从前，有一个农夫，他有一块非常肥沃的土地。多年来，他靠着自己辛勤耕作，日子过得十分舒服。有一次，他无意中得到一条信息——如果能找到一块埋有宝藏的土地，只要抓一把就可以变得非常富有。农夫顿时心动了，心想：我要是拥有一块这样的土地，就什么都不用干了。于是，他卖掉了自己的土地，离开家园，开始了所谓的寻宝之旅。

但是，事与愿违，农夫一直走到遥远的异国他乡也没有找到什么宝藏。就这样，15年过去了，农夫变得一贫如洗，最终他在绝望中死去。而那个买下农夫土地的人，通过15年的辛勤劳作，积累了很多很多的财富，这片土地也变得相当肥沃。

农夫为了寻找宝藏而舍弃土地出走远方，最后客死他乡，而这块土地的新主人却充分发掘土地所蕴涵的能量，收获了累累果实，积累了很多的财富。

这个故事告诉我们一个这样的道理：与其千辛万苦地寻找所谓的宝藏，不如好好挖掘自身的宝藏，也许这样会更快地实现我们的目标。

英国散文家托马斯·卡莱尔曾经说过："发现自己天赋所在的人是幸运的，他不再需要其他的福佑。他有了自己命定的职业，也就有了一生的归宿。他找到了自己的目标，并将执著地追寻这一目标，奋力向前。"而一个人一旦丢掉属于自己的东西，就如同失去一座宝藏。在这个世界上，每个人都有自己独特的个性，每个人都拥有独特的天赋。这种天赋就像一座等待我们去开采的宝藏，它悄悄地藏在我们生命的某个地方。一个人是否能够挖掘出这座宝藏，取决于他能否踏踏实实地学习、兢兢业业地工作，并充分发挥自己的长处，从而将自己的人生经营得多姿多彩。

小C是一个只有中学学历的年轻人，由于学历低，又没有很好的家庭背景，毕业后，他只能在一家小公司里从事打扫厕所的工作。他每天除了上班，生活中几乎没有别的内容，他只与有限的几个朋友来往，认定了自己的生活也只能如此了。就这样，小C浑浑噩噩地活着。直到有一天，他家隔壁搬来了一位老人。这位老人自称能够预知未来，并且也知道别人的前世。每天上下班时，年轻人经常会碰见老人并和他聊几句，并且聊得很开心。

有一天，老人坐到小C身边对他说，他感觉到了小C的前世是拿破仑，是历史上最伟大的政治家和军事家。拿破仑虽然出身卑微，却通过勤奋和努力从科西嘉岛的平民成为法国陆军的军官，最终成为法兰西帝国的皇帝。老人断定，小C以后也会像拿破仑那样能干，会取得很多意想不到的成功。

小C认为老人在拿他寻开心，但是，他的心里却升起来了一种从未有过的自豪感，从此，小C对拿破仑产生了浓厚的兴趣，他开始想方设法地找到与拿破仑有关的一切书籍来阅读，他开始了解拿破仑的生活以及他的领导才能。他慢慢地发现，自己身上好像也蕴藏着同样的潜能。

这个发现给了他很大的自信，他再也不像以前那样“混日子”了。对于工作,他充满了激情,并给周围的人留下了非常好的印象。

后来，他主动请求掉换自己的工作，希望去做一些他原来想都没有想过的工作。公司领导感觉到他不再是以前那个平庸的员工了，于是便交给他一些具有挑战性的工作。每次他都能够全身心地投入到工作中去，然后出色地完成任务。为了更好地完成自己的工作，小C经常利用业余时间学习一些与工作相关的业务知识。随着时间的推移，他的专业知识越来越多，工作经验也越来越丰富。由于他能力的不断提升，公司多次提拔他。

经过几年的发展，现在的小C已经彻底变成了一个果敢、自信的管理者，并成为行业的佼佼者。他的人生经历也被经常拿来激励那些普通员工。

小C周围的人都说，他之所以能够取得今天的成就，可能他真的是拿破仑转世了，但只有他自己知道其中真正的原因。他现在已经不再关心自己是不是真的拿破仑转世，而只在乎怎样才能更好地挖掘自身的潜能。因为他明白，只有把自身各种积极的力量全部调动起来，他才能获得更大的成功。

其实，每个人都是完全独立的个体，都有着与众不同的地方，每个人的身上都蕴藏着一份不为人知的特殊才能，等待着被唤醒。只有将这位沉睡的巨人唤醒，我们才可能得到无穷的力量，克服所遇到的任何困难，从而创造人生的种种奇迹。

事实上，充分挖掘自身的宝藏，释放自身的潜能也是实现生命价值的一种。因为只有这样，我们才能将人生这出剧演绎得更加精彩。因此，每一个想要创造辉煌人生的人，都应该相信自己的能力，积极地开发自身的潜能，唯有如此，才能走出一条真正属于自己的成功之路。

4.你的天赋在这里

什么是天赋？所谓天赋，通常是指人生来就有的、异于常人的禀赋或才能。那么，如何判断一个人是否具有天赋呢？从马库斯·白金汉和唐诺德·克利夫顿那本《现在，发现你的优势》中，就可以找到满意的答案。书中说："如果某人天生有强烈的好奇心，这就是一种天赋；迷人，是一种天赋；有恒心，是一种天赋；有责任感，也是一种天赋……当你发现自己对某件事物有特别的渴望，能快速学习，完成后自我满意度很高时，那就是你的天赋之所在。"这样看来，每一个人都有属于自己的天赋。

据科学研究发现，人类有400多种天赋，但这个数字对我们来说没有任何实际意义。我们最重要的工作应该是发现自己的天赋，然后将自己的工作、生活和家庭进行有效的协调，这样我们就很容易取得渴望已久的成功。但是，如何找到自己的天赋呢？这就要求我们多与外界接触，在与外界的接触中才能更好地发现自己、了解自己。而且，天赋通常表现为一种学习能力。拥有了某种天赋，就会使你在学习某方面的知识时比一般人要快很多，甚至可以达到无师自通的地步。这就是人们常说的"悟性"。

我国著名的文学翻译家、文艺评论家傅雷先生在给周宗荷的信中写道："天生吾人，才之大小不一，方向各殊；长于理工者未必长于文史，反之亦然；选择不当，遗憾一生。爱好文艺者未必真有文艺之能力，从事文艺者又未必真有对文艺之热爱；故真正成功之艺术家，往往较他种学者尤为少。凡此种种，皆宜平心静气，长期反省，终期用吾所长，舍吾所短。若蔽于热情，以为既然热爱，必然成功，即难免误入歧途。"

正是基于这样的理念，使得傅雷对儿子傅聪的教育思路发生了巨大的转变——由初始的关注绘画而转为关注音乐。

因为傅雷精通美术理论，而且有很多美术界的朋友，所以，他希望傅聪可以博采众家所长，在绘画方面取得突出的成就。然而，傅聪对绘画却毫无兴趣，学习绘画时也心不在焉。后来，傅雷发现儿子似乎更钟情于那架留声机，每次放唱片的时候，傅聪都会非常认真地听着。

于是，傅雷放弃了让儿子学画的念头而让他改学钢琴。虽然此时傅聪已七岁，但他刚刚学了几个月就能听出每个琴键的绝对音高。他的老师雷垣教授非常高兴，他说傅聪“有一对音乐的耳朵”。傅雷由此认定，傅聪的天赋确实在音乐方面，应该让他在这方面发展。

傅雷为儿子买回一架钢琴，让傅聪每天放学回家做完功课后练习钢琴。在规定的弹琴时间里，傅聪没有活动自由，傅雷在楼上工作，傅聪在楼下弹琴，一听楼下琴声停止了，傅雷就用准备好的木棍敲击地板，有时还免不了痛打傅聪一顿。这样的做法虽然太过严厉，但是却激励着傅聪不断前进。

傅聪 19 岁那年，前往罗马尼亚，参加第四届国际青年学生和平友好联欢节钢琴比赛，获钢琴演奏三等奖。21 岁时，他又参加了第五届肖邦国际钢琴比赛，获三等奖，震惊了中外乐坛。现在，傅聪已经成为了世界顶级音乐家。

其实，每个人都有着不同于他人的独特天赋。这些天赋就像潜藏在地底下的火山，蕴藏着无限的能量。倘若你能够及时地发现自己的天赋，并且将其充分释放出来，那么，你憧憬的梦想必然可以很轻松地得以实现。

你是否还记得美国奥斯卡获奖影片《阿甘正传》中那个少年阿甘的故事？阿甘的智商只有75分，并患有严重的脊柱侧弯。但母亲没有对阿甘失去信心。她对阿甘说：“怎样的人就要做怎样的事。”在母亲的精心养育下，阿甘一天天长大。

当那几个可恶的骑着自行车的坏小子追打阿甘的时候，阿甘拼命地跑，越跑越快。由于这个原因，阿甘加入了大学橄榄球队，成为全美橄榄球明星，赢得了众人的尊重和喜爱，就连尼克松总统都亲自接见过他。

大学毕业后，阿甘入伍参加越战。在战争中他表现英勇，成为了英雄，约翰逊总统亲自授予他荣誉勋章。在部队医院养伤的时候，阿甘学会了打乒乓球。回国之后，阿甘代表美国乒乓球国家队参加比赛。

后来，阿甘兑现了对死去战友的承诺，买了一条捕虾船开始经商。他很幸运地躲过灾难并获得了巨大的财富，成为让人羡慕的社会精英。

虽然这个故事看起来有点戏剧性，但是，阿甘利用自己的天赋努力地实现自己每一个梦想的勇气，值得我们每一个人学习和借鉴。从成功心理学的角度来看，判断一个人是不是成功，最主要的是看他是否最大限度地发挥了自己的天赋。

美国哈佛大学的发展心理学家霍华德·加德纳教授的多元智能理论认为，人的智力是由言语智力、逻辑智力、空间智力、节奏智力、运动智力、自我反省智力、人际交往智力、自然观察者智力等八种智力构成。每个人都同时拥有这八种智力，只是这八种智力在每个人身上以不同的方式进行组合，使得每个人的智力都各具特色。换句话说，我们每一个人都拥有与众不同的天赋。

因此，多与外界联系，多端详自己、了解自己，从而发现自己的天赋所在，是每一个想要拥抱成功的人应该做出的最明智的选择。当你试着这样去做的时候，你会发现生活越来越有趣，工作也不再像以前那么乏味。你会觉得每一天都是全新的一天，自己每天都有着使不完的精力。你会发现原来成功没有那么难，人生没有什么是不可能的。

5.优秀和平庸的差距有多大

众所周知，在现实生活中，存在着两种人。一种是优秀的人，这种人目标明确，精力充沛，每天有目的地工作着，在不断的努力中收获着自己想要的一切。另一种是平庸的人，他们没有太大的理想，每天忙忙碌碌却不知为了什么。在他们的内心深处，缺乏干大事的想法和勇气。不求大富大贵，但求平平安安，是他们的真实写照。

优秀的人为什么优秀？平庸的人又为何平庸？他们之间的差距到底有多大呢？其实，优秀的人和平庸的人之间并没有多大的差距，重要的区别就是他们能否唤醒自己生命的潜能。平凡的人之所以平凡，是因为他们没有发现自身沉睡着的“潜能库”，不能把潜能唤醒，从而失去了自己也能成为英雄豪杰的信心，而安于平凡的生活之中。优秀的人之所以取得成功，只是因为他们发现了自己的“潜能库”。人脑的潜能是无限的，就算是众多取得伟大成就的成功人士，如爱因斯坦、牛顿等人，他们的大脑潜能也不过只开发了 10%。而平常人所能利用到的大脑潜能，则更是少之又少。

小李是一名优秀化妆品销售人员。然而，这样一个优秀的销售人员，竟然是在自己 44 岁时才开始对自己充满信心的，也正是从那个时候开始，她才真正地找到自我，真切地感受到了自己的价值。

小李 23 岁时结婚，一直在家里做了 21 年的家庭主妇。当她的孩子出去上大学时，她已经 44 岁了。由于她的丈夫经常出差和工作，她很快就觉得生活有些无聊，有时甚至觉得很沮丧。于是，小李决定找份工作。然而她除了会做家务，没有其他别的工作技能，所以，在她开始找工作的第一个月里，她一个工作机会也没有得到。然而，有一天中午，在经过一次不太成功的面试后，她到一家餐厅用午餐。穿过大厅门廊时，她注意到一张牌子上写着：“如何从化妆品中致富免费研讨会，下午三点在紫阳大厅举行。”这时已接近三点了，于是小李想去看看，反正也没有什么损失。在接下来的一个小时的研讨会上，小李发现了自己的潜能所在。因为自己在家使用各种化妆品进行皮肤的保养，小李对化妆品非常熟悉。所以，她对自己很有信心，深信自己可以将这些化妆品销售给她的客户。果然，小李凭着对化妆品的了解和对工作的热情，顺利地被一个化妆品公司录用了，并且她在公司里工作得十分出色。没多久，她开始带她的朋友加入到这一行中来，她的朋友在小李的帮助下也得到了晋升。

当别人问及她为什么出来工作、为什么选择这个行业时，她是这样回答的："我喜欢这个行业。做了21年的家庭主妇后，我开始想，难道我所能做的只有这些事吗？于是我想试着去做做别的工作。现在我已经证明了自己可以把我所选择的工作做好，为此我的自信心也大大地提高了。我喜欢现在的自己，并且对自己能帮助其他朋友，让她们也发现自己潜在的能力而感到兴奋不已。"

优秀的人之所以能够优于平庸的人，在自己的人生和事业上取得非凡的成就，是因为他们发现了自己的潜能所在，从而给自己一个准确的定位，然后付诸行动，不断地改进和完善自己，使自己更加积极向上、充满活力，从而获得了最后的成功。

有人问古希腊犬儒学派的创始人安提司泰尼："你从哲学中获得了什么？"他回答说："发现自己的潜能。"如果我们缺乏发现自己潜能的能力，也就是缺乏了对自己的了解、反省以及提高的能力，同时还缺乏深入探究事物真相和本质的能力。很多人之所以没有成功，就是因为不了解自己的潜能所在。我们往往在还没有衡量清楚自己的能力、兴趣、经验，便盲目地追寻一个过高的目标，所以我们才会经常迷茫、不知所措。而真正的智者对自己的潜能了如指掌，不会因为别人的评价而改变对自我能力的肯定，从而让自己的潜能得到最充分的发挥，为自己实现梦想铺平道路。

其实，每个人都有一个丰富的“潜能库”，里面蕴藏着取之不尽用之不竭的能量，关键看你是否能够发掘出来。如果你不善于去发现它、运用它，它就沉睡在被人遗忘的角落。向优秀的人学习，努力去发现自己的潜能所在，然后充分利用它，你就会得到生活中无穷的、可以支持你的力量，而这些力量正是成功的源泉。

很多专家通过无数次的研究发现，丰富的想象力可以让潜能得以释放。人类的许多成就，最初并不是做出来的，而是想象出来的。人们常说：“没有做不到的事，只有想不到的事。”所以，一定要注重培养自己丰富的想象力。那么，如何培养自己的想象力呢？你不妨从以下几个方面去努力：

第一，重视每一次联想。如果开始联想，中途就不要打断，要一直想到极限。

第二，读书的时候，采用跳读的方式来看和读，跳过的地方，运用想象力来补充。

第三，从地图和照片中想象实际的情况。

第四，在和别人见面之前，事先想好会出现的情况，并且设想结果。

第五，关注与接触不同行业的人、尖端领域的理论和技术，等等。

第六，抬头看云朵的形状，然后在脑海中联想与之相似的动物或植物的样子。

第七，对于没有去过的地方，想象它四周的风景、建筑以及室内的设计。

第八，适度地玩玩电脑游戏。

第九，读一部优秀的历史小说或科幻小说，让自己沉浸在另一个时空中，使自己脱离当下的生活去体验一种生活在过去或未来的感觉中。

第十，看见某些宣传广告便想象其中的内容。

第十一，以琐碎的小事和资料为素材编一个小故事。

在生活和工作中，我们经常会遇到各种各样的“不可能”，但正是这些“不可能”却是我们最想得到的。这时我们该怎么办呢？抛开心中的顾虑和担忧，坚定信心、放手去做。只要你能够全力以赴地激发自己的潜能，就可以做到想做的事情，得到想要的东西。

6.自省是成功的催化剂

孔子曰：“吾日三省吾身。”高尔基说：“自我批评也就是最严格的批评，而且也是最有益的。”人最难认清的就是自己，而每次自我反省就是一次重新认识自己的机会。因此，明智的人往往会把“自我反省”作为提升自己的必修之课。

在每一个人的精神世界里，都存在着相互矛盾的对立面：善与恶，好与坏，创造与破坏，等等。你想成为什么样的人，外因会起到一定的作用。但是，当你能够不断地反省自己、不断地自我扬弃、不断地完善自己的时候，这种内省将给你的成功带来不可估量的推动作用。

自省是一个自我审视、自我反思的过程，可以使我们克服并改正自身的缺点，以达到心理上和人格上的健康与完善。它是净化心灵的一种手段，可以帮助我们在了解自己的基础上选择正确、合适的道路，从而使我们更加快速地走向成功。

公元前498年，越国与吴国大战战败，越王勾践被俘至吴国。勾践进行了认真的反思，找到自己兵败的原因，并且制订了复仇的计划。于是，他表面服从夫差，暗中却训练精兵以等待时机反击吴国。为了不被安逸的生活磨灭斗志，他晚上睡觉不用褥子，只铺些柴草；又在屋里挂了一只苦胆，每天都要尝一下苦胆的味道，提醒自己不忘过去的耻辱。最后，他终于找到了合适的时机，击败了吴军，使吴国灭亡。

勾践自我反省的意识值得我们学习，若没有及时的自我反省，勾践就不会认识到自己的错误，也就没有了后来"百二秦关终属楚"的结局了。

人生就像飞行，需要我们通过不断地自省，从而不断地修正自己的航行。简单地说，善于自省的人都非常了解自己的优势和劣势，因为他经常检视自己，让自己站在一个更高的角度反观自己的行为，从而发现自己的不足而予以改正。

那么，我们应该如果建立这种反省机制，从而提升自我、健全自我和改善自我呢？我们不妨从以下几个方面来努力：

（1）铭记自省的要求

自省要求的是"反求诸己"，而不是找他人的不是。自省是一面心镜，通过它找出自己的心灵的污垢，并且勇敢地去面对它、改正它。

（2）认识自我、发现自我

成功学专家罗宾认为，我们不妨在每天结束时问问自己以下问题：今天我到底学到些什么？我有什么样的改进？我是否对所做的一切感到满意？真诚地面对自己并回答上面这些有关自己的问题就是自省，其目的就是要不断突破自我局限，省察自己从而创造成功的人生。

（3）把握自省的立足点和取向

自省的立足点和取向是什么？当然是针对自己省悟自身的不足。这不仅是自身素质不断完善的方法，而且是融洽人际关系的法宝。比如，“自知其短，乃进德之基”、“先问自己付出多少，再问人家给了多少”等，都是很好的自省方法。若我们能时时这样去反省，就能使自己心平气和、善结人缘、力求进取，从而开创辉煌的人生。

古今中外，凡是取得伟大成就的人，都会注意随时进行自我反省，以克服自身的缺陷，从而取得不断的进步。只有知道自己应该穿多大鞋子的人，才能走出适合自己的成功之路。总而言之，自省是成功的催化剂。

第二章　你的心态决定你的未来

1.心态决定你的境遇

众所周知，如果一个人抱着下坡的想法去爬山，就永远不能爬上最高的山顶；如果一个人的态度消极悲观，那么他的世界便不可能多姿多彩。所以说，心态决定你的境遇，想要什么样的境遇，就应该先培养什么样的心态。

小 A 是一名刚参加完高考的高三学子，他的梦想是就读浙江大学。但是，考试结果出来了，他不但没有考上浙江大学 ，而且他的分数只够读一个专业学校。为此，小 A 非常痛苦且很不甘心。他认真分析了自己考试失利原因，发现还是由于英语偏科惹的祸。于是，他与父母商量复读一年，主攻英语，争取第二年能够考上自己的理想大学。

以前，他总是觉得自己记不住英语单词，所以，不管他怎么努力就是记不住。在复读开始后，他专门找老师咨询。老师告诉他，他记不住单词的主要原因在于他的心态不正确，他应该相信自己，以一种轻松快乐的心态去学英语，这样，才能激发他的学习潜能，快速地提高成绩。于是，他试着按照老师的方法去做，果然，取得了很好的效果。经过不断的努力，他的英语成绩也成了全校数一数二的。后来，他将这个方法沿用到其他学科上，结果，他整体成绩都有了一个质的提高。第二年高考，他终于如愿地考上了浙江大学。

小 A 的成功固然离不开他的刻苦努力，但是，如果没有良好的心态，怎么可能很好地激发他的学习潜能，让他快速地找到学习的窍门呢？

心态决定着一个人对事物的态度和做法，自然也就决定了这件事情的结果。只有用积极的心态去追求，用坚持的心态去等待，才有可能激发你身上无限的潜能，让成功不再只是空灵的守望。很多成就非凡的人之所以成功就在于他们能以正确的心态面对人生的际遇，无论在什么情况下都不轻易放弃，这才激发了他们的潜能，帮他们赢得了精彩的人生。

世界五百强之一的松下电器公司一直是同行业中的佼佼者，而他们公司的创始人——松下幸之助，也被海内外企业界誉为“经营之神”。人们为什么会对松下公司经营管理水平和社会形象予以这么高的评价呢？其主要原因就在于松下电器公司的“精神价值观”。松下幸之助制定的公司原则是：“认清实业家的责任，鼓励进步，促进全社会的福利，致力于世界文化的繁荣发展。”在日本，松下电器公司是第一家有精神价值观和公司之歌的企业。

实际上，松下所倡导的企业精神，对个人来讲就是一种态度，建立所有员工正确的人生观和价值观，凝聚在一起就成了企业的文化。在公司这种文化的影响下，松下公司的每名员工每天都能积极乐观、爱岗敬业，在工作中 充分挖掘自己的才能。

曾经有一个伟人说：“你的心态决定了你的能力，你的能力决定了你的未来。”是的，如果你坚信自己身上有着无限的潜能，通过不断的努力便能释放自己的能量，那么，只要你努力坚持，最终的结果肯定不会让你失望。所以，想要成功的人，首先要培养一个成功的心态。

若干年前，罗伯特博士在哈佛大学主持了一项为期六个星期的实验。内容是观察老鼠能否通过迷阵到达终点，吃到干酪，实验对象是三组学生与三组老鼠。

他对第一组学生说：“你们真是太幸运了！因为你们将跟一群天才老鼠在一起。这群聪明的老鼠将迅速通过迷阵抵达终点吃干酪，你们必须多准备些干酪放在终点。”于是，这组学生对待老鼠的态度就像对待天才，他们的实验操作和语言中都对这群老鼠到达终点表现出极大的信心，当然他们放了很多干酪在终点。

他对第二组学生说：“你们将跟一群普通的老鼠在一起。这群平庸的老鼠会先摸索一阵子，最后还是会通过迷阵抵达终点吃干酪。但是因为它们智能平凡，所以对它们的期望不要太高。”于是，这组学生在实验中也表现平平，只放了少量的干酪。

他对第三组学生说：“很抱歉，你们将跟一群愚笨的老鼠在一起。这一群笨老鼠的表现会很差，根本就不可能通过迷阵到达终点，因此你们根本不用准备干酪。”这组学生以看待笨蛋的态度看待这群老鼠，漫不经心，根本没有放干酪在终点。

六个星期之后，实验结果出来了。号称天才的第一组老鼠果然迅速通过迷阵，全部都抵达了终点；普通老鼠这组也到达了终点，不过速度很慢，花了两倍的时间；至于那组愚笨的老鼠，只有一只通过迷阵抵达了终点。

学生们认为这就是天才老鼠和笨老鼠的差距，所以对这个结果感到很满意。但是，罗伯特博士却告诉他们：“其实根本就没有什么天才老鼠与笨老鼠，它们全都是同一批出生的普通老鼠。这些老鼠之所以表现有天壤之别，完全是因为你们受了我的影响，对老鼠采取不同的态度才导致了你们所谓的满意结果。”

虽然，小老鼠们不懂学生们的语言，却知道学生们的态度。正是因为接受的态度不同，才导致小老鼠们的潜能释放程度不同。这就是态度的神奇力量。可见，有什么样的想法就有什么样的结果，有什么样的态度就有什么样的人生。你的态度决定了你是天才还是蠢猪。

其实，世界上大多数的成功者，不是靠特殊才能或者过人的学历，而是凭借“态度”，才取得了现在的成就的。被评为未来 100 位领袖之一的马云先生，在读书的时候，他的成绩从没进过前三名。他的理想是上北大，但最后只上了杭州师院，还是个专科，而且考了三年。因此，马云后来常说自己的创业经历至少可以证明：“如果我马云能够创业成功，那么我相信中国 80% 的年轻人都能创业成功。”那 80% 的年轻人和马云之间的区别仅仅在于态度，而非智力因素。正是因为正确的态度，才激发了马云的创业潜能，使其有了一番令人羡慕的成就。

什么是命运？命运就是人一生之中大大小小的机遇用心态串联起来，然后根据心态的情况释放身体中隐藏的能量，从而形成的生活状态。一位伟人曾经说过："要么你去驾驭生命，要么是生命驾驭你。你的心态决定了谁是坐骑，谁是骑师。"心若改变，态度就会改变；态度改变，习惯就会改变；习惯改变，能力就改变；能力改变，人生就会改变。可以说，你的心态决定了你自身潜能的释放程度，决定了你未来的精彩程度。

因此，想要拥有一个完美的人生，就要以积极乐观的心态去面对人生。只有这样，你才能够充分发挥你的潜能，为自己赢得一个漂亮的人生。

2.用阳光心态照亮未来

世界上最光明、最美好的东西是什么呢？很显然，答案就是阳光。因为它能驱赶黑暗和潮湿，温暖我们的身心。而心态对我们的思维、言行、潜能等都有着启发、导向甚至支配的作用。人与人之间心态的细微差异，就有可能产生成功和失败的巨大差异。所以，用阳光的心态来提升我们的能力，从而照亮我们的未来吧。

阳光心态第一条，永远保持微笑。微笑大度、从容、对他人满意和肯定的表现，也是一个人提升其交往潜能的法宝。

在 2008 年的北京奥运会中，赛会志愿者的人数为七万人，全部志愿者总人数为 170 万人，超过了北京城市人口的 1/10。这次奥运会之所以能够圆满成功，在很大程度上与广大志愿者的付出有着很大的关系。他们的口号就是“志愿者的微笑是北京最好的名片”，广大的志愿者用自己的微笑服务着参赛者，也为自己的城市赢得了荣誉。在奥运会闭幕式上，罗格主席在发言里说：“这是一届真正的无与伦比的奥运会！”“感谢中国人民，感谢所有出色的志愿者，感谢北京奥组委。”志愿者的阳光心态，很好地展现了当代中国人的风采以及中国未来无限的发展潜能，从而赢得了全世界人的肯定和好评。

阳光心态第二条，凡事积极乐观。那个著名的鞋厂调查员的故事就在告诉我们阳光的心态才能发现大的机会和市场。一个调查员沮丧地回报总部说“这个岛上的人都不穿鞋，我们没有市场”，而另外一个调查员却说“这个岛上的人都还没穿上鞋呢，我们的市场潜力太大了”。试想一下，如果第二个调查员没有积极乐观的心态，又怎么能激发自己冷静客观地分析问题的潜能，从而得出与第一个调查员完全相反的结论呢？

同样是乌云遮住了太阳，心态悲观的人只会伤心、失望，而心态阳光的人却能看到乌云背后的太阳，所以，“不畏浮云遮望眼，直挂云帆济沧海”。因此，那些内心充满阳光的人，往往可以积极乐观地面对一切，很好地挖掘并发挥自身的潜能，其幸福指数和成功指数自然就比别人高得多。

如果你只是有一颗渴望成功的心，却没有积极乐观的心态，遇事就会愁眉不展，悲观沮丧，那怎么能够充分发挥你的才能呢？如果不能很好地挖掘出自身的潜能，想要取得成功真的很难。

几乎所有进入职场的人都听过这个发生在日本的故事。刚刚毕业的某人因为面试时表现不佳而灰心失望，选择自杀，幸好被抢救了回来，正当她准备燃起人生的希望的时候，却收到了面试公司的录取通知书，原来一切不过是自我折磨。准备去上班的时候，却又被通知取消录取，原因只是因为她自杀的事情被公司知道。公司认为这样没有承压能力、心态不够阳光的人在工作中必然不能正常发挥自己的优势，更别谈充分挖掘自己的潜能为公司服务了，所以，最后该公司将其拒之门外了。

如果你想顺利地走进成功的大门，不妨先培养一个阳光的心态。而要培养阳光心态首先就要求我们能够时刻调整好自己的心情，让自己愉快地面对生活。因为愉快的心情更能激发一个人的潜能，提升其解决问题的能力，其成功的几率自然也就跟着提高了。

在“开心农场”偷菜是2009年网络上最吸引人的一项游戏活动。“今天你偷了吗？”成为大家打招呼的一句经典用语。而开心农场正是开心网为广大网友设计的一个让大家放松心态和找乐子的地方。

开心网的创始人程炳皓，之前是新浪的首席技术官，他自己创业的时候是2007年，那时候经济形势已经有了颓势，他说给自己的网站起名叫“开心网”就是说人生开心就好。不管外界是怎么样的，也不管自己遇到了什么麻烦，你开不开心由自己决定。而你开心了，快乐了，那么就更容易找到解决问题的方法了。而他自己也是一个具有阳光心态的人，懂得互联网的人都知道他的开心网用了很短的时间就创造了百万会员的奇迹，这个过程中当然也有很多的辛酸，但是，他始终保持阳光的心态，才使得自己能够积极乐观地面对所遇到一切问题，很好地激发了自己解决问题的潜能，最终才有了今天令人羡慕的成就。

因此，如果你正在寻找成功的秘诀，那么就试着锻炼自己的心智，培养自己的阳光心态吧。这样，你就可以更好地激发自身的潜能，轻松地解决原本很难解决的问题，从而为自己创造一个美好的未来。

3.敬业是成功必备的素质

世界上最伟大的励志成功大师之一的拿破仑·希尔曾经说过："敬业为立业之本，不敬业者终究会一事无成的。"只有敬业的人才能倾心热爱自己的工作，充分挖掘自己的潜能，以便能够更好地完成自己的工作。当然，这也为他们自己的成长和发展赢得了更多的机会。因此，敬业是成功必备的素质。

有一个女大学生利用假期到东京帝国饭店去打工。这位女大学生在这个五星级饭店里所分配到的工作是清洗厕所。当她第一天将手伸进马桶刷洗时，差点当场呕吐。勉强撑过几日后，她觉得自己实在坚持不下去了，决定辞职。但就在这时，和她一起工作的一位老清洁工，居然在清洗工作完成后，从马桶里舀了一杯水喝下去。大学生顿时看得傻了眼，但老清洁工却语重心长地告诉她："无论做什么工作，都要认真负责，这样才能把工作做到最好。你看，经过我清洗过的马桶，是干净得连里面的水都可以喝下去的呢！"

听了这位老师傅的话，大学生犹如醍醐灌顶，开始认真对待这份工作，并将其视为自我磨炼与提升的道场。每清洗完马桶，也总扪心自问："我可以从这里面舀一杯水喝下去吗？"假期结束，当经理验收考核成果，女大学生在所有人面前，从她清洗过的马桶里舀了一杯水喝了下去。这个举动同样震惊了在场所有人，尤其让经理认为这名工读生将来绝对是一个不可多得的人才。

该大学生毕业后，非常顺利地就进入了帝国饭店工作。她凭着这简直匪夷所思的敬业精神，总是很出色地完成自己的工作。37以前，她就成为帝国饭店最出色的员工和晋升最快的人。37岁以后，她步入政坛，并在1987年，当选为岐阜县议会议员。她是当时日本最年轻的县议员。1998年7月担任小渊惠三内阁的邮政大臣，成为日本最年轻的阁员。

读到这里，可能很多人已经猜出了这位女大学生的名字。是的，她就是野田圣子。直到现在，这位仕途顺利的女性据说每次自我介绍时总还是说："我是最敬业的厕所清洁工和最忠于职守的内阁大臣！"

是什么成就了野田圣子？毫无疑问，是爱岗敬业的工作态度。正是因为她对工作的认真负责的态度，才使其很好地释放了自己才能，提升了自己的竞争能力，最终赢得了自己想要的人生。

有一名刚进入某大型医院没多久的护士，首次参与外科手术。在这次腹部手术中，他负责清点所用的医疗器具和材料。在手术就要结束时，这位护士对医生说："你只取出了11个棉球，而刚才我们用了12个，我们得找出余下的那一个。"医生却说："我已经把棉球全部取出来了，现在，我们来把切口缝好。"那位新护士坚决反对："医生，你不能这样做，请为病人着想。"医生眼里顿时闪出钦佩的光彩："你是一个合格的护士，你通过了这次特别的考试。"原来，精明的医生把第12个棉球踩在了自己的脚下，为的是考验这名护士。当他看到这名新来的护士如此认真时，高兴地抬起了脚，露出了那第12个棉球，并且称赞道："从你对待工作的态度上看，你有着成为一名出色人才的潜力。加油吧！"

美国通用电气公司的前任总裁——杰克·韦尔奇，被公认为世界第一CEO。他曾经说过这样一段非常著名的话："任何一家公司如果想要获取竞争优势，就必须让每一位员工都保持敬业。"他在一篇文章中阐释道："任何一个公司，无论大小，如果员工对公司的使命将信将疑，也不了解如何才能实现公司目标，那么它就不可能获得长久的竞争优势。"全球杰出的商业领袖，包括比尔·盖茨、史蒂夫·乔布斯及沃伦·巴菲特等这些经常与财富这个词紧密相连的名字，都是员工敬业度的支持者。如果说员工敬业度对大公司来说非常重要，那么它对中小型企业来说就更为重要了。小企业自身的人力资源有限，因此每一个员工都担负着企业重要的职责，只有每一个员工都爱岗敬业，才能更好地发挥自己的潜能，为公司的发展做出应有的贡献。

我们都知道每时每刻都有无数的人在寻找成功的途径，并为此也付出了一定的努力，但是，最终真正到达成功彼岸的却是少数人。造成上述现象的主要原因在哪里呢？这恐怕与爱岗敬业有着不可分割的关系。根据一项全球范围内的调查显示，全球每七个员工中只有一个是敬业的，即仅为14%。中国企业与全球平均水平相比，员工敬业度更低。该调查显示，中国企业中只能达到8%，即每12个员工中只有不到一人是敬业的。由此可见，敬业是挖掘并发挥自身潜能的推力器，是开启成功大门不可缺少的金钥匙。

阿基勃特原本是美国标准石油公司的一个小职员，具有非常强的敬业精神，处处注意维护和宣传企业的声誉。他在远行住旅馆时总不忘记在自己签名的下方写上“每桶4美元的标准石油”字样，在给亲友写信时，甚至在打收条时也不例外，签名后总不忘记写那几个字。为此，同事们都叫他“每桶4美元”。后来这件事情，被公司的董事长洛克菲勒知道了，他邀请阿基勃特共进晚餐，并号召公司职员向他学习。再后来，好员工阿基勃特成为标准石油公司的第二任董事长。

事实上，有很多现在非常成功的企业家都有一个共同的特点——敬业。

正是因为这样，他们才认真对待自己的工作，竭尽全力地挖掘自身的潜能为工作服务，最终才实现了自己的梦想。

因此，敬业是每一个成功者不可缺少的素质。只有对待工作认真负责的人，才能充分地发挥自己的潜能，顺利地解决所遇到难题，从而成为同行业中数一数二的人才。所以，如果你想摘得胜利的桂冠，爱岗敬业将是不可或缺的法宝。

4.别对自己说“不可能”

在成功学上有这样一个很重要的说法：态度建立和潜意识培养，即远离负面消极的思维，远离负面消极的人和事，乐观积极地面对一切挑战，凡事都往好的方面去想。这样，才能充分发挥自己的才能，更好地提升自己的能力，从而为成功增加一些砝码。

有一个年轻的士兵在一次战役中，不幸负伤，失去了自己的一条腿。为此，他痛苦万分，不知道自己以后的人生该怎么办。经过几天痛苦的挣扎之后，他决定自杀来结束自己的生命。他的主治医生发现了他求死的想法后，安慰道：“是的，你很不幸，战争夺走了你的一条腿。但是，那又怎么样？一个人的潜能是无限的，只要你坚持努力，你依然可以过得很精彩。更何况，你是一名军人，应该坚强地面对这一切，而不是像一个懦夫一样以死亡的方式选择逃避。”年轻的军人听了医生的劝告之后，重新对生活燃起了希望。他伤好出院之后，开了一家小超市。在其不断地努力和奋斗下，超市不断地发展壮大。后来，他已经拥有全国12家大型连锁超市了。

在很多时候，我们不能避免灾难的发生，但是，我们却可以选择对待灾难的态度。只要你坚持不懈地努力，激发自身隐藏的潜能，就一定能够渡过难关。所以，别对自己说“不可能”，只要你愿意，一切皆有可能。

罗斯福是美国历史上执政时间最长的总统，也是最有威望的总统之一。为什么罗斯福总统能够取得如此骄人的成就呢？我们先来看看他生活中的一个小故事吧。

罗斯福家里有一次被盗，知道这一消息的朋友纷纷向他表示安慰。但他并没有把这一问题看得十分严重，说：“这实在是一件值得庆贺的事。第一，他只偷去我的资产，而没有要我的生命；第二，他偷去的只是我的部分财产，而不是我的所有资产；第三，做贼的是他，而不是我。”

如果是其他人面对自己被盗这件事，恐怕早就万分愤怒和伤心了。而他却能够以这样一种积极乐观的态度去面对，并且还能与朋友幽默笑谈。这是怎样的一种胸襟啊。正因为如此，他才能遇事都向着好的方向去考虑，充分挖掘自己的聪明才智去改变自己的不利处境，最终成为了令人敬仰的伟人。

不要让自己因为消极的心态而成为了一个失败者。无论你遇到什么情况，所处的境地是多么糟糕，都要抱着积极的态度面对，不要让沮丧取代了你的热心。生命可以价值很高，也可以一无是处，关键就在于你以怎样的心态去面对。态度是我们命运的控制塔，消极的态度是失败、疾病与痛苦的源流，而积极向上的态度则是激发潜能，走向成功的保证！所以，千万不要对自己说“不可能”。

早年，拿破仑将军要翻越阿尔卑斯山的时候，英国人和奥地利人都嘲笑他是疯子，因为在他们看来，带领大部队越过这座山是永远都不可能的。但是，拿破仑却认为人的潜能是无限的，只要你想做，并不懈地为之去努力，就一定可以办到。最终，拿破仑成功地越过了这座高山，打破了英国人和奥地利人认为“不可能”的论断。

世界首富比尔·盖茨的口头禅就是“That's good（太好了）!”，这个永远看上去像个高中生的富豪，他不管遇到什么事情都是这句回答。在他的字典里没有不好，没有不可能，所以，他获得了不可比拟的成功。这就是积极乐观的心态所产生的神奇力量。

总之，永远不要对自己说不可能。因为人的潜能是无限的，只要你想做，并且为此不懈地去奋斗，你就一定可以美梦成真。

5.靠人不如靠自己

古往今来，每一个成功的人都有一个共同的特点——不喜欢依赖别人，善于自己解决问题。因为别人不可能帮你解决所有问题，靠人不如靠自己，唯有依靠自己，激发潜能，才有梦想成真的那一天。

小蜗牛问妈妈："为什么我们从生下来，就要背负这个又硬又重的壳呢？"妈妈回答说："因为我们的身体没有骨骼的支撑，只能爬，又爬不快。所以要这个壳的保护！"小蜗牛又问道："毛虫姐姐没有骨头，也爬不快，为什么她却不用背这个又硬又重的壳呢？"妈妈回答说："因为毛虫姐姐能变成蝴蝶，天空会保护她啊。"小蜗牛再次问道："可是蚯蚓弟弟也没骨头爬不快，也不会变成蝴蝶，他为什么不背这个又硬又重的壳呢？"妈妈回答说："因为蚯蚓弟弟会钻土，大地会保护他啊。"小蜗牛哭了起来，说："我们好可怜，天空不保护，大地也不保护。"蜗牛妈妈安慰他说："所以我们有壳啊！我们不靠天，也不靠地，我们靠自己。"

是的，靠天有"天崩"的可能，靠地有"地裂"的可能，唯有依靠自己，激发自身潜能来解决问题的人，才有可能处于不败之地。

在日本，提起松下幸之助，那可是无人不知，无人不晓。他是日本著名跨国公司"松下电器"的创始人，被人称为"经营之神"，是电器行业响当当的风云人物。但是，你知道松下幸之助是贫民出身，刚踏入社会时，只是一家自行车商行的学徒吗？为什么他能够从一个小学徒快速变身为商界大鳄呢？我们来看看他的创业经历。

松下幸之助在自行车商行当学徒的时候，他每天的收入大约相当于0.25美元，生活之艰辛可想而知。美国著名科学家发明电灯的消息传到日本时，松下幸之助受到很大鼓舞。于是他决定辞去原有的有固定收入的工作，和妻子两个人在没有资金、工作经验几乎是零的情况下，着手创办新企业。1918年，松下电器公司正式成立。他的第一项产品是双插座接合器，制造工厂就在他家的客厅。这种电器可用螺钉固定在日光灯插座上，使得日本式房屋一个插座可同时插上两个插头，方便了广大居民，因此生意十分兴隆，在不到十年时间内松下电器公司的业务就一跃而起，成为了日本电器行业的领头羊。

既没有显赫的家世，也没有优越的人际关系的松下幸之助，之所以能够取得令人羡慕的成功，主要原因就在于他从不依靠他人，凡事都靠自己去努力和打拼，充分地挖掘并发挥自身的潜能来克服所遇到的一切困难，最终，他终于创造了一番令人惊叹的大事业。

敢于追求成功的智者，无论在任何方面，都不喜欢依赖别人，他们喜欢充分挖掘自身的潜能，独立自主地解决问题。我国台湾“科技第一女创业家”王雪红一手创立了威盛集团，从IC设计、半导体封装测试、硬件制造，一直到资讯通路，产业上中下游，她均有重兵部署，并被称为“台湾最富有的女人”。虽然她的父亲是台塑的老板，台湾首富王永庆，但是王雪红创业时，没要爸爸一分钱，把妈妈送给自己的一套房子抵押了500万台币，就开始了自己的个人创业之路。正是这种不依靠和等待父辈的庇护，敢于独自打拼的勇气，激发了自身的潜能，让其每次都能顺利解决所遇到的难题。

同样，独立思考也是成功者应该学习的重要心态之一。比尔·盖茨从小就精力旺盛、热爱思考，盖茨的外祖母常和他一起做智力游戏。玩游戏时，她总鼓励盖茨自己独立思考，对他的每一点进步都给予充分的赞扬。外祖母发现盖茨在思维和记忆上的潜力，总是不失时机地激发他这方面的潜能，常和盖茨交流下棋的技术，让他寻找更独到精辟的步法。盖茨的母亲玛丽是一名教师，她个性刚强，希望儿子能按她的要求行事，但坚持自己想法的盖茨却总和母亲“斗争”。为了孩子的思维能够自由发展，为了孩子的潜能更多地被激发出来，本性倔犟的玛丽竟学会了让步，和盖茨有关的决定，总会事先询问他的意见。他们对盖茨的每一次选择，包括决定入读哈佛大学，和毅然中途离开那所令亿万学子向往的顶级学府去创业时，都给予他最大的支持，这才造就了比尔·盖茨的传奇人生。

“股神”巴菲特在指定未来的接班人时，要求其必须具有独立思考、情绪稳定，以及深刻了解人类与机构行为等特质。因为，只有这样的人，才能更好地发挥出自身的潜能，更快地获得令人魂牵梦绕的成功。

6.冷静是成功的一种谋略

有人说："冷静是人生的一种修行。"有人说："冷静是成功的一种谋略。"不管怎么样，遇到什么情况，我们都应该保持头脑的冷静，这样才有可能掌握所有的线索，充分发挥自身的潜能，顺利地将问题有条不紊地解决。这就是所谓的"事缓则圆，谋定后动"处世态度。

曾经有一位驯兽师，他训练了一只狮子，这狮子平日里十分温顺。但有一天他进笼与它交流，一进门，风就把笼门关上了，他下意识地摸了一下自己衣袋里的钥匙。这个动作被狮子误解了，狮子突然怒吼起来，瞪着他。他心中一阵慌乱，知道狮子已经饿了一天，而刚才这个动作代表敌意，如果狮子进攻他，他必死无疑。他站在那儿不动，脸上露出了笑容，眼睛直视着狮子，时间一分一分过去，狮子慢慢从暴怒中恢复过来，舍下他到一边去了。他用钥匙轻轻打开了笼子，刚走到外面，身子就软倒了。

面对随时被狮子吞掉的境况，驯兽师没有惊慌失措，而是冷静地分析了自己的处境，采取了较为妥善的方法自救，最后终于让自己脱离了险境。可以说，是冷静救了他的命。

一位伟人说，脾气暴躁是人类较为卑劣的天性之一。人在发脾气的时候，就会影响其能力的发挥，最终很可能把原本可以成功的事情搞砸。因此，我们在处理问题的时候，一定要冷静对待，不随便发脾气，这样才能激发我们的潜能，快速地想到解决问题的好办法。

海尔集团的首席执行官——张瑞敏先生，是一个遇事冷静、善于激发潜能的人。他从 1984 年起领导海尔，把一家濒临倒闭的小厂带领成为中国最大的冰箱企业，被认为是创造财富和荣誉的另类。在这个过程中，他一直用冷静和平和态度对待工作，积极激发员工的潜能，使其能够充分发挥自身的才能。他说："别看海尔现在发展这么大，但我每天都是战战兢兢，如履薄冰。战舰一大，如果一个决策不对，就有可能造成全军覆没。所以，我每天非常努力、非常谨慎地对待工作中的每一件事，并且非常认真、非常刻苦地鼓励员工、激发员工，让其能够各司其职、各尽其能。"

张瑞敏最大的成功，就是把自己冷静的个性融入到了企业的个性中，使海尔十几年的发展一直平稳而快速。虽然，不能说海尔的发展速度是最快的，但是海尔没有过大的失误。在市场经济尚不成熟的今天，成与败的机会是并存的。胆识固然重要，但能够冷静判断身边的每一个机会，才是企业家最基础的能力。只有那些遇事能够冷静分析，善于挖掘并发挥自己的优势的人，才能增强自己的竞争能力，使自己处于不败之地。

长江实业集团有限公司董事局主席李嘉诚，在一次记者的采访中被问道："都说您是拍卖场上'擎天一指'，志在必得，出师必胜，可您有时为何还是中途退出？"李嘉诚幽默地说："这是因为我心中有数，经商为的是利润不是为了竞争，如果有利可取就参与竞争，不然就要退出。你们没有看到我想举右手，就用左手用劲按住；想举左手，就用右手按住。"由此可见，李嘉诚的经商秘诀就是耐心等待，捕捉机遇，有智有谋，从长计议。无论遇到什么事情，李嘉诚都能够冷静地分析，最后找到最佳的解决方案；

从不会为了逞一时之气，而不计后果地采取不利于自己的决策。假如，碰到这种赌徒参与拍卖，李嘉诚就会退出，以成全对手的风头。李嘉诚的原则是：与其到头来收拾残局，甚至做成蚀本生意，倒不如袖手旁观。

现在有很多企业之所以最终会失败，往往就是因为过于浮躁，不能冷静地分析问题，才使得自己与成功失之交臂。因此，要想成就一番大事业，就应该耐得住寂寞和诱惑，冷静地分析并利用自己的优势，来解决所遇到麻烦。

总而言之，冷静是成功的一种谋略，能够让人清醒地认识到自己所处的现状，激发自身隐藏的潜能，从而顺利并快速地将问题解决。

第三章 我思故我能

1.思想有多远，路就有多长

清代“红顶商人”胡雪岩有这样一句名言：“做生意顶要紧的是眼光，你的眼光看得到一省，就能做一省的生意；看得到天下，就能做天下的生意。”

是的，一个人要想生存和发展，就必须依靠某些东西。而在这个世界上，最靠得住的东西，不是金钱，也不是权利，而是思想和智慧。可以说，你的思想决定了你的一切。思想有多远，路就有多长。

能够取得成功，实现梦想的人，不一定是一个勤劳朴实、埋头苦干的人，但却一定是一个有思想的人，成功者与平庸者的最大区别就在于思想的深度。

美国的一个小镇上有两个青年——汤姆和杰克，他们一同开山卖石。汤姆把石块砸成石子运到路边，卖给建房的人。杰克直接把石块运到码头，卖给加州的花鸟商人。因为这儿的石头大多是奇形怪状的，杰克认为卖重量不如卖造型，后者不用费力把石头砸开，而且价格高得多，何乐而不为呢？就这样，两年后，杰克成为小镇上第一个购买汽车的人。

后来，政府颁发了一条法令：山上只许种树，禁止开山卖石。于是，这里成了远近闻名的果园。因为这里产的鸭梨汁浓味美，所以每到秋天，漫山遍野的鸭梨招来八方客商。他们把堆积如山的鸭梨成筐成筐地运往纽约和华盛顿，然后再发往欧洲和日本。就在小镇上的人为鸭梨带来的幸福日子欢呼雀跃的时候，曾卖过石头的果农杰克卖掉果树，开始种柳树。因为，他发现来这里的客商不愁买不到好梨，只愁买不到盛梨的好筐。果然，杰克卖筐的收入是卖鸭梨收入的三倍还多。两年后，他又成为小镇上第一个购买别墅的人。

再后来，这里开通了一条铁路。随着小镇的开放，果农也由单一的卖水果开始转为水果加工。就在一些人开始准备集资办厂的时候，杰克在他的地头砌了一堵三米高、百余米长的墙。这堵墙面朝铁路，背依翠柳，两旁是一望无际的万亩梨园。坐车经过这里的人，在欣赏盛开的梨花时，都会看到四个醒目的大字：可口可乐。这是500里铁路行程中唯一的一个广告。凭着这堵墙，杰克每年有四万美元的额外收入。就这样又过了两年，杰克成为小镇上第一个建起服装加工厂的人。

英国壳牌石油公司美洲区代表威尔逊，在一个偶然的机会里听到了关于杰克的故事。他被杰克敏锐的商业头脑所打动，当即决定去寻找杰克。然而，当威尔逊找到了杰克时，杰克正在自己的店门口与对门的店主吵架，因为杰克店里的一套西装标价800美元的时候，对门同样的西装标价750美元；而当杰克标价750美元的时候，对门就标价700美元……一个月下来，杰克仅售出八套西装，而对门却批发出800余套。威尔逊看到这种情形，非常失望，以为是被讲故事的人欺骗了。但当弄清真相之后，威尔逊立即决定以百万美元的年薪聘请杰克。因为，对门的那个店也是杰克的。

又过了两年，杰克成为英国壳牌石油公司美洲区代表威尔逊最得力的助手。有一天，当威尔逊问到杰克脱贫致富的方法时，杰克深有感触地说："其实，经济上的贫穷并不可怕，可怕的是思想的贫穷。必须要有与众不同的想法，才会有与众不同的收获。只有依靠我们的思考力、想象力和创造力，才能创造奇迹。生活总是奖赏那些善于思考、善于想象和善于创造的人。"

恩格斯曾把思想誉为"地球上最美丽的花朵"，人的一切创造性活动都与思想有关。从根本上来说，思想有多远，路就有多长。

相信大家应该忘不了那三个砌砖工的故事：三个工人正在工地上砌砖头。有人过来问他们："你们在做什么？"第一个没好气地说："没看见吗？砌墙。"第二个抬头笑了笑说："我们在盖一栋高楼。"而第三个则自豪地回答："我们正在建设一座世界上最美丽的城市。"

若干年后，第一个人依然在默默无闻地砌砖，第二个人成了一家小企业的老板，而第三个人则成了著名的建筑师。

虽然这个故事听起来有些戏剧性，但是，它却告诉我们一个深刻的道理：人类的潜能是无限的，而思想则是挖掘这个潜能宝库的最佳途径。

所有的计划、目标和成就都是思想的产物。为何有的人成就了伟业，实现了梦想，而有的人却碌碌无为、唉声叹气？其实，成功的机会无时不在，只是它更青睐于拥有深邃思想的人。尤其重要的是，那些成功者的思想不会只停留在总结别人思想的层面上，他们更善于总结前人的经验，并且能用自己的智慧对它们进行提升，最后创造出具有自己特色的东西。

那么，如何提升自己的思想高度、从而使自己获得心仪已久的成功呢？

（1）目光要远大

成功的人，都是有着远大理想和抱负的人。他们总是能站得更高些，因此也看得更远，他们的思想更有深度，因而，他们成功的可能性也就更大。

（2）养成全面思考的习惯

人们就是因为总是片面地思考问题才顾此失彼、不得要领的。为了求得正确的解决办法，必须要权衡利弊、全面思考。

（3）培养成熟的价值观

用成熟的价值观思考问题，就不会漫无边际，也不会毫无头绪，由此积淀而成的思想意识才极具指导意义。用成熟的价值观思考问题的时候，一定要围绕自己的奋斗目标。只要坚持这个原则，就一定会取得成就。

（4）能够接受新思想

有些问题按常规的方式去思考，往往找不到正确答案。适时地打破常规来思考问题，换一个角度去面对，问题反而很容易得到解决。

（5）要有危机意识

在这个瞬息万变的时代里，无论做什么事情都要有危机意识。这就要求我们在做每件事之前，都要考虑一下后果，这样就会避免很多失误。

（6）向有思想的人学习

认真汲取别人的智慧，就会更快地进步。在思考重要的问题时，一定要多征求别人的意见，尤其是那些具有一定思想的成功人士的建议，一定要虚心请教、耐心倾听。

总之，作为人，尤其是一个想要成功的人，无论你的思想源于哪位前辈高人，请记住，不要只是被动地接受，一定要有自己的思想。

思想有多远，路就有多长。任何一个想要成就梦想的人，都必须让自己成为一个有思想，会思考的人。唯有如此，才能在这个瞬息万变的世界里经得住考验，成就自己的人生。

2.只要积极思考，一切皆有可能

每个人都拥有无穷的能量。经过世界上各国研究人员的无数次研究得出的结论证实：这些神奇的能量不是来自我们的肢体，而是来自于人类头脑所独有的思考。而且，人类的大脑就像一个小宇宙，有着无穷的能量。只要积极思考，人生中就没有办不成的事情。

斯坦福大学的罗伯特·奥恩斯坦在其所著的《奇妙的大脑》中就曾指出，神经细胞之间的可连接的数目可能要比宇宙中的原子数还要多。美国学者詹姆斯根据其研究成果得出结论：人类贮存在脑中的能量大得惊人，普通人只开发了他自身能量的1/10，换句话说，有90%的潜能被我们白白地浪费了。因此，我们可以毫不夸张地说，人脑就像一个沉睡的巨人，其潜能是无限的，只要我们善于运用大脑进行思考，一切皆有可能。“万木庄园”的死而复生便是最好的证明。

一天夜里，一场雷电引发的大火烧毁了美丽的“万木庄园”，这座庄园的主人威廉·维尔陷入了绝境。面对如此大的打击，他痛苦万分，每天都闭门不出，茶饭不思，夜不能寝。转眼间，一个多月过去了，年已古稀的外祖母见他还陷在悲痛之中不能自拔，就意味深长地对他说：“孩子，庄园成了废墟并不可怕，可怕的是，你不去思考怎样改变这种现状。只要你用心去想，就一定能够想出解决的办法。”

在外祖母的极力劝说下，威廉·维尔决定出去走走。他一个人走出庄园，漫无目的地闲逛。在一条街道的拐弯处，他看到一家店铺门前人头攒动，原来是一些家庭主妇正在排队购买木炭。看到那些木炭，威廉·维尔眼睛一亮，他看到了一线希望，兴冲冲地向家中走去，并将心中的想法反复掂量，觉得这绝对是一个可行的办法。

于是，在接下来的两个星期里，威廉·维尔雇了几名烧炭工，将庄园里烧焦的树木加工成优质的木炭，然后送到集市上的木炭经销店里。很快，木炭就被抢购一空，他因此得到了一笔不菲的收入。他用这笔收入购买了一大批新树苗，以便重建一个新的庄园。几年以后，“万木庄园”再度绿意盎然，恢复了以前的样子。

一场大火烧毁了“万木庄园”，一个想法又救活了它。由此可见，善于思考的人能从平淡中发现机会，从绝望中看到希望，从而开创出一片广阔的天地。

的确，在复杂的现实生活中处处隐藏着危机，但同时，也处处存在着机会。而要寻觅机会、把握机会，就必须善于在多变的世界里明察秋毫、积极思考，及时获取有用的信息，不断地与自身实际结合起来，并进行分析、判断，只有这样才能抓住稍纵即逝的机会。思想是智慧的源泉，人类的每一次进步，都与思想的进步息息相关，成功总是属于那些积极思考的人。无独有偶，锯子也是鲁班通过思考发明的。

鲁班经常到山上去寻找木材，路上，他看到工人们用斧头一下又一下地砍树，累得满头大汗，于是他想，要是能有个更好的工具代替斧头，让砍树时更省点力气就好了。一天，鲁班又到山上去。在爬一段比较陡峭的山路时，他滑了一下，于是急忙伸手去抓路旁的一丛草。忽然觉得手指被什么东西划到了，鲜血渗了出来，他便扯了一把草细细端详，发现小草叶子边缘长着许多锋利的小齿，是这些密密的小齿划破了他的手指。鲁班若有所思地站了起来，他想，可以让铁匠打制一些边上有细齿的铁条，放在树上来回拉动，就像这种草割破手指的道理一样，如果能行的话，会比斧头省时省力多了。根据这一想法，鲁班发明锯子，经过试用，果然比斧头省力多了。到现在，木工们仍在用着鲁班发明的锯子。

英国剑桥大学心理学家、医科研究教授波诺说："天才，就是能运用自己的思想解决日常难题的人。"在工作和生活中，要想有更大的进步、取得更大的成绩，我们就要懂得运用思考的力量。思考问题时，千万不要被先前的经验所禁锢。我们在观察事物时不要预先带有成见。当听到一个新的立意或见解时，我们本能的反应不是喜欢就是厌烦，然后便按照自己的理解去维护自己的看法，这往往会使人陷入困境。解决这个问题的一个简单易行的办法，就是去掉先入为主的观念，摘除你的"有色眼镜"。

但是，有时我们可能会遇到这样的情况：自己已经对问题做了充分的思考，但还是找不到满意的解决办法。这时，我们要做的就是打破常规，做更为广泛的探讨，最后在辨别、判断中去伪存真，得到想要的答案。

只有积极动脑思考，才能从司空见惯的现象中看到别人看不到的东西。牛顿把"苹果从树上自由落下"这种现象纳入了思考范围，"万有引力"定律才得以出现；瓦特把"壶盖被开水顶起"这种现象纳入了思考范围，蒸汽机才得以问世；伽利略把"不同长度挂灯的摇摆"这种现象纳入了思考范围，等时性原理才得以大放光芒……诸如此类的现象，对于很多人来说是司空见惯的，但他们并没有留心观察思考，因而没有发现其中的奥秘；而极具思维力的人把它们置入脑海、留在思考之中，并通过不断的追求和奋斗，终于有所发现、有所发明、有所创造。他们用思考，创造了一个个不可思议的神话。

只有积极动脑思考，才能使自己对世界的认知有一个理性的提升。在工作顺心时，很多人的头脑往往被已有的成绩塞满，因此缺少了思考的空间，所以停滞不前。但也有很多人没有被已有的成就阻挡住前进的脚步，他们不会忘记在大脑中留下思考的空间，所以能一直保持进步的姿态。因此，人无论处在什么样的境遇中，顺境也好，逆境也罢，都要积极地动脑思考。因为在人生的旅途中，值得思考的问题实在太多了，我们决不能因为怕多、怕苦而放弃思考，更不能因为懒惰而疏于思考。正是因为其多，才有更广阔的思考空间，才有了更多成功的机会，所以才更应该积极思考。只有将思考当做每日必修之课的人，才能在激烈的竞争中脱颖而出，成为那个令人羡慕的胜利者。

当然，现实生活也存在着这样的一种说法：脑子用多了就用坏了。真的是这样吗？英国神经生理学家塞利斯和米勒对此进行研究，得出的结论正好相反：用脑越少，其衰老速度越快；用脑越多，脑细胞的衰老反而越慢。这正好符合了我们常说的一句话：脑子越用越灵。因此，勤动脑、常思考不但对大脑无害，还能锻炼其思维能力。

21 世纪是脑能科学的时代，这个时代不缺少能干活的人，缺少的是会思考的人。在这个变化莫测的时代，能思考、会思考已经成为人们出奇制胜的有力武器。因此，如果你想要改变人生、获得成功，就必须在困难面前多动脑、勤思考、积极行动。只有这样，才能突破重重障碍，将人生中诸多的“不可能”变为“可能”。

3.思考决定我们的命运

也许大家都曾考虑过这样一个问题：人究竟是一种什么样的动物？对于这个答案，不同的人可能会有不同的答案。有的人认为，人是一种善于追逐经济利益的动物；有的人认为，人是一种政治动物；有的人认为，人是一种富于理智的动物。

这诸多不同的答案，究竟哪一个是正确的呢？其实，这些答案都是正确的，因为每一种答案都说出了人的一个特点。除此之外，人最重要的一个特点应该是：人是一种会思考的动物。

在日常生活中，人们应急时常常会采取一些必要的措施。比如，电筒不亮时，拍一拍；钢笔不下水时，甩一甩；遇到难题时，拍一拍后脑勺，等等。不过，拍脑袋与拍手电筒是不同的，手电筒在没有电池的情况下是怎么拍也拍不亮的，而人的脑袋则不同。俗话说脑袋是“越拍越灵”，这就是人类思维的特点。这种思维能力是人类所特有的，它不但使得人类能够彻底地革新自己的思想，而且也能够弥补自己由于缺乏锻炼或者先天不足而带来的能力上的缺陷。

思考决定我们的命运。思考是人生路上的导航灯，指引着人类走向智慧的彼岸，也指引人类向更先进更美好的世界前进。没有思考的日子，人类也就停止了发展的脚步。思考是我们提高生命质量、升华生命意义的大智慧。

思考决定着一个人的前途和命运。因为缺少思考，学业上无法上进；因为缺少思考，事业上屡战屡败；因为缺少思考，心态上更容易陷入消极的不良境地而无法自拔。所以说，思考是命运的决策者。

有一名花匠，为一位大企业家当了大半辈子园丁，他既勤劳又敬业，手艺也非常精湛，简直无可挑剔。有一次，他突发奇想："老板一年比一年发达，虽然自己的薪水也一年年地递增，可和老板比起来只不过是沧海一粟。"于是，他去请教老板："我怎样才能像您那样发达起来呢？"那位企业家问花匠："你认为什么是你的发财之路呢？""培育苗圃。在一大片空地上培养苗圃，两年后就可以出售了。如果一棵赚三元，100 万棵就是一个了不起的数目了。"企业家很赞同他的观点，说："你的想法不错！这样吧，你去管理，我来投资，赚了钱咱俩平分，你觉得怎么样？"花匠吓坏了，他连忙摆手，说道："我只是说说而已，可不敢真这样做，我看我还是当花匠吧。"在遭到花匠的拒绝之后，企业家仍旧觉得花匠的建议值得实施。于是他按照这个设想种植了大片苗圃，而且在两年后大赚了一笔；而那位花匠在两年后仍然是个花匠，并且错失了一次发财的机会。

这位花匠为什么只能一辈子做花匠、而不能成为像他老板那样的成功企业家呢？难道是因为他缺少成功的机会吗？不！当他脑子里开始出现"想要发达"的意识时，证明他正在思考致富策略；当他老板问他如何致富时，他回答"培育苗圃"，这是他思考的结果，并且是一个非常好的设想；当他的老板真正让他实施时，他却胆怯了、退缩了。于是，他拒绝了老板的提议，依旧做着他原来的工作。就这样，花匠在刚刚打开自己思维的大门之后，便又无情地将它关上了。其实他是有机会成为企业家的，只要他推开这扇虚掩的思维之门，大胆地走进去。

三洋公司在当初开发新型塑料收音机时，遇到的最大难题曾是如何解决收音机的外壳问题。当时的外壳都是用木头做的，但木制外壳工序多，有很多要手工来操作，所以成本很高。但是，如果不降低外壳的成本，却想要做到每台收音机售价一万日元几乎不可能的。三洋只好寻找新型替代材料。而就在这时，塑料作为一种崭新的材料，开始在许多领域推广应用，于是三洋决定采用塑料外壳，因为塑料将随着石油工业的发展而日趋廉价，并且经过加热处理能一次定型，适合批量生产。

但当时的塑料抗热性差，使用时间一长，电子管和变压器产生的热量都聚集在外壳上，很容易引起外壳变形，于是只能着手开发耐热性强的塑料。但当时做塑料制品的成形机最大的才 16 盎司（1 盎司 =28.3495 克），而收音机外壳需要 32 盎司的成形机，只能从美国进口机器。

“买一辆克莱斯勒轿车吧。”井植薰突然向当时的领导岁男建议。“是吗？你想坐？”岁男对这个无关公司眼前利益的要求很惊讶。“不是，我需要方向盘上的孔罩。”“做什么用？”“我想参考它来设计收音机的孔罩，如果是自己闭门造车，肯定要花很多时间，参考它就大为不同了。”

岁男爽快地买下了一辆克莱斯勒轿车，井植薰随即对其孔罩进行了研究，经过很多个日日夜夜的奋战，研究终于成功了。1952 年 3 月，三洋期待已久的新型塑料收音机终于问世了。

活跃的思维使人类进步，拥有活跃的思维的人能够从各个方面借鉴知识为己所用。因此，不要束缚自己的思维，思考决定着我们的命运。

在日常生活和工作中，这样的例子还有很多。有的人正是因为胆怯、畏惧才与自己的梦想擦肩而过。而另外一些则恰恰相反。他们善于动脑、勤于思考，并积极地将自己的想法付诸行动，最后都取得了令人兴奋的结果。每个新产品的开发，每个新论点的提出，每个新现象的发现，都离不开最初的“想法”。而这个想法，就是思考。莱特兄弟梦想能够飞起来，于是他们发明了飞机；达尔文一心沉浸在他的生物研究中，最终提出了著名的进化论；爱迪生研究灯丝的材料，终于发明了电灯……这所有的一切都证明了思考的重要性，放弃思考就等于放弃成功。

世界著名的成功学大师——拿破仑·希尔，曾经写过一本名为《思考致富》的书，这本书一经出版便风靡全球，深受广大读者的喜爱。究其原因，因为它深刻地揭示了如何运用我们的大脑去实现成功的黄金法则，并提出任何人要想取得成功，都必须要运用我们的头脑去思考，只有动脑思考才能真正地拥有财富。而拿破仑写这本书的原因，是与他曾经经历过的一件小事有着很大的关系。

有一次，拿破仑·希尔去见一位专门以出售想法为职业的教授，结果却被教授的秘书拦住了。拿破仑·希尔觉得很奇怪："像我这样有名望的人来见教授，也要被挡驾吗？"秘书回答："现在教授谁也不见，即使美国总统来，也要等两个小时。"拿破仑·希尔犹豫了一阵，虽然很忙，但他仍然决定等两个小时。两个小时后，教授出来了，希尔问他："你为什么要让我等两个小时呢？"

教授告诉希尔：他有一个特制的房间，里面漆黑一片，空空荡荡，唯有一张躺椅，他每天都会准时躺在椅子上默想两个小时。此时的两个小时，是他创造力最旺盛的两个小时，很多好的想法都来自于此时，所以这时的他谁也不见。听了教授的解释，拿破仑·希尔的内心突然涌起了一股强烈的意念："运用思考才是人生成功的要诀。"由此，拿破仑·希尔写下了使他名扬世界的著作——《思考致富》。

"思考能够拯救一个人的命运。"这是拿破仑·希尔的观点。而事实也正是如此，有思考力的人才会有创造力，才能主动掌控自己的命运。懒惰平庸的人往往不是不动手脚，而是不动脑子，这种坏习惯限制了他们走向成功的可能；相反，那些最终能成大事者都有勤于思考的习惯，善于发现问题，并努力地寻求解决问题的方法，甚至让问题成为改变自己命运的机遇。

英国剑桥大学的迪·博诺教授说："一个人很聪明或智商很高，只能说明他有创造的潜力，并不能说明他会思考。智力和思考的关系，就好比一辆汽车同司机驾驶技术的关系，你可能有一辆很好的汽车，如果驾驶技术不好，同样不能把车开好；相反，你开的尽管是一辆旧车，如果驾驶技术高超的话，照样能把车开得很好。”

世界著名趋势专家约翰·奈斯比也曾经说过：“在信息时代，我们最需要的技能就是学习如何思考、学习如何学习以及学习如何创造。”

诺贝尔奖获得者、英国物理学家约瑟夫·汤姆森和欧内斯特·卢瑟福一共培养出了17位诺贝尔奖获得者，这些天才们无一例外地都深刻地领悟到了如何通过思考去改变自己的人生轨迹，从而赢得辉煌的人生。

思考具有强大的力量，但它没有现成的答案可以抄袭，也没有既定的程序可以遵循，只能靠每个人用心去感受、用心去思考，这样才有可能发挥它的无限可能，从而顺利地走向成功的彼岸。

4.打破常规，拥抱成功

世界上没有打不开的“死结”，只有打不开的“思维”。只要敢于打破常规，任何事情都有解决的办法。有的人之所以会遇到解决不了的难题，只是因为他们思想保守，行动按部就班，不敢打破常规去思考，不敢用异于常规的方法去解决问题。其实，人生没有绝对的失败。有时，只要稍微调整一下思路，转变一下观念，就能在“云雾迷茫”中，看到成功的曙光。

美国国家航空航天局曾经为圆珠笔在太空不能顺畅使用而苦恼，因此提供巨资请专家研制新产品。两年过去了，该项目进展缓慢。于是，航空航天局向社会征求一种“便利笔”。令人意外的是，没多久就有一个小伙子前来应征。在那些官员们的惊讶中，他展示了自己的“研究成果”，竟然是一支铅笔！

这个故事看似就一个小幽默，但是它却折射出现实生活中存在的一个具有普遍性的问题——很多人不善于改变，面对问题不敢打破常规，被惯性思维束缚住自己的头脑，所以不能有所突破。与此相反，能够勤于思考、善于发现问题、敢于打破常规，并能做出相应改变的人，往往就能获得解决问题的办法，并能取得最终的成功。年轻的英国人——艾伦·莱恩，继承并拯救了伯父的事业也是打破常规的结果。

当莱恩成为希德出版社的董事时，出版社的处境已是举步维艰了，莱恩绞尽脑汁，试图让出版社尽快地走出困境。

有一天，当莱恩在一个候车室旁的书摊上漫无目的地看着那些书时，他发现，书摊上除了高价新版书和庸俗读物外，几乎没什么可看之书，而且这些书大部分都是价格昂贵的精装书。莱恩便想到，要想赚钱，出版价格低廉的平装书应该是个好办法。因为平装书价格低廉，解决了一般老百姓买不起书的难题。

于是，在当时那个市场上只有精装书的时代里，莱恩出版廉价丛书的计划在英国出版界引起了强烈反响。有人说这是自取灭亡，有人说这会严重影响整个图书市场。莱恩认为这个办法是企业走出困境的唯一出路，所以他毫不动摇。第一套平装系列丛书共十本，开本比精装本小。这不仅节省了封面的成本，也节省了纸张，再加上莱恩决定以购买再版图书重印权的方式出版这十本书，因而大大降低了成本。莱恩把每本书的价钱定为六便士，这样，人们只要少吸一盒香烟就可买到一本书，大大增加了购买者的范围。

莱恩还在这套书的封面上设计了一个逗人喜爱的丛书标志物——一只翘首站立的小企鹅，并且给这套丛书起名为《企鹅丛书》。莱恩还用不同的颜色表示图书的类别：紫色为剧本，浅蓝色为传记，橘红色为小说，灰色为时事政治，绿色为侦探类作品，黄色为其他类别读物。这一系列的改革使这套书不仅在外观上鲜艳明快，让人耳目一新，而且在装订上显得简单朴实，印刷上更是字迹工整，不仅征服了消费者的眼球，同时也征服了消费者的心。

因此，《企鹅丛书》正式问世之后不到半年的时间里，就销售了十万册。莱恩的改变，终于使自己的事业突破了低谷，取得了成功。

由此可见，有时候，那些令人头痛的难关并不是不可逾越的，只要我们鼓足勇气，突破思维局限，敢于打破常规，就能够超越自我，从而拥抱成功。

古希腊神话中也有这样一个故事，告诉我们做事要敢于打破常规，要敢于做别人都不敢做的事，如此一来，往往会有意外的惊喜在等着你。

凡是来到佛里吉亚城朱庇特神庙的外地人，都会被引导去看戈耳迪斯王的牛车。人们都纷纷称赞戈耳迪斯王把牛轭系在车辕上的技巧。“只有很了不起的人才能打出这样的结。”其中有人这样说。“你说得很对，但是能解开这结的人更加了不起。”庙里的神使说。那人问：“为什么呢？”神使回答：“虽然戈耳迪斯不过是佛里吉亚这样一个小国的国王，但是能解开这个结的人，将把整个亚细亚变成自己的国家。”

从此之后，每年都有很多人来看戈耳迪斯打的那个结。各个国家的王子和政客都想打开这个结，可总是连绳头都找不到，根本就不知道从何处着手。戈耳迪斯王死了几百年之后，人们只记得他是打了那个奇妙结子的人，只记得他的车还停在朱庇特的神庙里，牛轭还是系在车辕的一头。

有一位年轻的国王，名叫亚历山大。他从遥远的马其顿来到佛里吉亚，他征服了整个希腊，他曾率领为数不多的精兵渡海到过亚洲，并且打败了波斯国王。“那个奇妙的戈耳迪斯结在什么地方？”亚历山大国王问，于是神使领他来到朱庇特神庙，那牛车、牛轭和车辕都还原封不动地保留着原样，他看了一眼那个结，立即拔出随身佩带的剑，轻轻一挥，绳子应声落地。就这样，这位年轻的国王轻而易举地解开了几百年来人们都不曾解开的结。是因为这位国王比别人聪明吗？当然不是，他只是敢于打破常规，做了别人想都不敢想的事情。

无数研究表明，当人们陷入定式思维的泥沼中而不能自拔时，往往会不由自主地停止对自我和外界的深入思考，并形成一种被禁锢而不能主动去改变的态度和思维方式，使得事情的进展缺乏突破。只要我们勇于打破常规，发挥出自己独特的思维意识，并能用心去面对所遇到的问题，我们必将找出解决问题的方法，直到走进成功的殿堂。

这些打破常规的意识来自于哪里呢？是不是非常神秘，不容易被人掌握呢？实际上，打破常规的意识来自于生活，它并不是很神秘，相反，是人人都可以拥有的。要打破常规，其实就是要充分发挥自己的思考能力，积极而客观地面对现实，做出相应的改变。这里所说的改变是指用不同于以往的思维方式、工作方法、行为准则去面对一些新事物、新问题。在这种打破常规的过程中，自己的能力才能得以更好地发挥。

那么，想要做出改变，打破常规，应该怎么做呢？

（1）学会利用幻想

每个人都会有幻想的时候，每个人都可以利用它，让自己神思飞扬。要知道，我们的想象力其实有着无穷的力量，如果你善于利用它，一定会得到意想不到的收获。

（2）抓住一闪而过的念头

稍纵即逝的灵感总是给人好的启发，具有创造力的人都是善于抓住每一次灵感的人。要想让自己的思维变得活跃，就要关注头脑中一闪而过的念头，学会抓住它进而让自己迸发灵感的火花。

（3）寻求挑战

人所受到的刺激越多，头脑产生的创意就越多。为了提高自己的创造力，要经常尝试新鲜的东西，比如学跳舞、学武术，或者读一些奇特的书。新鲜的东西会以新颖的、具有潜在魅力的方式与陈旧的东西进行更替，如此一来，你就会变得更加富有创造力。

改变命运，获得成功的方式有很多种，但是，面对现实中所遇到的问题，不拘泥于常式思维，能够根据具体情况做出相应的改变，从而获得想要的结果，这绝对是最简便、最明智的选择。善于运用大脑，敢于打破常规，把握不可能中的可能，你就能拥抱成功从而实现人生价值。

5.有了好创意，你还怕什么

众所周知，军事上以少胜多、市场上以弱胜强的例子数不胜数。这些原本默默无闻的“小角色”，怎么会突然成为竞争中的“黑马”呢？答案很简单，只有三个字——好创意。的确，好的创意在战场上胜过千军万马，在商场上胜过百万资本，在你的人生中胜过任何一切东西。凭借好的创意，你可以叱咤风云、所向披靡，成为永远的赢家。

盛田昭夫是一位杰出的推销员，他在同行中创造了一个又一个的推销神话，被人们称为“国际经营者”和“神话推销员”。他成功的秘诀是什么呢？毫无疑问，正是那些好的创意。

在东京通信工业公司首次推出磁带录音机和磁式录音带时，人们还搞不清楚它究竟是个什么东西。当时，第一批录音机重达35公斤，体形笨重，定价是17万日元。因为太笨重，这批共50台的录音机找不到买主。没有推销经验的公司员工全都被迫驾驶着货车载着产品四处游说推销。每到一处，人们在看到他们演示录音机的功能后都很惊喜，但随之又异口同声地评价："这很好玩，但是买来当玩具，未免太奢侈了吧！"在人们看来，这个可有可无的东西居然有着那么昂贵的价格，所以，大家都摇头拒绝了。

推销员们在四处碰壁之后非常沮丧，这时，盛田昭夫认识到只有想办法把产品卖出去才是唯一可行的出路。苦苦思索的盛田昭夫神色凝重地走在大街上，他无意中走进了一家古董店，看见一个衣着素雅的人正用一大沓钞票换一件古董。他茅塞顿开，价格昂贵而并无实用价值的古董之所以能让买主毫不迟疑地掏腰包，其根本原因是这些买主知道古董的价值，知道买了它是一种投资。盛田昭夫由此想到：要销售公司的新产品，就必须努力让人们了解产品的价值，人们也只有认识了产品的价值，才有可能会心甘情愿地买下它。

盛田昭夫看准了当时日本的法院缺乏速记人员，就让人将录音机拿到法庭上进行表演，结果当场就卖掉了 20 台。因为法院的人看到了磁带录音机的价值所在，因此对他们来说，这不是玩具，而是能帮助他们更好地工作的必需品。接着盛田昭夫的眼睛又盯上了学校。在当时，学校英语的视听训练除了放映影片外没有别的途径，而放映影片又太麻烦，于是他们公司为学校专门设计了一种 H 型录音机，只比公文包大一点，价格也很合理。于是，这种录音机深受学校的欢迎，成为畅销一时的产品。

因为这次推销的成功，整个公司都欢呼雀跃。盛田昭夫的创意坚定了他日后工作的方向，他决定将其作为一种销售思路在公司的营销业务中进行推广。

1960年，盛田昭夫亲自筹划的陈列中心就是这一创意指导下的产物。在陈列中心内，客户可以自由地试验索尼的新产品，测试其性能，了解其价值，而无须推销人员在旁边费尽口舌。这个办法取得了相当不错的效果，使人们对了解索尼及其产品起到了任何广告都无法比拟的作用。

盛田昭夫还喜欢把一个好的创意不厌其烦地反复使用，其效果总是让人吃惊。他把陈列中心的经验转移到了国外，先是在纽约繁华的第五大道开设了一个陈列中心，上面挂上了索尼的标志，后来又在世界各国设立陈设中心，其中法国巴黎香榭丽舍大道的陈列中心非常闻名。

这些陈列中心在索尼产品的销售中，无疑起到了窗口的作用，人们可以通过它了解索尼，索尼也凭借它了解世界。正是好的创意给索尼带来了成功，同时也奠定了索尼在电子行业不可撼动的龙头地位。

由此可见，一个好的创意可以带来难以估量的收获。

也许有人会说，好的创意属于那些出类拔萃、才智超常的人，而我只是一个很普通的人，不可能有改变命运的创意。其实不然，好的创意并不是优秀人才的专属品，普通人也一样可以拥有。无论你是优秀的，还是普通的，都有着属于自己的创意，只不过有时候这些创意处于隐蔽状态罢了。因此，普通人只要能够用心思考，一样能突破自我，拥有好的创意，赢得好的人生。

那么，好的创意到底在哪儿呢？怎样才能挖掘出来呢？好的创意并不神秘，它们存在于生活的各个角落，只要你充分发挥思考的能力，激活自己的创新意识，用心面对问题，获得成功并没有想象中的那么难。邮票打孔机的创意就源自于生活。

19世纪的某一天，英国发明家亨利·阿察尔在一家小酒店喝酒的时候，无意中看到一位客人正拿出一枚邮票想要贴到信封上寄走。可是，他摸遍了衣服所有的口袋，却发现忘了带剪刀。犹豫片刻，他取下了别在西服领带上的一枚别针，在各邮票连接处刺了一行一行的小孔，很整齐地就把邮票撕开了。这一幕给了亨利·阿察尔一个重大的启示。时隔不久，一种新的机器——邮票打孔机在亨利的实验室里被制造出来。从此以后，邮票与邮票之间便多了一些整齐的齿纹，人们可以很方便地把每枚邮票分开了。

这样的例子还有很多，由此可见，好的创意并不难寻，它就存在于生活的方方面面。只要你有一双善于发现的眼睛和一颗善于思索的头脑，那么在生活的各个角落你都可以收获创意所带来的丰硕成果。

美国一家化学公司的技术人员为了解决“如何才能比较容易地清除旧家具或墙壁上残存的油漆”这个问题而进行了多番讨论。大家查文献，找资料，提出了许多想法，但是没有一个想法能够行得通。

一天，他们当中的一位工程师突然想到，小时候放鞭炮时，导火线一点，鞭炮便“噼噼啪啪”地响成一片，然后，包在鞭炮上的纸都被炸得粉碎，没有丝毫留在上面。可不可以利用同样的原理，在油漆里放点炸药，当需要油漆脱落的时候就可以把油漆炸掉呢？虽然这个想法遭到了大家的一致反对，但这位工程师还是沿着这个思路不断地进行试验，终于发明了一种可以加进油漆的添加剂。这种添加剂被添加到油漆里后不会引起油漆质量的变化，但是，当它接触到另一种添加剂的时候，便会马上起作用，使油漆从家具或墙壁上掉得干干净净的。

表面看来，想出一个好的创意似乎需要天时、地利、人和，其实，好的创意不是那么神秘且高不可攀的。我们的生活多姿多彩，处处充满着机会，处处都有可以挖掘的宝藏，重要的是，如果它们没有被用心地挖掘和恰到好处地利用，便不会发出金子般的光彩。

有位名人曾这样说：“我不知道世界上是谁第一个发现了水，但肯定不是鱼。因为它一直生活在水中，所以始终无法感觉到水的存在。”其实，不止是鱼，由于受到传统思维方式的限制，很多可以为我们所用的创意一直在我们的身边，却被“当局的我们”视而不见或盲目地排斥，阻碍了创意可能的成长空间。正如法国生物学家贝尔纳所说的：“妨碍人们的最大障碍是已知的东西，而不是未知的东西。”

因此，想要获得成功、成就人生，就不妨换个立场和角度去观察和思考生活中那些司空见惯的事情，做一个生活中的有心人。到那时，你将会发现，原来生活中处处存在着创意，信手便可拈来。如此一来，你还会怕得不到成功吗?

第四章　信念可以让奇迹发生

1.信念可以让你青春永驻

任何一个人，男人也好，女人也罢，都想自己的青春永驻，永远活在那个青春浪漫、充满激情的年代。基于这个需求，人们的衣着越来越年轻化、潮流化，女人们的化妆品日渐堆积成山，男人们的保养品也慢慢地排成一行。然而，这些并没有留住人们的容颜，岁月还是在他们的脸上和心里留下了深刻的印记。

是的，一个暮气沉沉的人不可能穿上几件年轻人的衣服，就说自己仍然年轻；用一些所谓名贵的化妆品，就能掩盖自己衰老的痕迹。青春永驻的秘诀不在于“外”，而在于“内”，更确切地说是在于自己的思想。保持思想的年轻化，是抗击衰老的最佳利器。伦敦国际顶级权威医学杂志《Lancet》刊载过的经典案例，极好地说明了精神力量对于保持身体年轻所具有的巨大影响力。

有位女士因为被爱人抛弃，精神受到刺激而出现问题，她因此丧失了对时间的感知能力。这是一种什么样的病呢？具体表现为病人对时间失去了感知。这位女士认为她的爱人还会回来，她每天都会站在窗前等待他的身影出现，多年一直如此。70 年过去后，一群美国人（包括医生）发现了她，认为她的实际年龄不超过 20 岁。因为从外表看，她的头上没有一根白发，脸上没有一丝皱纹，皮肤和少女一样白皙光滑，在她身上看不到任何能表明年龄的痕迹。她没有衰老，是因为她认为自己仍然是个少女，她坚信自己仍生活在她爱人离开的时候。她的信念控制了身体的变化，出现了实际生理年龄和自己认为的年龄一样的情况。

身体外部的表征是内在信念的指示牌。如果总是存有老年的想法和观念，那么你的身体也会有所反应，开始衰老。如果你在 30 岁时，从心灵深处坚信自己已经 60 岁，那么你的外表和神情就会体现出 60 岁人的特征。同理，你坚信自己很年轻、充满活力、健康活泼，这种心态也会体现在你的脸上，体现在你的整个外表上。

因此，倘若你想保持年轻，就必须摈弃那些有损年轻的东西。因为没有什么比自认为已经老了，丧失了对任何事物，特别是对年轻人的娱乐活动和生活方式的兴趣更能有损人的年轻了。当你不再像年轻人那样壮志凌云时，当你拒绝参与年轻人的体育运动时，当你不愿和孩子们嬉戏玩耍时，你就会感觉自己正在衰老，身体开始僵化，年轻时的精神状态一去不复返，直到你真的变老了，甚至变得很老很老。

有个年轻人向一位年事已高但仍保持着年轻面孔的老人请教青春永驻的秘诀。这位老人回答说，过去 30 年间，他一直担任一所学校的校长，他喜欢走进年轻人的生活和学习中，并成为与孩子们志同道合的伙伴。他认为，这使得他的头脑一直关注年轻、进步和丰富多彩的生活，而没有给思想的衰老留下近身的可能性和突破口。

从这位老人的回答中，我们发现他的内心不接受年华老去的暗示，他的信念让他一直过着年轻乐观的生活，保持着迷人的乐观天性。信念的影响是强大的。我们只有形成了永远年轻的思想认识，以至于我们确实感觉到了自己的年轻，我们就赢得了抵抗衰老的胜利。相信自己年轻，就会保持年轻，对于年轻或衰老的认识，都会反映在身体的变化上。一旦自认为已经衰老，那么世界上再也没有什么东西能够使我们保持年轻了。

当然，我们不得不承认无论我们的感受如何，年龄总会或多或少地在我们的身体上留下一些记号。但是，拥有阳光、乐观的年轻思想，你就真的可以创造“长生不老”的奇迹。

而缺乏坚定的信念、思想的过早老化是我们面临的最大问题。快节奏的现代生活严重损害了我们的想象力，使我们不再年轻，失去了年轻人特有的机敏、灵活和高效，最终成为“一无是处”的“糟老头”或“糟老太”。

那么，到底怎样做才能拥有坚信青春永驻的强大信念呢？其实很简单，学会忘记那些不愉快的事情，开心快乐地生活。生活快乐幸福、如沐春风的人，一般不会像精神压力大的人那样容易衰老。因为，他们的身心总是处在一种自由安详的状态，而不用整日与紧张、害怕、恐惧等情绪相伴。

除此之外，停止自我提升、停止学习新东西也是很多人过早老化的原因。人到中年，许多人就已经失去了获取和接纳新思想的能力，达到了认识发展的停滞点，难以进一步提高思想认识，这是一个令人叹息的事实。

不要因为你已经有了很大的进步，就像远航的轮船抛锚那样停止远航，因为这样你会迅速落后。千万不要让自己失去年轻的心态，无论你过去做过什么，都不要说你现在不能做什么，都要努力去过属于年轻人的生活。不论岁月已经流逝多少年，也不要在精神方面担心男女有别，要让自己收放自如，超越年龄的囿限。要记住，正是那些陈腐的思想、陈腐的精神使你的身体不断老化。要想保持年轻，就要不断地坚持学习，不断地对周围的一切事物保持浓厚的兴趣。

不要再“执迷不悟”，认为你的青春和寿命都是命中注定。要知道，年轻的信念是你的天赋人权，你应该坚定地保有它，坚持每天对自己说：“我一直很好，我很年轻，我的思想、我的心态不会让我变老，年龄也拿我无可奈何。造物主打算让我健康地生活，不断地进步，生活得更美好。”将这种信念渗入心底，不断重复，直至成为自己潜意识的一部分。

2.富足和坚定的信念是可以画等号的

为什么取得伟大成就的总是少数人呢？因为大部分人的内心充满了对成就的怀疑、担心和恐惧。他们自己关闭了通向富足的大门。一颗充满狭隘、质疑和悲观之情的心灵，怎么可能营造出富足的人生？富足乃是富于活力的精神的创造物。心中充满怀疑和担心，会削弱意志自身的能量，使身心沦陷在消极、毫无创造力的状态中，这种消极的精神状态与富足毫无关系，所以也就不可能将富足吸引到自己的生命中来。

当然，谁都不愿意失去机会、远离财富，与成功失之交臂，但是内心又一直对是否能够得到这些充满了怀疑和胆怯，没有勇气去追求，即使勉强为之，也没有必胜的信念和决心。其实，恰恰是这种消极的情绪在潜移默化地使你离成功的人生越来越远。正是对财富的怀疑和恐惧，才使你今天成功地变成了你所害怕的穷人。

因此，倘若我们的信念不够坚定，在智力层面就很难把财富吸引到我们的身边来。如果我们不能与那个可以源源不断地给我们提供能量的源头相契合，人生就会变得多灾多难。记住，我们人生的局限存在于我们自身的精神之内。我们想要的东西不是太多，而是太少。由于思想中缺乏斗志，所以我们畏首畏尾，勉强度日。富足的生活一直在那里等着我们，我们却忽视了它的存在。这就好比泉水从我们的门前缓缓流过，我们却只得到几滴水珠。

富足的生活并不是那些居高位、能力强、运气好的人的专利。你之所以现在还是一个穷人，完全是你轻视自己、缺乏自信所致。

内心对财富的正确感悟，将可能为你带来你想要的一切。有一位女士，她总是对身边的事物充满感恩之情，还特别善于发现高质量生活的价值，她从不怀疑自己有一天会过上富足的生活。在她看来，事无大小，皆不普通，连她从事的最平凡的工作，她都认为充满了神圣的意义。她行事不骄不躁，不思前想后。她爱每一个人，而人们也都爱她。她天性阳光快乐，从不质疑造物主的无穷智慧和恩赐，她与世无争，与人相处其乐融融。她是真正富有的人，不仅自己享受着生活，还把快乐和富足带给身边的每一个人。

与之相反，世上还有这样一种人，无论他们有多少财富，都不可能成为精神富足之人。因为这些人天生刻薄、小气，内心的贪婪和自私会把甜蜜和温馨挤出他们的生活。这个问题比富足本身更值得我们优先考虑。如果我们的眼睛和心灵充满对贫困、匮乏的担忧，就不可能成为富足的人。要想达到富足的境界，首先要有富足的思想。一旦我们发现使身心满足并不一定非得借助外力时，发现可以滋润心灵的清泉源自我们内心时，我们就不会再感到匮乏。因为，我们懂得了如何去内心深处，开掘那个取之不竭、用之不尽的灵魂宝藏。以前我们之所以会遇到困惑和困难，问题在于我们缺少富足的思想，缺少富有创造力的心灵。坚信自己是为富足、庄严和神圣而生，不断地朝着这个方向去努力，终有一天，你会实现自己的梦想。因为一个人的精神高度，决定了他将得到什么。

为什么贫困入不了成功人士的法眼？因为在这些杰出人士的精神中，他们只看得到无处不在的富足，他们从不怀疑自己的能力，坚信世间俯拾皆是唾手可得的财富。在这样一种信念的支撑下，经过不断地奋斗，最终的结果往往是天遂人愿。

人们不可能超越自己所关注的生活。我们在生活中关注什么，就决定了生活会怎么样，决定了我们会有怎样的地位和境遇。如果我们关注的只是贫困，那么财富就很难进入我们的世界。如果一个人认定世界上的美好事物与己无关，那他又如何能得到它们呢？相反，如果我们坚信这些美好的东西是专门为我们准备的，坚信追求健康、幸福和富足是我们与生俱来的权利，生活就不会让我们失望。因为当我们清醒地意识到自己的理想和追求的时候，我们的生活也将会朝着那个方向发展。

人的一生都在追求梦想，期待幸福，但是看到的却是人生的孤独、无助和不幸，人们总是为那些美好的事物属于别人、不属于自己而懊恼。其实，正是这种思维方式和心灵关注点限制了他们获得期待的东西，使得他们只能为一些无关痛痒的事物奔波。人生最重要的事情，莫过于学会让自己一辈子生活在无限的富足中。就像铁笼中的雄鹰徒劳地期盼自由，大多数人也无力突破自己观念的牢笼，而将自己的思维局限在贫乏的思想中。但也有少数人，他们与生俱来地认为自己理所当然地配得上世间所有的富足、庄严和神圣。坚定的信念是他们精神世界的核心，就像呼吸空气一样，创造人生对他们来说也是一种本能。他们自信、勇敢和无所畏惧地追求幸福的脚步，永远不会被怀疑、畏缩、懦弱和缺乏信心所阻拦。在他们看来，无限的资源平等地属于每个人，能满足每个人的需要。他们身上这种坚定的信念，正是他们无穷创造力的来源，也是他们获得成功、收获财富的秘诀。

无论你现在遭受什么样的磨难、处于什么样的境况中，请相信：真正的幸福之日注定要到来。富足就像一泓清泉，吝啬、怯懦的心田与它无关，唯有自信的人才能品尝。

3.迈过心理这道坎，打通心灵的隧道

“古今成大事者，不唯有超世之才，亦必有坚韧不拔之志”，这是亘古不变的真理。而在今天的社会里,不妨将这句话换做“迈过心理这道卡，打通心灵的隧道”。相信自己的能力，跨过自我设置的障碍，你将会顺利地开启成功的大门。

在现实生活中，有的人总是抱怨社会不公，缺少伯乐，以至于埋没了他这个“人才”。其实,由于自我心理设限而产生的自卑或缺乏信心和勇气，以及安于现状和不思进取等消极情绪，才是问题的症结所在。如果你能多给自己一点信心、勇气、干劲，多一分胆略和毅力，就很有可能使自己身上处于休眠状态的潜能发挥出来，获得成功。在这一点上，林肯的母亲曾带领她的孩子为我们做出了榜样。

林肯的父亲在西雅图以非常低廉的价格买了一座农场，农场里面有许多石头，看上去非常牢固，仿佛和山紧紧地连在了一起。有一天，林肯的母亲建议把石头搬走。而父亲说：“如果可以搬走的话，别人就不会以这么低的价格卖给我们了。它们是如此牢固，根本不可能搬动的。”

就这样，那座农场一直保持原样。直到有一天，父亲去城里办事，林肯的母亲带着孩子们来到农场。母亲说：“孩子们，让我们把这些碍事的东西搬走，好吗？”“它那么牢固，这怎么可能？”林肯的哥哥也像父亲一样，觉得不可能搬动这些石头。

“孩子，只要我们决心把它们搬开，就没有什么不可能的。”母亲坚定地说。于是，在母亲的建议和鼓励下，林肯和家人一起开始挖石头。他们只往下挖了几十厘米，那些看似生着根的石头就晃动起来。不久之后，所有的石头都被他们清理干净了。

这个故事告诉我们：有时候成功并没有那么难，成功也可能是唾手可得的事情，但是因为我们为自己设置的心理障碍，结果我们与成功失之交臂。所以，只要我们能够把这些心理障碍从我们的心中搬走，就没有什么事情是做不到的了。也就是说，只要有信心，任何梦想都可以实现，任何奇迹都可能诞生。因为一个没有信心的人，即使再好的机会来到他面前，他也不敢去尝试。只有那些敢于跨过心理障碍的人，才能畅通无阻地走完自己的人生之路。

倘若你总是信心十足，以征服者的心态积极地面对人生，你将来的人生也必定是灿烂无比的。因为必胜的信念会带给你巨大的动力；反过来，如果你为自己设置心理障碍，内心自卑，以屈服者的心态消极面对人生，你就会以自我贬低和逃避挑战的形象自毁前程，最终导致悔恨不及的失败人生。

对于一个胆怯、敏感的人，如果能够不断地给他以鼓励，让他相信自己的能力，帮他跨过自我设置的心理障碍，让他相信会有光辉灿烂的前途，那么他一定就会渐渐拥有自信，并能成为社会的有用之才。

要知道，人们是很难能超越自我评价的。一个人目前的能力是否很强，并不是很重要，因为他的自我评估在很大程度上能决定努力的结果，决定是否能取得成功。一个对自己有信心但能力平平的人所取得的成就，往往比一个具有卓越才能但自卑的人所取得的成绩大得多。因此，千万不要给自己的心理设置障碍，无论何时，都要对自己充满信心。如果你形成了积极、崇高的自我评价，那么，你身上所有的力量就会爆发，帮助你实现梦想。

某大型公司的一个推销员小A，总是觉得自己没有别人优秀，每天的销售业绩也不好，于是，他认为自己不是做销售的料。于是，一天早晨，他走进了老板的办公室，站到老板面前说："我想辞去现在这份工作。"老板就问他："为什么？"他说："因为我觉得自己没有耐心，而且也没有能力做好这份工作，我认为自己不配再领公司的薪水。"老板听完后，却觉得一个人竟有这么大的勇气去向老板承认自己的失败，这种品质真是难能可贵。如果他能把这份勇气用到工作中，那该多好呀。只要这个人加以正确的引导，必定是一个很有前途的人。

想到这儿，老板做出了让小A惊讶的决定，他没有同意小A的辞职，而是盯着小A的眼睛对他说："我对我任用什么样的人一向很有信心，我认为你完全具备做推销员的潜质。我要求你去挑战自己——做最成功的推销员！小A，你现在就出去推销，在今晚要带回比以前任何一天都多的订单。"小A听到老板的回答，惊讶极了。稍后，他径直走出了办公室。当晚，他回到公司时，已不再像早上那样盲目和无所适从，从他身上流露出的是自信和胜利的喜悦。就在那天，他做出了很好的销售成绩，而且，从那天以后，每一天他都能创造新的纪录。

在现实生活中，有很多像小 A 这样的人，他们并不缺乏成功所需要的潜质，需要的只是跨过自我设置的心理障碍。所以，一定要对自己充满信心，一定要相信自己有着非同一般的前途。如果你坚持不懈地去努力，那么，由此而产生的精神动力就会帮助你去实现心中的理想。因为信心往往能够鼓舞一个人的斗志，激发一个人的能力。一个人的信心越大，就说明他离成功越近。

那么，我们应该怎样做才能建立起良好的自信呢?

（1）正确认识自己

众所周知，自信都是建立在客观规律的基础上，盲目自大是万万不行的。自信是建立在自知的基础之上的，而且是正确的、清楚的自知。这就要求我们对自己要有正确的判断，知道自己的优缺点。

认识自己的目的在于发展自己、完善自己，我们在认识到自身的优点时，就要充分地表现自我，显示自己的能力和才干，以增强信心。同时，发现自己的缺点后，就要设法改正，变不利为有利，以增强自己的自信心。

（2）不要过分苛求自己

过分追求完美、过分苛求自己的心理状态会使人的自尊心过强而自我满足感过低，稍受挫折和失败，就容易危及自信心。事实上，每个人都难免会有不足的地方，对于缺点、错误和失败，大可不必过分苛求，更不该轻率地否定自己。

（3）以勤补拙，增强信心

自信来自勤奋、来自刻苦、来自付出。没有冬练三九，夏练三伏，就不会有亚运会、奥运会金牌的获得。因此，要建立自信，必须积极向上，勤奋学习，善于接受新鲜事物，不断用科学文化知识充实自我、更新自我，这是增强自信心的最好方式。

（4）不断地给自己积极的暗示

鼓励自己、相信自己能行是一种信念，也是一种力量。一句“我能行”这样积极的自我暗示，可以增加自信心。如果能将这样积极的自我暗示不断地渗透到自己人生的各个方面，便能撞击出能量的火花，就能培养出超级的自信心。

虽然成功的道路有千万条，但是我们究其根本就会发现：凡是能够激发潜能、获得成功的人，都是信心十足、努力进取、敢于打破常规、善于转变思维的人。所以，不要再犹豫，不要再彷徨，大胆地放开思想，迈过心理这道坎，打通心灵的隧道，成功自然会属于你。

4.用信念再造全新的精神世界

在现实中，由于生活和工作的压力巨大，不乏思想消极、悲观的人。正是这不良情绪的影响，不仅让他们把工作弄得一团糟，还使他们的生活蒙上了一层阴影，仿佛置身于黑暗的深渊却无法自拔。

不过，处在这样困境的人也不用太担心。因为，任何的不良情绪和消极思想都不过是意识的反映。对于那些不良情绪，人们总有办法去对付它们，而这办法就是强大的信念，它会使你所有的拯救措施都可随时实施，并取得良效。换句话说，当你通晓精神化学的奥秘时，也就能够消除各种不良情绪，诊治各种意识问题。

能够自由支配自我精神王国的人，才是真正伟大的人，因为他们可以控制自己的情绪。因此，我们必须学着去真正理解每种真实、健康、有益的思想观念，努力在行为中不断强化这些积极的情感体验，提升生命的意义。当心中充满振奋人心的积极情感时，不良情绪就难以有容身之地，更难以摧毁人的身心健康，因为这是两种完全不同的情绪，他们会彼此制衡，相互中和，如同化学上的酸碱平衡的道理。

其实，不良的情绪、消极的思想等，都是精神上的疾病，而要治愈这些疾病，运用精神化学原理即可。比如，倘若中了“酸性毒药”，就像化学家利用碱性物质去中和酸性物质一样，用精神上的“碱性解药”去治疗。它们能有效地中和抑郁情绪，消除有害思想。具体言之，就是用乐观思想去抵消悲观想法，用内在和谐去平衡各种身心冲突，用爱心和饶恕去消除仇恨、嫉妒和报复心。

因此，学会精神化学，及时转变观念，是远离不良情绪的法宝。我们中的很多人由于不了解精神化学，所以处于极端的无知状态，而使自身遭受了很多精神痛苦。我们甚至对自己正在遭受的精神方面的自我戕害也全然不知，深陷其中不能自拔。再没有什么能像满腹厌恶、心怀嫉妒等行为那样，严重地消耗我们的精力、损伤我们的生命了。

那么，当我们的身心面临这些不良情绪和消极思想的时候，我们该怎样去化解呢？

首先，应该正确认识思想意识对人的影响。通常人们会认为思想意识只会对大脑产生影响，而事实并非如此，它能影响到的是人的整个机体。人体是由细胞构成的，如果人生病了，就说明身体内的细胞受到了损伤。要实现身心的最佳状态，则依赖于全身的协调一致。许多心理学专家经过多次研究发现，大脑的灰色区域与盲人的指尖关系密切。盲人的指尖通常非常灵敏，能够辨别出非常细致的纹理。这说明意识影响的不仅仅是大脑，而是全身。身体就是一种扩容了的大脑。从突发事件或巨大灾难对身体各个部分所产生的瞬间影响来看，进入大脑的各种意识都会很快地波及全身，影响到整个身体的内分泌及其功能。

当人体收到一封带来噩耗的电报之后，不良情绪便会迅速影响到心脏、胃、大脑等身体器官。由此很容易解释，为什么有人会因为一个噩耗而一夜之间满头白发，有时候甚至不需要一夜，几个小时乃至几分钟就够了。因为，信息从脑部传递到身体其他部位几乎是在一瞬之间完成的。人体内数以亿计的细胞彼此协作，一荣俱荣，一损俱损，牵一发而动全身。由于人的意识或情绪的不同，受到影响的细胞就会受到两种不同的刺激——生或者死。在这两种不同的刺激下，产生不同的结果。

医学专家们已经通过实验证实，消极的因素会损害我们的身体健康。而健康有益、鼓舞人心、积极向上的乐观情绪，能改善整个机体的细胞寿命。当消极意识不断杀死细胞时，那些积极意识又在不断促进细胞产生、成长，延长细胞的寿命。即使身体最边缘部分的细胞，也能迅速感应到每种意识和情感所传递的信息。所以，我们必须高度关注这些不同信号所蕴涵的意义。如果长期处于生病、失望、恐惧、忧虑、嫉妒、仇恨、愤怒等状态中，就会损害身体内不同细胞之间的完整性和统一性，不但会使健康状况恶化，而且会造成精神和身体活力的下降，严重损害身心健康。

同理，良性意识不但会促进身体内细胞的滋生，而且能够提高它们的质量。人们应该有意识地使每个细胞达到最优状态。换言之，实现机体精神和生理的和谐统一，达到健康有序的状态。总之，思想意识的好坏决定着人们的身心健康。

其次，用信念再造全新的自我。

每个人的意识都像天上的浮云，可能会飘向任何一个方向。如果没有坚定的信念的话，各种不良意识纷至沓来，会影响到我们的思想。它们彼此之间的碰撞、冲突，让我们的思维陷入混乱，甚至行为失常。因此，我们必须懂得如何对不同的意识进行适当的引导，以保持良好的状态。控制情绪最好的方法就是，用信念引导意识朝健康有益的方向转变，从而防止各种不良情绪对我们造成伤害。

信念是人类包治百病的灵丹妙药；信念是人类摆脱抑郁、拥抱快乐的至尊法宝。信念可以使人改头换面，重塑崭新生活；信念能够让人远离痛苦，享受美好人生。现在仍处在消极悲观中的人们，还在等什么呢？赶快让信念照亮你的人生，用信念再造全新的精神世界。

5.用信念点亮你的人生

世界上有千千万万的人，只有一小部分人拥有伟大的成就，享受着最美好舒适的幸福生活；而大多数的人则是平平淡淡、普普通通甚至庸庸碌碌地过完了一生。为什么会出现这种情况呢？难道这些“平凡”的人，真的比那些“伟大”的人笨得多吗？答案当然是否定的。世界上人与人之间的智商几乎没有差别，之所以会出现这种结果，其根本原因在于自己的信念！

有这样一个故事：

一个士兵去给拿破仑送信时非常担心自己的马会在返回的路上死掉，于是拿破仑将回信交给士兵后就命令他骑上自己的马，以最快的速度把信送回去。信使看着那匹配有名贵马饰的战马说：“但是，这对于一个普通士兵来说太奢侈了。”拿破仑说：“没有什么对法国士兵来说是过于高贵的，我们配得上最好的东西。”

正是因为有很多人像这个法国士兵一样，总是认为别人拥有的一切对于自己而言是高不可攀的。在这种信念的指导下，必然会有后面令人叹息的“遗憾”。是的，如果你仅仅以对侏儒的要求来要求自己，仅仅满足于得到侏儒所能得到的东西，那么你永远不可能成为巨人。因为侏儒的思维中不可能出现巨人的形象。坚信自己是“劣等人”，认为自己的卑微是理所当然的人，是不可能意识到自己本身所蕴藏的潜能，更不可能将这种潜能挖掘出来，然后用其成就自己辉煌的事业。

一个人的自我定位、内心的信念，往往决定了其成就的大小。

人的生命是有限的，在有生之年，最难做到的事情莫过于最大限度地相信自己，相信自己天生就是伟大的，相信自己有能力得到自己想要的一切。这种强大的信念和对美好事物的追求是实力的标志，是内心爆发力的源泉，是现实理想和抱负的前提。如果不能在心底真正地认可自己的无限潜能，是不可能完成你所梦想的成就。当鸟儿在冬天来临之际依靠本能飞向南方时，造物主不会因为没有给予它们阳光灿烂的南方而嘲笑鸟儿的愚蠢；同样，造物主不会因为没有给予人类实现无穷目标的能力而嘲笑人类实现理想的信念。

实现理想的过程是寻找自我、走向自我的过程。当你看到一个人在某个领域做出了令人瞩目的成就，一定要记住他在成功之前就已经把自己放在了成功的位置上，正是他的精神和干劲创造了现在的成就，正是他对人生、对职业以及对自我的态度使得他顺利地走向辉煌，拥抱了成功。

"尽一切可能相信自己"，这是所有获得伟大成就的人皆具备的信念。换言之，相信命运掌握在自己的手中，相信在自己身体里有一种力量。这种力量一旦被释放出来，加上忘我的拼搏，不仅能把你塑造为成功人士，而且还能使你变得幸福和快乐。

读过《圣经》的人都知道，《圣经》通篇强调的都是信念创造奇迹的力量。内心的信念使一个人看到了存在于自身的力量，而这种力量能够克服目前的障碍。信念打开一扇门，它让我们可以看到灵魂中的可能性和有限性，并且释放出更多无法遏制的力量。

信念深埋在我们的内心中。依靠信念，而不是我们的动物本性，我们才能看到真正的自我。信念是我们内心的先知，是上帝任命的信使，它奉命在一生中陪伴、指导和鼓励我们。它让我们看到了自身的诸多潜力，让我们不再垂头丧气、灰心绝望，重新点燃自信和希望的灯塔，以积极乐观的态度迎接下一个挑战。

信念知道一切。恐惧和疑虑总是将我们所有的潜能遮掩，而信念看到了我们所有的潜能。信念是确定性的认识，绝不害怕的观念深植于心；信念能够看到出路，看到解决问题的途径。信念影响到我们能否获得更美好的生活，关系到我们能否拥有更高更神圣的精神王国。对拥有坚定信念的人来说，一切皆有可能，因为信念能够识别出造就成功的力量。

如果我们能够相信自己，就可以移除所有大山一样的困难，我们的人生就会像一次胜利的征程；倘若我们拥有足够的信念，我们就可以治愈所有疾病，实现所有梦想。在信念的支持下，我们在困难面前才不会放弃。信念是奇迹的创造者，它能穿透重重迷雾看到最终的目标。相反，犹豫、畏惧、胆怯和懦弱把我们从通往成功的路上拽了下来，使我们放弃崇高的事业而碌碌无为、平庸至今。因此，只要我们的信念足够坚定，就能够远离贫穷、失败，走向渴望已久的成功，过上幸福快乐的生活。

当然，我们不但要把成功的渴望保持在沸点，而且要把全部努力投入到实现目标的过程之中。只有极度高温才能使铁矿石熔化，进而浇铸成型。同样的道理，只有目标明确，执著前进，保持狂热的激情，才能获得巨大的成功。相反，三心二意或徘徊不前将会一无所获。

世界上有很多人的生命是在忙忙碌碌、糊里糊涂中消磨掉的，究其原因，无非是他们动力不足，努力不够，该做决断时优柔寡断，毫无斗志，舍不得付出，最终蹉跎一生；而有些人则牢牢坚守“不达目的誓不罢休”的信念，不知失败为何物，始终果敢坚毅，时刻准备着背水一战，为获取成功敢于承担任何风险、付出任何代价，因此他们能最终攀登到成功的顶峰，笑看天下美景。

当一个认为自己是命运的玩偶，失败是自己的宿命时，他便会放弃奋斗、放弃自己，当然也就放弃了成功。如果他能够跳出思维怪圈，恢复已经失去的信心，认识到自己能够战胜命运，认识到自己心灵的力量比任何外部力量都更强大，那么，成功依然会向他展开迷人的笑脸。

请记住，我们渴望、羡慕、为之奋斗和长期坚守的，正是我们将要得到的；我们的渴望和耐心有多强，我们的成就就有多大。由于习惯于俯视自己，我们才认为自己非常渺小，没有优势；我们应该仰视自己，这样我们才能达到一个优秀者应该达到的高度。一个执著于追求的人，不仅仅是在为成功而奋斗，实际上，奋斗过程本身就是一种另类的成功。

需要注意的是，自信并不等于自大。自信来自于对自身的深刻了解，成功人士深信这种自信足以使其成功。坚定的信念帮助一个人获得无法抵挡的力量。如果左右为难、举棋不定，你就失去了事业上的爆发力；如果左右权衡、犹疑不决，你就会在前进的路上忐忑不安；如果你拥有蓬勃的创造力和坚定的意志力，你迈向成功的路将会顺利得多。

相信自己的优秀，相信自己能得到世界上最好的东西，只有这样才能准确定位自己，将对成功的渴望化为真实的行动，才能最大限度地发挥自己的潜能，完成看似不能完成的任务。

信心是否充足、信念是否坚定，决定了你人生道路的长度和宽度。执著的追求、坚定的信念是所有伟人迈向成功的第一步。只有拥有坚若磐石的信念，才能扣紧目标、永不放弃；唯有掌握坚不可摧的信念，才能扫除障碍，走向成功。将所有的犹豫和恐惧都抛到九霄云外吧，用安如泰山的信念点亮自己的人生。

第五章　给你一个刺激，让你完成飞跃

1.挫折是迈向成功应缴的“学费”

“不经历风雨，怎么见彩虹，没有人能随随便便成功……”李宗盛的这首《真心英雄》唱出了追求理想、实现自我的真谛。任何卓越都是用磨难和坎坷灌溉出来的花朵；任何成功都是用坚强和勇敢磨炼出来的战果。挫折是每一个成功者迈向成功应缴的“学费”。只有这样，我们才能懂得成功的艰辛，才会对来之不易的胜利果实倍加珍惜。

人的一生，不可能是一帆风顺的，总会有我们意想不到的困难在等待着我们去面对、去克服。所以，在前进的道路上，遇到挫折是不可避免的，这时候我们应该乐观面对。把挫折当做走向成功的必经关卡，把挫折当做迈向成功应缴的“学费”，只有这样，我们才能坦然应对挫折，欣然迎接成功。

每一个优秀者的成功之路都是充满艰辛的，李开复在成长过程中也曾遭遇过刻骨铭心的挫折。之所以说刻骨铭心，是因为挫折让他受益良多，让他对挫折有了更深刻的认识，从而更加坚定了他走向成功的信心。

1984年，李开复在攻读博士期间，被安排为天才高中生讲课，原以为自己会讲得很好，但得到的评价却让他大失所望。伤心的他开始反思自己是不是不适合做老师。但是他想起了大学时一位老师说过的话，一个有思想的人不能表达就是没有思想的人。他下定决心学会沟通，并向有经验的老师请教。后来，李开复从挫折中学到了很多。因为挫折让他反思，因为反思让他坚定。

多年之后，李开复总结成功经验时，这样表达自己对挫折的看法：“今天回顾我的一生，我发现自己最大的学习机会都来自我所遇到的挫折，而不是来自成功。对于遇到的每一个挫折，如果今天你问我是希望它发生还是不发生，我可以明确地讲，我宁可它发生。因为发生了，我才能得到学习的机会，而学习使我受用终生。”

事实上，在通往成功的道路上，几乎每一个伟人都需要经历挫折的洗礼。尽管他们的具体过程可能不同。当年爱迪生为了发明电灯，试用了一千多种灯丝的材料。在整个实验的过程中，他经历了如此多的挫折，换做任何一个人，都可能选择放弃。但是乐观的爱迪生说：“失败也是我需要的，它和成功对我一样有价值。”他把挫折当成是走向成功所缴的“学费”，最后获得了巨大的成功。

犹太民族是获得诺贝尔奖最多的民族，这个民族所经受的苦难称得上是“炼狱”。但是他们不屈的斗志使得他们能够团结如一，在各个领域做出了杰出的成就，创造了一个又一个的奇迹。

当代年轻人最缺乏的就是面对挫折时毫不退却，把挫折当做成功的养分的精神理念。在人生的道路上，没有挫折、一帆风顺是一种不可能达到理想状态。想要你的人生更精彩、更有意义，就必须懂得挫折是生活中的一种常态，必须善于向挫折学习。只有这样，才不枉在人生的课堂中所缴的“学费”，才能顺利地拿到你所期待的“文凭”。

2.之所以优秀是因为生命的锤炼

优秀不是与生俱来的，成功也不是一蹴而就的。优秀的人之所以能够淡定从容地在现实生活中赢得尊重、获得成功，是因为他们具备各种良好的品质，是因为他们长年累月的努力和奋斗。换言之，之所以优秀是因为生命的锤炼。只有把优秀当做习惯，懂得生命需要锤炼，不畏艰险、勇往直前的人，才能拥有成功的事业和梦想的生活。

一个具备良好品质、事事追求完美的人，是不需要别人反复叮嘱和严格要求的，他会自觉地把生活中遇到的各种困难和挫折当作一种磨炼，他会用精益求精的标准严格要求自己，所以，这种人常常能达到普通人所不能达到的境界。施罗德就是这样的一个人。

1944年4月7日，施罗德出生于一个工人家庭，幼年丧父，母亲带着他们姐弟二人相依为命，日子过得非常艰辛。

一天，债主逼上门来，母子抱头痛哭。年幼的施罗德拍着母亲的肩膀安慰她说：“别伤心，妈妈，总有一天我会开着奔驰车来接你的。”从此，他便朝着自己的目标不停地努力。

1950年，施罗德上学了。因交不起学费，初中毕业后他就到一家零售店当了学徒。贫穷带来的轻视，使他立志要改变自己的人生：“我一定要从这里走出去。”

施罗德一直在寻找机会。1962年，他辞去了店员的工作，到一家夜校学习。他一边学习，一边到建筑工地当清洁工。不仅收入有所增加，而且夜校的学习，为日后的大学梦打下了坚实的基础。1966年施罗德进入了哥廷根大学学习法律，圆了上大学的梦。毕业之后，他当了律师。32岁时，他当上了汉诺威霍尔律师事务所的合伙人。回顾自己的经历，施罗德说：“每个人都要通过自己的勤奋努力，而不是通过父母的金钱来使自己接受教育，这对个人的成长至关重要。”

长期对法律的学习和研究，使得施罗德对政治产生了浓厚的兴趣。他积极参加政党集会，最终加入了社会民主党。此后，施罗德在政界崭露头角。1969年，他担任哥廷根地区的主席，1971年得到政界的肯定，1980年当选为议员。1990年他当选为下萨克森州州长，并于1994年、1998年两次连任。政坛得志，使他更加坚定了做一名政治家的雄心。1998年10月，他走进了联邦德国总理府。在他母亲80岁生日那天，他亲自开着奔驰车把母亲接到一家大饭店，为老人家庆祝。

正是这种自我推动不断地激励着施罗德一步一步地朝着自己

的目标前进，并最终实现了自己当初对母亲的承诺。

和施罗德一样，大多数的成功者，都是在经历了无数次生命的锤炼之后，才取得了引以为豪的成绩。

因此，为了梦想，我们必须敢于迎接挑战，即使失败也决不放弃，大不了重振旗鼓，再来一次，在失败中成就辉煌。只要我们足够勇敢，只要我们能够坚持，“精诚所至，金石为开”。要想成功，就必须拥有积极向上的心态、清晰明确的目标，敢于踏着困难，踩着失败向前冲。成功是不断积累的过程，优秀是生命锤炼的结果。

3.牛奶已经打翻，哭泣也是枉然

一位伟人说：“有些事情发生了，再怎么后悔也不能改变。你所能做的只有改变自己。如果你一直认为自己是受害者，不停地抱怨，那你就永远不可能成功。”的确，在困难和挫折面前，抱怨解决不了任何问题。

“不要为打翻的牛奶哭泣”，这是英国非常流行的一句谚语。它向我们揭示了这样一个真理：不幸的事情已经发生，哭泣、抱怨、沮丧丝毫不能改变事实，唯有以积极的态度去面对挫折，才能走出不幸的阴影。李开复也是这么认为的，他说：“有些事情你不能改变，唯有改变你自己。要是你一直抱怨，一直认为自己是受害者，那就永远不可能成功。”

抱怨是一种消极的心理状态，除了给人带来更多的烦恼外，毫无益处。

既然挫折和失败已经降临，抱怨自己的不幸也好，为所犯的错误感到自责也罢，都对解决问题没有作用。因为牛奶已经打翻，任凭你怎么哭泣，打翻的牛奶也不会复原。励志大师戴尔·卡耐基的经历为我们证实了这个真理。

当时，卡耐基的事业刚起步。他在密苏里州举办了一个成人教育班。由于第一次做这样的事情，难免欠缺经验，当他投入了很多资金用于广告宣传、租房、日常的各种开销之后，发现成人教育班的社会反响虽然很好，但他所取得的经济效益却很糟糕，连续数月的辛劳并没有换来太大的回报，所有的收入仅仅够维持支出。

卡耐基觉得自己太失败了，并一直为此深深地苦恼，他不停地抱怨自己的疏忽大意。这种状态持续了很长时间，他整日闷闷不乐，神情恍惚，没有精力投入到刚刚开始的事业中去。最后，他不得不去向中学时的生理课老师请教。老师亲切地告诉他："不要为打翻的牛奶哭泣。"就是这句话让卡耐基如梦初醒，他的精神立即振作起来。

看似简单的一句话，却意义深刻，它其实告诉了我们一种对待失误的心态。之后，卡耐基经常用"是的，牛奶已经被打翻了，漏光了。是看着被打翻的牛奶伤心哭泣，还是去做点别的？记住，被打翻的牛奶已成事实，不可能重新装回瓶中，我们唯一能做的，就是吸取教训，然后忘掉这些不愉快”这段话，鼓励自己的学生，同时也鼓励自己。中国有个成语叫“覆水难收”，与西方的智慧不谋而合。古老的谚语，说起来虽然很轻松，却很少有人能真正做到。但是能做到这一点的人，必定会在日后有所成就。

在微软工作的华人都知道郭蓓菁，她是一个年轻活泼的女孩。第一眼看到她，你可能会对她是微软最资深的华人经理之一感到惊讶，但是，如果你跟她交谈一分钟，就会发现她每一句话都流露出自信和乐观的精神以及严谨的逻辑和思维。这样一个年轻的小女孩，何以拥有今天的成就呢？我们不妨从她成长的一个故事中得到某种认识。

郭蓓菁18岁时从中国移民到美国。到美国六个月后，为了上大学，郭蓓菁参加了SAT考试。那时虽然郭蓓菁的英语口语已经不错，但是文法、词汇和作文还不行。郭蓓菁的SAT数学考了780分（接近满分800分），但是英语却只考了280分。要知道，即使英语交白卷，也有200分。可以想象280分是多么糟糕的成绩。但是郭蓓菁没有停留在抱怨自己的成绩不好上，而是依然自信地向加州大学的电机工程系提交了申请。郭蓓菁说：“由于我的英语分数太低，我的申请表很可能没被仔细阅读就直接被拒绝了。但是我不服输，我相信自己能被录取，将来还会成为一个成功的工程师。于是，我决定‘上诉’。”

于是，她直接给加州大学的校长写了一封信，在信里她做了自我介绍，自豪地描述了她在理工方面的成就，解释了英语成绩不好的原因，因为她刚到美国六个月，她特别强调了自己的学习能力和刻苦精神。最后，她说：“校长女士，如果你录取我，我保证我会成为贵校的骄傲。”两天后，校长约见了郭蓓菁。在面谈的时候，校长意识到她的英语进步很快。郭蓓菁向校长保证她的英语会学得和美国同学一样好。一周之后，她收到了加州大学的录取通知书。

试想一下，如果郭蓓菁一直沉浸在自己糟糕的英语成绩上，只知道不停地抱怨、悔恨，不敢提交申请，不积极争取，她又怎么会被加州大学录取呢？庆幸的是她没有轻易放弃，即使明知自己英语不好是事实，她也没有为之伤心难过，而是想尽一切办法去弥补、去争取最好的结果。

“甑已摔破，顾之何益”，这是东汉大臣孟敏身上发生的故事告诉我们的道理。孟敏年轻的时候曾卖过甑。一次，他的担子掉在地上，甑被摔碎了，他头也不回地径自离去。有人问他：“坏甑可惜，何以不顾？”孟敏坦然地答道：“甑已破矣，顾之何益？”是的，就算甑再珍贵、再值钱，关系到自己的生计，可它们被摔破了，已是无法改变的事实，如果你还为之感到可惜，心痛如焚，顾之再三，又有什么益处呢？不要为失意而悔恨、痛惜，这是现在的年轻人应该学习的人生智慧。

牛奶已经打翻，哭泣也是枉然；甑已被打破，痛惜也是白费。在已经发生的事情面前，无论你怎么后悔，也无法改变这既定的事实。我们唯一能做的就是接受这个事实，然后设法去弥补，以便能够得到相对较好的结果。

4.在绝望中寻找希望

人生在世，难免会遇到挫折、遭受失败。但是，不管情况多么糟糕，处境多么恶劣，都不能丧失进取的信心，否则，失败将会如影随形。反之，如果你满怀希望，即使身处逆境也依然坚信胜利就在远方，那么，就会有一种无穷的力量帮助你战胜磨难、脱离困境、获得成功。

人生并无坦途，在漫长的道路上，谁都可能遭遇厄运和不幸。很多时候，我们的智慧和才干并非不如别人，仅仅是与别人相比缺少希望所带给我们的精神动力而已。人类科学史上的巨匠爱因斯坦在报考瑞士联邦工艺学校时，也曾因三科不及格而落榜，被人耻笑为“低能儿”；小泽征尔，这位被誉为“东方卡拉扬”的日本著名指挥家，在初出茅庐的一次指挥演出中，曾被中途赶下场来，之后被解聘。

然而，这些厄运没有击垮他们。他们始终把厄运看做是人生的一种磨炼，而不是负担，更不会因此对自己的未来绝望。在厄运来临时，他们能看得更远，能让自己心中永存希望。正因为这样，他们才有了后来不同凡响的成就。

蒙妮坦国际集团董事长郑明明在华人圈内素有“美容教母”之称，并且，还荣获了一个美丽的称号——“蒙妮坦不倒翁”。

1973年，郑明明精心挑选了一批美容产品，带领六名受过训练的职员，在印度尼西亚雅加达租了一个仓库，准备在那里开设蒙妮坦分支机构。谁料一场大火把仓库内的所有产品烧了个精光，不仅欠下银行一大笔贷款，还要赔偿被烧毁的仓库。郑明明当时的境遇可想而知，而就在她绝望的时候，突然想起了父亲的不倒翁，顿时得到了鼓励。她说："父亲最喜欢不倒翁，他常常鼓励我要敢于面对现实，应该学习不倒翁的精神，遇到挫折时不能绝望，只要懂得如何再次站起来。"

于是，郑明明在父亲的"至理名言"鼓励下，在仓库失火后再次勇敢地站了起来。她先回到香港重建事业，一年后还清了银行贷款，手头有了积蓄后再次扩张。就这样，她的事业越做越大。后来，她在总结自己成功的经验时说："踏足内地的前八年，工作并不顺利，到处碰壁。就当时的中国来说，开办美容学校是很难被接受的事情。但每当要打退堂鼓时，我就想到了父亲的那句话，于是就给自己打气，在心里描绘未来的美好蓝图，给自己一个成功的希望。我现在最大的心愿是建立中国的民族品牌，让中国的美容产品在海外同样得到认同……"

在追求梦想，寻求成功的道路上，谁都有过失败，有过挫折。古今中外哪一位成功人士不是从失败中走出来的？但无论遇到多大的挫折和阻碍，都不能绝望，因为绝望会让你丧失一切机会。做一个意志坚强的人，无论在怎样的困境中都能看到希望，只有这样才可以战胜一切困难，摔倒了也没有什么大不了，再站起来就是了

要知道，当你感到似乎已经走到绝境时，只要再坚持一下，就会见到"柳暗花明"。有时候，成功和失败只有一步之遥。

由此可见，只要我们不放弃，在绝望中也能找到希望，从而实现我们的人生理想。否则，即使原本有九成把握的事情，也会因为缺乏信心而搞砸。可以说，希望是将不可能变成可能的魔棒。那么，怎样将绝望转化为希望呢？我们不妨借鉴“思维心理学”大师史力民博士的三个原则：

（1）不要扩大事态

如果你做一件事但没有取得预想的结果，千万不要太失望，更不能绝望，要继续努力，因为成功不是轻而易举就能得到的，只要心怀希望你就有机会成功。千万不能扩大事态，影响你前进的脚步。

（2）不要“人”与“事”混淆

当你做一件事情而没有取得成功的时候，不要把自己定义为失败者。没有成功，你首先要面对现实，想想自己做事的时候哪里处置不当，下次如何避免相同的错误，让这次的失败给下次的努力以正确的指导，以保证下次成功的概率更大。

（3）不要夸张渲染

当有不如意时，不要认为自己就是一个倒霉的人，这种消极的心态无益于日后的生活。而且，这个世界上没有人会一直生活在黑暗中，只要你肯努力，只要你心怀希望，你就一定能走向坦途、迎来光明。

心理学家研究表明：一个人的态度对大脑的工作状态影响很大。悲观主义者意志消沉，他们的大脑转得很慢；乐观主义者态度积极向上，他们的大脑转得很快。同时，心理学研究也发现一个有趣的现象：低头想问题容易滋长人的悲观情绪；而抬头想问题则有助于人们进行乐观的思考。所以，我们在不夸张、渲染自己遇到的困难的同时，还要培养自己积极向上的乐观精神，并养成抬头想问题的习惯。只有这样，才能实现人生的种种可能。

综上所述，在人生的道路上，无论遇到什么困难，遭遇何种状况，都要自信乐观，满怀希望地去面对。因为只要有希望，就有胜利的机会。无论你现在的情况如何，想要成功，就必须走出悲观的阴霾，让希望进驻你的心中，以坚实、理性的乐观迎接每一个挑战。

5.把握眼前的地狱，才能登上快乐的天堂

新东方的一位女老师，曾经在给学生上课时，讲过这样一段亲身经历：

新东方为了扩大市场，经过研究决定派一些新东方的老师去南汇讲课。她也是其中的一个，晚上到南汇教学点上课。

事情就发生在这次上课途中。因为她住在莘庄，而接老师的车子只开往杨浦区，经过再三商量，在南汇的高速公路上，司机让她下了车。空旷的马路，凄凉的夜晚，一个人孤单地向前方迷茫地走着，这时她哭红了的双眼隐约看到了前方不远处有一个捡废品的拾荒车。拾荒者一家三口人，父亲拉着车艰难地向前走着，母亲带着一个四五岁大的孩子在后面跟着。正在这一刻，一辆运蔬菜的卡车从他们身边开过，戏剧性的一幕发生了——一棵大白菜从卡车上掉在他们面前，母亲吩咐小孩去把大白菜抱回来。小

孩子跑了过去，小心翼翼地捡起大白菜就往回跑，一家人兴奋不已，像是得了什么宝贝似的。

就是这样普通的一幕，带给了这位女老师巨大的震撼。她本来心情极度委屈、郁闷，打算到家后就打电话辞职的。然而，当她看到了眼前的这一切，忽然感觉到自己是那么脆弱，连这点小小的挫折都无法承受。对她来说，安逸的生活、丰厚的工资才是她的目标，而现在的她走在郊区的马路上仿佛陷入了18层地狱，但是那一家三口的“幸福经历”却深深地触动了她。

原来幸福竟是如此的简单。那一瞬间她脑子里只想到了一句话：把握眼前的地狱，才能登上快乐的天堂。

“把握眼前的地狱，才能登上快乐的天堂。”这句话告诉人们，做人要懂得珍惜，遇到逆境的时候不能消极，要能经受住挫折，看到人生积极的一面。不能遇到一点点的挫折就将其放大，消极地认为自己处在地狱之中，绝望而不能自拔。积极地去看待的话，其实也没什么大不了，就像上面讲到的那位老师，领悟到了这个道理之后愈挫愈勇，最终获得她想要的成功。

“宝剑锋从磨砺出，梅花香自苦寒来。”所有的不顺利，都只是一时的。跳出悲观的心态，以积极的态度去面对，你便有一颗安然的心，有悠然的态度去面对生命中的一切，既重视结果，又享受过程，苦也是乐，劳即是闲。这是每一个成功者所必须具备的心态。

生活中的经验以及心理学中的知识都告诉我们，应付逆境和挫折的办法不外乎下列三点：

（1）正确的认识

每个人都应懂得，在现实生活中，由于高考落榜、应聘无果、事业不成、身染痼疾、家庭变故、自然灾害以及政治、经济、种族、宗教、伦理、道德、风俗、民情、传统等各种客观环境的影响，再加上个人诸多主观条件的限制，随时都会遇到大小、轻重不同的挫折。这是社会生活中的正常现象，几乎每个人都无法逃避。能认识到这一点，在遇到挫折时，思想就会有所准备，不致惊慌过度或不知所措。

（2）接受积极的一面

一个人一生中经受一些适当的挫折，并不完全是坏事，因为挫折可以磨砺人的意志，提高人克服困难、适应社会生活的能力。古人说“多难兴才”、“人激则奋”就是这个道理。反之，一个人如果不经历困难和挫折，犹如温室里的花卉，经不住人生中的风霜雨雪，则很容易被一时的挫折所压垮，这样的人难以有所作为。

（3）培养耐受力

在挫折面前，每个人的耐受力往往不尽一致，甚至差别较大。比如，有的人即使接连遭受严重挫折，仍坚韧不拔、拼搏进取；有的人稍遇挫折就垂头丧气、一蹶不振，甚至自寻短见。实践证明，身体强壮、心胸开阔、常处逆境、意识紧张、有理想、有抱负、有修养的人，对挫折的耐受力强；相反，体弱多病、心胸狭窄、娇生惯养、感情脆弱、缺乏雄心壮志的人，对挫折的耐受力则低。对挫折的耐受力虽然与遗传有关，但更重要的是来自于后天的教育、修养、实践和锻炼。在现实生活中，每个人都可以通过自觉的、有意识的锻炼，提高自己对挫折的忍耐力。

当然每逢遭到挫折时，大都有一些灵活应变、化险为夷的“窍门”。学会应付挫折的技巧，将会大大增加你成功的指数。这些“窍门”归纳起来，大致有以下几种：

窍门一：期望法。

遇到挫折时，尽量少考虑暂时的得失，多想美好的未来，不断激励自己振作起来，一切都会过去，将来一定会成功。

窍门二：知足法。

在挫折面前，要满足已经达到的目标，对一时难以做到的事情不奢望、不强求，同时多看看周围不如自己境况的人。这样，就容易从烦恼和痛苦中解脱出来，为将来的成功创造良好的心理环境。

窍门三：补偿法。

古人说“失之东隅，收之桑榆”。即在某方面的目标受挫时，不灰心气馁，以另一个可能成功的目标来代替，而不致陷入苦恼、忧伤、悲观、绝望的境地。

窍门四：升华法。

在遭受个人婚恋失败、家庭破裂、财产损失、身患疾病等打击之后，化悲痛为力量，发愤图强，去取得学习、工作和事业的成功，这是应付挫折最积极的态度。

精彩的人生无坦途，困难、挫折以及失败都是其中不可缺少的财富。勇敢的开拓者，不会因为一时的受挫、一时的失意而退缩、放弃。他们会直面挫折、勇敢拼搏，驾驭人生之舟，战胜惊涛骇浪，驶过激流险滩，最终到达理想的彼岸。这就是所谓的“艰难困苦，玉汝于成”。

6.失败是成功给你的提示

俗话说得好："失败得教训，成功获经验。"每一个成功的人，都经历过很多的挫折和失败，这是走向理想、迈向成功的必经之路。

可能有人会说，我怎么就没有经受过什么磨难就获得成功了呢？是的，这样的情况的确存在。但是，一帆风顺的成功是很脆弱的，经不起任何风浪的打击。只要些许小浪花，便能将其淹没。

要知道，失败是成功给你的提示。只有勇敢坚强地面对，才能把阻力转化为动力，将失败变为成功。

在这个世界上，可能有很多事情不尽如人意。悲观者只看到了事情灰暗的一面，而乐观者则能够看到事情光明的一面。正如同样深陷在牢狱的兄弟俩，他们同时透过牢门，从狱中向外看。前者只看到了泥土，悲伤不已，而后者则看到了天上的星星，异常兴奋。同样的处境，不一样的心境，这就是悲观者和乐观者的区别。悲观者总是把一时的不幸看做是事情的终点，而乐观者却能把当下的不幸看做是上天对自己的考验，他们把一时的失败当成是前进道路上的曲折。他们会用良好的心态去面对，用坚强的意志来克服，从而走向坦途。

王先生是某家大型公司销售部经理。越来越大的工作压力，使他精神紧张、苦不堪言。于是，他决定去看看心理医生，以改变自己现在的状况。

王先生见到心理医生后，很苦恼地对他说："我怕自己会失去工作，我觉得自己就要离开这家公司了。因为据统计资料显示，全公司的销售额增加了65%，而我们零售部的销售业绩却比去年降低了7%，这实在太糟糕了。”他继续说：“我已经丧失了掌控全局的能力，恐怕我的助理也感觉出来了，其他的主管很可能也觉察到我正在走下坡路。我现在就好像一个快要淹死的人，旁边站着一群旁观者在等着看我没顶。我想我是无力回天了，但是我仍希望会有转机。”

心理医生静静地听完他的叙述后，反问道：“只是希望能有转机吗？为什么你不主动采取行动来支持你的希望呢？”医生接着说：“有两种行动是可行的。第一，今天下午就想办法将那些销售数字提高，这是必须采取的措施。你的营业额下降一定有原因，把原因找出来，然后，你可能需要一次大清仓，好买进一些新颖的货物，或者重新布置柜台的陈列，你的销售员可能也需要更多的热忱。我并不能准确地提出提高营业额的方法，但是总会有办法的。”医生又对他建议道：“此外，你要让你的助理也打起精神来，你自己也不能再像一个快淹死的人，要让你周围的人都看到一个精神百倍、对自己充满信心的你。”

听着医生的话，王先生的眼睛渐渐地亮了起来。然后他问道：“那么第二项行动是什么呢？”“第二项行动是为了保险起见，去留意更好的工作机会。虽然你采取积极的改进措施，以此想提高销售额，但以防万一，做好骑驴找马的准备，因为这比失业了再找工作容易得多。”

王先生接受了医生的建议，并依照执行。一段时间后这位一度遭受挫折的王先生打电话给心理医生："我们上次谈过以后，我就努力去改进。我每天早上都要开会，以确保能及时调动起推销员们的工作积极性。看到他们又充满了干劲，我也更加有信心了，结果我们上周的周营业额比去年高了很多，而且比所有部门的平均业绩也好了很多。还有个好消息，我们谈过以后，我就得到两个工作机会。我很高兴，但我都回绝了，因为我这里的一切又变得十分美好。"

王先生在心理医生的指导下，通过自己的努力，终于走出了不幸的泥潭，信心十足地开始了崭新的生活。在这个世界上，要想取得成功，就要保持乐观向上的精神，从不抱怨，即使只看到一线曙光，也仍然怀着对光明的无限憧憬。

小 E 是刚出校门的学生，想找一份关于图书策划的工作。经历了几场招聘后，他终于如愿以偿地成为了某文化公司的策划人员。但是，他的工作并不顺利。小 E 接连几次精心策划的方案，都遭到总编的拒绝。总编一直批评他所做的方案没有创意。不过，小 E 没有放弃，他又进行了几次修改，但是，仍然达不到总编的要求。总编说他没有这方面的天赋，不适合做这项工作。

在连续的打击下，小 E 一直摆脱不了失败的阴影，做事畏畏缩缩、毫无激情。副总编得知小 E 的情况后，和他进行了一次谈话。

副总编问小E说："怎么了？你就这样轻易被困难打倒了？你甘心被人瞧不起吗？"小E低着头回答："我也不甘心，但是，事实上，或许总编说的是对的，我根本就不是做策划的料。我总是没有灵感，好不容易做出一个创意，还糟糕得不行。"听了小E的话，副总编语重心长地说："这样小的失败就把你打垮了？如果能够把失败当做成功给你的提示，从而不断地努力，相信成功很快就会属于你。"小E若有所思地点点头，说："我知道该怎么做了。"从此之后，小E不再垂头丧气，每天都激情十足地投入到工作中去，并且，他的创意也渐渐地得到了总编的认可。

由此可见，只要你能够保持一个积极的心态，失败可以为成功积累经验，并引导你走向成功。

英国作家培根说："一切幸运并非没有烦恼，一切厄运并非没有希望，最美的刺绣是以明丽的花朵映衬于暗淡的背景，而并非暗淡的背景映衬于明丽的花朵。"遇到挫折、遭受失败不一定是坏事，因为逆境总比顺境更能锻炼人。一个人若经受不住挫折和失败的洗礼，就很难有大的成功。只有那些把失败当做成功的提示、善于从挫折的迷雾中找到成功契机的人，最终才能取得令人惊奇的成就。

7.面对失败，我们应当这样做

在现实生活中，很多人都知道"胜败乃兵家常事，无须放在心上，关键是从中吸取教训"的道理，但是真正能够做到潇洒地面对这一切的又有多少人呢？大多数人都经不起失败的考验，尤其是多次失败的考验。面对失败的考验，他们丢盔弃甲、败不成军，从此意志消沉、一蹶不振。然而，在如今这个"大浪淘金"的社会中，唯有在挫折面前屹立不倒的人才是真正的勇者。

其实，挫折是人生中不可缺少的一部分。正如李开复所说："人生的每一个经验都是学习的过程，人生的旅途并不只是终点，最重要的是你怎么走。旅途过程中的每一个收获都是你学到的东西，而每一个你失去的也都应该是你能够获得的经验，所以不要把任何挫折都当做惩罚，而应该把它当做一堂课，一个学习的过程。"

创业精英亨利·福特在经营汽车业的前三年里，破产过两次；莱特兄弟经历了数百次失败后，才得以驾驶人类第一架动力飞机直上蓝天。他们的成功都说明挫折与失败并不可怕，只要你有勇气接受失败，并从失败中找出自己的不足，不断强化自己的能力，你就还有机会接近并拥抱成功。

美国现代成人教育之父——戴尔·卡耐基，曾经说过："人要懂得从失败中培养成功，因为障碍与失败就是通往成功的两块最稳固的踏脚石。"许多成功者在总结自己成功的原因时，无不感慨地说："是挫折和失败造就了我。"有人说失败是成功之母，对此我们还需补充一点：只有学会从失败中学习和提高，才可能取得成功。如果说失败是成功之前的必经阶段，那么，学习和提高是将失败转化为成功的内在动力。

有一位非常优秀的年轻人，经过十年寒窗苦读，满怀信心地准备一试成名。然而，最终却不知因为什么原因，他落榜了，与梦想擦肩而过。这突如其来的失败，将他彻底地击垮了。此后，他内心充满了失落和不甘，终日彷徨不安，怀疑自己的能力。直到有一天，他在书中看到一句话“挫折不是惩罚，而是学习的机会”，才顿悟自己当初的愚蠢。因为他当初正是把挫折当成了惩罚，才让自己失去了学习的机会。他说：“从这句话中，我颇受启发，谁没有过挫折，关键是看你有没有勇气接受挫折，从失败中获得经验。挫折在人生道路上不可避免，但有时候我却选择了回避。”

人生处处有挫折。当我们遭遇挫折的时候，不要惊慌，请先接受挫折，然后通过学习来弥补自己实力的不足。这样的话，挫折就成了你学习和进步的机会。

当年的李开复先生，作为一个“外来者”走进微软的时候，发现自己和其他主管相比的一个最大长处就是他曾经失败过，而他们大多都没有类似的经历。他认为，在竞争日益激烈的现代社会，有失败经验的人更容易在灾难来临之前预测潜在的风险，对自己也不会有过高的自信，更容易接受失败的可能性，更善于从失败中学习。正是这样的良好心态和正确认识，才使得他最终有了惊人的成绩。

没有人喜欢挫折和失败，但是，我们可以转变思路，将惹人“痛恨”的挫折和失败作为登上顶峰的动力。如果只是因为“痛恨”它们而选择逃避，那你永远不可能与成功握手。那么，当我们蒙受失败的阴影时，我们应该怎么做呢?

（1）接受现实，直面失败

这永远是解决问题的第一步。“你想进入的公司招聘结束了,你失败了,你必须忘记它。”有很多年轻人失败之后，心理上还是过不去，纠缠于“如果我面试的时候能……我就能……的后悔中。“殊不知，后悔只能是浪费时间，你必须学会往前走。”李开复表示，“职业发展不是百米赛跑，而是马拉松，一次战役的失败不代表一场战争的失败。”

（2）反思挫折，学习经验

既然已经接受了失败的现实，然后就应该反思挫折、分析失败了。有这样一个故事：乒坛名将王励勤在一次世界杯男单半决赛中失利了，伤心得泪流满面。因为当时他世界排名第一，夺冠呼声很高。痛苦的是，第二天他还必须面对男双决赛。按常理,教练应该安慰他,可教练却直接对他说:“明天你能不能拿冠军，就看你今晚有没有胆量看今天失利的录像了。”

他的教练为什么这么说呢?因为从录像中可以找出自己失利的原因，反思自己的不足，进而改进，避免犯同样的错误。虽然失利已经够痛苦的，但是如果不反思失利，由于同样的原因造成的失利还会发生。王励勤顶住了，第二天他拿下了男双冠军，而且在后来的一次世界杯拿下了他的第一个世界冠军。

失败并不可怕，关键在于你是否有胆量反思失败，是否能搞清失败的原因，然后采取相应的措施。在此，以求职为例，总结出了三个最常见的失败原因和相应的措施。

第一个失败的原因是自己准备不足。

在反思失败的时候，不妨问自己这样一个问题："我尽力了吗？"如果答案是否定的，那你就不能怪别人。在下一次时全力以赴吧，只有这样你才有机会获得平和的心态。

第二个原因是本身实力不强。

如果你已经竭尽全力了，但还是无法按时完成笔试，或者面对小组提出的问题，或者在面试中无法对答如流。这就表明你的实力与对方的要求有差距，这就是实力不强。请勇敢地承认这一点，没有什么不好意思的。相反，如果不承认事实，你还会屡次碰壁。只有当你认清现实，才能心平气和地把注意力转移到如何提高实力上去。

第三个原因则是外界不可控因素。

如果你已经竭尽所能，而且觉得自己发挥不错，那么平静地接受结果吧。求职中 75% 的因素是可控的，比如你的实力和努力；但还有 25% 的因素是难以控制的，包括个人喜好、公司文化等，当然，还有你的运气。这时候你要相信自己的能力，继续在下一次全力以赴。只有这样，你才能见到胜利的曙光。

无论你是因为什么而遭受挫折，承受失败，只要你认真反思，积极检讨自己，都能给你带来新的认识和体会，找到自己真正要走的道路。品味失败可以找到内心的安宁，而这种安宁是人生中任何顺利通过的考验都无法获得的。检讨挫折，可以获得深刻的教训，在以后的道路上你才不会再犯同样的错。

其实，很多人都知道"从挫折与失败学习才能成功"这个道理，但是，很少人能够真正做到。大多数的人在遭受挫折和失败时忐忑不安、愤愤不平，不能重新振作、再次起航。只有那些在失意的时候，能够平心静气、自我反省、深入分析的人，才有可能在下一次的尝试中，品到成功的甘露。因此，应如曾子说过的：“吾日三省吾身，为人谋而不忠乎？与朋友交而不信乎？传不习乎？”。

第六章　学习是成功的源泉

1.挖掘潜能的成功定律

之所以说能够成功挖掘出一个人的潜能，是因为其中有规律可循。有一些人认为成功是学不来的，事实上，成功学中有很多东西可以帮助人发现自身潜能、让人看到自己看不到的一面。许多人有成功的资质，却没有完全被挖掘出来，因此与成功失之交臂。

所谓的成功学是专门研究成功的规律，并应用于生活和工作中的学问。它帮助人们找到已经获得成功结果的实例，分析其成功的过程，总结出这一实例所使用的方法，那么这个方法就有普遍意义，只要重复这个方法，必然就会有特定的成功结果出现。看过成功学的人心里会疑惑："成功学不是让我学习成功人士的那些思维和做法，照着他们做不就能得到同样的结果吗？"其实不然，究竟应该怎么做要看自己的决定和判断，成功学只是给我们提供了一种借鉴，让我们激发出自身的潜在力量。我们如果和成功人士想的一样，就说明我们有成功的潜质。

究其本质，我们可以探究到成功学的核心——复制成功。而前提是，我们有没有潜能来获得成功。

成功不全是偶然得来的，当重现构成成功结果的每一个必要因素时，成功就必然会出现。成功者之所以成功，是因为他当时具备了成功的必要因素。我们把这些要素提取出来，重新加以认识，于是也会有极大的可能获得成功。因此，成功最关键的问题是，你自己是否具备了成功的必要因素，这其中就包括潜能。

那么，如何利用成功学来达到挖掘潜能的目的呢？

（1）利用吸引力

在学习成功学时，看哪些东西最能吸引你。如果这些吸引你的内容是你最感兴趣的，那么，它们极有可能就是你的潜能当中最擅长的那部分。

吸引定律在概念上不难理解，但必须会灵活运用。只要你真正地掌握了它，它就会成为你心灵的一部分。吸引定律的定义就是“同类相聚”，也就是说任何事物都会吸引与其类似的事物。

学习运用吸引定律是一件很有趣的事情，因为你必须对你想要的东西十分清晰和准确，并集中注意力在它上面，向它倾注你所有的努力，就会吸引住你想要的东西，从而得到成功。

（2）利用影响力

这个世界上所有的人和物都不是独立存在的，而是互相影响的，成功学会对你产生影响，并且影响到你的潜能。

哈佛大学大卫·马克特兰德博士多年的研究表明，人们选择的“参考团体”，是决定其未来的最重要因素。而这里所说的“参考团体”就是自己所认同、交往，并且和自己同性质的团体。

家庭是你的第一个“参考团体”，它对你评估自己及环境的态度有着重大的影响力。假如你是由积极而支持你的父母所抚养的话，他们会鼓励你去看重自己的能力。

在你成长的过程中，你自然而然地会去寻找并且吸引那些和你类似的人，你会因为和他们有很多共通点而认同他们。当你在做决定和采取行动的时候，会在心中想到他们，而他们就是你的“参考团体”。

随着时间的推移，你会在心里塑造出自己以及那些和你相似的人的形象，你会采取和这些人相同的态度、行为、思想及信仰。和积极的人在一起会让你更积极，和消极的人在一起会让你更消极。一个成功且具有成就导向的“参考团体”将会让你也走向成功。

由于“参考团体”对个人有很大的影响力，因此你一定要和消极的人保持距离，并且要避开那些不值得尊敬、不值得羡慕，以及不值得想象的人。

当你变成一个更积极且更有魅力的人时，你将发现自己会吸引那些和一样积极的人与你为友。

（3）利用 10 000 小时

潜能的爆发不是瞬间形成的，而是像火山那样，需要过程。10 000 小时定律意味着如果你在某个领域完成了 10 000 小时的磨炼，你就会达到顶级水平。

对于成功人士来说，天生的能力和后天的知识固然重要，但这些并非是最为重要的东西，而真正有用的则是实践经验。比尔·盖茨之所以能成功，主要是因为他有幸上了一所给他大量时间练习做计算机程序设计的学校。并且，在他自己开办公司之前，就已经在计算机程序设计上花费了无数的时间和精力，这使他的才能得以发挥到极致。

当你能够做到这些时，你对成功学的认识便能上升到一个新的高度，你的潜能便会显露出来，成功就会是你的囊中之物。

2.潜能离不开知识的基础

许多人认为潜能是与生俱来的本事，与后天学习没有关系。他们认为自己没有某一方面的天赋便没有潜能，从而不能成功，只能做个普通人。实际上，激发潜能离不开后天的学习。

因为，一个人在成功之前最重要的准备是知识和智慧的准备。即使一个人很有天赋，如果不加以修正，恐怕也会变成昙花一现，不能持久。许多人认为自己学习不好、考试不及格，是因为自己笨，没有天赋，没有读书的才能，实际上，很大程度上是因为他们没有正确看待如何学习知识，从而激发出自己的潜能。

惠普的前总裁卡莉·菲奥莉娜曾经在斯坦福大学学习过。毕业 25 年后，她回到母校演讲。她说：“我在斯坦福上过的最难忘的一门课程是一次关于中世纪的基督教、伊斯兰教、天主教三大教派的政治哲学的研讨会。每一个星期我们都得阅读一部有关中世纪哲学的著作，比如托马斯·阿奎那、培根等的著作——都是长篇巨作。一个星期平均要读 1000 页的东西，而每个周末，就得把这 1000 页的思想言论进行提炼，总结成一份仅有二页纸的精华。当时的过程大概是这样的，先把它们缩成 20 页的东西，然后十页，最后到二页，而且是单面的稿纸。这岂止是总结啊？

这简直就是把所有的事物还原成最原始的形态，恢复到事物的本质上去！而紧接着的一个星期，又开始着眼于另外一个哲学家的著作了。这些思想家们的哲学观点和意识形态无疑给我留下了很深刻的印象，但是那种近乎苛刻的提取精华、追求完美的‘蒸馏’过程才是我真正学到的东西。这是一种不可思议的，近乎顽固的技能。而一直以来，我都反复受益。这是一种提取事物精华、还原事物本质的综合练习，而那门课程同时也让我领悟了生命的意义——人生就是提取精华的过程。”

如果不是那些著作，恐怕不会让卡莉·菲奥莉娜认识到自己可以精益求精，提取到更多的精华。而书籍正是人类智慧精要的凝聚，所以，这样的阅读让她找到了训练自己的最佳方式，并找到了人生的意义，从而激发出成功的潜能。

哈利·杜鲁门是美国历史上著名的总统。他没有读过大学，曾经营农场，后来经营一间布店，经历过多次失败，当他最终担任政府职务时，已年过五旬。但他有一个好习惯，就是不断地阅读。多年的阅读，使杜鲁门的知识非常渊博。他一卷一卷地读了《大不列颠百科全书》以及所有查尔斯·狄更斯和维克多·雨果的小说，此外，他还读过威廉·莎士比亚的所有戏剧和十四行诗等。杜鲁门的广泛阅读和由此得到的丰富知识，使他能带领美国顺利度过第二次世界大战的结束时期，并使这个国家很快进入战后繁荣。他懂得读书是成为一流领导人的基础。当他在面对各种有争议的、棘手的问题时，读书能帮助他迅速作出正确的决定。比如，在20世纪50年代他顶住压力把人们敬爱的英雄道格拉斯·麦克阿瑟将军解职。他的信条是："不是所有的读书人都是一名领袖，然而每一位领袖必须是读书人。"

不是伟大的人才读书，而是读书的人能变得伟大。几乎没有例外，所有的富豪无论学历高低也都是读书人，九岁的时候比尔·盖茨就已经读完了所有的百科全书，所以他精通天文、历史、地理等各类学科，可以说比尔·盖茨不仅是当今世界上金钱的首富，而且也可以称得上是知识的巨富。比尔·盖茨还在湖畔中学读书时，就对计算机软件这一刚刚起步的知识产生了浓厚兴趣，而且判断出个人计算机的时代已经到来，并下决心将此作为自己的终身事业。他哈佛大学学业未完，就从事计算机开发，不仅成为世界首富，而且成为带领世界进入信息社会的重要人物之一。这就是学习和把握知识的典范。

世界级畅销书《阅读致富》建议我们每天至少读15分钟的成功学的读物，有很多人觉得成功学的书自己看得太多了，觉得大同小异，但是你有没有问自己，为什么自己还没有成功？如果你还没有成功，那只能证明你看的还不够，你的心灵还没有受到足够的洗礼，你的灵魂还没有真正地得到震撼，那么你需要继续看下去，以汲取更多的养分。

所以说，不要认为自己没有学习的潜能，只是你没有将这种潜在的力量妥善运用。“读书破万卷”是一个人事业成功的坚实基础。如果你能试图去提高自己接受一切知识，你就会自觉主动地走进书中，让知识激发自己的潜能。所有成功人士都是以书籍为人生前进的阶梯，用知识鞭策自己，为自己指明方向。因此，每个走在成功路上的人，都会注意用知识来激发自己的潜能，为自己的大脑做充分的投资。而不学习的人不会成长，潜能也会变成沉默的火山，成功自然不会到来。

3.学历是皮，学习力是骨

学历的确是一块有分量的敲门砖，但是真正使人立足于社会的，是学习力。如果说学历是皮，那么学习力则是起到支撑作用的骨架，它能体现出一个人在社会上的真正价值。

什么是学习力呢？简单地说，学习力是一个人学习态度、学习能力和终身学习的综合能力，包括学习动力、学习毅力和学习能力三要素，这是一个人真正的核心竞争力。因此，成功的一个重要习惯就是不断地学习，也就是看对成功有帮助的书，同时懂得在日常生活中学习经验和教训。

学习力可以说是人类的一种非常了不起的潜能。尽管动物也有模仿等学习的能力，但是都无法与人类相比。为了证明学习力的成果，人们用学历来做为其最佳代表。其实，学历不等于学习力，一个学历很高的人，不见得就很善于学习。学历代表的是过去，学习力代表的是未来。这种潜能不是一种阶段性的总结，而是可以伴随人一生的重要能力。

虽然高学历或许可以成为成功的充分条件，但是却不是必要条件，成功真正需要的是学习力。而这种学习力不光是从书上学，更是从自己周围的点点滴滴，从每个人身上学。

一次，当几十位诺贝尔奖得主聚会的时候，有一个记者问其中一位荣获诺贝尔奖的科学家：“请问您在哪所大学里学到您认为最重要的东西？”

这位科学家平静地说：“在幼儿园。”

“您在幼儿园学到了什么？”记者很是不解。

“把自己的东西分一半给小伙伴；不是自己的东西不要拿；自己的东西自己放整齐；吃饭前要洗手；做错事要表示歉意；午饭后要休息；要仔细观察大自然。”这位科学家出人意料地回答。

尽管已经获得了殊荣，可是这个已经声名显赫的科学家却对儿时的训练如数家珍，因为这些是他做人、做事的基本原则。学历可以通过金钱、努力、勤奋等途径获得，而学习力却不是这些能换来的，只能通过学习激发出来。

1974 年，24 岁的郭台铭和几个朋友在台湾成立了一家名为鸿海塑料的公司，主要业务是制造塑料零件。创业的前十年，他经过辛苦打拼获得了一定资金后，便开始从瑞士引进高级设备，从日本聘请日籍顾问，然后又从日本引进精密机械制造技术。公司人员不到千人，郭台铭就慷慨地用大笔资金送员工到海外学习。

郭台铭成功的关键就在于他不仅重视员工的学习和培养，同时他自己还有极强的学习力，以及对行业趋势的判断能力。在管理公司的同时，郭台铭和所有重要的客户交朋友，了解这些人的想法，以掌握全球IT行业的发展趋势，甚至他还深入了解客户公司的管理模式。1983年，鸿海塑料公司就利用日本的进口设备，开发完成第一批连接器，由此正式进入PC领域，从而使公司进入每年20%成长的稳定期。1988年，鸿海公司已经成长为一家拥有1000多名员工、2.5亿元利润的企业了。可以说，非凡的学习力是打造郭台铭商业传奇的关键因素。

在创业之初，郭台铭是在想办法立足，当企业具有一定规模后，他便开始运用学习力扩大经营范围，使自己成为商业神话。在彼得·圣吉出版了管理界突破性的著作《第五项修炼》后，他和他的工作伙伴们就常被企业界问到，“当我们开始企业变革的第一步后，下一步该如何走？我们要如何持续这种改革的动力？”彼得·圣吉给出的回答是“提高企业的学习力”。可见，将学习力运用得当，便会变得强大，企业如此，个人亦是如此。只有激发并保持这种潜能，才能具有源源不断的竞争力。

未来的核心竞争力就是比竞争对手学习更快的能力。英特尔总裁格鲁夫说得很直接，“在这个快速变化的环境中，面对这么多强劲的对手，为什么我们始终能保持这样的竞争力？那是因为，我们清楚地意识到当今世界企业之间的竞争在本质上是学习速度的竞争。我们要想拥有持久的竞争力，唯一的办法就是比别人学得更快”。

学习力被越来越多的人所重视，也成为企业衡量人才的重要标准，更被认为是第一生产力！现代企业在注重人才学历的同时，更应该注重人才的学习力。因为失去学习力的企业，意味着僵化保守，不能突破，终将被市场淘汰；而没有学习力的人，思想陈旧落后，跟不上时代的进步，就算取得过一时的成功也会如昙花一现。

4.看清路才不会迷路

一个人的潜能就如同一个望远镜，我们可以借助它看清楚前面的路，方便行进。虽然它不能让我们有“千里眼，顺风耳”，但是，能看清路，迷路的几率会小很多。

有一条小河从遥远的高山上流下来，经过了很多个村庄与森林，最后它来到了一片沙漠。

它想：“我已经越过了重重障碍，这次应该也可以越过这片沙漠吧！”

当它决定越过这片沙漠的时候，它发现它的河水渐渐消失在泥沙当中，它试了一次又一次，总是徒劳无功，于是它灰心了，“也许这就是我的命运了，我永远也到不了传说中那个浩瀚的大海。”它沮丧地自言自语。

这时候，四周响起了一阵低沉的声音：“如果微风可以跨越沙漠，那么你也可以。”

原来这是沙漠发出的声音。小河很不服气地回答：“那是因为微风可以飞过沙漠，可是我却不行。”“因为你坚持你原来的样子，所以你永远无法跨越这片沙漠。你必须让微风带着你飞过这片沙漠，到达你的目的地。只要你愿意放弃你现在的样子，让自己蒸发到微风中。”沙漠用它低沉的声音说。

小河从来不知道有这样的事情，“放弃我现在的样子，然后消失在微风中？不！不！”

小河无法接受这样的想法。毕竟它从未有这样的经验，叫它放弃自己现在的样子，那么不等于是自我毁灭了吗？“我怎么知道这是真的？”小河问到。

“微风可以把水汽变成它自身的一部分，然后飘过沙漠，到了合适的地方，它就会把这些水汽释放出来，于是就形成了雨。然后这些雨水又会形成河流，继续向前进。”沙漠很有耐心地回答。

“那我还是原来的河流吗？”小河问。

“可以说是，也可以说不是。”沙漠回答，“不管你是一条河流或是看不见的水蒸汽，你内在的本质从来没有改变。你坚持你是一条河流，是因为你从来不知道自己的本质。”

此时，在小河的心中，它隐隐约约地想起了自己在变成河流之前，似乎也是由微风带着自己，飞到某座高山的半山腰，然后变成雨水落下，才最后形成今日的河流。

于是小河终起勇气，投入微风张开的双臂，消失在微风之中，让微风带着它，奔赴它生命中的又一次旅程。

小河找到了新的路途，因为它知道了自己潜在的能量，即使是无边的沙漠也阻挡不了它的脚步。

世界顶级成功学大师陈安之说："问路才不会迷路。走自己的路不如踏着成功者的脚步。成功学的精髓就是使用成功者证明有效的方法来减少自我摸索的时间，从而快速达到自己的目标。"当潜能未能达到一定力量时，我们难免会进入误区，被困其中。这时，向成功者问路的过程便成为了挖掘并增进自己潜能的过程，其中包含着自我思考和反思，也是一种学习思考方式的过程。因此，一个人要快速地提高自己的潜能，必须记住以下三点途径：

第一，提高潜能的最好办法是为成功者工作。

第二，当你开始成功的时候，为了潜能有更广阔的发展平台，一定要跟更成功的人合作。

第三，当你越来越成功时，要激发更多的潜能，需要找成功者来为你工作。

只要你能按照这三点内容去做，就一定会获得成功。一般人无法成功，就是因为他们缺少这样一个过程：寻找潜能—发展潜能—挖掘更多的潜能，把不可能变成可能。可是如果连为成功者工作的态度都没有，总是想要自己发明一套方法，是不可取的，因为自己的能力毕竟是有限的。事实上，在还没有明确的成功模式之前，自己的潜能是有限的。所以，我们需要先找到之后再深入发展。

我们想要迅速地激发出潜能的力量，复制成功不失为一个最好的办法。复制成功指的就是复制那些成功者的成功特质，即复制他的信念、策略及思考问题的方法。尽管我们先前可能在某些方面只是空白，不知道该怎么走，怎么布局，但是复制可以让我们快速地得到答案，与自身形成契合点，然后获得突破。

"蒙牛速度"是这几年最引人注目的经济名词之一。从1999年到2003年的五年中，蒙牛集团的销售收入从0.37亿元飙升至40.7亿元，后者是前者的110倍，年平均发展速度高达323%。在中国乳制品企业中的排名由第1116位上升为第二位，创造了从诞生开始的1000余天里，平均一天超越一个乳品企业的奇迹！在如今，"蒙牛速度"已成为中国企业的一面旗帜。

蒙牛集团为什么发展这么快？中国还会不会再出一个像蒙牛集团这样的企业呢？

虽然中国只有一个"蒙牛"，但是，它也是从无到有。成功当然是可以被复制的，而最重要的是，是否能够复制到蒙牛集团总裁牛根生的那种成功者的特质和思考方式。他说过，"要明白真理，你就得学会'三换思维'，即换位思考、换心思考、换向思考"。而这种思考方式，就是他创造"蒙牛速度"的秘密。

成功不是生而知之的，而是学而知之的。潜能不是一出生便让世界知道我们都是与众不同的，而是逐渐显现的。没有人天生就是成功者，也没有人天生就能将潜能发挥到极致，都需要通过后天的学习，来让自己获得成功所需要的能力，并通过行动将自己的所学转化为自己的内在潜力，这样才能帮助自己看清未来的征程。

5.向成功者学习是发现潜能的镜子

方法得当，潜能会被我们成功地展现出来；方法不当，潜能就会搁浅。那么，如何能用合适的办法还原潜能的真面目呢？

要还原潜能的真面目，就要为它找到一面镜子。这面镜子不是哈哈镜、放大镜，将潜能的形象扭曲变形，而是一面最真实的镜子。

“马云的咒语”是什么？只要看看“阿里巴巴”的团队就明白了。“阿里巴巴”的管理层，绝对可以算得上超豪华阵容。孙正义和前世贸组织总干事萨瑟兰是它的顾问，同时这里聚集了来自16个国家和地区的网络精英，而且，越来越多的哈佛大学、斯坦福大学、耶鲁大学的优秀人才涌向阿里巴巴。而令人惊讶的是，创业满五年的时候，“阿里巴巴”从来没有人提出来要走，公司最初的18个创业者，现在一个都不少。别的公司出三倍的工资，员工也不动心。在2009年阿里巴巴公司的庆典上，马云的“十八罗汉”全部出席，并且组成乐队为员工进行演唱。

马云说他有个理想，“到60岁的时候，和现在这帮做‘阿里巴巴’的老家伙们站在桥上，听到喇叭里说，‘阿里巴巴’今年再度分红，股票继续往前冲，成为全球……那时候的感觉才叫真正成功”。

我们经常说成功吸引成功，人才带动人才。而学习，是让我们在发挥自己的潜能时有个参照物，以此来反省：我可不可以有像他那样的能力？甚至是：我可不可以超过他，比他更好？所以，我们要让自己和成功者在一起，并从他们身上不断学习有益的知识。

有人说这样的观点非常具有功利性，为了成功就忘记自己的穷朋友，不重感情。难道那些穷朋友就没有潜能可言吗？难道那些失败的人就没有可以学习的地方吗？事实上，潜能的发挥需要更积极、更有力的刺激。你可以在成功以后去帮助你那些还不成功的穷朋友，但是千万别在不成功之前总与消极、抱怨、不思进取的人在一起，因为人是会互相影响的，别人就是自己的镜子。如果自己的身边充满了消极、放弃的因子，对于挖掘自身的潜能来说百害而无一利。

拿收入来说，你们经常在一起的五个人的收入的平均水平就是你的收入。“近朱者赤，近墨者黑”不是没有道理，如果你甘于和平淡之辈相交，所学到的毕竟是有限的，潜能也被限定，无法超出这个无形的范围。如果你想进入20%的人群，就必须改变自己的交往圈子，和成功者在一起，只有这样，你才能超越从前。但是，和成功者在一起不是羡慕他们的财富，攀附他们的势力，而是学习他们成功的智慧，并以他们为前进的榜样，这就是中国古代的老话“见贤思齐”。

陈安之说过，“在与成功者一起学习时，你会发现他们都非常热情，非常有行动力，你跟他们在一起，不行动都不行。因此，要想成功就要和成功者在一起”。行动起来，才有机会让你的潜能转化为现实。

同时，和成功者成为好朋友，你就能获得很多机会。有很多生意都是生意朋友在一起吃饭聊天的时候产生的。和成功者在一起也就是你经常听说的平台不一样，从而圈子不一样，即使在千万富翁的圈子里你是最差的那一个，那你的身价也不会低于百万元，仍然有成为千万富翁的潜力。可是，如果在一群小职员里就算你是经理，身价也高不到哪去。即使你是人才，有发展的潜力，也被自己限制住了。

“世界上最伟大的推销员”乔·吉拉德就是以“一定要与成功者为伍”为自己的目标和原则。如果看到一个优秀的人，就要挖掘他的优秀品质，根植到自己身上。所以，人优秀与否，潜能能否尽情、完美地展现，同所参照的对象密不可分。

人的一生有三张非常重要的底牌——有哪方面的潜能，读什么样的书，交往什么样的人。翻起这三张底牌就能知道你是一个怎样的人。当这三方面能够有机融合在一起时，你的人生便找到了能够展现潜能的镜子。

6.多一些学习，就多一些能力

许多人认为自身的潜能是突然间才得到发现的，其实，潜能是人们早已具备的，因为埋藏了太久，没有被适时地引导，所以没有被发现。实际上，如果能在每天多一点进步，增加一些能力，无疑是在为潜能的发挥打下坚实的基础。因此，许多公司都越来越注重发掘员工的潜能。

不惜重金邀请老师为员工进行培训，这不是在浪费时间和金钱，而是为了能让员工们多一些进步和能力。而对员工自己来说，有意识地锻炼自己每天都学习、有所进步，对自己的未来是非常有帮助的。美国前总统克林顿说过，“在 19 世纪，获得一小块土地，就可以作为起家的本钱；而在 21 世纪，人们最指望得到的再也不是土地，而是联邦政府的奖学金。因为人们知道，掌握知识就是掌握了一把开启未来大门的钥匙”。

所有富豪都毫无例外地具有旺盛的学习欲望，英国最大的华人企业——荣业行商业中心——的主席叶焕荣说，他每天醒来第一件事是打开收音机听 BBC 新闻，下班后还要提一袋子中英文报纸回家看。每次回国，行李中最重的也是书。他最爱读历史，古今中外都爱看。叶焕荣曾经告诉记者，中国人喜欢赞美勤劳，这“勤劳”二字讲的是“力”，但只知道卖力是不够的。人类的发明创造都是为了省力，用脑才会进步。“我到英国创业没继承什么财产，但却继承了家族做生意的头脑。现在采购全球化，不能不关注世界各地的新闻，而读历史可以给人以智慧。”

关注着哪方面，却又不知道自己有没有这方面的潜能，势必会阻碍到发展。学习正是在铲除这些绊脚石。财富是有形的，也是有限的，而赚取财富的潜能却是无限的。

每个犹太孩子几乎都要回答母亲的一个问题：“假如有一天，你的房子突然起火，你会带什么东西逃跑呢？”如果孩子回答是钱或贵重物品的话，那么母亲会进一步问：“有一种无形、无色也无气味的宝贝，你知道是什么吗？”要是孩子答不出来，母亲就会说："孩子，你应该带走的不是别的，而是这个宝贝。这个宝贝就是智慧，它是任何人都抢不走的。你只要活着，智慧就永远跟随着你。而这种智慧光靠在学校读书是学不会的，你需要阅读，需要思考。"

"留得青山在，不愁没柴烧。"青山依旧在，才会有更多的可能。所以，犹太母亲会教育孩子遇到危险时先保全自己，让孩子重视赚取财富的潜能，时时刻刻做好得到致富智慧的准备。

每一个成功者都是有着良好阅读习惯的人。如果你每天阅读 15 分钟，你就有可能在一个月之内读完一本书，一年内至少读过 12 本书了。而十年之后，你会读过总共 120 本书！想想看，每天只需要抽出 15 分钟时间，你就可以轻易地读完 120 本书，它可以帮助你在生活的各个方面变得更加富有，帮助你扩展自己的视野。对于许多人来说，他们不是不行，也不是不能，而是不想、不做。这样，即便是有巨大潜能的人，也会变得平庸。相反，每天前进一步，从每个人身上学习，从各种事情上学习，这样的人将来成功的可能性是无法估计的。

台湾经营之神王永庆的学历只是小学毕业，但在他的企业里众多的 MBA 接受他的领导。他的台塑集团屹立不倒、年年创新，最重要的根源就是他的毅力和学习力。他每天早上提笔书写一个多钟头，30 年来从不间断，而发人深省的《生根深根》、《走出自己的路》、《台湾活水》等书都是他利用每天早上的这点时间完成的。

美国《读者文摘》创办人华莱士，也只有中学文化程度，但他爱好阅读，并且随时做笔记。

“我没有成功的潜能，我做不到这些，我只是个平凡人……”当你每天只会对自己说这些话的时候，为什么不把时间多用在学习上？每一个想在35岁以前成功的人，每个月至少要读一本书和两本杂志，并且每三天做一次思想总结，以向周围所有成功者学习。美国著名教育家曼恩说：“习惯仿佛一根缆绳，我们每天给它缠上一股新索，要不了多久，它就会变得牢不可破。”这个比喻非常形象和智慧。它把习惯比喻为一根缆绳，每次行为的重复，就相当于为它缠上了一股绳索。很显然，每天不断地缠，缆绳就会越来越粗，最终会粗到牢不可破。我们从书籍里学到的智慧也是给成功加固的锁链，让我们的成功坚不可摧。

潜能最害怕的就是停止学习，因为停止学习就意味着自己放弃了对潜能的发现，使其永无出头之日。而学习习惯的养成，是为了更好地证明自己，它绝非一蹴而就，而是需要长期的培养。

7.知行合一是打开潜能的钥匙

潜能是一个宝库，里面的宝藏可以超出人们的想象。而打开这个宝库的钥匙，就是知识。

我们必须明白，知识的真正价值在于使用．否则再多的知识只能成为我们的包袱。这就为激发潜能提供了契机。对于激发潜能的学习也是一样，如果不能把理论知识落实到实践中去，那么一切都只能是空谈和空想，成为不了激发潜能的助力。

柳传志在清华大学的一次演讲中说："什么是高科技产业化？我们觉得主要是把技术变成钱，钱再变成技术，技术再变成钱，钱再变成更高的技术，更高的技术再变成更多的钱的过程。"所以，我们也要让自己的成功学理论现实化。因此，有了行动成功学的概念，这个概念告诉我们真正的成功者不仅要"勤于思"，更要"敏于行"，做知行合一的实践者。

对一个人来说，只是知道自己具有成功的潜能是没有任何力量的，相信并做到才有力量，从而发挥出效用，这才是真正的可以让你成功的学问。古希腊哲学大师亚里士多德说过，"首先，要有一个明确可行的构想，也就是一个目标；其次，用任何可行的方式，比如智慧、金钱、物质等方法来达到目标；最后，调整所用的一切方法，以达到成功"。所有的成功者的身上都有着不可限量的潜能，而正是他们能够做到知行合一，才能将这种潜能表现出来。在说出丰富的理论的同时，也可以做到自己亲身实践。

有"美国钢铁大王"之称的安德鲁·卡内基是开创美国工业历史的实业家，现代商业模式的缔造者。他是和福特、摩根、洛克菲勒齐名的钢铁巨人，是戴尔·卡耐基、拿破仑·希尔所推崇的20世纪最伟大的企业家，他创造并捐助了亿万财富，是美国商业的不朽神话。

而在美国，还有一个家喻户晓的名字——拿破仑·希尔。他是世界最早的成功学大师。由于他创造性地建立了全新的成功学，在人际学、创造学、成功学等领域比戴尔·卡耐基有着更高的地位。他创建的成功哲学和13项成功原则，以及他永远如火如荼的热情，鼓舞了千百万人，因此他被称为“百万富翁的创造者”。

这两位伟大人物是如何走到一起的呢？这主要归功于他们能够发现别人的潜能并且作用到行动中去。

安德鲁·卡内基为自己的墓碑写过这样一段墓志铭——“这儿躺着的是这样一个人，他深谙如何将自己周围的人变得比他自己更加聪明。”他一点都没有说错。他是这样做的，也是这样帮助别人的，如果没有他的帮助，拿破仑·希尔恐怕很难发挥出自己卓越的才能。

1908年，拿破仑·希尔在一家杂志社工作，有幸被派往采访钢铁大王、人际关系学家安德鲁·卡内基。卡内基不愧为一位可敬的导师，他很快发现了希尔身上的创造性，并用自己的社会关系帮助拿破仑·希尔，建议他从事美国成功人士的研究工作，并利用私交写信给美国政界、工商界、科学界、金融界等领域取得卓越成绩的高层人士，介绍希尔与他们认识。

在以后的20年里，拿破仑·希尔访问了包括福特、罗斯福、洛克菲勒、爱迪生、贝尔在内的数百名当时最成功的人士，并进行了深入的研究，完成了八卷本的《成功规律》，激励了千百万人去创业。他本人也被人们称为“当代基督”，认为他像基督一样重新为人们奠定了信仰基础。

拿破仑·希尔说：“知识仅仅是潜在的力量，只有把知识融汇到确定的行动计划中，并付诸明确的目标，它才能转化成为力量。”

我们要看到，拿破仑·希尔能取得如此傲人的成绩，可以说卡内基是功不可没的。卡内基看到了希尔的闪光点，并成功地帮助他发现了自己的潜能，用行动为他铺路搭桥，帮助他扩展平台。在他们将知识与行动结合为一之后，在自己的人生上也就取得了卓越的成就。

第七章　热爱，让你不断提升

1.你爱它，所以它会给你恩赐

什么是天赋？字典上的解释是生来具有的、禀受于天的特性。天赋是一个很抽象的东西，令人难以捉摸，却又梦想拥有。似乎拥有了天赋，就拥有了成功。其实，世界上绝大多数杰出的人物并没有天赋，他们之所以会成就斐然，是因为他们追随了自己的兴趣。

现实生活中，很多人有这样的想法：取得成功的人，都是因为其天赋使然。是的，我们不能否认天才的存在，他们有着优于他人的禀赋，成功似乎也就成了顺理成章的事情。然而，在这个世界上，毕竟只有一个天才音乐家莫扎特，只有一个天才画家达·芬奇。更多的人是通过自己的努力拼搏，才有了后来的成功。并且，即使拥有天赋又何如？不努力一样被淘汰。

天赋是学不来的，但是，我们却可以学习那些没有天赋，却因为追随自己的兴趣，最终取得巨大成就的人。比如爱迪生、爱因斯坦、牛顿，等等。爱迪生，从小被人称为“笨小孩”，但这个“笨小孩”正是凭借自己的兴趣——搞发明，一直坚持不懈地努力，最终成为了伟大的发明家；爱因斯坦，小时候胆小怕事，是个不知不扣的“胆小鬼”，也是在兴趣的推动下，最终成为了“世纪伟人”；牛顿，小时候也不是什么神童，但是，这个毫不起眼的小角色，同样是因为自己的兴趣——爱看书，好思考，最终在物理学上做出了突出的贡献。可见，天赋并不是什么绝对的事情。因为即使一个人没有天赋，也不能说他注定就是一个失败者。举个例子，假如一个人对美术和设计没有天赋，但从小到大，他一直对其保持着很大的兴趣，他最后依然能够在这方面有所成就。通过追随兴趣，他获得了成功。因此，世界上并没有绝对的天赋，只要坚持做自己喜欢的事情，就能找到自己异于他人的天赋。换句话说，兴趣就是天赋，而且是最好的天赋。

小F在上小学的时候就特别喜欢卡通画，但是他画得相当难看，连一个机器猫的外形都画得歪歪扭扭。但是他没有在意画得好不好，只是因为喜欢而已。在他小学课本的空白处，龙珠、机器猫、蜡笔小新等是“常客”。从来没有人告诉他应该怎样画，他完全凭自己的兴趣去画。据小F说，父亲一直反对他乱涂乱画，撕了他不少画，扔了他不少画笔。通常他要把画好的画藏起来，否则，很可能被父亲扔掉。在父亲的阻挠下，小F画画的兴趣越来越浓，他也越画越好，最后不少作品在专业杂志上发表，有的作品还得到专家的肯定和好评。

小F具有绘画的天赋吗？答案是否定的。刚开始他画得很烂，但是他对画画感兴趣。他喜欢忙里偷闲地画，最后画出了成就，画出了不一样的精彩。可以说，是兴趣促使他在画画方面一直坚持，最终取得了很好的成绩。

除此之外，还有一个年轻人小G也是因为兴趣，才在音乐方面有所发展。小G小时候喜欢唱歌，但是他唱得像鸭子叫一样，非常难听。虽然在初中的时候，他开始玩吉他、写歌，但就是没有勇气在大家面前唱歌，因为他知道自己唱得实在难听。因为难听，所以不唱，也因为不唱，所以一直都很难听。因为他一直认为唱歌好的人，都是天生就有一副好嗓子。直到上了大学，他无意间看了一本音乐教材，才知道唱歌好不是因为嗓子天生好，而是通过后天的练习。从此，他改变了对唱歌的态度。走在路上的时候、洗衣服的时候、睡觉之前，他都忘我地歌唱，而且还勇敢地登台演唱。渐渐地，他在音乐方面有了很大的进步，人们也慢慢地认可了他的歌声。

小G在音乐方面不仅没有天赋,还有着“先天的缺陷”。然而，他对唱歌感兴趣，又坚持不懈地练习，最终他成了一位小有成就的歌手。

天赋是什么？不再是你天生就具有的天分，而是你痴迷和挚爱的程度。与其说一个人靠天赋成功，不如说是靠兴趣成功。当你找到了自己的兴趣后，要做的就是坚持了。无论是画画、唱歌，还是别的什么，只要你对其感兴趣，你就会有热情去坚持。兴趣固然重要，但若只有兴趣，却不去持续学习，那也是很难取得成绩的。很多人之所以成功，是因为付出了充满激情的努力。比如比尔·盖茨，因为对电脑软件感兴趣，他才会废寝忘食地钻研，最后才得以成功。如果说比尔·盖茨有软件开发方面的天赋，其实并不科学，相比之下，说他有这方面的兴趣更合理。他的兴趣有多大，他的天赋就有多大，他就能在这个感兴趣的领域取得多大的成就。

居里夫人曾经说过："任何一个人，在一个领域坚持十年，他就是这个领域的天才。"任何测试某个人在某个方面是否有天赋的言行都是可笑的，任何因为他人的影响而抱怨自己没有天赋的人都是可悲的。世上没有什么事是不可能的，自然也就没有绝对的天赋。即使你在某个方面没有优于他人的天赋，但是，因为你感兴趣，你喜欢，并不断地坚持和努力，最终也会取得令人仰慕的成功。换言之，你爱它，所以它会给你回报。

2.原来，"寻爱"之旅这样走

兴趣是人生的导师，可以引领我们走向成功。既然兴趣如此重要，那么，我们的"寻爱"旅程应该如何走呢？怎样才能快速地找到我们的"最爱"呢？最好的方法就是尽可能地接触不同领域，以便开拓自己的事业，在不断地尝试中发现自己的兴趣。

当今很多大学生都有这样的感触：在学校无所事事，找不到学习的兴趣，整天浑浑噩噩地过日子。正是这种轻松而无聊的日子，使越来越多的人丢失了自己的梦想，忘记了自己起跑的动力，最终"被迫"选择了堕落的生活——整日沉迷在网络游戏的虚拟世界。不过，即使在这样的"大趋势"下，仍有一小部分的人，坚持住了自己的原则，在这样的生活中活出了别样的精彩。

扪心自问，你甘心做一个沉沦的"废人"吗？你想自己的生活一塌糊涂吗？如果你的答案是否定的，那么，你就应该从现在开始采取行动，创造出属于自己的精彩人生。作为在校大学生，你应该把握在校时间，充分利用学校的资源，通过图书馆、旁听、网络、讲座、打工、社团活动、朋友交流、电子邮件、网络论坛等方式接触不同领域的从业人员或专家，在广泛涉猎的过程中去发掘自己的兴趣，找到自己的“最爱”。

小 H 是某名牌大学计算机系的学生。父母觉得计算机专业比较有前途，就帮他选择了这个专业，小 H 不想惹父母生气就同意了。但是，由于对计算机不感兴趣，小 H 对该课程一点儿也提不起精神。刚开始，他还勉强自己去听课，后来他慢慢地发现上课成了生活中最大的痛苦。于是，他开始逃学，考试的成绩单上频频亮红灯。终于，他受不了这种“混日子”的生活了，他不甘心自己的人生就此虚耗。于是，他选择了去旁听其他课程，找出自己的兴趣所在，然后再做父母的工作。

在接下来三个多月的旁听中，他接触到了很多课程，最终选择了法律，因为自从第一节课起，他就被法律的“美”给吸引了，忍不住想要了解那些条条框框。选定目标后，小 H 便开始做父母的工作，在他不断的劝说下，父母终于同意让他转系。就这样，他走进了自己向往的课堂。六年后，这个刚毕业不久的毛头小子竟然在法律界也小有名气了。

小 H 之所以会取得后来的成就，完全是因为他选择了自己喜欢的领域，不断学习、潜心研究。张亚勤说："那些敢于去尝试的人一定是聪明人。他们不会输，因为他们即使不成功，也能从中学到经验。所以，只有那些不敢尝试的人，才是绝对的失败者。"所以，我们应该尽力拓展视野，只有这样，才能从中得到更多的教益，从而更快更好地找到自己的兴趣所在。

当然，不仅是学生需要开阔视野、不断尝试，从而找到自己的"最爱"，从业人士也可以如此。只要你对现在从事的工作不满意，觉得不是自己喜欢的，就可以通过各种方法来寻找自己感兴趣的工作。

小 K 是某个公司的文员，她不是很喜欢自己的工作。于是，她在工作空闲就开始关注别的领域。一次偶然的机会，她在一个人力资源论坛看了别人的帖子，虽然她不是太懂，但是却觉得很有意思。从此，她一有时间就泡人力资源论坛。慢慢地，她对这个行业有了一定的认识，并且很喜欢这个行业。有一次，公司人力资源部门的同事过来打印资料，不小心掉了最后一页。她一看就觉得熟悉，这是她经常在论坛上看到的人力资源的一个测评，叫做 16PF。她就给人家送了回去，还说你们的 16PF 的结果落下了。正好人力资源部门的总监在，就问她，你知道什么是 16PF？她就把平时在论坛里看到的内容说了一遍。总监问她怎么知道的，她说是自己学的。于是，总监说不错，不如你来我们部门做招聘工作吧？就这样，小 K 进入了人力资源行业，并且，她在这个行业表现很出色。一年后，她成为了公司的招聘经理。

虽然，小 K 的成功表面看来有点偶然，但是究根结底还是源于她敢于尝试不同的领域，并在自己喜欢的领域坚持不懈地努力。

事实证明，尽力拓展自己的视野、找寻自己感兴趣的领域，然后不断努力，则更容易成功。除了上述的事例外，我们还可以从一些伟人身上找到例证。比如，希尔顿曾经说过，他花了 32 年的时间去发掘自己的长处。在人生职业的开始，他不过是个小职员，但是他认为这没有什么可耻的。华盛顿起初也只是一个验货员，但是通过不断尝试、不断学习，他找到了自己的兴趣所在，最后获得了成功。毛姆提笔写作前读的是医学，但他最终找到了能充分发挥自己才能的事业，从而走向成功。他们成功的轨迹不一样，但是都有一个共同的特点——在广泛的尝试中找到自己的兴趣所在，最终走向成功的彼岸。

因此，我们不能因为外在的原因被纳入一条固定的轨道而失去应当属于自己的天地，也不能因为暂时不知道自己的长处而犹豫不决。通过多方面尝试，你会发现自己到底喜欢干什么，到底能干什么。现在很多年轻人在发掘兴趣方面有一个误区，他们常常把社会、家人、朋友认可和看重的事情当做自己感兴趣的事情，认为那就是自己的兴趣，这种观点是不正确的。选择兴趣要客观，不能轻易被他人左右，不能认为那些有趣的、但自己没有做过的事是自己的兴趣所在，而需要充分感受，这样才能知道那到底是不是兴趣，然后做出明智的选择。

当然，有时候，兴趣不一定就能够当做职业，喜欢玩网络游戏不代表你有天赋来开发网络游戏，有兴趣也不代表你有天赋，不过可以尽量寻找天赋和兴趣的结合点，譬如你在数学方面有天赋同时也喜欢计算机，那么可以从事计算机理论方面的研究工作，等等。

对于自己感兴趣的事情，你会对它念念不忘，甚至在走路、上课或洗澡的时候，也会想着它。正是因为你如此的痴迷，你才能在这件事上更容易取得成功。更进一步，如果你对这件事情充满激情，你就可能为它废寝忘食。这时候，你不再是为了成功而工作，而是为了享受而工作了。如此一来，你想轻松地获得成功也就不再是什么神话了。

总之，做自己感兴趣的事情，其效率就会事半功倍；从事自己喜欢的职业，成功的可能性会大大地提高。在兴趣的指导下，发挥出自己最大的潜能。因此，如果你不满现在的处境，就从现在开始广泛地涉猎众多领域，开始自己的“寻爱”之旅，从而为成就自己的未来增加更多的筹码。

3. “爱你所选”也无妨

在现实社会中，普遍存在这样一种现象：有些人在某件事情上作出选择后，才发现自己的选择并不是自己喜欢的，于是，便开始消极对待，最终虚耗时光，一无所获。而这种情况在大学生身上尤为突出。

很多同学进入大学后，发现不喜欢自己所选的专业。于是，有些人在无尽的后悔中，敷衍着自己的专业课程；还有一些同学因为在学习上遇到了困难，或对本专业抱有偏见，就以“没兴趣”为借口，逃避专业课程的学习。这些“享受”大学生活的方式都是不正确的。因为在中国的高校中，转系可能并不那么容易，既然不能顺利转系，那么明智的做法就应该是尽力把本专业学好，并且努力地在学习过程中培养自己对本专业的兴趣。

如今，很多专业发展了交叉学科，两个专业的结合点往往是新增的亮点。因此，只要你尽力去接触、去尝试，就有可能找到自己感兴趣的领域，继而把你对本专业的兴趣培养起来。有时候培养兴趣、“爱你所选”会更容易获得成功。

“数字笔”的发明人王坚博士的事例便是一个很好的证明。王坚博士在微软亚洲研究院负责用户界面的研究，但是你一定不会想到他从本科到博士所学的都是心理学专业，而用户界面设计这项工作正是计算机和心理学专业的最佳结合点。

换个角度来看，如果你打算毕业后进入其他行业，你依然有必要把自己的专业读好，这同样会成为你在新行业中的优势。打个比方，有的同学不喜欢读理工科，想毕业后进入服务业发展，但是，倘若他先把理工科读好，将来就可以在服务业中以自己的理工科背景作为自己的特长。

从社会的现实情况来说，爱你所选是一种现实的、理智的做法。很多时候，即使我们很爱一个工作，很想去尝试，也可能会受能力、机遇等多方面因素的限制。

近年来，越来越多的年轻人选择跨专业、跨行业就业，他们跨专业、跨行业工作后获得较好发展的例子也有很多。但是，如果我们因为不喜欢自己的工作，就总想着跳槽，我们就不可能在工作岗位上踏实地工作。这样一来，我们虽然有可能在频繁的跳槽中找到自己感兴趣的工作，但是更大的可能是我们在频繁的跳槽中荒废了大好时光。

因此，如果我们很难改变现实，那就应该理智一点，努力去适应它，在一点一滴的积累、在不断地了解中，慢慢培养对这份工作的兴趣，直到最终爱上这份工作。况且，在我们不十分了解的领域，我们完全有可能蕴藏着巨大的潜力，如果我们不去尝试就轻易放弃，这绝对是一种草率而盲目的选择。

因为，从心理学上来讲，人有着很强的可塑性。人的兴趣也不是一成不变的。如果我们不去亲自了解，仅凭个人的主观想法或道听途说是很难培养起对当前工作的兴趣的。因此，我们不必拘泥于兴趣，当我们选择了一份工作后，有必要尽最大努力去“爱我所选”，这里的“爱”是一个努力尝试、慢慢找到兴趣的过程。只要我们不断地尝试，培养自己的兴趣，就很可能在原本不喜欢的工作上找到兴趣。

那么，我们具体应该怎样做才能让自己从对某个领域“没兴趣”转变到“感兴趣”呢？

（1）增加自信

自信是成功永不枯竭的动力。伟大的思想家爱默生曾说：“相信自己‘能’，便攻无不克。”事实上，不少学生因为对学习某门课程缺乏自信，产生了畏难心理，才丧失了兴趣；不少年轻人对做好某项工作没有信心，便产生了焦虑和紧张，继而丧失了兴趣。因此，想要培养兴趣，要从增强自信心入手。

你可以想象自己获得成功时的喜悦，努力回味那种成就感，以获得学习的兴趣。你还可以尽量回想当天愉快的事情，如“今天我又记住了20个单词”，“今天我又学会了方程式的解法”，让自己每天都有收获，每天都在进步。当你树立起“每天多做一点，就是成功的开始”的信念后，你的兴趣也会越来越强烈。

（2）兴趣暗示

对于自己不喜欢的领域，可以采用暗示的方法使自己产生兴趣。如果你对物理不感兴趣，在学习之前可以先进行热身运动，让自己兴奋起来，并大声地说：“物理，从今天开始，我会越来越喜欢你！”“可爱的物理，我对你很感兴趣！”每次学习物理之前都给自己积极的暗示，坚持一个月，甚至更长的时间，这些语言将进入你的潜意识，一旦进入潜意识，你对物理的兴趣可能就真的建立起来了。同样的道理，你对某个工作没有兴趣时，你也可以在每天早上起床时或在上班的途中，不断地给自己暗示。当你兴奋地、快乐地面对时，你就很容易从中找到愉悦的感觉，很容易找到兴趣。

戴尔·卡耐基曾经说过：“假如你假装对工作感兴趣，那么这种态度会使兴趣变成真的，并且消除疲劳。”同样的道理，如果你假装对某一门课程感兴趣，并坚持下去，也会收获很好的效果。你需要不断肯定自己，赞美自己，表达自己对那个领域的喜爱，当你有了兴趣后，要深入下去，将这种兴趣转化为学习的动力。总之，在你选择了一个专业、选择了某种职业后，首先不要急着下结论：“我对这个工作没有兴趣。”而应该对这个工作寄予美好期待，相信自己会喜欢上它，然后尽自己的所能去积极尝试，努力培养自己的兴趣，让自己喜欢上这个工作。

兴趣往往是在增长知识和技能的过程中产生的，只要你去努力尝试，就有可能激发自身的潜能、爱上自己原本并不喜欢的一切。

4.有时候，兴趣更是一种责任

罗素说："幸福的秘诀是：让你的兴趣尽量地广，让你对人对事物的反应，尽量地倾向于友善。"歌德也曾说过："哪里没有兴趣，哪里就没有记忆。"可见，兴趣对一个人的成长和发展有着多么重要的意义。

那么，什么是健康的兴趣呢？所谓健康的兴趣，主要是指那些有利于学习、生活、工作的兴趣。年轻人应该注意选择那些与社会发展和对自身发展具有积极意义的事物作为兴趣的对象。例如，阅读、下棋、书法、绘画、集邮、体育运动等，都可以作为自己的兴趣，它们能促进我们身心的健康发展，对锻炼我们的思维、开拓我们的见识、丰富我们的思想、增强我们的体魄有很大的帮助，也就是说积极、健康的兴趣能够对一个人的成长和事业起到很大的推动作用。

因此，可以说，兴趣帮助许多人成就了卓越的梦想，典型代表人物如爱因斯坦、爱迪生、牛顿、比尔·盖茨，等等。但是，兴趣是有好坏之分的，积极健康的兴趣能助你取得成功，不良的兴趣会将你推向万丈深渊。从心理学的角度来讲，兴趣是主体对客体的选择性态度，由客体的实际意义和对主体的吸引力所决定。兴趣的产生基于需要，有的人觉得搞发明研究、看书、练字是一种快乐的体验，为了获得这种情感需要，他会不断坚持这些兴趣爱好，最后有可能在这些方面做出伟大的成就。

与之相反，有的人觉得从打打杀杀、抽烟喝酒、赌博、玩网游中会获得快感，于是他们在不知不觉中使自己堕落了，甚至误入歧途。青少年中犯罪行为的产生，在某种程度上与他们的不良兴趣有关。有的年轻人整天沉浸在虚拟的电脑游戏里，没了钱只好去偷去抢，因此走向了犯罪的道路。

可见，不良的兴趣会使人堕落。兴趣爱好是一个人品格、才能、理想、目标的综合体现，培养有益的兴趣能使我们形成远大的理想和积极的人生目标。因此，年轻人应该努力培养良好的兴趣爱好，使自己的兴趣爱好为自己的成长和成功服务。

当然，兴趣有时是与生俱来的，比如，有的人天生喜欢文学、音乐、运动等。李开复认为，如果年轻人没有发现自己与生俱来的兴趣，也可以通过后天的努力，培养自己对某个领域的兴趣。比如，通过不断接触和尝试，你可能会爱上象棋，继而产生强烈的兴趣；通过不断参与，你可能会爱上足球，继而“深陷其中”。兴趣是一种爱好，有时也是一种责任，李开复就是一个极好的例子。他曾经说过，要把公益做成一种事业，并多次表示自己对此非常感兴趣。这正是“兴趣是一种责任”的体现。他积极投身于公益事业,多次到各地高校演讲,帮助年轻的大学生释疑解惑。李开复说：“一定要帮帮他们，我被大学生渴望成才的热情感动了。”之后他尽可能回复学生写给他的信，接受邀请为大家做演讲，他能做的，都会不遗余力。作为一个凡夫俗子，我们应该趁着青春年少，努力充实自己，既可以培养出阅读、写作、书法、计算机等有益于事业发展的兴趣，也可以培养唱歌、绘画、下棋等陶冶情操的兴趣。通过你的兴趣，别人就能知道你是一个怎样的人。所以，倘若不想给别人留下不好的印象，就必须培养积极健康的兴趣。兴趣是一种爱好，更是一种责任。

人类行为的共性是“追求快乐，逃避痛苦”。爱因斯坦曾经说过：“爱好是最好的老师。”带着兴趣去学习，可以使你全身心地投入并释放出强大的潜能。因此，努力培养有益的兴趣吧，然后带着兴趣去努力，你将收获你梦寐以求的成功。唯有这样的兴趣，才值得你坚持不懈地去追求、绝不轻易放弃。要知道，有时候，兴趣是一种爱好，更是一种责任。

5.再坚持一下，你就有了特长

现在，很多人都喜欢拿“天赋”说事。似乎那些成功者之所以能够优于他人、取得优异的成绩都是因为“天赋”，没有天赋就不可能有成功似的。但是，大多数获得成功的人，并不是天生就是智者神通，他们刚开始与常人并没有什么不同，只不过因为后天比别人多坚持了一下，结果慢慢地精通某个领域的工作，因而别人称之为这个领域的天才。

广东省首枚国际信息学奥赛金牌获得者陈启峰，刚开始与他人无异，没有什么天赋，然而，他对信息学有着浓厚的兴趣，喜欢学习并思考这个领域的所有问题，有了一点儿小成就，他就高兴得不得了。就这样，在他不断地坚持和努力下，他对信息学的专业知识了解得越来越多，并且在参加国际信息学奥赛时荣获金牌。

陈启峰在获奖时坦言了自己的学习心得：“我只是个普通的学生，没有什么天赋。兴趣和努力比天赋更加重要。”他认为获得金牌不是因为自己有这方面的天赋，而是因为有这方面的兴趣，再通过不断的努力和坚持，最终把兴趣变成了自己的特长，在外人看来那就是他的天赋。因此，如果你想成为某个领域的天才，就要不断坚持，不断努力，终有一天，你会成为这一领域中的佼佼者。阿里巴巴的创始人马云的故事就是一个很典型的例子。

马云小时候是一个非常调皮的孩子，在学习方面，除了英语，其他功课都非常一般。有一天，父亲发现无论对马云唠叨什么，马云都用所学的英语回敬他，这时父亲又惊又喜，说：“你小子是不是在用英语骂我呢？那好，你好好学英语，学到能随心所欲地讲，那样骂人才会痛快！”其实，父亲已经发现马云对英语感兴趣了，于是他经常骑车带着马云到西湖边找老外聊天。在这个不断坚持的过程中，马云的英语水平在不断地提高。每次考试的时候，马云几乎都能包揽全年级的英语第一名。但是，这无法掩盖他严重偏科的事实，当时班里的同学都说马云有学习英语的天赋，但是他心里明白，英语成绩好并不是因为天赋，而是兴趣和努力的结果。

很多人都羡慕那些兴趣广泛的人，因为兴趣广泛确实有助于提高人的适应能力和应变能力。有广泛兴趣的人能快速地熟悉和适应新的工作，并善于探索和创造。但是，如果只是兴趣广泛而不能稳定、持久，缺乏对兴趣的坚持与投入，不断地变换自己的兴趣，则对自己的成长没有什么好处，对自己的事业发展也不会有任何的帮助。

兴趣广泛，乐于接触和尝试不同的领域，尽可能地让自己的视野开阔，但是如果每一种兴趣都是浅尝辄止、略知皮毛，这样就难以使兴趣变成特长，也就不可能成为日后竞争的优势了。

因此，年轻人应该注意寻找与自己职业有关的兴趣，然后重点培养，坚持不懈地“钻进去”，尽可能做到精通，这样才能使自己的兴趣变成特长，在竞争中成为一个“撒手锏”。显然，这个时候的兴趣不再是单纯的兴趣了，它已经在无形之中变成了人们常说的“天赋”。

因此，虽然我们应该通过多方面的尝试来发掘自己的兴趣，但是，需要强调的是：在发掘多个兴趣后，应该有侧重地培养某个或某几个兴趣。只有这样才能将兴趣变成特长，只有拥有了特长，才能让成功变得更加容易一些。

6.做自己喜欢并擅长的事情

诺贝尔物理学奖获得者杨振宁博士曾经说过：“成功的秘诀在于兴趣。”一个人在自己感兴趣的领域内更容易取得成功。就像李开复，当年从自己不感兴趣的政治科学转到计算机专业，并且在其职业生涯中始终没有离开过这个领域，包括现在创办“创新工场”。

这些成功者的故事印证了一句话：“我们应该选择自己擅长的事来做”。显然，如果你意识到这一点，或者早点意识到这一点，那么你的职业生涯将会少走很多冤枉路。

而爱因斯坦的成功就是这条“真理”的最好证明。在上中学时，爱因斯坦对数学非常感兴趣；在上大学时，他又对分子物理学非常感兴趣。他的天赋是具有严密的数理逻辑能力，他在自己最感兴趣的领域分子物理学中施展了他的天赋——数理逻辑能力，最后创造了相对论。试想一下，如果让爱因斯坦在他不感兴趣的领域里去干他不擅长的事情——当政治家、作家或是运动员，结果恐怕就不是今天这样的了。

由此可见，职业规划应该把兴趣与天赋考虑在内。天赋是一个人技能的最基本元素，一种天赋可以适用多种不同职业。比如，如果你有很强的空间图形辨认能力，既可以表明你有成为一名画家的潜质，也可以表明你有成为一名雕刻家、建筑设计师、室内设计师的潜质。根据自己的兴趣爱好，选择一种适合自己的工作，你将很快在这个领域中脱颖而出。

天赋与兴趣有着很大的关系。一个人的兴趣爱好往往蕴藏着自己的天赋，但兴趣爱好不等于天赋。因此，人们应该从自己众多的兴趣中寻找自己天赋，并在规划职业生涯的时候结合自己的兴趣与天赋，这样才能找一份自己喜欢且擅长的工作。

比尔·盖茨是企业家眼中的经营之神，是IT业公认的软件天才。他的职业规划同样遵循了性格天赋优先的原则，同时也兼顾了后天的兴趣。还在上小学时，比尔·盖茨就对电脑非常着迷，13岁时就能自学电脑程式设计。进入哈佛大学后，盖茨的兴趣朝多方面发展，但他一直被“这一生到底要干什么”所困扰。他说：“每件事看起来都那么吸引人，一旦你挑选一种，就必须舍弃其他种种。”于是，他开始不断思考：“假如我到哪家律师事务所，某某合伙人可能会讨厌我，而指派我办很差的案子。科学家的工作好像比律师更有趣。”相比律师，盖茨觉得自己更爱科学。“我呆坐在寝室里做个抑郁的哲学家，每天都要想怎样去过我的一生。”盖茨觉得“抑郁”的哲学家也不是自己的最爱。于是，盖茨放弃了与自己性格不合的律师和哲学家，选择了自己从小就着迷的，并且必须具备相应的知识和技能的计算机行业，并最终成为了该行业的领跑者。

从盖茨的经历中，我们可以看出，他也经历了择业的苦恼，但是他顺应了自己的性格，然后考虑了自己的后天积累，最终选择了兼顾先天优势和后天优势的行业。在这个成熟的职业规划下，他成为世界首富也就不足为奇了。比尔·盖茨因此说过：“知道自己究竟想做什么、知道自己究竟能做什么是成功的两大关键。”在对自己进行职业规划之前，你有必要思考两个问题：第一，你想做什么？第二，你能做什么？

如此一来，通过第一个问题你可以了解自己的兴趣，通过第二个问题你可以了解你的天赋。如果你能够准确地回答这两个问题，那么你已经踏上了成功之路。要想有所作为，最好的办法莫过于在你最感兴趣的领域施展你的天赋。换句话说，就是做自己喜欢并擅长的事情。

做自己喜欢的事情，能够很好地激发自己的潜能；从事自己最擅长的工作，能够充分地调动自身的积极性。因此，如果你想在某个领域有所成就，成为众人羡慕的焦点，最重要的莫过于将兴趣和天赋结合起来，选择一个最感兴趣的行业，从中挑选一个最喜欢的职业，然后运用自己的天赋进行更加深入的学习和尝试。这样一来，你就会成为这个行业的精英，想不成功都很难。

7.兴趣固然关键，志向也很重要

在漫长的人生之路上，每个人都可以有很多不同的兴趣。兴趣是一个造就卓越、走向成功的重要因素。因为凭借兴趣学到的东西，永远不会忘记。但是，我们追寻兴趣之外，更重要的是寻找自己终身不变的志向。因为兴趣固然关键，但是志向更为重要。诺贝尔文学奖得主普吕多姆的成功经历也证明了这一点。

普吕多姆出生在法国一个普通的家庭里。他平时爱动脑筋，聪明勤奋，在各科成绩中，数理化的成绩特别优秀。毕业的时候，家人和老师都极力劝说他根据自己的特长报考巴黎工业专科学校机械系。但是，上了大学之后，普吕多姆却对文学产生了强烈的兴趣。在一次蒸汽机的设计考试课上，他没有设计蒸汽机，而是将这整整一页的试卷写满了诗歌。

后来，他拿到了工科学士的学位。在家人和老师都希望他能在前途无量的工业领域中施展才华时，他却发现自己最感兴趣的还是诗歌创作。于是他放弃了自己的专业，潜心创作，并树立了远大的文学志向。虽然，从事诗歌创作经常住在简陋的公寓楼里，虽然他常常因为稿费微薄而挨饿，但是他相信未来会一片光明。因此他始终没有放弃，一旦捕捉到灵感，便随手写在任何地方：壁纸、纸片、书……1901年，普吕多姆获得首届诺贝尔文学奖。

纵观普吕多姆的成功经历，可以得出以下结论：如果没有远大的志向，即使他对诗歌创作充满兴趣，也难以忍受那种枯燥乏味的生活。现实中，有兴趣者颇多，但是能够同时有远大志向的人却不多，很多年轻人在追求自己兴趣的时候遇到了困难，便会“改行”，他们的理由是：“人活着要吃饭，要现实一点。”于是面对现实生活的种种，他们最终放弃了自己的兴趣。

当然，我们并不是说为了追求兴趣就应该忍饥挨饿，而是说，如果没有远大的志向，追求兴趣的积极性就很容易受到现实生活的打击，直至慢慢放弃了兴趣。反观那些有远大志向的人，他们有坚定的信念，有不屈的斗志，能够坚持不懈并最终获得成功。

可以说，志向是人生的大方向，兴趣是促使生命之舟驶向理想彼岸的舵手，是前进的动力。如果没有远大的志向，只是把自己局限于兴趣中，就有可能偏离人生理想。只有志向，却没有发挥兴趣的人，会在奋斗的过程中屡屡受挫，在受挫后自信心和积极性也会慢慢丧失，最后不得不无奈地放弃。所以，我们在树立远大志向的时候，也要努力地让兴趣发挥作用。只有这样，才更有利于成功。

总而言之，志向是船，兴趣是桨，有桨的船才能驶向远方；志向是舵，兴趣是帆，有帆的船才有前进的助力。只有志向，而不能与兴趣相结合的工作，不容易取得大的突破；而只有兴趣，没有远大志向的航船，也不会行驶太远。因此，一个人在树立人生志向的时候，要尽力结合与之相关的兴趣。只有这二者的结合体，才是战无不胜、攻无不克的最佳选择。

第八章　鼓足勇气，迎接挑战

1.坎坷永远挡不住勇敢者的脚步

在当今社会的诸多成功者中，其成功的关键就是拥有非凡的勇气，敢于挑战自己，并且从不怕艰难困苦，所以，他们最终取得了令人羡慕的优秀成绩。

勇气是一种力量，如果你以一种充满希望、充满自信的精神面对生活，那么，任何事情都不能阻挡你向前进。你可能会遇到挫折和失败，但那都是暂时的，只要你永不丧失奋勇向前的斗志和勇气，你就一定能够取得最终的胜利，获得你想要的一切。

在漫漫人生的征途中，对于每一个人来说，遇到困难、遭遇挫折都是在所难免的事情。但是，经历挫折后，有的人走向了成功，有的人却走向了失败。造成这种区别的根本原因，就在于人们对待逆境的态度不同。勇气是一种积极的品质，它让你变得更加强大，对自己充满信心。正是因为成功者有着面对困难和挫折的非凡勇气，才使得他们最终顺利地走向了成功。美国汽车业巨子艾柯卡的成功经历，便很好地向世人证明了这一道理。

艾柯卡曾任职于世界汽车行业的领头羊——福特公司。由于他卓越的经营才能，使得自己的地位在福特公司节节高升，直到坐到了公司总裁的位置。然而，就在艾柯卡的事业如日中天的时候，福特公司的老板福特二世却作出解除艾柯卡职务的决定，原因很简单，因为艾柯卡在福特公司的声望和地位已经超越了福特二世，他担心有一天自己的公司会被艾柯卡所占有。这突然的变故，让艾柯卡陷入了人生的低谷，他坐在不足十平方米的小办公室里思绪良久，终于下了决心，离开福特公司。

在离开福特公司之后，有很多家世界著名企业的老板都曾拜访过艾柯卡，希望他能重新出山，但全被艾柯卡婉言谢绝了。艾柯卡最终选择了美国第三大汽车公司——克莱斯勒公司，这不仅因为克莱斯勒公司的老板曾经“三顾茅庐”，更重要的原因是此时的克莱斯勒已是千疮百孔，濒临倒闭。艾柯卡选择克莱斯勒的主要原因就是要向福特二世和所有人证明，自己的确具有经商的才能，是一个不可多得的人才！

艾柯卡一接管克莱斯勒公司，便开始进行了大刀阔斧的改革，辞退了32个副总裁，关闭了16个工厂，进行了相应的裁员，从而节省了很大的一笔开支。整顿后的企业规模虽然小了，但却更精干了。与此同时，艾柯卡进行充分的市场调研，研究人们的消费心理，把有限的资金都花在刀刃上。根据市场需要，以最快的速度推出新型车，从而逐渐同福特、通用三分天下，创造了一个令整个美国震惊的神话。

1983 年，在美国的民意测验中，艾柯卡被推选为“左右美国工业部门的第一号人物”。1984 年，由《华尔街日报》委托盖洛普进行的“最令人尊敬的经理”的调查中，艾柯卡居于首位。同年，克莱斯勒公司营利 24 亿美元，美国经济界普遍将该公司的经营好转看成是美国经济复苏的标志。

如果说在福特公司的艾柯卡是福特的“国王”，那么在克莱斯勒的艾柯克无疑就是美国汽车业的“国王”。艾柯卡之所以能取得这么大的成就，完全是因为他有无限的勇气去迎接挑战。正如陀思妥耶夫斯基说的那样：“勇敢者是到处有路可走的。”一个人如果缺乏勇气，就很容易倒下去，而一个勇气十足的人，则可以克服艰难险阻，勇往直前。

某心理学专家，曾经花费很长时间对成功人士进行研究，结果显示，当人们面对恐惧时，那些富有勇气的行为都能稳定地显示出三种性格特征：投入、信心与自制力。只要让每个人将潜在的这三种特性加强，使它们相互协调配合，就能增加自己的勇气。

其实，换个角度来看，恐惧并不是对我们只有害处而没有益处。恐惧具有一种暗示性，它可以暗示出我们希望改变的方面。因为不论你付出努力后的结果如何，你内心的真正价值始终存在，而按照心理暗示的方向去努力，你会更有信心。我们应有犯错的打算，同时也要努力做好犯错的准备。因为事实上，许多人都有潜伏的英雄本色，只因他们的自我怀疑，使这种潜伏的能量失去了爆发的时机，结果他们平庸地度过一生。如果你知道自己身上深藏着这些潜力，就请努力发掘这些潜力，让这些潜力帮助你来打破恐惧，走向光明。

事实上，每个人都拥有这些潜力。对于人们来说，最重要的就是必须付出行动，使它们有机会发挥出神奇的功效，这样，你才能切身体会出你确实拥有它们。无论对大事还是小事，你都要充满勇气，采取大胆的行动，不要等到恐惧发生时才把自己想象为大英雄。日常生活也需要勇气，比如每一件事情都可以练习你的勇气，这样，你就可以锻炼出非凡的勇气，以便你能够在面对重大事情、重大决策时，果断地采取行动。

实际上，无论你是谁，当你为了达到目标而采取行动时，你就会不自觉地产生更多的自信和胆量，因为行动可以产生自信。如果我们的潜意识处于模糊状态或者处于不自信状态，我们的勇气将大打折扣。譬如，对于未来可能发生不幸的想法，会使我们忧心忡忡，伴随而来的就是焦急、无奈或者恐惧，进而阻止我们付出行动。这种消极的心理之所以产生，是因为我们的怯懦，在还未遇到真实的阻碍时，就提前想象那些挫折，仿佛自己已经真的陷入那样的困境一样。要是我们太担忧挫折或念念不忘失败，我们的潜意识会对这些负面情绪信以为真，从而使得我们难以做出积极有效的行动。所以，我们必须尽力避免这种情况的发生。

反之，倘若我们的脑海里，一直有一个积极向上的信念或目标，而且能一再生动地把这样的信念或这样一个目标向自己灌输，使它们更加深刻而清晰，并且把它们看做是一个已经形成了的事实，我们就会产生一种“稳操胜算”的心理，从而更加自信并能勇往直前地去追求成功。要知道，冲天的勇气，能够很好地驱使我们不断前进，帮助我们快速地走向成功。

一位伟人曾说过：“我一直都在寻找那些拥有无限能力，并且相信没有什么做不到的人。他们之所以能够取得巨大的成就，其共同点是什么？

最终，我终于到了——勇气！”人生之路，不可能总是一帆风顺，成功都是在挫折中产生的。很多人，面对挫折选择了退缩和放弃，而有志气的勇士，则不畏艰险，勇敢前行。他们将自己非凡的勇气，转化为无尽的力量，毅然地踏着坎坷泥泞，不断前行，最终走向成功。

2.敢于挑战自己，方能创造辉煌

当你以征服者的心态对待人生时，相信你的前途必定一片光明，未来一定会有所成就。因为心中充满必胜的信念的人，取得成功的可能性更大，而以屈服者心态对待人生的人，遇到坎坷和挫折只会逃避，很难走上成功的道路。

一个不敢挑战自己的人，只能懦弱地活着，而要成就一番事业就必须面对人生的考验。很多人之所以不能成功，关键就在于无法激起挑战困境的勇气和决心。唯有敢于挑战自己的人，才更可能取得成功。电影明星史泰龙的成功就是敢于自我挑战的结果。

史泰龙的父亲是赌徒，母亲是酒鬼，他是在天天挨揍的情况下长大的。

他的学习成绩很糟糕，上到高中便辍学了，于是他每天跟街头那些小混混们在一起。直到他20岁的时候，一件偶然的事情刺激了他，使他翻然醒悟，他不想再像父母那样悲哀地活着。

史泰龙下定决心，活出自己的人生价值来。但是做什么呢？

他结合现实再三考虑，决定当演员。因为当演员不需要文凭，更不需要本钱。但是，他自身的条件并不好——长相丑陋，又没接受过任何专业训练。然而，“一定要成功”的决心驱使着他往前走，他认为这是他今世唯一出头的机会，决不能放弃。

史泰龙来到好莱坞，他找明星、找导演、找制片人……找一切有可能使他成为演员的人，虽然处处碰壁，但他从没有放弃希望，他总是会默默鼓励自己：“我要当演员，我一定能成功！”

史泰龙一次又一次地被拒绝，但他并不气馁，每被拒绝一次，他就认真反省、检讨、学习一次。他不断对自己说：“我一定要成功，也许下一次就行，再下一次、再下一次……”在他遭到1000多次的拒绝后，一个曾拒绝过他20多次的导演对他说：“我不知道你能否演好，但我被你的决心所感动。我可以给你一次机会，但我要把你的剧本改成电视连续剧，同时，先只拍一集，你当男主角，看看效果再说。如果效果不好，你便从此断了这个念头吧！”

为了这一刻，史泰龙准备了三年多，终于可以一试身手了。他不敢有丝毫懈怠，全身心地投入进去。第一集就创下了当时全美最高票房纪录——他成功了！

成功后的史泰龙无限风光，但是，当初他若是没有敢于挑战自己的勇气，勇敢地迈出了第一步，他是不可能成功的。

在追求成功的道路上，有的人失败了，而有的人却成功了。这其中的主要原因是能否挑战自己。一个成功者，并不是靠自己的小聪明、小手段，或通过投机取巧来取得成功的，他们拥有的是一份挑战自己、战胜自我的信心。正所谓“胜人者力，自胜者强”。其实，人生的挑战无处不在，只要你敢于迎接挑战，善于挑战自己，才有可能创造辉煌，走向成功。

世界上有很多事情是不能选择的，既然无法选择，那我们就改变自己，拿出挑战自己的勇气来面对每一次的困难和挫折。

3.冒险也是成功的一条捷径

几乎所有行动果敢的人，都不害怕冒险，甚至还热衷于冒险。世界上没有万无一失的事情，在面临选择、面临机遇的时候，要做出决断，就必须要承担一定的风险。勇于突破，你才会收获丰硕的果实，打破束缚、敢于冒险正是开拓者的精神所在。

不过冒险并不是一点头绪都没有的时候就盲目地去冒险。冒险也是有技巧的，需要你有了一定的把握之后才能实施的。否则，你的冒险不但不会给你带来成功，还会将你推进更加糟糕的境地。

在这一方面，索罗斯为我们做出了榜样。提起索罗斯，很多人都会以为他是个疯狂的赌徒，而实际上，索罗斯是个非常谨慎的人，他敢于冒险，却从不碰运气。

索罗斯是匈牙利犹太人，像那个年代的其他犹太同胞一样，他从小也是受尽了欺凌和迫害，跟随父母东躲西藏，过着朝不保夕的日子。

1947年，年仅17岁的索罗斯离开了父母、离开了祖国，独自来到英国伦敦。生活对他来说，只有艰辛。为了生存他干过无数种工作，当过侍者、油漆工，收过苹果。19岁那年，索罗斯考取了著名的伦敦经济学院。他珍惜这来之不易的学习机会，一刻也不敢放松自己。由于贫困，他不得不在学习之余，靠给别人打短工来赚取一点生活费以维持生计。

索罗斯在经济学院毕业后，进入一家证券公司当见习生，他的才华就在此时开始显露出来。同时，他也迷上了充满刺激的证券交易。很快，他凭借自己的聪明才智和勤奋成为了这方面的专家，并且积累了原始资本。1956年，索罗斯带着自己的全部积蓄前往美国纽约开创自己的新天地。他以证券分析家的身份专门给美国的金融投资机构提供欧洲市场的信息和建议。没多久，他就做成了好几笔大买卖，在同行中脱颖而出，成为了这一行的知名人物。

索罗斯在投资时十分谨慎，所以他几乎是每战必胜。当别人在市场上追逐某一种股票时，他却在认真分析全球金融市场的复杂形势。他将全世界的金融市场看成一盘棋，一旦发现机会他就全力出击。他永远不会在有利可图的时候袖手旁观。用他自己的话来说就是："在股票市场上要随时寻找别人还没有意识到的即将发生的突变。"

1973年10月，索罗斯开始关注报纸上有关中东的消息，此时埃及、叙利亚和以色列的战争已经爆发。战争开始时，以色列军队处于守势，损失了大量飞机、坦克，还有数千人伤亡。索罗斯的目光盯着报纸上的文字和照片，脑子却在高速运转：以色列为什么会吃败仗？主要原因是军事装备落后，而他们军事装备是美国提供的，这就是说，美国的军事装备已经落后，这样一来，美国军事工业会有大发展；而现在的状况是，兵工企业大多亏损，这类企业的股票都成为“垃圾股”，没有一个人敢买。

随后，索罗斯密切关注军工业的发展，又专程去华盛顿与国防部的官员接触，他还找军工企业的承包商一起喝咖啡。一大圈走下来，索罗斯心里有底了：自己的判断是正确的。这时，索罗斯又获得重要信息，一些军工企业已得到大量订货合同，近几年的效益不会差。于是，索罗斯马上行动。从 1974 年年中开始，他大量购买军事企业的股票，其中包括“诺斯罗普公司”、“联合飞机公司”和“格拉曼公司”的股票，以及传闻中即将倒闭的“洛克希德公司”股票。

1975 年，索罗斯转向购买很多电子类股票。他觉得在战争中以色列空军输得很惨，主要原因是其电子设备已经落后，而在现代战争中，武器装备的性能实际上取决于电子技术水平。可以预测，电子设备公司将得到极大的发展。果然，军工类和电子类企业获得空前发展，股票市值大幅度上涨，为众多的投资者所追捧，索罗斯狠狠地赚了一大把。

索罗斯的成功不是偶然的，因为他每天都要阅读大量商业报刊，从中寻找那些可能具有社会价值和经济价值的内容。他和海内外1000多家公司建立了业务联系，每天都要和他们沟通，以便获取重要信息。他每天都要读几十份公司年度报告。索罗斯也关心具体的股票，但他并不关注其近期内的动态，更多的是考虑社会的、经济的、政治的因素会怎样改变产业的未来，从而改变每一只股票的命运。

成功后的索罗斯在总结自己的经验时这样说道："我渴望生存，我喜欢冒险，但我从来都谨慎出击。"

要想获得财富，取得成功，就要承担风险，就要勇于冒险。勇于冒险不是赌博，也不是碰运气，而是一种经过市场调研后的积极主动的进取。真正的冒险，不是头脑发热后的冲动，而是经过严谨的思考、周密的计划后进行的大胆尝试。在这个时代中，走得更远的人往往是愿意去尝试、敢于去冒险的人。这个世界不缺少机会，缺少的是敏锐的眼光和敢于冒险的精神。

如果你不甘心就这样平庸地生活，不想再维持让你失望的现状，那么，你应该现在就采取行动了。尝试着去承担风险、挑战极限吧。唯有这样，你才能争取到更多改变命运的机会。因为，冒险也是成功的一条捷径。

4.想要成功，可以不走寻常路

无论是什么领域的成功，都可以是多种多样的。循规蹈矩、坚持不懈是一种，不按常规出牌、不走寻常之路也是一种。成功之路有千万条，不要只局限于常见的模式。不管你选择什么样的方法，只要最终能够到达成功的彼岸，便是好的方法。

许多时候，我们遇见的事情是以前从未遇见过的，我们可能对其并不是很了解，看不清它的本质，有的人就开始犹豫，是做还是不做，机会就在这犹豫不决中悄悄溜走了；有的人会花时间去等，想等事态明朗了，看清方向了再去做，结果一再地观望等待，最终错失了良机。

想要取得非凡的成就，就必须能够把握住机会，敢做别人不敢做的事，将别人认为不可能的事情变为可能。

19 世纪 60 年代初期，美国的铁路无论是桥梁还是轨道全是铁造的，铁路及桥梁事故时有发生。卡内基在铁路上任职，早就觉察到这是一个亟待解决的大问题。

一天，卡内基在报上看到了一则消息：欧洲的贝色麦发明了一种炼钢法，使钢的批量生产成为一种可能。他马上意识到这将意味着铁时代的终结，如果谁能在这个时候捷足先登必将前程无量。考虑到自己的财力有限，卡内基便马上与弟弟商量，要把他们的全部资本抽出来投资办钢厂而且还要借一笔资金。

相比之下，卡内基的弟弟没有这么大的气魄，尽管有些不放心，但还是按照哥哥的意思去做了。先是找厂址，卡内基看中了独立战争时期的布拉多克战场一带的土地。那块地的主人听说卡内基要在他的土地上办厂，竟一夜之间把土地的价格从每英亩（1 英亩 =4046.86 平方米）500 英镑提高到 2000 英镑。卡内基的弟弟犹豫起来，发电报给卡内基。卡内基看到后，告诉弟弟马上买下来，否则还会涨价。

卡内基把钢厂办了起来。钢厂的最初资本只有 100 万英镑，但不久年利润就达到 200 万英镑了，后来又增至 500 万、1000 万英镑。到 1890 年，年利润高达亿元。

卡内基敢走别人不敢走的路，正是因为他看准时机后，毫不犹豫地倾其所有发展钢铁业，最终才取得了别人想都不敢想的成功。

在我们身边，有的人成功了，但更多的人却是碌碌无为。很多头脑聪明、才华横溢的人，就是因为遇事瞻前顾后、不敢迈出第一步，只会等待却不懂得主动出击，所以才一无所有。而那些成功的人，敢于标新立异，在工作和生活中都是敢想敢做的。他们拼命抓住每一个可能改变命运的机会，结果又怎么会不尽人意呢？朱新礼的成功就完全得益于他不走寻常路。

说到朱新礼，可能没有多少人知道，但提起汇源果汁恐怕是无人不知，无人不晓。而这个名扬海外的品牌的创始人就是朱新礼。

虽然朱新礼为人一直很低调，但是他行事风格却恰恰相反——大胆而有魄力，他的发家史便是最好的证明。他原来是山东省沂源县的一名国家干部，但是在 1992 年，他却突然辞职下海，毅然买下当地一家亏损超过千万元的罐头厂。其实他所谓的“买下”，只不过是他答应用项目来盘活罐头厂，外加承担原厂 450 万元债务等条件。

朱新礼虽然成功地把罐头厂弄到了手，但想要迅速扭亏为盈是不可能的。经过慎重考虑，他决定搞补偿贸易。所谓补偿贸易，是国际贸易的一种常用做法，在那个时代，这一做法在国内却鲜为人知，而且在相关法律方面也属于灰色地带。朱新礼通过大胆引进国外设备，以产品做抵押，在一定期限内将产品返销外方，以部分或全部收入分期或一次抵扣合作项目的款项，一口气签下 800 多万美元的单子。1993 年年初，德国派来了 20 多个专家和工程技术人员，在他们的指导下，朱新礼的工厂开始生产产品，步入正轨。

从那之后，朱新礼的事业便一帆风顺，他的企业——汇源果汁——也开始一步一步、稳健地走向成功。

很多成功的企业家都是白手起家的。他们在创业时身无分文，有的创业者能在没有钱的情况下做成自己想做的事，而有的人则因能力问题而不能为自己的事业挖到第一桶金。朱新礼成功地做到了。

他由此掘得了自己事业成功的第一桶金。在如今，这种方法被称为资本运作，但在当时却是禁止的。如此操作，对朱新礼来说，于公于私都担着极大的风险。然而正如日本东芝公司前董事长土光敏夫所说："风险和利益的大小是成正比的，一分风险就是一分财富。"朱新礼的过人胆识预示了他以后的成就。

在任何情况下，只要你不畏艰难，勇敢地向前走，就不会让机遇溜走；只要你毫不犹豫地行动，抓住了机遇，成就就不会离你太远。一个人只有让自己勇敢地前行，敢于迈出第一步，敢走别人不敢走的路，做别人不敢做的事，才能得到别人想得到而得不到的一切，取得最终的成功。要知道，想要成功，不一定非走寻常路。

5.突破源于对现状的不满

人们常说："知足常乐。"在这种观念的引导下，很多人满足现状、不思进取，一生都在懒散地应付工作，获得的薪金却只是能够勉强度日。每当有人问其怎么不努力改变现状时，他们总是以“命里有时终须有，命里无时莫强求”作为借口，这也是他们一辈子无所成就的根本原因。

与之相比，那些追求成功的人总是不满足于现状，他们善于发现自身的不足并加以改正，不文过饰非、自炫己长，他们会一直进取拼搏，继而不断进步，直到取得更大的成功。

可见，想要突破现状，在事业上取得大的成就，就必须先不满足现状，然后再去努力改善。

有一个徒弟学艺三年，觉得自己已经学成了，就请师父允许他下山。师父并未作答，只叫他装一桶石头来，徒弟依言做了，师父指着装满石头的桶问：“满了吗？”徒弟回答说：“满了。”师父拿起沙子让徒弟从上往下倒，沙子都倒进了石缝里。师父问：“满了吗？”徒弟说：“满了。”师父转身拿来一瓢水向桶中倒去，水一滴也没有溢出。师父继续问：“满了吗？”这时，那个徒弟才明白了师父的良苦用心，于是留下来继续学习。

沉湎于已有的小成绩而骄傲自满不知进取者，终究成不了大器。石头满了，可以装沙子，沙子满了可以装水。而事实上，如果想取得真正的成功，就不能骄傲自满，满足于现状。知了学飞的故事，再次阐明了满足现状的危害性。

相传在很远的古代，知了是不会飞的。一天，它看见一只大雁在空中自由自在地飞翔，十分羡慕，就请大雁教它飞翔的本领。大雁高兴地答应了。学飞是一件很辛苦的事情，知了怕吃苦，一会儿东张西望，一会儿跑东窜西，学得很不认真。大雁给它讲怎样飞，它听了几句，就不耐烦地说："知了！知了！"大雁让它试着多飞一会，它只飞了几次，就自满地嚷道："知了！知了！"秋天到了，大雁要到南方去了。知了很想跟大雁一起展翅高飞，可是，它扑腾着翅膀，怎么也飞不高。这时，知了望着在万里长空飞翔的大雁，十分懊悔自己当初太过自满，没有努力练习。可是，为时已晚，它只能叹息道："迟了！迟了！"

知了因为整天沉浸在自己的那些小进步中，最终失去了展翅高飞的机会。而在我们的学习和生活中，有多少这样的"知了"，就有多少这样的"迟了"。自满使我们目光短浅，故步自封；懈怠使我们安于现状，错失良机。

19世纪末，美国康奈尔大学的生物学教授做过一次著名的水煮青蛙实验。他们把一只青蛙冷不防地丢进煮沸的开水里，这只反应灵敏的青蛙在千钧一发的生死关头突然用尽全力，一下子跃出了滚烫的开水锅，安然逃生。半小时后，他们使用一个同样大小的铁锅，这一次锅里放满了冷水，然后把这只死里逃生的青蛙放到锅里，这只青蛙在锅里面欢快地游着。接着，实验人员用火慢慢加热铁锅。青蛙不知大祸即将临头，还悠然地在水中享受着"温暖"，等到它感觉到锅里的热度已经使它忍受不了，想跳出来时，却为时已晚。

同一只青蛙，为何乍一接触到热水时能逃脱厄运，而在慢慢加热的水中就不能幸免于难呢？原因就在于青蛙只满足于眼前的舒适环境，对未来将要面临的危机预料不足，以至于逐步丧失了抵御外界条件变化的能力，最终丧命。这样的悲剧并不是只有在青蛙的身上才会发生，在我们身边也时常发生。当人们比较满意自己所处的环境时，就会在相对平衡中失去潜在的积极性与进取心，从而放弃继续努力。

现代社会正在飞速地发展，社会本身也是在不断地发展与进步的，所以社会对个人的要求也是不断提高的，因而没有绝对的平衡，也没有绝对的适应。在不同的阶段，当环境改变时，每个人的目标也要做相应的调整。

因此，从某种意义上来说，安于现状是发展的绊脚石，因为当下所处的环境很可能就是青蛙所处的温水，如果不能让自己保持警惕就会在不自觉中陷入险境。成功得来不容易，但更难的在于如何保持成功的姿态。满足是成功的绊脚石，我们要不断的归零。不满足于现状，是进步的先决条件，唯有不自我满足的人才能不故步自封。不要满足于现在的自己，没有最好，只有更好。严格要求自己，时时超越自己，才能在人生的旅途中找到成功之路，开创一个更加美好的未来。

鲁迅先生曾经说过：“不满是向上的车轮，能载着不自满的人类向前进。”可以说，不满于现状是一个影响个人、乃至世界的理念，也是一个改变个人及世界面貌的理念。我们之所以能一直进步，并能取得巨大成就，进入今天高度发达的文明时代，正是因为整个人类都没有满足现有的状态，而是不断地追求新的高度，永无止境地追求新的目标。

突破源于对现状的不满，只要心存志远、不安于现状，就有突破的机会。正如爱迪生所说："不满是进步的先决条件。一个心满意足的人，就是一个失败的人。"因此，想要成功，就不要犹豫，现在就采取实际行动，全力以赴地奔向目标。你会发现，只要你肯努力，人生没有什么是不可能的。

6.不怕碰壁的人，才更容易破壁而出

世界上的每一个人都希望自己的生活美满幸福，自己的事业蒸蒸日上。但是，如果我们只是将这些美好的希望寄托在一些不切实际的幻想上，不采取任何的行动，只是一味地在做"白日梦"，那么永远也不可能到达成功的天堂。获得成功的最佳方法之一，就是激发自己的潜能，不怕碰壁，勇敢去闯。只有不怕碰壁的人，才更容易破壁而出。

有人曾经做过这样一个实验：把一只跳蚤放进一个玻璃杯里，发现跳蚤轻易地就跳了出来。再重复几次，跳蚤也都轻而易举地跳了出来。跳蚤所能跳的高度一般可达其身长的400倍左右，堪称动物界的跳高冠军。

接下来，实验者再次把这只跳蚤放进杯子里，不过这次是把跳蚤放进去后，马上在杯子上加一个玻璃盖。当跳蚤试图跳出来时，便重重地撞在了玻璃盖上。跳蚤十分困惑，但是它没有停下来。一次次被撞后，跳蚤开始变得聪明起来了，它开始调整自己起跳的高度。不久，它就能在盖子下面自由地跳动，而不再撞到玻璃盖了。

这样过了两天后，实验者把玻璃盖轻轻拿掉，跳蚤不知道盖

子已经去掉了，它还是在原来的那个高度继续地跳。四天后，这只可怜的跳蚤还在这个玻璃杯里不停地跳着，其实它已经无法跳出这个玻璃杯了。因为它畏惧碰壁后的疼痛，不敢再跳那么高了。

在现实生活中，这种情况也是非常常见的。比如说，很多人在他们年轻时，意气风发、勇于进取，向着心中的理想和成功的方向努力不止，但成功绝非轻而易举的事情，他们屡屡碰壁。这样经历几次失败后，他们不是开始抱怨这个世界不公平，就是怀疑自己的能力，他们不再努力去追求成功，而是甘愿忍受失败者的生活，因为担心碰壁，也不再愿意去追求成功的人生，自然也就不再会有成功的光临。

要摆脱这种怯懦的思维，就必须唤醒积极的自我，必须对自己有一个相当客观的了解。诚实地面对自己，问问自己到底要做什么，想成为什么样的人。每个人对事业的追求都不一样，找到最适合自己的方向，然后用积极的态度和坚持不懈的努力去开创未来，那么成功就会慢慢地向你靠近。

成功人士大都具有这样的共同点：勇于坚持并引导他们的事业向有利的方向发展，他们向别人传递自己的信念并以此为行动指南，他们绝不会人云亦云，也正因为如此，他们的奋斗才更有成效，成功也就离他们更近一些。

小 M 是某著名报社的记者。有一次，他要写一篇某企业涉嫌欺诈的稿件。只要是稍微懂点新闻稿件常识的人，都知道这绝对不是一件能够轻易办成的事情。因为没有一家企业愿意这种事情被曝光的，他们一定会竭尽全力地去阻止和破坏。

但是，小M没有退缩，他心中想的是：不管碰多少次壁，我也要把这篇稿子写完。于是，他在经历了记者证被撕、照相机被没收等种种阻力之后，最终还是将稿件发出，使有关部门对该企业进行了相应的处理。

事情进行到这一步，已经是很出色、很圆满了。按照一般人的思维，就应该是：我已经完成了任务，事情到此结束了。但是，小M不是这么想的，他觉得应该再深入挖掘这一新闻的深层意义。于是，通过分析，他认为这一事件揭示了“市场经济新秩序”的重要问题，于是通过进一步拓展，写出了更有价值的深度报道。

正是因为他这种不怕碰壁、又敢于“深挖”的精神，他的这篇报道荣获了中国新闻奖。

由此可见，要想做好一件事情，就不能顾虑太多，就要不怕碰壁，敢于行动，这样才更容易冲破壁垒，走向成功。

《羊皮卷》的作者马丁·科尔说：“对于你的梦想能否实现，真正有影响的观点是你自己的观点。其他人的消极想法只是反映了他们自身相对于事情的局限性，而不是你的局限性。”即使所有的人都认为你的做法是在碰壁，但是只要你是经过了缜密的思考、细致的研究，就要敢于去碰壁，只有敢于碰壁，才有破壁的可能。

摆脱怯懦的思想，唤醒积极的自我，发挥出自身最大的潜能，向着心中的目标勇敢前进，不懈的努力一定能带你踏上成功的坦途。成功只不过是爬起来比倒下去多一次而已。如果你因为担心碰壁而迟迟不敢跨出第一步，那样将永远无法成功。

第九章　用激情铸就你的辉煌

1.激情是成功者的利剑

美国西点军校第63届毕业生埃德加·爱伦·坡曾经说过："热忱是一种力量，它可以融化一切；热忱源自内心，它不是虚伪的表象，热忱使人充满了魅力和感染力。在一个充满激情的人面前，纵然是坚冰也不再冷漠。"

的确，激情就是一团能够融化冰川的火种，可以激发人体无限的潜能，将创业过程中所遇到的艰难困苦全部铲除。所以，正在通往成功的道路上奔跑的人们，不妨为自己打造一把激情的利剑，这样，你便可以拥有"拔长剑兮倚长天"的气势，一路上披荆斩棘直至成功。

1964年度诺贝尔和平奖的获得者马丁·路德·金曾经说过："在我们的有生之年，都要面临挑战，不知疲倦地工作，以便取得卓著的成绩。并不是每个人都能学有所长，更别说艺术和科学方面的天才更是少之又少。大多数人还是在社会上默默无闻地工作。然而，每一项工作都有它的意义，所有对人类有所促进的工作都有它的尊严和价值，我们都应当努力不倦地将它做好。如果你是一名清扫工，那就像米开朗琪罗绘画那样，像贝多芬作曲那样，或者像莎士比亚写诗那样来扫你的地吧！你的出色工作会得到上天和芸芸众生的赞美——瞧这个扫地人，他是多么的有激情，他的工作做得多么好，他真是太了不起了！”

为什么马丁·路德·金如此赞美具有激情的人呢？因为他知道，即使职位再低，只要他具有激情，便能很好地激发自身的潜能，从而在自己的岗位上做出一番惊天动地的成绩。这难道不是我们在奔向成功的道路上苦苦追寻的良法吗？所以，激情就是我们获得成功的金钥匙。

提起小薇，亲朋好友、邻里邻居无一不夸她是一个了不起的女强人，说她一个小女子能够干成一番大事业真是不容易。然而，大家却不知道，她之所以能拥有今天的成就，全是激情激发了她创业的潜能。

当年，她大学毕业后当了一名普通的公务员，工作后，她发现那样的工作并不适合她，而她早在年少时就有一种当大老板的冲动，工作后，这种冲动愈发强烈了。

于是，怀着满腔的创业激情，她辞职下海了。她先是开了一家花店，当时，她们那个小城市里并没有什么市场，人们根本不怎么买花。开业几天了，生意一直很清淡，不过她并不着急，反而热情很高。为了吸引顾客，她主动跑到几百里外的一个地方专门学习了插花艺术，把自己店里的鲜花都装扮得非常美丽动人。

这样一改变果然取得了很好的效果，尤其是在情人节那天，她的鲜花店里的顾客一下子增加了很多。有一天，她甚至从早上一直忙到了晚上，连中午吃饭都是家里送的，不过，她很开心，因为她成功了。

经过这次小小的成功之后，她备受鼓舞，内心的激情更加高涨了，又开始琢磨怎么扩大自己的市场。经过反复考虑，她决定主动出击，积极地上门联系客户。于是，她向一些家庭主妇推销她的鲜花，主动为一些结婚的新人的婚车做鲜花装扮，甚至还去到一些机关单位里推销会议花篮。她的付出没有白费，换来的是一批又一批的客户。

就这样，在她不断的努力下，花店的生意不仅越做越好，而且还成功改变了当地人对花的消费观念，让鲜花在当地有了更大的消费市场。

生意渐渐地做大了，小薇的内心不断地涌现出更大的目标——开全国连锁花店。为了实现这个目标，她一如既往地充满了激情去奋斗。她正是凭借这股冲天的激情，激发了自身的潜能，从而攻克了工作中一个又一个的难关。现在，她在全国已经拥有了五家大型连锁花店。

20世纪最伟大的心灵导师和成功学大师——美国现代成人教育之父戴尔·卡耐基，曾经提出过这样一句自我鼓励的话："我想赢，我能赢，于是我赢了。"这句话清楚地告诉我们：只要我们内心充满了"赢"的渴望，就能带着极大的激情投入到现实的工作中去，从而激发我们身体内无穷的潜能，让我们很好地躲过一个个致命的"暗礁"，最终顺利地到达成功的彼岸。

每一个能够取得成功的人，其内心必然充满了对成功的渴望，所以，他们不管做什么事情，都会用全部的热忱去努力，正因为他们内心充满了激情，才激发了他们的潜能，使其能够完美地完成每一次的工作任务。

有人说："激情是成功者的利剑。"只要我们能够打造一把属于自己的激情利剑，然后用其充分挖掘并释放自身的潜能，那么，成功就会变得很简单了。

2.让激情长存心中

说到激情的时候，很多人可能会很不以为然地回答："你说的不就是创业激情嘛，也就三分钟热度，一时的冲动而已，靠不住的。"其实不然，真正的激情是发自肺腑的，能够持久地影响我们的行为，很好地激发我们的潜能，从而增加我们获得成功的几率。

美国西点军人们把激情当做一种激发自身潜能、体现军人价值的品质来顶礼膜拜。他们把激情植根于自己的内心深处，时时刻刻都让自己的内心充满着激情。这样一来，原本枯燥乏味的军旅生涯在他们眼中就会变得生动有趣，他们每一天都在积极主动地培养自己的职业使命感，活力四射地参加各种训练，提升自己的能力，以便更好地履行自己的义务。

他们飞扬的激情也深深感染着身边的亲人、战友和上司，让大家都像他们一样充满热情，从而使得生活和工作的氛围变得更加积极向上，更有利于他们的成长和发展。

现在，我们应该理解为什么美国西点军校能够培养出那么多成功的人了吧？没错，都是激情的功劳。因为有了激情的指引，他们才能够在实践中充分挖掘自身的潜能，成功地解决各种棘手难题，最终获得想要的胜利。因此，这就启示我们：无论何时何地，只要我们的激情之火永不熄灭，我们便能够释放自身的潜能，扫除成功道路上的一切障碍。

曾经，有人问身为亿万富翁的贾锋的太太："你当初为什么嫁给你先生呢？那时候他还是一个一贫如洗的穷小子，而你是出身高贵的小姐，你怎么会看上他呢？"

贾太太面带微笑，回答道："因为我会看相啊，我知道他以后会有大出息的，所以才选择了他。"大家都不相信，非要她道出实情，她便认真地说道："其实，我并不会看相，但我会看人，我先生那时候虽然没有钱，但他却是个心中有激情的人，他做什么事情都非常热情，我知道有激情的人，能够很好地释放自身的潜能，无论起点怎么样，最后一定会成功的，所以我才放心地嫁给他了。"

贾太太的话一点也没有错，贾锋能够白手起家做出今天的成就，都是因为他的激情所释放出的能量。当初，他从一个走街串巷的小贩做起，卖的虽然是一些针头线脑，但是，他却从来没有放弃过努力，他每天天不亮就会挑着货担起程，去往一些交通不是太发达的村镇，路上累了，他就边走边唱，用以解闷和缓解疲劳。

像这样一天下来，虽然赚不到几个钱，但是，他却很开心，从来都不觉得苦。因为在他心里，他相信自己总有一天会成功的，所以，每一天的收获对于他来说都让他向着目标靠近了一步，他有什么不开心的?

时间久了，攒到一些钱后，他就开了一家小杂货店，依然经营着一些小玩意儿，依然每天都乐呵呵地面对每一位顾客，同时盘算着实现目标的每一步，让自己每天都有进步。

就这样，他一步一个脚印，每一步都在激情的支配下走得很踏实，慢慢地释放着自身的能量，渐渐离成功越来越近，直至最后取得这令人羡慕的成功。可以说，他走向成功的每一处都尽在他的激情掌控之中。

万丈高楼平地起，我们不是神仙，不能挥一挥手就能变出成功。成功是需要我们事先打好坚实的基础，然后一层一层地往上添砖加瓦。而在这个漫长的过程中，如果没有激情的支撑，我们就不可能很好地释放自身的能量，就连能不能坚持下去都是一个问题，估计随便一个小挫折就能把我打垮，让我们半途而废。

换句话说，激情虽然是看不见、摸不着的，但是，它却可以转化为一种强大的动力，让我们浑身上下都散发着一种积极向上的力量，做起事情来如虎添翼、有如神助。

总之，无论我们身处顺境也好、逆境也罢，只有拥有激情，才能让我们彻底释放自身的潜能，从而走得更快、更远!

3.激情是追求进步的动力

人们常说："在这个世界上，只有想不到的事情，没有做不到的事情。"的确，一个人的潜能是无限的，只要我们努力激发自身的潜能，便没有任何事情能够难得倒我们。

按照这样的说法推理，无论是创业者也好，经商者也罢，只要能够激发自身的潜能，便可以获得成功。那为什么在那么多追求成功的人中，只有少数如愿以偿呢？因为想要成功激发自身的潜能并不是一件容易的事情，在这个过程中，需要一定的条件，比如激情、坚持、认真等，只有具备了这些条件，才有可能成功。

有人可能会说："人与人之间是有差别的，有的人能力大，有的人能力小，是不是能力大的人的潜能容易激发，因而更容易取得成功呢？反之，能力小的人想要成功则更难一些呢？"错！事实并非如此。人的能力固然有大小之分，但是，不是有"笨鸟先飞"的说法嘛？只要"笨鸟"能更努力、更勤奋一些，一样可以很好地激发自身的潜能，有时候甚至还有可能超过那些天资聪颖的"鸟"，比他们更先到达胜利的彼岸。

更何况，那些成功人士并不都是天才，他们当中也有很多人曾经是名不见经传的小人物，只是比别人多付出一些努力，因而也就多释放了一些潜能，这才取得了令人羡慕的成就。

实际上，成功者与失败者之间没有什么本质的区别，他们最主要的区别就在于他们的精神面貌不同、激情的持久度不同以及激发自身潜能的程度不同，所以，一个人要想走进成功的殿堂，就必须有成功的野心和坚持不懈的激情。

一个人只要内心对成功充满了渴望，迫切地想要取得某种成功，他才会自觉地调动起所有的积极因素，让自己长时间地集中精力地从事某件事，努力达成自己的愿望。反之，如果你内心没有激情，对某事抱着一种无所谓的态度，那么，你的整个身体的各个器官都会处于一种消极怠工的状态，在这样的情况下，成功对你来说就成了遥不可及的天方夜谭。

提及肯德基，恐怕连三岁的小孩都会说："就是和蔼可亲的白胡子老爷爷开的店。"现在，肯德基已经成为享誉全世界的知名快餐店。然而，却有很多人并不太清楚肯德基的创始人山德士背后的故事，那是一段充满艰辛和心酸的创业史。

当年，40岁的山德士在肯塔基州开加油站，为了方便那些长途跋涉的司机顾客，他顺便做一些方便食品供应给他们，肯德基炸鸡的雏形也就是从这时候形成的。

由于他做的炸鸡美味可口，很受欢迎，很快，他的炸鸡的名气已经远远超过了加油站的名气。随着顾客不断增多，为了提高供货速度，他几经研究改良，终于研制出了一套独特的炸鸡秘方，一心想凭着秘方把生意做得更大。

然而，天有不测风云，二战爆发了，一夜之间，他又做回了穷人。为了生存，他决定第二次创业。他想靠着兜售炸鸡的秘方给饭店老板，然后从他们那里收取提成赚钱。

主意打定之后，他便穿着一身白色西服，带着一只压力锅、一桶重达 50 磅的作料上路了。

从肯塔基州到俄亥俄州，所到之处的每一个饭店都是他的目标对象。每见到一家饭店，他都会走进去为那里的老板和员工表演他的炸鸡技艺，并告诉他们，如果他们喜欢，就卖给他们特许权，教给他们炸制方法。

刚开始，大家都像看怪物一样看他，没有人愿意相信他，更不愿意听他的那套宣传措辞。就这样，整整两年时间，他跑遍了大大小小的饭店，被拒绝的次数多达 1009 次。终于，等到第 1010 次，他又一次像往常一样走进一家饭店时，听到了一句“OK”的回答。这是他两年来听到的最动听的话语，他激动得热泪盈眶，他知道，他的事业又有希望了。

果然，有了第一个合作伙伴之后，他很快便有了第二个、第三个合作伙伴，在他的坚持不懈的努力下，越来越多的人加入到了炸鸡行业中来，肯德基餐厅也从此风靡全球。

1009 次的失败，这是一个多么庞大的数目，在一般人身上简直是一个难以想象的打击，然而，山德士硬是挺了过来，这都是持久的激情赋予他的执著。

事实证明，是持久的激情激发了山德士成功的潜能，让他在面对多次拒绝没有轻易放弃，终于在第1010次见到了渴望已久的彩虹。试想一下，如果没有持久的激情，没有对成功的执著，他又怎么能够取得今日的成就呢？

由此可见，持久的激情是每个人追求进步的动力，是激发自身潜能的催化剂，是开启成功之门的金钥匙。因此，想要摘取成功的桂冠，住进成功的殿堂，就必须拥有火一般的激情。

4.激情助你走向成功

有人说："成功是天才的专利。"有人说："成功是智者的归宿。"也有人说："成功离不开勤奋。"仔细想想，也许他们说的都有一些道理，但绝对不是不可改变的真理。

因为，聪明才智固然重要，但是，如果他对其所从事的工作没有激情，不能将这份聪明才智发挥出来，那么，又何来拥抱成功之谈？同样，一个人的勤奋也是有前提的，如果他对他面前的工作缺乏激情，并没有强烈的想把工作做好的愿望，那么，他是怎么也不可能勤奋起来的。

由此可见，激情是助你成功的基石。只有面对工作激情无限的人，才有可能更好地激发自身的潜能，顺利地扫除所遇到的一切障碍。一个人，如果没有了激情，干什么都会缺乏动力，没了动力，就等于没有了想要成功的念头，对眼前从事的工作毫不在乎，成功与否都无所谓，那么，最终肯定与成功无缘。

所以，古往今来，大凡成大事的人，必定是一个充满激情的人。在他们身上，哪怕再怎么缺乏优点和长处，其中，必定会有激情在闪烁，他们从来都不会缺乏昂扬的斗志和志在必得的信念。正是因为这样，他们才可以更多地释放自身的潜能，迎来成功的眷顾。

“世界上最伟大的推销员”乔·吉拉德在35岁之前，基本上算是一个失败者。他患有严重的口吃，连续换了40多个工作都没有做好。然而，自从他踏入推销行业，成了一名汽车推销员之后，他的人生从此发生了翻天覆地的变化。

为了还清债务、养家糊口，被逼上绝路的他决定在新的工作岗位上杀出一条血路来。于是，他每天都充满激情地去工作，向每一个人发放名片，充分发挥他那盯人、黏人的功夫，把每一位潜在的客户都盯得死死的。

不断地给客户打去电话拓展客源，只要有人接电话，他就会记录下对方的职业、爱好、买车需求等生活细节。虽然常遭人拒绝，他仍然做得有滋有味儿。

一些客户甚至为了搪塞他，以半年后才想买车为由打发他。

没想到，半年后，他提前给那位客户打去电话。客户被他的执著和用心所打动，他也因此成功地推销出去一辆汽车。

为了让客户帮自己介绍更多的客户，他甚至还别出心裁地想出了“猎犬计划”。他认为，干推销这一行业，人脉很重要，让顾客帮你寻找顾客的“猎犬”方式就不失为一种最佳的办法。所以，他在和每一位顾客做成生意后，都会顺手递给对方一叠名片和关于“猎犬计划”的说明书。在说明书中告诉顾客，如果他能介绍别的客户来买车，每成交一辆车就能从他这里拿到25美元的报酬。

为了使这个计划能够长久保鲜，他甚至会在每一年都会给他的客户寄去一封附有猎犬计划的书信，提醒他们他的承诺仍然有效。

正是靠着这样激情和信誉，“猎犬计划”给他的推销事业带来了无可比拟的收益，仅在1976年一年时间内，他就靠着“猎犬计划”做成了150单生意，约占公司总成交额的三分之一。

就这样，乔·吉拉德凭着自己的满腔激情，把推销工作做得越来越棒，竟然在短短三年的时间内屡屡打破世界吉尼斯纪录，让自己的事业达到了巅峰状态。

乔·吉拉德最喜欢也最信奉的一句话是：“通往成功的电梯总是不管用的，想要成功，就只能一步一步地往上爬。”这也可以说是他走向成功的真正秘诀。他认为成功没有什么捷径，只有以百倍的努力去激发自身的潜能，以万分的激情去攀登这一个又一个的“楼梯”，才能一步一步地爬上成功的巅峰。

不仅乔·吉拉德的身上闪耀着火一般的激情，其他成功人士身上也都有着同样的激情。他们也正是依靠激情充分激发了自身的潜能，从而一个个地在自己所从事的领域内取得了骄人的成绩。由此可见，激情是帮助成功者实现愿望的利剑。唯有永远充满激情，才是走向成功的最快捷径。

第十章　拖延是释放潜能的绊脚石

1.熄灭潜能之火的犹豫

许多人之所以没有发现自己的潜能，甚至忽视了潜能的重要性而变成平庸的人，很大程度上是因为自己没有进取心。所以，当面对自己潜能时，就如同面对一个陌生人，很难立刻接受它，反而变得犹犹豫豫、止步不前。

在人们走向成功的诸多要素当中，有一项是凌驾于任何一项之上的，那就是我们的进取心。一个人，如果没有积极的进取心，没有披荆斩棘的精神，做任何事情都是拖延犹豫、拖泥带水，那么，即使他再有潜能、再聪明、再有知识，也会失去展现潜能的最好时机。

从著名的美国西点军校里走出了大批的人才。诚然，这里的每一个学员可能都不是最具有智慧的，但是，这丝毫没有影响他们成为最优秀的人。学校会在各方面竭力使学生发现自身的潜能，学校校训的每一条都着重突出他们提高个人的能力。

对他们来说，每个人都有一项秘密武器，那就是不拖延的精神。这种精神让他们行事果断，从而变得更加强大。无论任何事情，他们都有信心、有能力完成，并且，他们被点燃了做自己的主宰的潜能，如果能主宰自己，就不会再害怕不能主宰别人。在西点军校的字典里，根本没有“犹豫”二字。

正是被激发的潜能使他们被一种无形的力量所包围，让西点军校的学生行事利落，成为人中之龙。成败往往只在一念之间，潜能正是这一念的砝码，有一定的重量便会取得成功，就不会让自己心生犹豫而走向失败。

事情的得失多数有赖于潜能，这是为什么呢？简单地说，潜能有先天的因素，但要变强还需要积累，需要环境的影响，自身和外界都是孕育潜能的温床。就像是天上的彩虹不会凭空出现一样，需要有合适的条件。如果因为犹豫而失去了这些条件，就等于失去了成功的必要条件，当然就无法取得成功。

当我们没有对犹豫产生重视和警惕时，不仅让机会白白溜走，潜能也会变成无能。等到悔恨时，已经无法挽回。

为什么自己总是下不了决心成为优秀的人？为什么自己总是在抉择上徘徊不止？我不能成功真的是因为我不是这块料吗？

不，只要我们做到稳、准、狠，在任何有机会发挥才能的时候，都能毫不犹豫地抢占先机，将机会率先收入囊中，不就不会留下遗憾了吗？

由此可见，犹豫不决才是我们与机会失之交臂的大敌，如果我们能果断下手，我们就是下一个“西点人”。

上世纪80年代后期，我国出现了许多一夜暴富的人。如果说他们拥有着超出常人的赚钱能力，那么也得力于他们的果断，其中电器大王孙峰就是个典型。

那时，港台的流行音乐风吹到了大陆，顿时，跳交际舞成了一种时髦。于是，能够播放伴奏带的录音机就成了必需品。南方那些发达城市顺应市场潮流生产了许多式样翻新、功能齐全的录音机。但是，由于供求关系不平衡，南方市场很快就饱和了，大批录音机都成了积压产品，堆在仓库里卖不出去。

与此同时，由于流通不畅，在一些北方的大城市里，因为录音机的款式过于老旧和单调，几乎无人问津。一些流行乐的追捧者为了听歌和跳舞，甚至还特意托人或亲自到南方去买录音机。

这一现状很快就引起了正在沈阳做小生意的孙峰的注意，凭着多年的经商经验，他觉得这是一个绝佳的机会，如果他不抓住，恐怕很快那些国营商店的采购人员就会了解到这一信息，到时，后悔就来不及了。

就这样，他毫不犹豫地动身前往南方那些大城市，找到一些录音机生产商，直接与他们进行商谈。他的到来，对于那些厂商来说，无疑是雪中送炭，因为积压在仓库里的产品早已成为他们的心病，现在突然有人来解除他们的心病，他们岂有不乐意的道理？

很快，孙峰便和他们谈妥了合作事宜，并把他们仓库里所有的积压品统统打包，装上了开往沈阳的列车。

事实证明，他的这一举措十分英明，由于他卖的录音机款式新颖，功能齐全，那些闻风而来的年轻人，很快就将他的小店团团围住。一时间，这些曾经被大家视为奢侈品，在国营商店的高档品，就这样“飞入寻常百姓家”了。

一波又一波的年轻人，高高兴兴地从他的小店里抱着录音机走出店门。与此同时，他手上的钞票也是越积越多。为了满足大家的需求，他开始扩大店铺规模，开起了十几个连锁店，真正开始走上发家之路。

我们可以做这样一个假设：如果当初孙峰没有毫不犹豫地去南方洽谈业务，那么，他还会有今天的成功吗？正是不犹豫让他的致富潜能变成了现实。

许多人很羡慕别人具有爆发力，能够让自身的潜力在短时间内发挥出作用。其实，他们只是在同样的条件下，果断排除不利因素，抢在最先，这样便能将潜能发挥出来。

2.拖延是发挥潜能的致命伤

拖延会成为影响潜能发挥的致命伤，这并不是危言耸听。

调查表明，许多人都认为如果时间能重新来过，自己会成为一个成功的人。可是他们偏偏只能成为普通的人，只能在年老时，心中留下不尽的悔恨。实际上，他们并不是不优秀，也不是不具备成功的能力和环境，而是他们做什么事都习惯了拖延。人们往往会用各种各样的借口去掩饰自己的拖延行为，去为自己没能达成的目标和愿望做辩解，这个时候只能使事情变得更加糟糕。

在日常生活中，我们常常会听到这样的话语："这个计划先放着，等我有时间了我一定去完成它""等我以后老了，我一定会……"这些话听起来似乎无可挑剔，这些迟早会完成的事只是时间的问题，但是，仔细想来，这些话却是对自己的敷衍，是对自己的不负责任。

即使你想发现自己的潜能，却很有可能因为拖延而变得无疾而终。毕竟有些事情如果你不在第一时间着手去做，那么，很有可能以后就没机会再做了。人生是无常的，谁也无法预知明天的事情，如果老天不给你将来实现愿望的时间，或者你以后根本没有能力去做某些事，你该怎么办？

所以，你一定要明白，人生来不得半点拖延，拖延是会害死人的，决定了的事就一定要立即去做，唯有这样，才不会让自己后悔，人生才不会留下太多遗憾。

曾经在电脑行业声名鹊起的张博，小时候就有一段因拖延而遗憾的经历。

当张博还是一个只有六岁的孩童时，有一天，他在院子里玩耍。忽然，刮来一阵大风，把院中央那棵大树上的鸟巢给刮掉在地上，好奇的张博赶紧跑过去一看究竟。

这时，他发现从鸟巢里探出一颗小小的脑袋，原来是一只刚出生不久，正在嗷嗷待哺的小鸟。

这个发现一下子激起了他的童心，他决定把这只可怜的小鸟带回家喂养。

但是，当他捧着小鸟来到家门口时，突然想起妈妈以前不允许他在家里养小动物的事情。为了不惹妈妈生气，乖巧的他只好先把小鸟放在门口，自己先进去请求妈妈的批准。

在他的苦苦哀求下，妈妈拗不过他，只好破例答应了他的请求。喜出望外的他赶紧跑到门口去迎接他的小鸟。

可是，当他走到刚刚放小鸟的位置时，却发现小鸟已经不见了。很快，他就从地上的鸟毛和血迹，还有一只大黑猫意犹未尽地舔着嘴巴这些迹象中，弄明白是怎么一回事了。

毫无疑问，那只可怜的小鸟已经进了黑猫的肚子里了。

为此，他十分难过，整整一个下午都在想这件事情。他一遍一遍地埋怨自己，都怪自己太过优柔寡断，拖延了时间，而让小鸟遭受了厄运。如果当初自己当机立断，直接把小鸟带回家，就不会有这样的惨剧发生了。

于是，从那以后，张博就牢记这一教训，给自己制定了一个座右铭："绝不拖延，决定了的事就要立即去做！"

年幼的张博是由于有这样一种思想在激励，在后来的学习和生活中都表现得非常果断。由于他的雷厉风行的作风，让他长大后终于有了一番辉煌的成就，早早地就成了电脑行业的翘楚。

张博是幸运的，他在失去一只小鸟之后，很快总结出了自己的致命弱点，并从此引以为戒，走上了成功之路，真是不幸中的大幸！而我们呢？比起他来，我们是不是太过放纵自己了？

我们虽然都知道“明日复明日，明日何其多？我生待明日，万事成蹉跎”这样的警世通言，但是，却在实际行动中让这样的悲剧一遍遍地上演，常把“等一等”、“看看吧”之类的话挂在嘴边，做着可悲的“寒号鸟”。

在一些危急关头，人们总是能够做出一些出其不意的举动，比如在救人的时候会有常人所不能做到的意外表现，正是这种让自己果断起来、让自己的目标和愿望马上付诸实施、让自己做到“趁热打铁”激发出了个人的潜能。所以，不要再让拖延阻挡自己的道路，变成破坏潜能的帮凶。

3.在行动中寻找突破口

当我们能够行动起来时，潜能便有机会转变成威力超常的能量。

我们都听过守株待兔的故事。它讲的是宋国一位农民因为守株待兔，从此成为世人的笑柄，尤其是今天的我们，更是对这种行为所不齿，以世上还有这种人为罕见。

其实，不要说遥远的古代，就是今天，就是我们自己，难道就没有“守株待兔”的举动吗？难道我们比起那个愚蠢的宋人真的就高明很多吗？

不，宋人身上所具有的人性弱点我们也有。宋人为了等待兔子的出现而荒废了庄稼，葬送了好收成，我们何尝不是这样？我们虽然不是去大树下“守株待兔”，但是，我们却会为了得到一个机会而盲目等待，为了获取一条确切的信息而停滞不前。因为不行动而让自己的潜能变成了空、化为了零。

我们嘴上说要积极主动地争取自己的精彩人生，却总是被动地去依赖一些虚无的东西。我们常常做着“火烧赤壁”的梦，总以为自己是“万事俱备，只欠东风”，把所有的赌注都押在“东风”上。为了等待“东风”的出现，我们甚至都不去尝试一下原本很容易做好的事情。

结果，如果碰巧借到“东风”还好，如果借不到，我们只有死路一条。

相反，成功的人就不会这样做。在他们的思想里，一直都很排斥消极的等待。他们认为，与其在等待中死亡，不如在行动中寻找机会。所以，他们总能靠着主动，寻找到属于他们的机会，将潜能发挥到最大，获得属于他们的成功。

不光成功的人是这样，我们每一个人，只要及时转过弯来，也同样能够“亡羊补牢”，用潜能做人生的方向盘。

有一天，已经工作整整两年时间的路遥去找老同学杨彦叙旧。杨彦问他：“怎么样，现在过得还好吧？”他不问还好，一问就勾起了路遥一肚子的委屈。

于是，路遥就开始向杨彦诉苦，说自己的工作如何如何糟糕，自己一点也不喜欢，自己以前所学的专业根本派不上用场，工资少得可怜，弄得一点激情也没有，生活也像是一潭死水。

听了他的诉说，杨彦就很惊讶，问他：“既然你现在的状况如此糟糕，为什么不找一个更好的工作呢？”

他就回答说：“你以为我不想找吗？根本没有合适的机会，让我上哪里去找？”

杨彦就劝他道：“其实不是没有机会，是你不去争取罢了，别人怎么就有那么好的机会呢？”

听杨彦这么一说，路遥似乎更生气了，他说：“我哪有别人那好运气，有好机会哪里轮得上我？”

看他如此偏激，杨彦也忍不下去了，就大声说道：“你这样拖着根本不是办法，不仅对自己没有丝毫的帮助，而且才华都被埋没了，只会让你对现在的工作更加反感。”

杨彦的话如当头棒喝，一下子把路遥给惊醒了，他为自己的懦弱和消极感到羞愧。告别了杨彦之后，他发誓要彻底改变自己。

第二天，他毅然辞掉那个“鸡肋”工作，开始投入到寻找新工作的计划当中。终于，在经历了无数次的面试之后，他找到了一个称心如意的工作。

进入新的公司之后，他牢记杨彦的话，开始通过自己的实际行动去争取每一个晋升的机会。为此，他不仅利用业余时间充电，还做了许多切实可行的计划，并逐一实施。

这不，如今的他再也不是当初那个只知道抱怨没机会的人了，他已经稳稳地坐上了中层领导的宝座。

很明显，转变后的路遥认识到了自己的真正价值，他的前途将会是一片光明。但是，他应该感谢杨彦，如果没有这个真心朋友的犀利批评，没有这个朋友及时把他从悬崖边上给拉回来，那么，今天的他，恐怕仍然停留在那个抱怨诉苦的阶段，仍然一事无成。空有理想抱负的人，不会成为真正的英雄。不知道自己潜能在哪的人，如果只会等，同样不会有结果。

当然，他更应该感谢他自己，因为他自己及时地调整了思想，开始在行动中寻找发挥专长的机会，所以，他才有了后来的步步高升。

生命不能重新来过，翻过一页就没有办法再翻回来。虽然每一个人都会有这样或那样的潜能，但是它不会主动来找你、帮助你，而是在你最需要的时候，在你的行动中才会显现，甚至要借助别人的眼睛才能看清楚自己究竟有怎样的潜能。

4.让弱者变成强者的潜能

潜能往往能让人突然间变成强者、异于常人，这其中有什么奥秘吗？

在非洲草原上，我们总是能看到一些弱肉强食的血腥场面，不是豹子扑倒了羚羊，就是鹿倒在狮子的血盆大口之下。这让我们觉得很残忍，禁不住会憎恶那些凶猛的野兽，怜悯那些弱势群体。

可是，我们有没有想过，为什么大自然会有这样的法则，会出现这样弱肉强食的情景？为什么那些凶猛的动物就是强者，而那些温顺的动物就是弱者？这样一种分配是根据什么来决定的呢？

仔细分析，就会不难发现，强者之所以为强者，它们都有一个共同的特点，那就是它们在某个领域里表现得非常主动。为了生存，狩猎的天性使它们生来就要习惯于攻击，如果不学会捕杀猎物，就要死亡。生存激发了它们求生的欲望，所以它们从来都不会等着猎物出现，而是主动搜寻、瞄准目标。

而那些弱者之所以为弱者，就是因为它们缺乏进取心，太过安于现状，喜欢消极等待，心存侥幸，直到危险降临，被逼上绝路时才翻然醒悟，结果只能是死路一条，成为别的动物的美餐。

动物世界是这样，人类世界何尝不是这样？我们也常说“先发制人，后发制于人”之类的话。那些成功的强者哪一个不是靠主动出击赢得的先机，而那些弱者又有哪一个不是因为习惯于等待而错失先机，从而处于被动的地位？

所以，事实告诉我们：如果我们不甘心做弱者，想要发挥出自己的潜能来，就要学会主动出击。

提到希尔顿酒店，几乎无人不晓，作为全世界酒店行业的金字塔塔尖，它可以说是一个神话。但是，提到希尔顿酒店的创立，大家恐怕就知之甚少了。其实它的出现，完全是它的创始人康拉德·希尔顿主动出击的结果。

1919年，年轻的希尔顿怀揣着父亲遗留下来的5万美元去到因为拥有丰富的石油资源而发展起来的得克萨斯州，希望在那里找到属于自己的事业。这5万美元是希尔顿全部的家当。

刚开始，这个遍地黄金的地方并没有眷顾他。一心想当银行家的他，连续跑了两个城镇，结果都是无功而返。

有点灰心丧气的他，就怀着侥幸心理去到第三个城镇——锡斯科。刚下火车，他便心急火燎地走进一家银行，碰巧这家银行正在出售，本就喜出望外的他，一听要价是7.5万美元，没有超出他的承受范围，更是欣喜，急着跟卖主联系，结果却被告知售价已涨至8万美元，他顿时怒火中烧，果断放弃！

虽然三次主动出击都毫无收获，但他仍然不死心，想先安顿下来再说。由于天色已晚，他就到马路对面一家小旅馆里投宿。可是，走进去之后，他才发现这个旅馆已经爆满，只听里面的服务员一边高喊“客满了”，一边往外驱赶像沙丁鱼一样争着往柜台挤的客人。

看着这一幕，他在经过短暂的惊愕之后，马上闪过一个念头。他找到柜台里的服务员，说：“请问，你是这家旅馆的老板吗？”

那人显然不清楚他的动机，可能看他态度还算诚恳吧，就向他诉起苦来，说这里真不是人待的地方，他早就待够了，每天都要接待那么多客人，又赚不到钱，还不如去做石油工人呢。还说：“如果有人愿意出5万美元，我会立马将这个倒霉的地方让给他。”

他的话正中希尔顿的下怀，他赶紧趁热打铁，向老板说明他的购买意向，并和老板讨价还价，最后，他用4万美元和对方成交。

于是，他的旅馆事业就这样起航了，如今，他的这艘航船已经驶出了很远很远。

我们可以看出，希尔顿的成功绝非偶然。他的资产曾经少得可怜，但是却没有妨碍他成为真正的强者。可以这样说，他的骨子里有一种不服输的精神，如果不是他当初一次又一次地主动出击，一次又一次地将网撒出去，那么，他就捕获不到那个偶然的机缘，也无法以此为契机从此开创自己的事业。

任何事情都是这样的，弱者为了保全自己，只会一味地等待、守旧，到最后充其量只能求得个自保，而主动出击就是另一回事了，它虽然也会将风险带给我们，但是，也会让我们成为无畏的强者，用潜能获得成功、变成财富、实现梦想。哪怕只有百分之一的希望，只要我们肯去争取，都会成功。

5. 躲不开竞争，就去面对

当今社会，可以说竞争几乎是无处不在的，而且不以任何人的意志为转移，你不能逃避，也没有拒绝的权利。摆在你面前的只有两条路：要么主动地接受竞争，要么被动地成为竞争的牺牲品。

既然竞争如影随形、无法摆脱，那么，当然不能心甘情愿地成为竞争的牺牲品，勇敢地面对就是最好的选择。可是，却有一些人心存侥幸，认为竞争虽然不能逃避，但是可以拖延的，可以通过一时的逃避暂时躲过去，好让自己先在竞争面前喘口气，缓解一下当前的压力。等自己的羽翼足够丰满、臂膀足够结实了，再去加入到激烈的竞争中也不迟。

这样的想法是十分幼稚可笑的，竞争不会因为你的柔弱而怜悯你，更不会给你做好准备的时间。它的到来犹如洪水猛兽，是任何人都奈何不了的。如果你想在它面前拖延，只有被无情地吞噬。

这个时候，最重要的是运用自己的潜能想出对策，面对竞争时不惧怕，而是努力打败它，脱离困境。

当初，凌凡是一个沿街叫卖调料的小商贩，由于人比较勤劳，每天几乎跑遍了城市的大街小巷，所以，收入还算不错。可是，等他渐渐地富裕起来后，很多人因为眼红他的财富，就也学着他做起了调料生意，他的生意受到了挑战。

头脑聪明的他知道，他遇到竞争了，如果不及时采取措施，马上他就会输得很惨。于是，他勇敢地接受挑战，添置了一台研磨机，专门为他的客户免费将调料粉碎，由于他的服务到位，很快，他又稳固了自己的生意。

但是，同行看他添置了研磨机，生意又变得红火起来，便也纷纷效仿。这样一来，他刚刚建立起来的优势一下子就不复存在了。

几经思索，他觉得这个行业已经不适合再做下去了，因此，他果断地放弃了调料生意，开始在一个还算繁华的地段开起了火锅店。

由于当时他们那个城市里火锅店还是一种新兴产业，所以，他那实惠又好吃的火锅店便一下子火了起来，每天都有络绎不绝的食客纷至沓来，让他赚得盆满钵满。

就这样，一晃两年过去了，他惊奇地发现，不知道从什么时候起，他们这个城市里的火锅店像雨后春笋一般全都冒了出来，大大小小的火锅店一应俱全。

残酷的竞争又一次出现了，“久经沙场”的他并没有像其他火锅店的老板那样消极地应对竞争，只是通过给顾客多一些优惠，和同行之间争相压价来苦苦维持生计，而是在积极地考虑着新的对策。

很快，他就想到了火锅底料的加工，毕竟全市有那么多家火锅店，还有那么多喜欢吃火锅，但自己又做不地道的食客，这可是个非常大的市场。

想到做到，他马上把火锅店转让出去，开起了火锅底料加工作坊。由于他做得正宗，慢慢地，受到了消费者的广泛认可。如今，他的工厂已经颇具规模了，而那些开火锅店的人当中有很多人却正面临着倒闭的危机。

如果换成是别人，恐怕不会像凌凡那样有韧性，早就因为竞争而备受打击，放弃不干了。

而他没有甘于失败，反而越挫越勇，每次都是积极动脑，在第一时间里做出积极应对，所以，他没有被竞争对手打败，事业蒸蒸日上，越做越好，一步一个脚印儿地取得今天的成就了。

其实，不管是竞争也好，还是战争也罢，都讲究先发制人，只要你抢占了先机，就等于是成功了一半。你在别人还没反应过来前抓住有利条件，就会早早地取得成功。

竞争是非常正常的事情，它会打击你，也会激励你。试想，是不是有许多时候危难更能激发出自己的潜能来呢？“置之死地而后生”不就是激发潜能的最佳写照吗？所以，不要再对竞争讳莫如深，那只是掩耳盗铃的行为。竞争也会欺软怕硬，你主动，它就可能会退缩；你让步，它就可能会更猖獗。只要你勇敢地迎接竞争，你就可能成为最勇猛的战士。

第十一章　潜能的友与敌

1.快乐关系到潜能的开发

很多家长都想让孩子有个快乐的童年，因为快乐关系到孩子潜能的开发，关系到孩子的一生。而有的人，偏偏喜欢在孩子小的时候，就忽略孩子的成长是否健康，孩子的生活是否是快乐，他们完全忽视了快乐的价值。

据说有一天，上帝路过一户贫苦人家，当看到一家人其乐融融的样子，便极为羡慕，就对那家的男主人说："先生，如果我拿金子来交换你们的快乐，你愿意吗？"

那个男主人毫不犹豫地说道："不，我不愿意，因为快乐是金子买不到的，对于我们来说，快乐才是最重要的。"

上帝听后，若有所思，他觉得他们已经那么贫穷了，对于他们来说，金子不是当下对他们来说最重要的吗？自己怎么会被拒绝呢？

难怪上帝想不通，因为他高估了金子的作用，低估了快乐的价值。

快乐是上天赐给人们的一件特殊的礼物，它带给人们的并不仅仅是心情上的愉悦，还能引起一系列积极的连锁反应。

当一个人心情愉快地去工作，他的思维就会特别活跃，会时不时地迸发出灵感，至于遇到什么挫折，也总能积极地去解决。总而言之，因为快乐，他会调动全身所有的积极因子将工作圆满地完成。

相反，如果没有快乐，一个人在工作时就会变得非常被动、机械，做起事情味同嚼蜡，会有一种本能的敌对情绪。如果不遇到挫折还好，稍微有点不顺利，消极心理就会占了上风，在挫折面前一蹶不振。

这样看来，快乐真的不是表面上的开心、幸福那么简单的事情，它带给人的精神层面的东西是所有物质都无法企及的。

关于这一点，台湾塑料大王王永庆的成功经历可以说是最有说服力的。

王永庆14岁的时候，由于家庭贫困，小学毕业的他没能继续读中学，而是被父亲送到远在台湾中南部嘉义的一家小米店去当学徒。

当时，台湾正处于日本人的统治下，王永庆所在的米店正好在一家日本人开的米店的隔壁，这让他们的生意非常不好做。因为日本人开设的米店不仅规模大，而且利用日本人的势力垄断了当地最优质的大米，而王永庆的店里只能卖他们挑剩下的次级米。

然而，乐观的王永庆并没有因此而沮丧，他每天只是专心做好自己应做的事情。他会花很大的力气，把米中的小石子、小沙粒一粒一粒地挑拣出来，然后才搬到货架上出售。

他的努力在别人眼里简直是傻子行径，别人都说他一个打工仔，又是在这么一个没前途的店里，根本没必要做得那么认真。但是，他却不以为然，反而还做得不亦乐乎，老板要求的工作他会努力做好，老板没有要求的事情他也当成分内的工作开心地去做。

比如，他会无限期地延迟关门时间，甚至会半夜起来为前来买米的顾客开门，目的就是为了方便不同顾客的需求。为了照顾一些家庭妇女和一些一次性购买数量较多的客户，他还主动提出为顾客送货上门。

有一天夜里，刚刚送走一位顾客，正要躺下休息的王永庆忽然听见一阵急促的敲门声，原来是一位大嫂要买一斗米。王永庆帮她装好米后，看了看一团漆黑的外面，就非常亲切地说道："大嫂，我看夜路不好走也不安全，要不然让我帮你把米送到你家里去吧。"

那位大嫂听后，喜出望外地说道："好啊，那就麻烦你了啊！"于是，他便扛起米跟随大嫂来到她家。

进门之后，王永庆并没有直接将米放到门口，转身就走，而是让大嫂带领他到厨房，把大米放在米缸旁边后，弯腰把米缸里剩余的米一点点掏出来，然后拿出随身携带的一块抹布把米缸擦得干干净净，这才把刚背来的米倒进去。

看着他的热情周到，一旁的大嫂特别感动。不用说，以后这位大嫂就成了他的忠实顾客。

在工作中找到了快乐，潜能也随之被激发。而那些对待工作厌恶至极的人，不要说工作的快乐，连人生都会受到负面的影响。

作为一个旁观者，我们要从王永庆身上学习的正是他那不计成本、快乐工作的精神。也许我们只是一个普通的打工仔，但是，我们没有理由不用快乐的心态去对待工作。

当一个人快乐的时候，他会感觉事情出奇的顺利，一切都仿佛在向他微笑，成功也在不远处等着他。这种美好的心理暗示让他拥有更大的把握和自信。既然无论我们快乐不快乐，我们都要工作，无论我们开心不开心，我们都要生活，那么，为什么我们不能让自己更快乐、更开心地去工作，去度过每一天呢？

2.拉动“重车”的“牛劲”

竞技场上的大力士，身材魁梧，肌肉发达，在面对挑战时，常常要力拔千钧，要在一瞬间爆发出自己的能量，这是他们赢得比赛的关键。

竞技比赛如此，人生亦是如此。换言之，只有具备了一股“牛劲”，只有像一头牛一样不怕苦、不怕累，不停地向前奔，才能拉得动生活的“重车”，从而获得巨大的成就。

孟子曾说过：“天将降大任于斯人也，必先苦其心志，劳其筋骨……”其实，我们完全可以这样来理解：要想担当大任，要想取得大的成就，就必须先具备吃苦耐劳、积极拼搏的精神，必须让自己能够承受足够的磨难。正是这些激发出了人的潜能。

在人生的道路上，各种各样的包袱和负担不允许我们轻松上路，即便是这些包袱和负担没有多重，也会因为对路途的不熟悉而让我们感觉吃力。等到我们适应了以后，刚有点轻车熟路的感觉，却必须马上投入到新一轮的拼搏中去。

这就是人生，只有不断上下求索，不断挑战自己，用坚定的信念来支撑自己，才能最终成就一番事业。所以，要想不虚度人生，要想活出点成就来，就必须“牛劲十足”，好让自己总能驾驭“重车”。

事实上，在我们的身边，不乏这样的人，邓亚萍就是一个很好的例子。

身为一名乒乓球运动员，邓亚萍无疑是非常成功的，她在无数大赛上取得的成绩足以让她成为体坛上的一座不朽的丰碑。但是，这些成就的取得并不是一朝一夕的事情，而是她数十年来的努力拼搏换来的。

童年的邓亚萍，虽然想做运动员，但是个子太矮，手脚又短又粗，根本不是做运动员的料，眼看着体校大门朝她紧闭着，年幼的她并没有气馁，而是倔犟地跟父亲学起了乒乓球。

父亲对她要求很严，每天的训练任务都很重，但是，她不仅没有叫苦叫累，反而还在父亲训练的基础上加大了训练难度。她在自己的腿上绑了两个沙袋，还把木拍换成了铁拍，以此来训练力度。

从此以后，她的腿肿、手掌磨破都是常有的事。每天休息时，伤痛总会折磨得她难以入睡，但是，她却从来没有退缩过，反而更有冲劲了。

终于，她的付出为她赢得了第一份回报——十岁那年，她在一次全国少年乒乓球比赛中获得了团体和单打两项冠军。

有了这么一个良好的开端，她对自己更有信心了，她的“牛劲”更是一发而不可收。在被国家队选中后，她便成了国家队里训练最卖力、最刻苦、时间最长的人。

别人都是上午11点准时结束训练，她非要给自己再延长45分钟，别人下午六点就收工了，而她却硬是要再坚持一个小时。

不仅这样，在训练过程中，她也是拼劲十足，从来不给自己过多的休息时间。尤其是在进行多球训练时，教练一个接一个地不断将球抛过来，她总是试图去接每一个球，因为在她看来，每漏接一个球都是不小的失误。

邓亚萍就是凭着如此这股“牛劲”，让自己一次又一次地将中国乒乓球这辆“重车”拉上了世界体坛的领奖台，为中国争光，为自己争气！

如果说幼年的邓亚萍是凭着“初生牛犊不怕虎”的冲劲儿，冲破了乒乓球的重围，为自己未来的道路闯出了希望。那么，成功后的邓亚萍则是凭着“老骥伏枥，志在千里”的雄心壮志在继续为伟大的事业和理想而不断拼搏！

不管怎么说，她的每一次成功，都是她身上那股子“牛劲”作用的结果。潜能的显现不是偶然的，而是必然的。它能成为人生的助推力离不开自身的努力，离不开执著的信念。

3.目标是潜能的灯塔

如果没有目标这座灯塔，潜能仿佛永远置身于黑暗之中，看不到未来，看不到方向。

常常会有人感慨自己命运不济、身临绝境、无路可走，殊不知，这看似极为可怜的处境并不是最糟糕的，最糟糕的是人的心态，是他们对自己的目标没有清楚的认识。

其实，路无处不在，目标让自己可以有更多的选择，潜能可以让选择变成现实。有《西游记》主题曲“敢问路在何方？路在脚下”这样的精辟之语为证，也有鲁迅先生的“地上本无路，走的人多了，也就成了路”这样的传世之语为鉴。

所以，有没有路关键还在于你自己，想不想释放潜能也需要看你自己。不要抱怨自己一无所有，更不要认为自己一无是处。如果你有去往远方的目标在前，有足够的责任在心，肯为自己的目标而不断鞭策自己，勇敢地迈出每一步，那么，路就在脚下，你总会走出一条属于你自己的康庄大道。

每一个成功的人都是一个积极乐观的追梦者，他们虽不是压路机，却胜似压路机。因为压路机只能机械地压出一条条没有生命的马路，而他们却能够用目标和责任灵活地创造自己的人生之路，让自己在这条路上获得质的飞跃。

由此我们可以看出，路—责任—目标是处在一条直线上的三个因素，它们互为前提，互为结果，只有将它们三者完美地统一起来，才会成功在望。

作为我国著名的生物学家，童第周可是一个了不起的追梦人。他用自己的责任心勇敢地披荆斩棘，让自己坎坷多舛的人生路变得顺畅，从而实现自己的目标。

1902年，童第周出生于一个偏僻的小山村，当时由于家里贫穷，到了读书年龄的他，没钱上学，只好一边在家里帮工，一边跟着父亲识字。

由于基础太差，致使他到了17岁才勉强考上了一所中学，并毫无悬念地成了班里的倒数第一。一个学期下来，他的成绩仍然非常差，以至都惊动了校长。鉴于他年龄等各方面的原因，校长劝他退学。他再三恳求，才勉强被同意留下试读一学期。

第二个学期开始后，童第周拼命地学习，每天早早起床，在校园的路灯下读书，夜里大家都睡了，他却依然在路灯下学习。因为他要对自己负责，要为自己争取留下来继续学习的机会。

就这样，经过半年的拼搏，他终于在期末考试时用优异的成绩向校长证明了自己。拿到成绩单的那一刻，他在心里暗自鼓励："一定要争气，你不比别人笨，别人能做到的事情，你经过努力，也一定能做到，相信自己！"

就是在这样的自我激励下，他的学习成绩从此越来越好，不仅在高中毕业时以优异的成绩考入复旦大学，而且在学校里也是屈指可数的高才生。

由于他专攻生物学，大学毕业后，为了能够在生物学上取得更高的造诣，从而对国家在生物科学方面做出贡献，他在亲友的资助下远赴比利时留学。

然而，留学的日子并不好过，因为中国当时在国际上没什么地位，所以，他这样的中国学生总是遭受其他国家的同学和老师的歧视，这让他觉得特别愤慨的同时，又暗暗下定决心，一定要为国争光。

有了这个目标后，他成了所有留学生当中最用功的一个。为了研究胚胎学，他们需要对青蛙的卵细胞膜进行剥除手术。这是一个难度很大的工作，许多人都失败了，唯有童第周通过一次又一次的试验，终于不声不响地完成了任务。

当他当众将所有的过程演示给大家看时，一旁的老师和同学们都向他投去了赞赏的目光，他终于凭着自己的艰辛付出赢得了尊严。

童第周用他的实际行动向我们证明：路在脚下，责任在心，目标在前，这三者是一个人成功的前提，只有牢记目标，肩负责任，才能保证脚下的路越走越宽，越走越远！

潜能是在海洋深处的宝藏，它绚烂多姿、广阔深邃，拥有别样的风光。但是如果你不去探索，就永远都看不到这样的美丽。如果没有目标这座灯塔去照亮，你的眼前只能漆黑一片。所以，用远大的目标作为自己的人生坐标，让潜能爆发出无限的能量吧。

4.关心别人能释放潜能

许多能够积极关心别人的人、心中有爱的人，往往能释放出巨大的潜能。因为他们用关怀和爱释放出了精神的潜能。

20世纪最伟大的心灵导师戴尔·卡耐基说过，“时时真诚地去关心别人，那么你在两个月内所交到的朋友，远比只想别人来关心他的人在两年内所交的朋友多”。一个从来不关心别人的人，一生必定遭受层层阻碍，注定是个失败者。在遇到问题的时候，习惯性地找借口推脱，还是坦诚地面对和解决，获得的结果绝对不同。

说起世界汽车销售冠军乔·吉拉德，他是销售行业中的一个响当当的人物。他所创造的汽车销售纪录始终没有人能打破。是什么能让他有如此的成绩？在接触汽车销售工作之前，乔·吉拉德一直和销售汽车沾不上边。而对家人的责任，对顾客的真诚，铺就了他的销售之路。

乔·吉拉德就是态度真诚的表率。有一天，一位女士到他店里看车，结果感觉不是很好。而乔·吉拉德却不着急卖车，而是和这位女士说可以开车带她到其他店看车，并帮她砍价。结果去了几家店后，女士还是回来买了乔·吉拉德的车。乔·吉拉德很惊讶，女士告诉他，她不是看好了他的车，而是购买了乔·吉拉德的真诚和服务态度。

虽然这只是卖出一辆车的例子，但是在乔·吉拉德的销售生涯中，真正关心顾客所想，急顾客所需使他赢得了许多客户的信赖。像乔·吉拉德这样成功的人还有很多。在他们的理念中，深深地明白：关心别人能给自己带来更多回报。

松下幸之助的人生经历非常坎坷，他家境贫寒，刚上到小学四年级就不得不离开父母到大阪，开始了独立的生活。

在松下幸之助13岁那年,他又到一家脚踏车店做学徒。一天，有一位叫铁川的老板想买一辆脚踏车，松下幸之助被派去做推销。到了铁川家，松下幸之助全面地介绍了脚踏车的性能及注意事项，使铁川先生非常满意，他决定买下这辆车，但要求打九折。松下幸之助有点为难，因为他知道，在价格上，车店的老板轻易不会让步。可他太想做成这笔生意了，于是他满头大汗地跑回脚踏车店恳求老板九折出售。老板严厉地说："绝对不可以，有了打折的先例，以后生意可怎么做？何况，我们的脚踏车非常畅销，根本没有打折的必要。"见老板态度如此坚决，松下幸之助只好失望地回到铁川家。他向铁川老板身鞠一躬说："真对不起，我们老板不肯九折卖。"说着，他的眼泪流了下来。铁川先生被感动了，他拍拍松下幸之助的肩膀说："看来你是真心实意要做成这笔生意了。好！我买下了。"松下幸之助记住了这次销售的教训，这次靠眼泪成功的生意，令他终身难忘，因为他从中知道了"真诚"在商界中的力量。

说起松下幸之助，人们大多知道的是他创建了著名跨国公司，以及扬名四海的“松下电器”，然而，他的潜能并非止于此。他充分发挥了自己的才智，首创出各种激发员工潜能的管理制度，因为“事业”、“终身雇佣制”、“年功序列”等而使企业获得了飞快的发展，所以被人称之为“经营之神”。松下幸之助先生说过，“要利用顾客的抱怨创造契机”。顾客的抱怨是很严重的警告，但诚心诚意去处理顾客的抱怨，往往又是创造另一个机会的开始。是否能得到顾客的理解和支持，决定了生意的兴衰，因此销售前的奉承，不如售后的完美服务，这是制造“永久顾客”的不二法则。不论是对于个人，还是对于企业，能够真心关心别人，会极大地促进双方事业的发展，激发个人和企业的潜能，成为企业持续经营的关键。

因此，以真诚的态度说明问题反而是最好的解决方式。海尔有一个很著名的广告语，叫做“真诚到永远”。海尔总裁张瑞敏解释说：“一个企业要持续经营，首先要得到社会和用户的认可。企业对用户真诚到永远，才有用户、社会对企业的回报，才能保证企业向前发展。”

正是因为海尔的这种态度，海尔的售后服务有口皆碑。曾经有一位农民来信说自己的冰箱坏了，海尔马上派人上门处理，还带着一台新冰箱，赶了200多公里的路到了顾客家，一检查是温控器没打开，打开温控器就一切正常了。海尔管理层却就此进行认真的反思——海尔必须满足所有人的需求，要把说明书写得让所有人都读懂才行。

1994年夏天，《青岛晚报》发了一则报道，谴责本市一名出租司机把顾客买的海尔空调拉跑了。海尔知道了这个消息后，给这位顾客又送去了一台空调。这条消息再次成为新闻，社会舆论一致赞誉海尔，但海尔人却认为："这件事真正的责任还在企业身上，如果我们把空调直接送到顾客家里，就不会出现这样的问题了。"由此，海尔酝酿并推出了无搬动服务。

从"顾客永远都是对的"到"用户打一个电话，剩下的由海尔来做"，从"真诚到永远"到"国际星级服务一条龙"，海尔的真诚理念延伸到哪里，市场就扩展到哪里。正是因为这样，海尔能够成为同行业中的佼佼者。

能够真心实意地为顾客着想的企业是深入人心的，能够关心别人的人是真正的强者。它们的这种潜能足以改变自己的未来。

第十二章　找准方向，永不言败

1.乌托邦式的梦想只是一种传说

所谓梦想，是每一个奋斗者热烈的期盼和向往，是每一个拼搏者永恒的追求和夙愿。无论何时，梦想都是支撑生命的巨大力量；不管怎样，梦想都是一个人成功的动力源泉。在梦想的推动下，人们乐观自信地迎接困难；在梦想的激励下，人们积极主动地面对挫折。梦想指引着人们走向辉煌的成功，拥抱美好的明天。

虽然说，人应该志向高远，追求卓越，但是脱离现实、乌托邦式的梦想只是一个传说。如果你每天只是一味地做着白日梦，那么，即便你的目标再远大也只能如海市蜃楼般虚无缥缈，永远也不可能有实现的那一天。大家是否还记得那个乞丐的故事：

有一个乞丐整天沿街乞讨，后来他渐渐厌倦了这样的日子。一天，他来到一座教堂，跪在教堂中央，开始祷告："上帝啊，我知道你是仁慈的，你帮帮我吧，让我生活得好一点！"上帝问他："我应该怎么帮你呢？"乞丐想了想说："那你就让我中张彩票吧。""那好吧，关键还是要看你自己。"上帝说完这些话就消失了。乞丐心里特别高兴，天天去教堂祷告，盼望着自己命运出现转机。

一天天过去了，他依旧过着吃不饱、穿不暖的日子，于是他心里很纳闷，为什么上帝答应了要帮助自己过上好日子，而现在自己的生活却丝毫没有改观呢？虽然不知道自己什么时候能得到上帝的帮助，但是他还是没有放弃，天天来教堂祈祷。

直到生命的最后一刻，他的命运依然没有任何的改变，依旧是食不果腹。他死后，非常生气地找到上帝质问："你为什么说话不算数呢？"上帝无奈地说："我可怜的孩子，我是想帮你，但是你只是天天来教堂祷告而不去行动，让我怎样来帮你呢？最起码，你也应该去买一张彩票试一试吧？"这时，这位乞丐才恍然大悟。

这个略带讽刺的小幽默告诉我们：每个人都有获得成功的梦想，有赢得财富的夙愿，但是，如果只是在那里一味地做着白日梦，是根本不会有任何收获的。

提起"皮尔·卡丹"，那绝对是时装界的佼佼者。它的创始人皮尔·卡丹先生也是一个传奇人物。但是，他走上时装之路、取得非凡的成就，并非是他最初的梦想。

皮尔出生在法国一个穷困的家庭里，小时候，他非常喜欢舞蹈，他从小就梦想着成为一名优秀的舞蹈演员。可是，因为家境贫寒，父母根本没钱送皮尔去学费昂贵的舞蹈学校，甚至供不起他上学。

为了维持全家的生计，皮尔的父母被迫将他送到一家缝纫店去当学徒，希望他能把缝纫技术学好，有个好手艺，以便能分担家里的负担。

刚到裁缝店的时候，皮尔非常厌恶这份工作，而这繁重的工作带给他的却是微薄的酬劳。更重要的是，他一直为自己的理想无法实现而苦闷。

一天晚上，皮尔情绪低落地走在大街上。突然，他想起了自己从小就崇拜的有着“芭蕾音乐之父”美誉的布德里。皮尔觉得只有布德里才能懂得他内心深处的悲哀，于是，他决定给布德里写一封信，希望布德里能收下他，以便能够实现自己的梦想。

不久，皮尔竟然真的收到了布德里的回信。但布德里并没有提及收他做学生的事，也没有表示对他的理解，而是向他讲述了自己的人生经历。布德里说他小时候的理想是成为一名科学家，因为家境贫穷父母无法送他上学，他只能跟一个街头艺人跑江湖卖艺……最后，他说，一个人活在世上，现实与理想总是有差距的。在理想与现实生活中，首先要选择生存。只有好好地活下来，才有机会去实现自己的理想。如果一个人总是处于自哀自怜的境地，甚至连自己的生命都不愿好好珍惜，那他根本不配奢谈什么艺术。而即使是处在非常艰苦的环境中，只要找准方向、不放弃，就还有实现梦想的机会。

看着信上布德里的真诚教诲，皮尔猛然醒悟，此后，他便认真学习缝纫技术。23岁那年起，他在巴黎开始了自己的时装事业。

不久，他便建立了自己的公司和服装品牌。

皮尔·卡丹能够成为世界知名品牌，在于创始人皮尔·卡丹年轻时做出的一次正确的取舍。当皮尔·卡丹的事业取得辉煌的成就以后，皮尔反思自己，才发现其实自己并没有舞蹈天赋，想成为舞蹈演员的梦想是很不现实的。幸亏及时得到布德里先生的指教，他才从梦中翻然醒悟。正是不再一味地做梦，正是这次勇敢的舍弃，才成就了皮尔·卡丹的日后的辉煌。

聪明的人会放弃不切实际的白日梦，会把自己的梦想融入现实，选择真正适合自己的事情去做。正因为如此，他们才把不可能变为可能，成就了众人难以企及的成功。

一个人如果脱离了现实，便只能生活在虚幻之中；倘若不能脚踏实地，就只会在空中飘着。这时，他那所有的远大目标也只不过像乌托邦一样虚幻。要走出属于自己的不同凡响的生存之路，就要让切合实际的理想指引自己，踏踏实实地做好身边的每一件事，唯有这样才是正确的选择，才有可能实现属于自己的成功。

乌托邦式的梦想只是一种传说，整日沉浸在这样梦想中的人，只能停滞在没有成功的起跑线上。如果你想改善现状、获得成功，唯一正确的方法就是立足现实、选择正确的方向、树立合理的目标、脚踏实地地去努力。

2.合理的规划是成功的催化剂

有谁不想拥有一个理想而完美的人生？有谁想要自己的人生平淡无

奇？然而，在现实生活中，大多数人的人生是平凡的，甚至有些人的人生是乏味的，只有极少数人的人生是精彩的。就像在这大千世界中，追求成功的人有无数个，但是，最终到达理想彼岸的却寥寥无几。其原因何在呢？这是因为成功者对自己的人生做了一个合理的规划，然后按照这个规划一步一步地努力，最终实现了自己的梦想。

所谓规划，是指拟订一个比较全面的长远的发展计划。这就好比一个建筑师一样，对自己的一生有所规划、有所设计，以确定在自己人生的每一个阶段应该做什么。

合理的规划是成功的催化剂。因为人生有了规划，就有了清晰的方向，有了指引前进的"导航仪"，我们的生活就会变得充实，变得有目的、有追求，一切都将清晰、明朗地展现在面前。什么是应当做的？什么是不应当做的？为什么而做？为谁而做？所有的努力与付出都会有一个目标，这样我们便可以避免走很多弯路，从而提高做事的效率、缩短自己与成功的距离。

某家调查机构曾经做过一个著名的跟踪调查。他们在哈佛大学的毕业生中选取了 40 个人，其中 20 个人有自己的人生规划，有明确的人生目标，决心一毕业就为自己的事业而奋斗；而另外 20 个则没有对自己的人生做任何规划，只是决定先找份工作，赚了钱再说。结果，20 年后，前面 20 名学生中有 18 位成了百万富翁，而后面 20 个学生中 19 个一无所成。

由此可见，规划对人生是多么的重要。一个是否对自己的人生有所规划，在很大程度上影响着他日后成就的大小。有的人懂得规划自己的人生，给自己一个明确的努力方向，为成就一番事业而奋斗，而有些人则不同，他们随波逐流，每天浑浑噩噩地过日子，这就注定了他们会虚耗一生、一无所获。

俗话说得好，“三百六十行，行行出状元”。不过，这不同行业的成功者却都有一种共同的特质，那就是他们都善于规划自己的人生，他们都会为实现自己的目标而精心策划一条最佳的路径。在这一方面，唐纳德·托马斯·里甘就是一个典型的例子，值得我们学习和借鉴。

里甘从小家境贫寒，生活非常困苦。上学期间凭借着自己的勤奋努力获得了一笔奖学金，这使得他有机会进入哈佛大学深造。1940年，他从哈佛大学毕业并获得文学学士学位。

后来任美国总统的肯尼迪是里甘的同学，肯尼迪家族的亿万资产使里甘羡慕不已。为了像他的同学一样富有，他便产生了边读书、边经商的念头。他通过组织学生旅行团的办法，在1940年大学毕业之前就赚了5000多美元,这在当时是一个不小的数目。正是这次小小的收获，让里甘确定了日后要经商的念头。他又想到，在商场上要立于不败之地，必要的条件之一就是要具备法律知识。所以，他在哈佛大学毕业之后，并没有离开学校，而是又进入哈佛法学院继续深造。

1946年，里甘进入华尔街的一家著名投资公司美林公司工作。他把职业与爱好结合在一起，非常努力地工作，这使得他在美林公司的职位步步高升。在短短八年的时间里，里甘从一名受雇的股票经纪人，摇身一变成为这家公司的股东。1968年，里甘登上了这家公司的总裁宝座，当时他只有40岁，是这家公司历史上最年轻的总裁。

三年之后，里甘担任这家公司的董事局主席。从1971年开始，他除了在美林公司任职之外，还在美国其他机构及团体中担任要职，比如1972年至1975年在纽约股票交易所董事局担任副主席，在查尔斯·E. 梅里尔信托公司任理事，等等。

就这样，里干从一个不名一钱的穷小子，摇身一变成为了华尔街的金融大亨。

里甘在财界亨通、在仕途得意，与他善于规划自己的人生是分不开的。他一度被人们称作是一个成功的策划家，是合理的规划成就了他的人生。

当然，规划并不等于没有风险。里甘总是巧妙地驾驭各种风险，在精心的策划与巧妙的安排中顺利地实现了自己的理想。他总是能冷静而理智地注视着发生在自己身边的一切，他能清醒地分析出风险与机会，他会巧妙地利用争夺中的各种力量，掌控着自己的航船，一待时机成熟，他便果断行动。为了实现自己的理想，他付出所有的努力都促使局势向有利于自己的方向发展。

因此，每个人都要学会规划自己的人生，并通过不断地努力取得成功。在正确的人生规划下，顺着规划好的道路努力奋斗，这是取得成功的重要环节。

此外，你还需要付诸实际行动来改变自己目前的现状。只有这样，才有可能顺利地到达事业的顶峰。

因为里甘说过：“规划人生是一种运筹帷幄的艺术，是对自己所要达到的目标设计最佳路径，是以最少的代价换取最大的成功的一种精心设计与安排。规划自己的人生就是将宏伟的目标与现实的条件紧密地结合起来，可以说，规划人生是沟通天才创想和现实途径的桥梁。”当然，再完美的规划，离开了实际行动，就会变得毫无意义。因为我们在做好正确的规划后，还要付诸实际行动，这样才能达到理想的结果。

每一个人都想不断地改善自己、提升自己，以便获得自己想要的成功。而达成这一愿望的捷径就是规划好自己的人生。如果将人生比作海上航行，那么人生规划就是那条明朗的航线。背离这条航线的航船，不一定到达不了胜利的终点，但是，如果沿着这条航线航行，则可以让你更快地走向成功。因为，合理的规划是成功的催化剂。

3.目标是指引你前进的航标

船舶在航标的指引下才能准确地驶向胜利的彼岸，人生在目标的引领下才能快速地到达成功的殿堂。树立正确的目标，是每一个成功者在追求成功的道路上必做的功课。因为，正是目标为他们指明了前进的方向，给了他们战斗的勇气和动力。

当你拥有一个单纯而明确的目标，而且意愿足够强烈时，你才能始终保持进步的姿态，顺利地将愿望实现。成功者的优势就在于此，他们总能抛开无关紧要的看法而直接抓住事情的关键。这些都是目标的功劳。

每一个脚踏实地工作的人，都会为自己树立一个能够实现的明确目标。如果把目标定得过高，不但会使自己无法脚踏实地地工作，也发挥不了目标的激励作用。因为当我们付出很多努力仍不见任何成绩时，我们就会变得懈怠，就会灰心，直至最终选择放弃。

很多人没有获得成功，其主要原因就在于好高骛远，在确立目标的时候，没有认真分析自身条件和所处的环境，制定了一个不切实际的目标。尤其是身在职场中的人们，设立的目标应该是看得见的，是有可能实现的，这样才能逐步把它们变为现实。当我们被成就感所激励时，我们的精神会为之振奋，我们对自己会更有信心。当人生处于一个良性循环的时候，一切都会变得不一样，成功也就离你不再遥远。

相对论的创立者爱因斯坦之所以能够取得如此令人瞩目的成就，和他一生具有明确的奋斗目标是分不开的。他出生在德国一个贫苦的犹太家庭，小学、中学时学习成绩平平，但是物理和数学成绩较好。于是，他认为自己在物理和数学方面确立目标才可能有所成就，因而他选择了瑞士苏黎世联邦理工学院物理学专业。由于奋斗目标选得准确，爱因斯坦的个人潜能就得以充分发挥，他在26岁时就发表了论文《分子尺度的新测定》，以后几年他又相继发表了四篇重要科学论文，圆满地解释了光电效应，宣告狭义相对论的建立和人类对宇宙认识的重大变革，取得了“前无古人，后无来者”的伟大成就。

爱因斯坦的事例告诉我们，确立明确的目标是非常重要的。假如他当年把自己的目标确立在文学或音乐上（他曾是音乐爱好者），恐怕就难以取得像在物理学上那么辉煌的成就。

励志成功大师拿破仑·希尔说："有了明确的目标才会成功。"那么，什么是明确的目标？所谓明确的目标，是目的、方向、任务的总称。明确的目标可以激发我们心中的力量。为了更好地实现心中的目标，我们最好是根据这个明确目标来建立相应的小目标，从小目标做起，逐步向大而明确的目标推进，这样，我们就能切切实实地感觉到目标的接近，自然也就增强了实现我们终极目标的信心。

提起"日本那个矮个子"，人们便会不约而同地想起曾两度在国际马拉松邀请赛中获得冠军的山田本一。对于他能够取得如此优异的成绩，大家惊异不已。

当记者一再问他有何秘诀的时候，山田本一说："起初，我把我的目标定在40多公里外终点线上的那面旗帜上，结果我跑到十几公里时就疲惫不堪了，我被前面那段路程给吓着了。后来，每次比赛之前，我都要把比赛的线路仔细地看一遍，并把沿途比较醒目的标志画下来，比如第一个标志是银行，第二个标志是一棵大树，第三个标志是一座红房子……这样一直画到赛程的终点。比赛开始后，我就以百米的速度奋力地向第一个目标冲去，等到达第一个目标后，我又以同样的速度向第二个目标冲去。40多公里的赛程，被我分解成这么几个小目标，而每个小目标的实现就轻松得多。这样一来，跑完全程也就变得简单多了。

在追求成功的道路上，很多人往往会半途而废。很大一部分原因，并不是事情有多难，而是他们感觉成功太遥远。他们不是因为失败而放弃，而是因为倦怠而放弃。在人生的旅途中，我们若有山田本一的分解困难、细化目标的智慧，也一定会取得巨大的成就。

如果你现在处于人生的低谷，不要被生活和工作的困难所吓倒。你要让自己冷静下来，问问自己，是什么在影响你前进？当你有了一个明确的目标并准备为它努力、为它而付诸实践时，你会变得很踏实，生活过得很充实，注意力也会集中起来，不再被许多繁杂的事所干扰，所有的事情做起来也就会得心应手了。

那么，我们应该怎么做才能设定明确而具体的小目标呢？

（1）目标选择要恰当

当我们在选择目标时，应该难易适中，确保其既有激励作用，又现实可行。心理学实验证明，太难和太容易的事情都不容易激起人的兴趣和热情。只有比较难而且通过自己的努力可以做到的事情才具有一定的挑战性，才会激发人的热情和行动。目标是现实行动的指南，如果低于自己的水平，就不能很好地发挥自己的潜能，这就不具有激励作用；如果高不可攀，经过自己长期努力也不见成效，就很容易挫伤自己的积极性，不但没有任何帮助，而且会阻碍我们走向成功。

（2）限定实现的时间

研究表明，只有在特定的时限内完成特定的任务，人才会更加集中精力，同时开动脑筋，并积极调动自己的潜力，为实现目标而奋斗。如果没有完成这个明确目标的具体时限，就难免精神涣散、松松垮垮。我们设定目标的时限时，应根据目标的难易程度来计划。可以是一两年，也可以是三四个月，甚至可以是几天。总而言之，只有切实可行而又有时限的目标，才是行动的最佳指南，才能够起到更好的激励作用。

（3）做好日常规划

日常规划也是一个不容忽视的关键环节。为达到目标，必须设定每日、每周及每月的任务。然后集中力量去努力实现每一阶段的目标。设定任务是运用自己的各种能力去达到最终目的的基本手段。

如果我们到车站买票，只是单纯地对售票员说："请给我一张车票"，而不提供具体的地址，售货员是无法满足你的需求的。同样道理，在人生这趟旅途上，你必须明确并简化自己的目标，这样内心的力量才能找到正确的方向，自己才能顺利并快速地到达梦想的终点。

4.不放弃，就还有成功的机会

林志炫在那首《单身情歌》中这样唱道，"爱要越挫越勇，爱要肯定执著，每一个单身的人得看透，想爱就别怕伤痛"。其实，不仅爱需要这样，生活和工作更是如此。找准方向后永不放弃、绝不认输是每一个强者的信念，是每一个勇士的信仰。只有那些在迷茫和彷徨面前、毫不畏惧、勇敢前行，在挫折和失败面前、屡败屡战、愈战愈勇的人，才能冲破重重障碍，赢得最后的胜利。

在影响人们成功的因素中，智力因素固然重要，但是不服输的意志力更为可贵。向着既定的目标坚定不移地前进，在艰辛困苦面前用不服输的勇气超越极限，从而创造奇迹、获得成功。

中专生小 P 成功应聘微软上海分公司便是最好的证明。

小P是一个只有中专学历的青年，当他看到微软上海分公司在招聘新员工时，毅然前来应聘。当他走进面试办公室的时候，一位美国经理看到他的简历后，委婉地拒绝了他。因为微软所要招聘的员工至少要有本科学历。小P告诉这位经理，自己为了这个面试准备了很长时间，希望经理能给自己一个面试的机会。

在小P如此诚恳的请求下，经理便答应让他试一试。然而面试的结果却很糟糕，对这位经理来说，这是他在微软任职以来经历过的最差的一次面试。因为小P对软件编程只略知皮毛，而且对总经理提出的许多专业性问题，小P要么答非所问，要么根本就回答不上来，面试中双方几次陷入僵局。面试结束后，经理显得很失望，他对小P说：“要知道微软公司人才济济，从高级管理人员到专业技术人员，都堪称业界精英。微软的大门是不会被轻易叩开的。”正当他要回绝小P时，小P说：“对不起，我回去后会再做一次更加充分而明确的准备，希望您能再给我一次机会。”经理于是说道：“那好，我给你两个星期做准备，等你准备好了再来面试。”其实，经理根本没有当真。

但是，小P不那么想。回去后，他便去图书馆借了计算机编程方面的书，然后足不出户在家昼夜苦读。两周后，小P果然又去见这位经理。经理没有想到对方竟真会再次前来面试，只得兑现当初的承诺，再给他一次面试的机会。第二次面试，小P对经理提出的专业问题已能应付下来。但他依然没有通过面试，因为凭他掌握的编程知识与微软所要求的软件工程师水平相比还是差得太远了。但经理也明白，对于眼前这个年轻人来说，能在两周内取得这么大的进步已经是非常难得了。

面试结束后，经理关心地问道："不知你对微软的其他岗位是否感兴趣，比如销售部门。"小P接受了经理的建议，因为他想，能进入到微软的销售部门工作也不错，于是经理又给了他一周时间去准备。回到家后，小P又去书店借了很多有关营销方面的书，再一次埋头苦读。可令人感到失望的是，一周后，小P虽然在销售知识方面有了很大的进步，却仍然没能达到微软的要求。结果，他的面试又失败了。

无奈之下，经理只能歉意地摇头，并问小P："你为什么非要应聘微软呢？"谁知小P的回答却令这位美国经理瞠目结舌，小P说："其实我并非只想应聘微软，我也知道微软录用人苛刻。我是想哪怕不行也能积累一定的应聘经验。"面对小P的回答，经理哑然了，因为这个年轻人的想法太令他意外了。

实际上，小P为了成功应聘，总共在微软面试了五次，前后共用去两个多月的时间，而经理也破天荒地给予一个普通的中国小伙子五次机会。在第五次面试时，小P并没有回答任何问题。因为当他第五次跨进经理办公室时，经理告诉他，其实在第三次面试时他就已经成为微软的一员了。这位美国总经理解释说，在小P坚持不懈、永不服输的面试过程中，微软也同时发现了这个有发展潜质的不可多得的人才，尽管他没有本科文凭，但他的执著和接受知识的能力不容置疑，微软的未来就在这种年轻人的身上。没多久，小P就得到了微软的重点培训，并且，在培训中他进步神速，在工作中也表现良好。

由此可见，无论处于什么样的环境中，只要你不放弃，就还有成功的机会。其实,每一个成功者都是面对困难敢于拼搏、面对挫折永不服输的人。正是这种不畏艰难的精神，指引着他们走向成功。在人生的道路上，如果认准了方向，就要有永不服输的精神，其他任何技巧都不如这一点来得踏实。在现实生活中，从来就没有什么真正的绝境，面对困难，不要就此绝望和妥协，否则只能是失败。要想成功，就一定要有坚强的意志，要有不服输的勇气，当你能用自己的坚强意志克服困难，那么成功也就不会那么难了。

真正主宰自己命运的不是神，而是我们自己。只有在坚定的目标下不畏艰难、在明确的方向中毅然前行的人，才不会被任何坎坷和磨难击倒。正所谓“宝剑锋从磨砺出，梅花香自苦寒来”。唯有经得住磨炼的人，才不会让机会从自己身边溜走，才能够将人生的困境转化为机遇，从而成就自己人生的价值。

总而言之,在人生的征途中,想要成功并不难,只要你找准方向、坚持目标、永不放弃，便会顺利地得到你想要的一切。

5.逃避现实，只能把事情弄得更糟

也许大家都听过一个关于狮子追鸵鸟的故事：有一只鸵鸟在散步的时

候，遇到一只狮子要吃它。鸵鸟本能地拔腿就跑，狮子在后面紧追不舍。鸵鸟跑着跑着累了，于是它停了下来，把头埋进了沙子里，以为这样就可以解决一切。结果，狮子跑上来把它吃掉了。

实际上，鸵鸟是可以避免被吃掉的厄运的。因为鸵鸟的时速可达70 ~ 80千米/小时，并且经研究发现，逃命时它能跑得更快。而且，鸵鸟的前爪强壮而锋利，必要时能把狮子杀死。但是，这只鸵鸟却忘了它自己的优点，选择了逃避，所以，等待它的只有死亡。因此，不敢面对现实、选择逃避的懦弱行为，不仅解决不了任何问题，只能让事情变得更加糟糕。

其实，从人的潜能方面来看，任何困难，只要我们敢于面对，积极思考，不轻易放弃，就能想到解决的方法。只是大多数情况下，我们都像那个鸵鸟一样，只看到了境遇的难度，却看不到自己能力的高度，于是，我们逃避现实，虚度时日，最终用沉甸甸的心理负担换来了毫无意义的未来。

“松下电器”的创始人松下幸之助，在日本遭遇前所未有的经济危机时期所表现出来的行为正是勇者的作为。

当时，工厂接二连三地裁员和倒闭，劳资纠纷不断发生。松下电器公司自然也受到经济衰退的影响。原本因为国际牌电灯的畅销，员工人数激增，已超过300人，但在不景气的经济条件下，销售量锐减，库存积压严重。这时松下又因病住院，公司交由义弟井植看管。井植等决策层在董事会中都认为，要想渡过这个难关除了大量裁员之外别无他策，既然销售量减少到之前的1/2，那么，只有裁去现有员工的1/2，才能维持公司生存。

然而，松下强烈反对这个建议，他毅然决定采取缩短工时数的做法。松下拖着尚在病中的身体对全体员工说："如果每位员工的工作时数减半，则生产量自然只剩下以往生产额的1/2，但是每个人都还可以继续工作。希望每一位员工把剩下的半天时间用在推广产品的工作中，以解决存货的过度积压。"

因为松下的这个决定，每一位员工都可以继续放心工作，并且收入也有保障，因此全体员工都团结一致、奋发向上，积极为公司的前景而努力。结果在极短的时间内，库存商品竟然销售一空，最终使松下公司转危为安。之后他们还向合成树脂业进军，并进行收音机的生产，为后来松下企业的发展奠定基础。

碰到困难、遇到挫折回避现实的人只会让未来更不理想，因此，在碰到环境改变时，切勿心生怯意，要鼓起勇气面对现实。只有这样，才能激发自己的潜能，将阻力转化为动力，从而转败为胜。但是，在现实生活中，并非每个人的梦想都能成真。想要实现梦想，就必须面对现实，

那么，怎么做才算面对现实、才能更好地实现自己的梦想呢？

（1）平心静气，接受现实

人生之路充满了许多不可确知的因素，面对这些因素，通过我们的努力，无论它们是否可以变为有利于我们前进的条件，我们都要勇于面对，做出积极乐观的反应，这才是一种可取的态度。

因此，面对那些不理想的或糟糕的事实的时候，与其逃避或反抗，不如明智地接受它们。每个人的精力都是有限的，我们要把更多的精力放在面对并接受现实上面，这样才能去创造一个更为崭新的生活。因为只有接

受现实、认清自己、承认差距、找到弥补不足的办法，才能改变现实、登上梦想的圣殿。

（2）积极思考，明确方向

每个人都有自己美好的理想，能做自己想做的事，能成为自己想成为的人，能是为自己而活着，并且活得充实而无所求，才没有辜负自己的使命。然而不得不承认，很多时候，现实与理想相差太远，要协调好理想与现实的关系就需要我们积极地思考。在理想与现实出现矛盾时，要给自己一些时间，让自己好好地想一想："我想要做什么？现在具备哪些条件？实现目标还差哪些条件？实现理想的计划如何？应该分成哪些阶段和具体的实施步骤？"当我们想清楚这些问题后，对自己要做怎样的选择，以及日后努力的方向在哪里，就都会有一个明确的判断。

（3）将自己的计划付诸行动

虽然树立高远的理想很重要，但是，制订切实可行的计划和具体的实施步骤则更为关键。我们要将计划和现实情况结合起来，决定是边工作边学习还是从一个能接近理想的职务做起；怎样安排日常工作和个人学习，是自学还是参加培训班，等等。

通常来说，计划应该包括内容分配表和时间安排表两个方面，计划越细致越好，而且应该留有余地。内容就是我们应该做的事，具体可以是实现理想所需的条件或需要完成的工作。时间表中应该注意，在工作和学习的时间中要保留充足的休息时间，不要顾此失彼，否则得不偿失。

除此之外，在实施的具体过程中，我们还应该保持一种良好的心态。对自己一定要充满自信，严格要求自己，让自己每天都能有所付出并有所收获，每天都能更接近理想。而且，在需要的时候也要适当地调整自己的计划，使它变得更科学、更可行。不要三心二意，要身体力行，以具体的行动来代替毫无意义的忧虑和杂念。正确对待可能产生的失败，只要用心、尽力而且务实地向着目标前行，相信这一次失败意味着下一次的成功。

无数的事实都告诉我们：无论遇到什么，挫折也好、彷徨也罢，都要敢于面对现实，勇于直击磨难。逃避现实，就等于自取灭亡。大凡成功的人都是越挫越勇、越败越战的勇士。正是因为这份冲天的勇气和不懈的奋斗，才铸就了他们日后的成功。

6.点滴积累，才能成就卓越

很多人都想拥有卓越的成就，成为一个令世人敬仰的伟人，而不甘心做一个平凡的普通人。追求卓越没有错，但是倘若忽视了平凡小事，又怎么铸就卓越成就呢?

其实，平凡与伟大之间并没有明确的界限。平凡并不可怕，可怕的是你曲解了它的真正含义，因为平凡并不等于自甘平庸。平庸的人每天过得稀里糊涂，他们的人生是没有方向、得过且过的；而平凡的人则不同，他们有明确的目标，有坚定的信念，在平凡的岗位上刻苦奋斗，期待着自己能够成就卓越的人生。从这个意义上来讲，对于他们来说，平凡只是一种暂时的状态。只有今天能够沉下心进行点滴的积累，才能成就明天的卓越。

洲际大饭店的总裁罗拔·胡雅特原本也只是一个小学徒，他的成功就在于他时刻不忘积累，在日常工作和生活中不断地充实自己，最终获得了人们的尊敬和认可，从而拥有了后来的成就。

罗拔·胡雅特刚到大饭店工作时从事的是侍应生工作。由于接触的人多了，对饭店的事情慢慢地有了深入的了解。他知道，自己当时所在的大饭店接待的是各国人士，因此如果他能学会多种语言的话，就能应付自如。但是那时的罗拔·胡雅特除了本国语言外，对其他国家的语言一窍不通。于是，他决定在工作之余先开始自修英语。三年之后，一个叫做柯丽珑的大饭店要选派几个人到英国去实习，胡雅特被选中了，因为他的英文水平已相当好了。

在英国实习一年回来后，胡雅特做了柯丽珑大饭店的领班。接着，第二个机会降临了。德国广场观光大饭店想跟柯丽珑大饭店交换一个服务人员。胡雅特得知后，找到经理，请求经理给他这个机会。经理见他如此好学，就答应了他的请求。

对于罗拔·胡雅特来说，这个工作机会对他的未来事业产生了深远的影响。因为到了德国之后，他选择了一个对自己完全陌生的工作——招揽观光旅客。这使他对这一行的了解更多了。

胡雅特到德国后不久，遭遇了德国30年代的经济不景气，观光客的人数也跟着锐减。大家都认为，在这段时间里，观光饭店的生意不会有什么大的起色，但胡雅特认为，在这段时间如果能多招揽观光客，才是表现自己能力最好的时候。假如大家生意都好，就显不出自己有什么特别的地方了。于是，胡雅特利用观光大饭店过去的旅客资料，动脑设计出一些内容不同的信函，分别寄给那些旅客们。这些措施果然收到了很好的效果，从而使观光大饭店平稳度过了那段艰苦的时期。

胡雅特回到法国之后，由于观光大饭店老板的极力推崇，经理把他调到罗浮大饭店任业务部副经理。工作开展一段时间后，由于业务的往来，胡雅特发觉，从事这种国际性的经营活动，如果不懂法律，会很不方便。所以他在下班之后，又开始学习法律。而这时，胡雅特已经具备了使用三种语言（英、德、法）的能力，也去过欧洲的几个大国，但在他的心目中，他非常希望能去美国，他想那里一定能给他更多的收获。他考虑再三，决定请假自费到美国看看是否会遇到更好的机会。

胡雅特去美国，名义上是考察，实际上他是想能深入了解美国的观光业。所以他一到美国，就去拜见华尔道夫大饭店的总裁柏墨尔，并把经理的亲笔信交给他，请求他给自己一个见习的机会，同时胡雅特主动要求从基层做起。于是，胡雅特开始了他在华尔道夫大饭店擦地板的工作。他心里明白，要想深入了解美国的观光业，首先要与基层人员打成一片，从他们的谈话中去了解的情况一定是最丰富的。事实证明，胡雅特的做法是正确的，正是这些经历充实了他的头脑，并给他带来了好运。

有一天，华尔道夫的总裁柏墨尔到餐厅部视察，看到胡雅特正趴在地上擦地板。他跟这位来自法国的青年已见过一面，对他的印象颇深刻，虽然知道他要从基层做起，但见到他在擦地板，还是大为惊讶。“你不是法国来的胡雅特吗？”柏墨尔走过去问。“是的。”胡雅特站起来说。“你在柯丽珑不是当副经理吗？虽然要从基层做起，但我真的不明白您为什么会在我们这里擦地板？”“我想亲自体验一下美国观光饭店的地板有什么不同。”“你以前也擦过地板吗？”“我擦过英国的、德国的、法国的，所以我想尝试一下擦美国的地板是什么感觉。”“是不是有什么不同？”“这很难解释，”胡雅特沉思着说，“我想，如果不是亲身体会，很难说得明白。”柏墨尔注视了他好一会儿，说：“下班后，请到我办公室来一趟。因为你的行为的确给了我很大的启示。”

原来，柏墨尔邀请胡雅特到华尔道夫的国外部担任副经理，胡雅特欣然接受了这份工作。后来，胡雅特又升任了经理。自此之后，胡雅特的事业蒸蒸日上，一直做到洲际大饭店总裁的位置，手下有64家观光大饭店，营业范围扩展到世界几十个国家。

胡雅特的成功经历告诉我们：只有在平凡中积极进取、勤奋学习、增强自身的竞争能力，才能不断超越自己、最终取得伟大的成就。

在现实生活中，很多人做事不能成功的原因，就在于他们总会忽略平凡的事情，看不起平凡的岗位，对平凡没有清醒的认识，总是认为平凡着就是没有希望，不懂得在平凡中积累经验，强化自己的能力，最终因为倦怠而失败。

如果我们也能拥有胡雅特那样的智慧，一生中也许会少去很多懊悔和惋惜。把远大的理想与平淡的生活结合起来，这样才能奔向成功的天堂，才能实现自己的人生价值。

总之，如果你想拥有卓越的成就，就必须懂得平凡的重要性，在平凡中积累经验、增长智慧；倘若你想实现伟大的梦想，就必须保持积极的热情，在平凡中不断探索、不断前进。如果你做到了这一点，那么，你就为自己争取到了更多的机会。因此，你的前途必定是无可限量。

第十三章　激发潜能，成就梦想

1.有梦想的人生才精彩

威尔逊说："我们因梦想而伟大，所有的成功者都是梦想家：在冬夜的火堆旁，在阴天的雨雾中，梦想着未来。有些人让梦想悄然灭绝，有些人则精心培育，直到它安然度过困境，迎来光明和希望，而光明和希望总是降临在那些真心相信梦想一定会成真的人身上。"是的，梦想是一切的开始，它能够充分地激发潜能，为我们创造出一个美好的未来。

有一个人叫蒙提·罗伯兹，他在圣思多罗有座牧马场。他的朋友杰克常借用他宽敞的住宅举办募捐活动，以便为青少年计划筹备基金。

在一次活动中，蒙提·罗伯兹在致辞中提到：我让杰克借用我的住宅是有原因的。我给大家讲一个故事。有一个小男孩，他的父亲是位马术师，他从小就必须跟着父亲到处跑，一个马厩接着一个马厩、一个农场接着一个农场地去训练马匹。由于经常四处奔波，男孩的求学过程并不顺利。

初中时，有一次，男孩的老师叫全班同学完成一份设计报告，题目是“长大后的志愿”。他细致、认真地用了七张纸，描述他的志愿，那就是将来他想拥有一座属于自己的农场。他画了一张农场的设计图，上面标有马厩、跑道的位置，然后在农场中央还要建造一栋占地数千平方米的巨宅。他花了很大的心血把报告完成，第二天就交给了老师。两天后他拿回了报告，只见第一页上打了一个又红又大的叉，旁边还写了一行字：下课后来见我。

脑中充满美丽幻想的他下课后带着报告去找老师：“为什么给我不及格？”老师回答道：“这么小，不要老做白日梦。你什么都没有，没钱、没背景。建农场是个大工程：要花钱买地、买纯种马匹，并且还得花钱照顾它们。你别太想入非非了。”老师接着又说：“如果你重写一个你能实现的愿望，我会考虑重新给你打分。”这个男孩回家后反复思量了好几次，然后向父亲征询意见，父亲只是告诉他：“孩子，你必须自己拿主意。”经过再三考虑，他决定一个字都不改，原稿交回。他告诉老师：“即使再拿个大红字，我也不愿意放弃梦想。”

这时，蒙提对众人说：“我提起这个故事，是因为各位现在就在这个农场里，那份初中时写的报告我至今还留着。”他停顿了一下又说：“还有一件特别有意思的事是，两年前的一个夏天，那位给我大红字的老师带了30个学生来我的农场露营一星期。离开之前，他对我说，蒙提，想起来就觉得有些惭愧。你读初中时，我曾泼过你冷水。这些年来，我也对不少学生说过这样的话。幸亏你还有这个毅力坚持自己的梦想。”

蒙提的成功告诉我们，有梦想的人生才精彩。因为梦想能够很好地激发我们的隐藏在身体中的潜能，赐予我们解决问题的力量，帮助我们更快地走向成功。

因此，每个人都应该拥有属于自己的梦想。梦想就是人生追求的理想和目标，没有目标的人，只能在路上不断地徘徊，就像拉磨的驴子，结果只能是漫无目的地生活而一无所获。

实际上，每一个人取得的成功，都离不开对平凡生活的超越，唯有朝着既定目标锲而不舍地去争取、去奋斗的人，才能最大地发挥出自身的潜能，从而实现自己的梦想。虽然，人人都能下定决心做事，但是只有少数人能够持之以恒地去执行他的计划，所以也只有这少数人才能走向成功。当我们确定了自己的目标之后，一定要相信自己，千万不能让别人的一句话将你击倒，否则，一切努力就白费了。

成功始于梦想，梦想是一切成就的起点，我们从小就要确立自己心中的伟大梦想，并朝着这个梦想锲而不舍地去努力。因此，无论你的梦想是什么，也不管它是否清晰，它都会促使我们不断地前进，直至最终实现梦想。不要被现实所牵绊，我们要把“梦”做得更高一些。只要心中有梦，不断努力前行，充分激发潜能，就会有梦想成真的幸福时刻。

2.天生我材必有用

生活中有很多人，有着强烈的自卑感。他们常常感到自己过于普通，于是整天唉声叹气、郁闷不已。但是，他们越是这样，处境就越糟糕，因而他们就越自卑。如此的恶性循环，造就了他们自暴自弃、得过且过的个性，一辈子都在浑浑噩噩中度过，没有丝毫的建树，更别提创造奇迹、实现人生价值了。

这样的人生是可悲的。任何人都不比别人差，每个人都有自己存在的价值，正如李白所说："天生我材必有用。"我们要做的就是无论路途多么遥远和艰辛，都不要轻易地放弃，都要努力地追求自己的梦想，在实现梦想的过程中，实现自己的人生价值。

有一只小老鼠，它整天郁郁寡欢，常常因为自己是一只老鼠而感到自卑。它对自己的身份大为不满，平常也不愿意在阴暗的角落里生活，想着被人追打的日子，它更是无奈。因此，他很羡慕猫的神气与自由自在的生活。

它经常幻想：如果自己能变成一只猫，那该多好啊！于是，苦闷的小老鼠找到了上帝，再三哀求上帝，希望能够变成一只威风凛凛的猫。上帝被小老鼠的诚心感动，于是答应了它的要求。一眨眼的工夫，小老鼠变成了一只神气的小花猫。变成猫的小老鼠没过几天快活日子，就发现邻居家的狗总是追着它跑，它一见到那只狗凶神恶煞的样子，就吓破了胆子。原来猫也有天敌呀，于是它又去求上帝把自己变成一只狗。没过多久，他又发现了狗怕狼的秘密。于是，它又跑去请求上帝将自己变成一只狼。

到最后，小老鼠居然变成了森林中最庞大的动物——大象。

这只变成大象的小老鼠昂首挺胸在丛林中漫步的时候，总表现出一副威风凛凛的样子，其他的动物们见了它都表现得恭恭敬敬。小老鼠觉得这才是它想要的生活。可是过了没多久，它发现大象最怕的竟然是老鼠，因为老鼠可以钻进大象的鼻子里去让这个庞然大物束手无策。这时它眼中最伟大的形象又变成了老鼠，于是它又跑去哀求上帝，要求重新变回老鼠，过它之前的生活。

这个有趣的故事，给了我们这样的启示：无论动物还是人，都需要好好地反思一下，不要抱怨你和别人之间的差距，而应该看看你为此做了些什么。你最大敌人不是别人，而是你自己，因为心态决定了一个人的行为，而行为 决定着最终的结果。如果你总是对自己不满意，认为自己没用，那么，你就真的成为了一个一无是处的“废人”。当你不满意自己的现状时，何不闭上嘴，试着找出自己的长处，并且坚持不懈地去努力，相信终有一天，你也会成为别人羡慕的对象。

因此，正视自己的价值，你也可以激发自身的潜能，从而成就心中的梦想。不过，这些都是以坚定的信心为前提的。如果没有坚定不移的信心，没有永不放弃的决心，你的理想很可能会被途中的困难和挫折“淹死”。

一个富人因为心情烦闷于是来到乡下散心，他看见一个穷人正就着一碗咸菜吃饭，他觉得这个穷人很可怜，于是决定帮助他致富。经过考虑，富人送给穷人了一头牛，并嘱咐他好好开荒播种，到了秋天，他的生活可以好过一些。穷人接受了富人的资助，心里也非常高兴，他满怀希望地做了个计划，决定在这个春天开垦出20亩荒地出来，种上麦子、蔬菜、水果，到了秋天就可以收获了。到时候粮食有了吃穿就不愁了，多余的还可以卖点钱。

但是，他付诸行动没几天，就发现牛要吃草，人要吃饭，而开垦荒地也实在累人，日子比过去还要难受。穷人就蒙生了一个新的想法，如果把牛卖了买上几只羊，先杀一只吃，剩下的还可以生小羊，长大了拿到市场上卖，不仅可以解决现在的困难，将来也能赚很多的钱。于是，穷人按照自己的计划行动起来了。可是，当他吃了一只羊后，其他的羊却迟迟没有生下小羊来。日子又一天天地紧了起来，接着，他忍不住地又吃了一只羊。吃完后，穷人想，唉，这样下去也不是办法，不如把羊卖了买些鸡，鸡生蛋的速度会更快一些，鸡蛋立刻可以赚钱，日子也可以得到好转。就这样，穷人又开始了新的行动，但养鸡也不是那么容易的，每天要喂，搞不好还闹鸡瘟，如果喂养不当这些鸡还会光吃食不下蛋。穷人又开始杀鸡吃，终于杀到只剩一只鸡时，穷人的理想彻底破灭了。穷人觉得自己根本没有致富的命，就干脆不去想致富的事了，把这只鸡也杀了，之后买了点酒，他觉得三杯酒下肚后万事皆不愁。到了秋天，资助他的富人兴致勃勃地来看穷人，走到院子里却发现他还在就着咸菜喝酒，牛早就没有了，还是像以前一样过着十分清苦的日子。

其实，在日常生活中，不乏这样的人。他们有过机遇，也有过行动，但经过时间的考验，他们觉得太辛苦而放弃了，或者遇到一点挫折和失败就自甘堕落了。所以，成功的机会总是与他们擦肩而过。

在工作面前，不同的人会持有不同的态度，处在不同的境界当中；而不同的境界，会带来不同的工作状态，也会创造不同的人生价值。为了实现人生的价值，我们需要了解一下工作中常见的几种境界：

第一种境界，为了生计，迫不得已工作。

拥有这种境界的人，他们在工作时既不心甘，又不情愿。工作对他们来说，是一种折磨。他们的人生也是在这种“折磨”中度过的。

第二种境界，工作是自己的职业。

拥有这种境界的人，不一定将工作提升到人生价值的高度，但是还比较敬业，并尽量将事业做得圆满。

第三种境界，自己做的工作就是使命。

这种境界的人，能认识到工作是向世界献出爱的机会，也是让人生价值最大化的途径，他们可以为了工作而废寝忘食，所以也常常能够做出一番成就。

比较这几种境界中的人，你会发现处于第一种工作境界的人借口最多，好像他们就是人生最不如意的那个人。而第二种工作境界的人，虽然大多时候比较努力，但在工作中缺乏主动性，遇到困难时也会找借口，人生价值难以体现得十分精彩。至于处在第三种工作境界的人，才是工作时没有任何借口，能将工作主动做到最好、能使自己的人生价值最大化。

综上所述，无论如何，我们要了解自身存在的价值，树立远大的理想，充分发挥自身的潜能，心甘情愿地完成自己应该完成的使命。这样的人生才最精彩、最有意义。

3.克服恐惧，走向成功

在人生的道路上，越来越多的人成为了恐惧的俘虏。“我不敢……”代替了十足的自信，成为了他们的口头禅。其实，人与人之间的能力差别是微乎其微的。别人能做到的，你肯定也可以。人之所以会对某些事情产生恐惧感，原因无外乎有两个：被他人的行为和言论影响，或者自己将那件事想得太难了。其实，只要你够胆量，够坚定，很多事情就会变得不一样。

在今天，社会上的竞争越来越激烈，几乎所有的职场中人都会有或多或少的恐惧感，工作力不从心、害怕被辞退、对过多的岗位选择显得无所适从、没完没了的加班……这些不安使得人们对工作产生了抵触，甚至厌烦的情绪。

心理压力越大工作中的恐惧感就会越强。对职场中人来说，职业恐惧感是因为害怕失去现有职业而产生出的惶恐心态，虽然有时明知这种恐惧没有必要，但一想到要失业或要从事某种职业时仍控制不住地恐惧和害怕。

不仅仅是职场，生活或社会中的其他事也一样是如此，人类的恐惧感与生俱来。从心理学角度讲，恐惧是一种重要且正常的心理反应，每个人都有其惧怕的事情或情景。恐惧心理的产生与过去的心理感受和亲身体验有关。俗话说：“一朝被蛇咬，十年怕井绳。”心理学家认为，心存一点点恐惧有益健康，但这种心理加剧到某种程度或达到质变的时候就成为一种病态了。

一旦我们有了恐惧的感觉，精神上就会产生恐慌、害怕、心烦、紧张的感觉甚至觉得大难临头，有窒息感或濒临死亡的感觉。对于这种体验，有人可能会用一些不利健康的方式来缓解，如酗酒、吸毒、滥交等，其目的是假借外物缓解焦虑。但这些行为的效果却犹如抱薪救火，薪不尽火不灭，使焦虑和恐惧越演越烈。可想而知，当我们在为梦想努力前行的时候，如果被恐惧和害怕挡住去路，变得不相信自己，那么机会还能够垂青你吗？

世界著名交响乐指挥家小泽征尔在一次欧洲指挥大赛的决赛中，按照评委会给他的乐谱指挥时，发现有错误的地方。他认为是乐队演奏错了，就停下来重新演奏，但仍不满意。这时，在场的作曲家和评委会的权威人士都郑重地说明乐谱没有问题，而是小泽征尔的错觉。面对着音乐大师和权威人士，他思考再三，突然大吼一声："不，一定是乐谱错了！"话音刚落，评判台上立刻响起热烈的掌声。

原来，这是评委们精心设计的圈套，以此来检验指挥家们在发现乐谱错误并遭到权威人士"否定"的情况下，能否坚持自己的正确判断。前两位参赛者虽然也发现了问题，但终因趋同权威而遭淘汰。小泽征尔则不然，因此，他在这次世界音乐指挥家大赛中摘取了桂冠。

如果是你，你会在如此重要的比赛中坚定地说出自己的想法吗？你会在众多优秀、知名的评委面前指出他们的错误吗？如果你的回答是肯定的，那么恭喜你，你也有着成功的潜质，因为你具备了成功者必不可少的素质——克服恐惧，相信自己。

克服恐惧，克服害怕，我们都能成就人生中的精彩，都能创造出无限的可能。但那些仅仅是个别人的传奇，如果你也想续写传奇，就不妨试试看下面的做法：

（1）知道自己擅长什么

我们所说的害怕，通常都会明显地表露在不自信的人身上，也就是说，当我们自信满满时，恐惧就会远离我们。而提升自信的最快的方法，就是以己之长比人之短。平时可以多想想自己有哪些长处和优势，以自己的优势去比别人的短处，这样就会渐渐改变自己的心态了。

清楚了自己的优势，我们成功的机会就会多一些。多一份成功就多一份喜悦，多一份喜悦自然也就多一份自信。但我们必须清楚，自信心的培养是从一次次小的成功开始的。同时，我们还应该明白，一个人要想根除恐惧、焦虑，就必须在建立自信的同时正视自己的不足。

（2）做一个“知者”

聪明有很大程度上都是天生的，但知识的学习却是后天积累的。如果我们将自己封闭在一个狭小的思维意识中，自然会在当今激烈的竞争中感到怯懦和恐惧。不要为某一次待人接物不够周全而自怨自艾，也不要为一件事没按原计划进行而烦恼。

愚昧和无知是让人类产生恐惧感的罪魁祸首。所以，想要忘掉恐惧、变得自信，就要学会做一个“知者”。扩大自己的知识面，可以提高我们对周围事物的认知能力；提高预见力，对可能发生的各种变故作好充分的思想准备，这样也就会无形中增强自己的心理承受能力。

（3）慢慢消除心中的恐惧感

人们通常会有很多种不同的恐惧感，这些恐惧有大有小，大到对死亡的畏惧，小到仅仅是不敢走夜路而已。所以，想要彻底与恐惧绝缘，就要先从容易的事情做起。在一次次小的成功中，我们的自信心会一点点恢复。当我们有了能够把一件小事做好的自信心，以后对于一些大的事情就可以慢慢做好了。

（4）相信自己

如果我们都不相信自己，那世界上还有谁愿意相信我们呢？一个人如果总感觉自己不如别人，尽管他实际上可能是有能力的，但他的表现会确实不如别人，因为思想主宰行动。一个人心里是怎么想的，他的行为就会反映出来，没有任何伪装能够把这种感觉长期掩饰起来。也就是说，一个人如果觉得自己缺乏独立思考和创新的能力，不可能超越其他人，那么他就真的缺乏主见，只能跟在别人的身后。

相反，一个真正相信自己有能力的人，他就确实有这种能力。因为，你如何思维决定你如何行动，你如何行动将决定你取得什么样的成就。

无论做什么事情，勇气很重要。智者虽有千虑，如果因为恐惧而不敢去做，也将一事无成。愚者虽缺少智慧，但敢于去做，在实践中锻炼自己，最终也必会心想事成。因此，任何时候、任何事情，只要你觉得想好了，考虑周全了，就不要恐惧其中可能遇到的困难，大胆地放手去做。相信经过一番努力和拼搏之后，结果是不会让你失望的。

4.为了梦想，再坚持一下

在日常生活里，我们常常遇到这样的情况：成功未得，尝尽苦果；壮志未酬，受尽折磨。其实，这是生活的常态，挫折总是在我们身边，失败常伴我们左右。面对挫折和打击，有的人不堪重负，放弃了梦想；而有的人，则脚步坚定，走向了成功。

事实上，最能磨炼一个人意志力的就是挫折和失败。在挫折和失败面前，如果我们能咬紧牙关，告诉自己：无论怎样，我都永不言弃。只要不放弃，我就拥有打败挫折和磨难的勇气和力量，就能一往无前地走向成功的坦途。

李开复就是以这种不屈的斗志和永不言弃的坚持战胜挫折的。在被微软起诉后，他受到了前所未有的打击，但是为了追随自己的梦想，他毅然选择积极坚持。最后他成功地经受了考验，如愿进入了那个梦寐以求的地方——谷歌。

李开复在总结自己经验时，曾这样说："来自东方文化的那一面，使我明白以诚待人和双赢的意义，不以强势压人；而来自西方文化的那一面则使我积极进取、不断学习、充满勇气、永不放弃。"在他看来，正是这种信念的激励下，才最终获得了令人骄傲的成绩。

有一次，李开复演讲的时候，有人问他："一个领导需要具备什么样的素质？"他给出的答案是："自信和坚持。"有了坚持不懈的勇气，才会具备正视逆境、面对挫折、忍受痛苦的气量，才能守护自己的梦想，追随自己的信念。

汶川大地震后，全国各地的好心人都给灾区人民捐钱捐物。这些“一方有难、八方支援”的真情感动了灾区的每一个人。其中，就有一封李开复饱含感情的信。在信中，他表露了自己对受灾孩子的怜爱，鼓励他们勇敢地面对灾难，不要向灾难低头。他说：“我的同学兰迪·波许教授身患胰腺癌，只有几个月的生命，但他没有放弃，仍然坚持工作，为大家奉献了被《华尔街日报》评为‘有史以来最好’的讲座，写出了《纽约时报》排行第一的励志巨作。他的著作和讲座中所讲述的不懈追求梦想的故事感动了无数年轻人。”

除此之外，李开复在信中还给孩子们讲述了这样一个故事：慈善家陈启宗先生曾告诉我，在出资重修故宫建福宫后，他惊讶地发现，建福宫里最茂盛的一棵大树竟是从近百年前毁于大火的一棵老树的残根上发芽、生长出来的。在烈火中重生的大树更加茁壮，经历过风雨的人生也会更有生命力。他说：“茁壮的大树代表了你们的坚强，也代表了中华民族的韧性。”正如古人所说的那样：“天将降大任于斯人也，必先苦其心志，劳其筋骨，饿其体肤，空乏其身，行拂乱其所为，增益其所不能。”所以，很多时候，挫折是成功的必经之路。

巴尔扎克说：“挫折是天才的进身之阶，信徒的洗礼之水，能人的无价之宝，弱者的无底深渊。”在挫折面前永不言弃，坚持自己的梦想，是成功者共同的座右铭。英国哲学家培根也说过：“超越自然的奇迹多是在对逆境的征服中出现的。”这是对成功者之所以成功的精辟诠释。可见，在挫折面前选择坚持不懈，对一个人实现梦想有着积极的意义。它可以驱走依附于人们身上的惰性，不断敦促着人们去积极迈步、奋勇向前。人生是艰苦的，成功是一场持久的战斗，只有选择永不言弃，才会把坎坷不幸看成人生的磨炼，把困难和挫折看成人生的必经之路；只有选择坚持不懈，才不会轻易消沉，自暴自弃，才会以积极的心态挑战挫折、战胜困难；只有选择坚强，愈挫愈勇，不断超越自我，才有可能一步一步走向成功。为了能够实现你的梦想，请再坚持一下。

坚持是一种信仰，是对梦想的守候。它不仅是我们生命的内涵，也是我们的人生不能缺少的养分，是成功的坚实基础。在人生的漫漫征途中，只要你选择了坚持不懈，就一定会抵达成功的彼岸。

5.改变环境不如改变自己

任何一段成功的经历，都不会是一帆风顺的，其中必然会存在着一些波折和“意外”。商场是一个没有硝烟的战场，而创业则是一场优胜劣汰的竞争。每一个创业者都要经历一场场生生死死的战斗，一次次残酷无比的选择。正如我们的社会那样，在不断地变革中前进。

不能改变环境，就要改变自己，换句话说就是“革”自己的命。所以，创业者必须敢于“自我革命”、解放自身，改正不开放、不合时宜的思维方式和行为模式，让自己永远以一种战斗的姿态前行在追梦的路上，这样才能保证自己更快更稳地拥抱成功。

牛根生在自己的博客上发表过一篇文章，名叫“革命”。文中认为，这世界只有“创业态”，没有“守业态”。创业是唯一的“长生不老”药，当你不再创业而妄想“守业”的时候，前面的路就只剩下一条：萎缩、衰落、死亡。要么“自我革命”，要么被人“革命”，没有第三条道路。牛根生在这篇博文中说，对一个企业而言，其实没有守业这个说法，我们一直都在创业。海尔在创业，微软在创业，世界500强都在创业。人类存在了100多万年，但今天仍在创业。创业和守业不是前后关系，不是并列关系，而是包含与被包含的关系。创业是永恒的，守业是相对的。守业是创业的另一种表现形式，一切守业都是创业的子集。做企业，永远需要动，永远需要激情，永远需要创造、创造、再创造。总而言之，就是永远处于“创业态”。

牛根生的思想无疑是相当具有前瞻性的。美国《时代周刊》也曾有过类似的评论：“在21世纪，改变你命运的只有你自己，别期盼有人会来帮助你。从现在开始，‘学习、改变、创业’是通往新世界的唯一道路。”并且，事实也证明了这些观点的正确性。

洛克菲勒说：“遇到困难和问题，我们应该学会改变思路，思路一转变，原来那些难以解决的困难和问题就会迎刃而解了。”一个人或者一个组织改变思路的过程，实际上就是进行思想变革的过程，无论是被动的还是主动的，都是一场思想的革命。人是变化的，思想同样是变化的，正是人可以根据实际情况不断地改变，才能带动其生意的变化。

巨人网络董事长兼CEO史玉柱是一个非常崇拜毛泽东、把《毛泽东选集》背得滚瓜烂熟的传奇人物。这个并不算年轻的创业者，从来都是把创业当成革命来干的。与阿里巴巴的马云只做对人类有益的生意不同，史玉柱选择了备受争议的保健品和网游作为他重出江湖的跳板。如今，度过劫难之后的史玉柱俨然已成一块金字招牌，在一片废墟上，转眼便挣来超过500亿元的财富。史玉柱之所以打了翻身仗，之所以能东山再起，和他对自己的“革命”是分不开的。如果他不“革”自己的命，即不改变自己、不从巨人以往的失败中汲取经验和教训，又怎么会创造后来一系列的成绩呢？

有句话说得好，“跌倒了再爬起来就是好样的”。史玉柱跌倒了之后，成功地对自己进行了第二次“革命”，以一种全新的姿态，开始了他的“二次创业”，而第一次的失败成了他第二次腾飞的铺路石。从这一点上来说，史玉柱的“革命”是成功的，史玉柱是一个成功的“革命者”。正是因为他敢于“革”自己的命，善于“革”自己的命，才有了后来的成功。

如果我们能够赶在所有人之前，对自己进行一次彻底的“革命”。如果我们的“眼睛”始终能比别人多出一只，如果我们的创意始终能比别人高出一筹，如果我们的步伐始终能比别人快一步，那么，我们就能先他人之前驰骋疆场、独步天下。尴尬的是，世界上没有如果，现实往往比我们想象中的要冷酷一万倍。不少人自以为长缨在手、胜券在握，但照样摔跟头。一切的打算、想象在急速变化的现实面前都是小儿科，根本起不了作用。因此，不要再去幻想，外面的大环境，我们是改变不了的了，我们唯一能做到的就是改变自己，对自己“革命”。

虽然说“革命”是痛苦的，艰难的，但是，对一个创业者来说，“革命”是一场战斗，一场关乎创业成败的斗争。因此，改革势在必行，革命有理，创新无罪，但是，往往没有多少人，多少企业禁得住“改革”的涅槃和“革命”的锤炼，更多的人在强大的现实面前夭折了。新的时代、新的思维、新的规则、都要求创业者要想跟上时代的潮流，就必须在思想上、步伐上都站在时代的前列，必须进行“自我革命”。

浙江正泰集团董事长南存辉说：“人的一生，最大的竞争对手就是自己，不管是做人还是做企业，最难的是自我否定和自我超越。只有“革”自己的命，才能迎来更加辉煌的人生。”这可能也是“江山易改，本性难移”的含义吧。对创业者说来，这本性就是多年养成的个性特征和思维定式，要改变它，就必须触及灵魂深处。

做人最难的是超越自我，要超越自我首先要认识自我，认识自我就要善于剖析自我，剖析自我就要亲自动手查出问题、追根寻源，修正自己，甚至于脱胎换骨。在对待具体问题的认识、态度、方法上，要善于、勇于、敢于冲出心理的“大山”，突破思维的“峡谷”，破除体制的“壁垒”，打破行动的“枷锁”。要敢于冒险、勇于创新、敢于“革命”与“自我革命”，这是决定人生成功与否的关键条件。

想要你的生活精彩无限，想要拥有别样的人生，你就需要不断地改变自己，对自己进行“革命”。只有这样，你才能够拥有超强的战斗力，从而战无不胜、攻无不克，做一个每仗必胜的常胜将军。

6.与其防守抵御，不如主动出击

这是一个“前无古人后无来者”的时代。愚钝的人整天都在烦恼如何防守抵御，才能打退对手的进攻，保住自己的地盘；而聪明的人则不同，他们善于抓住机会、主动出击，以赢得最后的胜利。

对于追梦者而言，每一个机会都是宝贵的，稍纵即逝。因此，想要成功，就要善于发现机会、善于捕捉机遇，当机遇来临时，不要犹豫不决，要立即行动，这样才会比别人多一分胜算。

华龙集团的董事长范现国先生在接受记者采访时说：“面对新的市场竞争格局，主动出击永远是最好的防御手段。”范现国认为，对一个企业来说，主动出击是抵御危机的最好战术。他表示，只要是有利于市场发展的产品，就应该主动去开发，只有占据市场主动权，企业才能抵挡住竞争对手，尤其是外资品牌的进攻。面对新的市场竞争格局，主动出击永远是最好的防御手段。

当华龙集团经过了最初几年的全速发展之后，市场已经覆盖了全国 30 多个省份、近 2000 多个县，真正完成了华龙集团制定的“农村包围城市”的战略构想。此时，如果华龙继续走农村路线，必将错过第二个高速发展期。在这种情况下，华龙从农村进军城市的时机已经成熟，但是在城市市场，华龙品牌的知名度还远远不够。为了进一步掌控城市市场，华龙推出了

"今麦郎"。"今麦郎"在城市市场的进一步发展，明显有超越"华龙"的势头。估计再有五年到十年的发展，城市人可能忘了旧"华龙"方便面，但会记得"今麦郎"方便面。这就实现了华龙对品牌规划的战略构想。当前，华龙集团的市场态势已经充分地证明了范现国董事长的策略是相当正确的。

因此，消极等待、退缩保守只能贻误个人和企业发展的良机，只有那些敢于挑战、立即行动的人，才能适应时代、赢得机会、拥抱成功、走向辉煌。可见，在今天的这个大环境，主动出击已经成为个人和企业不可替代的生存法则。

今天名扬世界的索尼，当初也只不过是一家小公司。但盛田昭夫在科学杂志上看到贝尔试验室发明了晶体管后，第一时间就去美国买下了专利。这个足以改变整个世界的专利，只用了不到三万美元。当时，世界上没有几个人认识到晶体管的重要性，而盛田昭夫敏锐地发现了这个机会，并主动出击抓住了这个机会。由于当时的电子管收音机体积都很庞大，像一张小桌子，盛田昭夫利用晶体管很快就生产出了一批小型收音机，并打出口号：能装在口袋里的收音机。其实他当时生产的收音机比口袋还要稍大一点，于是他将每位推销员的衣服口袋都做大了一些，让他们装在口袋里去推销。结果晶体管的这项专利当年就为他赢利 250 万美元。从此，索尼公司挤进了世界级大公司行列。

除此之外，还有比尔·盖茨的微软公司，这个世人皆知的公司开始时也只是一间小公司，完全无法与 IBM 竞争，但比尔·盖茨懂得“不够实力成为竞争对手时，就先成为朋友”的法则，主动靠近 IBM，积极争取 IBM 的订单，并最终取得了成功。微软公司正是主动出击，借助 IBM 的力量迅速地强大起来，而 IBM 直到数年后才反省到他们行为的失误。

所以，当你看到机会的时候，千万不要犹豫，一定要立即行动，不达目的不罢休。人生就是一场战斗，假如你因为胆怯、懒散而害怕战斗、拒绝战斗、随波逐流，也就只能永远过穷日子，永远活在对那些成功者的羡慕和嫉妒中。机会对每一个人都是平等的,主动出击、先行一秒、就先一秒到达。成功是掌握在每个人自己的手中的，只看你如何去操纵。

而许多人总是抱怨老天的不公平，为什么自己的命就这么不好呢?为什么自己就遇不到发财的机会呢?实际上，这个观点极其错误。一个人如果不积极进取，即使遇到再好的机会，也难以抓住，即使机会躺在你身边睡觉，你也还是一样会错过。就像周星驰的台词：“曾经有一个机会就在我的面前，可是我却没有珍惜，当失去的时候，才知道后悔莫及，世界上最痛苦的事情莫过于此。”人生中不是没有机会，而是需要你用积极的思维、敏锐的感觉去发现机会，并主动出击去把握机会，这样你才不会因为错失良机而遗憾。

大家应该不会忘记那个守株待兔的故事，那个坐在那里等兔子的人最终饿死了，为什么会有这样的结果呢？就是因为这个人没有主动出击的精神，把一次偶然的成功当成了一劳永逸的成功。如果他能换一种心态，不是只坐在树下等而是主动出击去抓兔子，或许他的结局会是另外一个样子。正如那句老话所说，天上是不会掉馅饼的，一切都只能靠自己，否则就会饿肚子。这就是这个时代生存的真理。在今天这个变化莫测的时代中，被动就会挨打，主动才可以占据优势地位，我们的事业、我们的人生不是上天安排的，是主动争取的。主动出击就是为了给自己增加机会。社会、企业只能给你提供道具，而舞台需要自己搭建，能演出什么精彩的节目，决定权在你自己。那些优秀的创业者都懂得主动出击、主动寻找潜在客户、主动打电话约见客户、主动向客户介绍产品，最终把自己的产品销售出去，把业务做大、做强。相反，那些失意的创业者则永远是在等待机会，幻想着有一天会有成功降临在自己的头上。这样的幻想毕竟是幻想，幻想终究会灭亡。

世界上只有两种人：一种是观望者，一种是行动者。大多数人都想改变这个世界，但很少有人想改变自己。巴顿将军说："要想做大事，首先要能够处理小事才行，而且全力以赴。"英国伟大的作家萧伯纳说："在这个社会上取得成功的人，都是那些善于抓住机会的人，如果没有机会可抓，他们就自己创造机会。"可见，坐等机遇的垂青是非常危险而愚蠢的。我们每一个人，对待工作、对待生活、对待情感、对待事业都要积极主动地去发现、去寻找，不要总是等待别人告诉自己应该怎么去做或者应该做些什么。

比尔·盖茨说："一个优秀的员工，应该是一个积极主动做事、积极主动思考、积极主动提高自身技能和修养的人。"正所谓"行动创造机会"。人最大的不幸往往源于我们自己的懒散，只有积极果断地克服惰性，才能以主动迎接挑战的行为收获主动工作的习惯。现在市场的竞争，也就是人才的竞争。大浪淘沙，自己不努力，只有被摒弃。

等待机会不如创造机会，只要能够主动出击，到处都存在着机会，主动的人掌握先机、开拓市场，而被动的人只能任人宰割、错失市场。一句话，机会永远属于主动出击的人。

在现实生活中，成功的机会不少，只不过它们都有一双会飞的翅膀。如果你不珍惜，它们就会飞走。一旦失去，就再也找不回来。所以，我们要主动出击，抓住生命中的每一个机会，从而让我们的人生更加精彩！